칼빈의 목회와 윤리, 사회참여

칼빈의 목회와 윤리, 사회참여
Calvin's Pastoral, Ethics & Sociology

SFC

서문

Soli Deo Gloria!

이종윤(요한칼빈탄생 500주년 기념사업회 대표회장, 한국장로교총연합회 대표회장)

요한 칼빈은 한 시대만의 인물이 아니다. 그는 중세의 부패한 로마 가톨릭교회를 대항하여 종교개혁의 햇불을 높이 들고 개혁신학과 경건한 삶의 모범자로, 장로교회 창설자로, 그리고 서양근대화의 선구자로서 이 시대뿐 아니라 오고 오는 세대까지 크게 영향을 미쳤고, 앞으로도 그 영향력은 줄지 않을 것이다.

이동하는 병원이라고까지 불리던 칼빈은 그러한 자신의 유약함 때문에 오히려 더욱 하나님을 의지했고, 하나님 면전에서(*Coram Deo*) 자신을 철저히 부인하며 하나님의 주권과 성경 중심의 신학의 기초를 놓았다. 뿐만 아니라 그리스도인들에게 삶의 방향을 제시하는 나침반의 사명을 충실히 감당했다. 따라서 이와 같은 칼빈을 연구하는 것은 우리에게 큰 보람이고 영광이 아닐 수 없다.

지난 해 한국칼빈학회, 한국개혁신학회, 한국장로교신학회는 우리 신앙의 선조요 스승이라 할 수 있는 칼빈이 탄생한지 500주년을 맞이하여 기념사업회를 조직하고, 사분오열된 한국 장로교회를 하나가 되게 하는 연합과 일치를 목표로 삼아 칼빈이 제시한 예배의 모범을 따라 감사예배와 음악회 및 칼빈 관련 논문 72편을 발표하는 신학 심포지엄과 장로교의 날 행사, 그리고 지도자 간담회를 가졌다.

여기에 실린 주제강연 2편과 주옥같은 70편의 논문들은 칼빈연구가들에겐 물론이고 일반목회자나 성도들에게 신학과 신앙의 방향을 제시하는 중요한 나침반이 될 것이다. 이 책의 출판을 위하여 수고하신 편집위원들과 SFC 출판사에 진심으로 독자들과 함께 감사를 드린다.

발행사

2009년은 칼빈이 탄생한지 500주년이 되는 해로 한국장로교신학회, 한국칼빈학회, 한국개혁신학회가 공동으로 기념사업회를 구성하여 6월 21일에 서울교회에서 칼빈에 따른 기념예배와 기념음악회를 드리며, 6월 22일에는 한국에서 칼빈 연구로 공헌하신 신복윤 박사님, 한철하 박사님, 이종성 박사님, 정성구 박사님, 이종윤 박사님, 이수영 박사님께 공로상을 드리는 역사적 행사를 가졌다.

72명의 학자들이 칼빈에 관한 논문을 발표하여 한국 교회와 한국 신학계에 역사적 업적을 남겼다. 이번 대회를 통하여 칼빈의 정신에 따라 한국의 장로교회의 정체성을 회복하며 한국 교회의 연합을 위한 초석을 놓는 계기를 삼게 되었다.

특별히 이 대회를 위하여 귀한 도서들을 기증하신 크리스챤다이제스트의 박명곤 사장님, 연세대학교 김정주 교수님, 합동신학대학원 성주님 총장님을 비롯한 많은 분들에게 감사를 드린다.

이 책이 출판되기 위해 귀중한 논문을 발표하신 존경하는 모든 교수님들에게 진심으로 감사를 드리며 칼빈 신학 연구에 더욱더 크신 발전이 있기를 기도드린다. 끝으로 이 논문들이 출판되도록 수고해 주신 SFC 출판사의 이의현 목사님께 진심으로 감사를 드린다. 한국 교회에 칼빈

연구가 다시 한 번 부흥의 계기가 온 것을 하나님께 감사를 드리며, 귀중한 논문들이 위기에 처한 한국 교회에 큰 도움이 되기를 희망한다.

요한칼빈탄생 500주년 기념사업회 실행위원장
편집인 안명준 교수(평택대학교)

차례

서 문 이종윤 5

발행사 안명준 7

제1부 칼빈과 목회 그리고 교육

1장 칼빈의 성직 이해 – 정성구 14

2장 칼빈의 선교론과 장로교 선교운동 – 전호진 34

3장 칼빈 당시 제네바 교회는 어떤 교회였을까? – 황성철 57

4장 칼빈의 기독교교육 사상과 그 유산 – 정일웅 70

5장 칼빈의 예배신학과 실천 – 이정숙 87

제2부 칼빈과 윤리

6장 칼빈의 『기독교 강요』 초판(1536)에 따른
   "그리스도인의 자유" 이해 – 최윤배 112

7장 칼빈 신학에 있어 그리스도와의
   "신비적 연합"(Onio Mystica)과 성화론적 기독교 윤리 – 노영상 137

8장 칼빈의 에덴 이해 – 지명수 156

9장 칼빈의 십계명 이해와 개혁주의 윤리 – 신원하 182

10장 칼빈의 윤리 – 이상원 202

제3부 칼빈과 사회참여

11장 칼빈과 민주주의 – 손봉호   234

12장 칼빈의 교회와 국가의 관계 – 이은선   250

13장 칼빈에서의 문화 – 이수영   274

14장 칼빈주의가 한국사회와 문화에 미친 영향 – 신국원   280

15장 칼빈주의와 자본주의의 발전 – 김성봉   304

16장 칼빈의 경제공동체 사상과 새로운 사회건설의 의미 – 양창삼   332

17장 칼빈의 제네바 교회의 사회복지 – 안인섭   354

18장 칼빈신학에 있어서 교회의 사회 정치적 책임 – 신현수   372

19장 칼빈의 사회복지 사상 고찰 – 박영호   395

주(註)   427

제때 **칼빈과 목회 그리고 교회**

1장 칼빈의 성직 이해 _ 정성구 **2장** 칼빈의 선교론과 장로교 선교운동 _ 전호진 **3장** 칼빈 당시 제네바 교회는 어떤 교회였을까? _ 황성철 **4장** 칼빈의 기독교교육 사상과 그 유산 _ 정일웅 **5장** 칼빈의 예배신학과 실천 _ 이정숙

1장
칼빈의 성직 이해:
칼빈의 목회철학을 중심으로

정성구(칼빈대학교 석좌교수)

1. 들어가는 말

칼빈 탄생 500주년이라는 뜻 깊은 해에 칼빈은 성직인 목사를 어떻게 생각했으며 또 그가 가진 목회철학은 무엇이었는지를 살피고자 한다. 개혁자 칼빈이 가졌던 목회철학이 한국 교회 안에 어떻게 실행되고 있는지를 살피는 것은 한국 교회에 크게 유익이 될 것이다.[1]

칼빈은 뛰어난 조직신학자요 성경주석가이기 전에 목회자요 설교자였음을 기억해야할 것이다. 그래서 헤롤드 덱커(Harold Dekker)는 지적하기를, "요한 칼빈이 먼저 설교자로 간주되어야 함에도 불구하고 조직 신학자로 알려지게 된 그 자체가 역사의 이례 중의 하나이다"[2]라고 했다. 실제로 요한 칼빈은 "하나님 앞에서"(*Coram Deo*)의 확실한 진리 체계를 붙잡았을 뿐 아니라 그와 같은 신전의식이 그의 목회 생활과 설교에 구체화되었다.[3] 그래서 설교 학자들이 요한 칼빈을 일컬어 "말씀의 종으로서의 칼빈"

(Calvijn Als Bedienaar Des Woords)이라 부르는 것은 적절하다 하겠다.[4]

2. 목사로서의 칼빈

칼빈이 언제 정식으로 목사가 되었는지는 정확하지 않다. 다만 당시는 목사의 임직을 시의회가 정식으로 허락하는 시대였기 때문에 칼빈은 1536년에 제네바 의회에서 목사가 되었다고 할 수 있다. 그러나 처음에 칼빈은 목사라기보다 성경교사로서의 역할에 더 무게를 둔듯하다. 그러다가 제네바 교회에서 설교를 해야 했기에 시당국의 허락을 얻어 목사가 되었던 것 같다. 1578년에 영국에서 출판된 칼빈의 강의와 설교집에는 "제네바의 하나님의 교회, 목회자, 신학 박사, 요한 칼빈 목사"라고 표기되어 있다. 이로 보건데 그때 이미 칼빈은 신학자로서뿐 아니라 목사로서도 잘 알려져 있었음을 알 수 있다.[5]

칼빈이 제네바에서 축출되어 스트라스부르그로 갔을 때도 마틴 부처의 추천으로 프랑스의 피난민들로 구성된 교회의 목사로 청빙을 받았다. 스트라스부르그에서 칼빈은 목회자로서 또한 설교자요 신학자로서 더욱 성숙하게 되었다. 그리고 제네바 교회로부터 다시 청빙을 받은 이후 임종 때까지 그는 하나님의 말씀을 증거하는 설교자요 목회자로서 사명을 다했다. 에필 레오나르의 지적처럼, "칼빈은 제네바에서 새로운 인간형, 곧 '개혁파'를 주조해 내었고, 훗날 근대 문명의 근간을 이곳에서 그려냈다"는 표현은 매우 적절하다.[6]

종교개혁 이후 칼빈만큼 호되게 그리고 끈질기게 비판과 증오의 대상이 된 사람도 없을 것이다. 칼빈은 생전에도 그러했지만, 그의 사후인 1577년, 복음주의 사상으로 개종했다가 다시 가톨릭으로 간 갈멜회 수도

사 제롬 볼섹(Jerome-Hermes Bolsec)에 의해 호된 비판과 모멸을 받았다. 볼섹은 『칼빈의 전기』라는 책에서 차마 입에 담을 수 없는 욕설들을 사용해 칼빈을 비방했다. 그 후 가톨릭의 대부분의 작가들 또한 이를 발전시켜 칼빈을 저주하고 욕설을 퍼부었다. 때문에 수세기 동안 칼빈은 제대로 평가되지 못했으며, 심지어 개혁신학을 한다는 사람들까지도 칼빈을 얼음장처럼 차디찬 사람으로만 이해하였다.

그러나 칼빈의 편지와 설교들은 이러한 가톨릭의 비판이나 심지어 개혁교회 학자들의 몰이해가 잘못되었음을, 아니 오히려 칼빈은 천상 목회자요 설교자였음을 알게 해준다. 칼빈은 가슴이 따뜻한 목회자였을 뿐 아니라 하나님의 영광을 최우선으로 하면서도 한없는 동정심과 애정을 지닌 사랑과 자애가 넘치는 목사였다. 칼빈을 비판하거나 비난하고 욕하는 사람들은 역사적 문헌인 그의 방대한 편지와 설교들은 읽지도 않은 채, 다만 의도적으로 칼빈을 미워하고 증오하도록 선동하는 사람들의 글만을 인용했을 뿐이다.

또한 칼빈은 화해의 목사였다. 칼빈의 초상화를 보면 화란, 독일, 헝가리에서 그린 것은 후덕스럽고 인자하고 겸손의 사람으로 묘사되어 있지만, 유독 제네바에서 그린 초상화는 날카롭고 표독스럽고 타협이 없는 외골수로 그려져 있다. 이것은 앞서 말한 대로 반칼빈파나 가톨릭 세력에 대한 그의 긴장을 역력히 표현한 것이라 할 수 있다. 하지만 실제로 칼빈이 유순하고 화해의 사람이었다는 것을 알 수 있는 대목이 있다. 칼빈이 제네바에서 추방되어 스트라스부르그로 갔을 때의 일이다. 그 때 제네바에서는 여전히 칼빈을 그리워하는 성도들이 뭉쳐 기에르멩(Guillermins)이라는 모임을 만들었다. 그들은 신임목사에 대한 거부감을 갖고 성찬식을 받아야 할지 의심하고 있었다. 제네바 교회에서 축출될 때 칼빈이 느낀 인간적인 아픔과 고통은 말로 다할 수 없었겠지만, 그는 열성적인 성도들에게 신임 목사에게 순종할 뿐 아니라 기꺼이 성찬에 참여하라고 권면했다.7) 그리고 그들에게 다음과 같은 편지를 썼다:

> 우리로서는 그리스도 교회의 기초를 구성하는 교리가 제 위치를 갖고 보존하는 것으로 충분합니다.8)
> 사랑하는 형제들이여, 그대들의 교회를 그토록 불행하게 흐트러뜨리고 또 거의 뒤집어 놓았던 그 사건들 이래, 우리 뒤를 이은 사역자들과 그대들 사이의 분쟁과 분규에 대해서 듣는 것보다 나를 슬프게 하는 것은 없습니다. … 그대들은 기독교인으로서 행동하며, 다른 사람들이 그대들에게 해야 할 것보다 그대들이 다른 이들에게 해야 할 것에 우선 몰두해야 합니다.9)

칼빈은 이 편지들 속에서 '화해'란 표현을 여러 번 썼다. 칼빈은 하나님의 교회에 유익되고 하나님의 영광이 들어나고 복음이 증거되는 것으로 만족했다. 칼빈은 1541년 제네바에 다시 돌아와 처음 설교할 때도 과거의 사건을 해명하거나 지난 3년간의 사건을 언급하지 않은 채 추방되던 때 읽었던 본문 그 다음을 읽고 강해 설교를 했다. 그럼으로써 칼빈은 그 동안 설교의 임무를 그만둔 것이 아니라 잠시 중단했을 뿐임을 보여주었다. 이렇듯 칼빈은 관대하며 연합을 위해 지치지 않고 인내하며 겸비했다.10)

1556년 베스트팔(Joachim Westphal)과의 논쟁이 한창일 무렵, 칼빈은 프랑스 교회를 분열시키는 한 싸움을 조정하기 위해 프랑크푸르트에 갔다. 칼빈 자신은 연합을 모색하는 일 이외에는 다른 어떤 의도도 없다고, 또한 자신은 그들의 기호에 반대되는 토론은 결코 하지 않을 것이라고 선언했다. 칼빈은 열린 대화와 우아한 태도를 통해서 대화자들을 설득시켰다.11)

제네바의 개혁자라 불리는 칼빈은 오히려 제네바의 목사라고 불리는 것이 적합할 수 있다.[12] 칼빈은 그를 욕하고 핍박하고 비평하는 사람들과는 전혀 달랐다.

칼빈의 편지와 설교에서 우리는 참된 목사상을 발견할 수 있는데, 무엇보다도 목사로서 전적으로 헌신된 모습을 볼 수 있다. 일례로 칼빈이 바젤에 있던 1538년, 파렐의 조카가 페스트에 걸렸다는 소식을 접하자 목사로서의 소명에 불타 있던 칼빈은 위험을 무릅쓰고 그 환자에게 달려가 복음의 위로는 물론이고 자비를 들여 그를 간호하기도 했다. 그리고 끝내 그가 죽자 그의 장례비를 부담했을 뿐 아니라, 그의 남은 아이들을 돌보며 그들을 전적으로 지원하기까지 했다. 이 일에 대해 베자에게 편지하기를, "나는 이 특별한 친구를 기억하면서 그의 자녀를 내 친자녀처럼 사랑해야만 하오. … 그가 내게 준 신뢰를 저버리는 것은 내게 죄가 된다오"[13] 라고 썼다. 이와 같은 칼빈의 헌신과 겸손한 봉사는 칼빈에 대해서 악랄한 비판을 퍼붓는 사람들이 말하는 것과는 정반대되는 참 목자로서의 사랑과 헌신을 보여준다.

그 외에도 칼빈의 서신에서는 목사로서 섬세하고 아름다운 그의 삶을 엿볼 수 있다. 물론 오늘날 한국 교회의 목사에게는 늘 있는 일이지만, 칼빈은 몸이 병든 상태에서도 저술 및 설교 준비, 토론, 제네바 대학의 강의, 시의회의 일, 각 나라의 종교개혁 고문 등으로 바쁜 일과를 보내었다. 그런 중에서도 성도들에 대한 애틋한 목회적 돌봄(Pastoral Care)을 수행한 것은 놀랍기 그지없다.

칼빈은 결코 일반적으로 알려져 있는 교의신학자로서 날카롭고 냉정하고 타산적인 인물이나 냉혈한 지성인이 아니며, 고집불통의 선동자도 아니었다.[14] 오히려 칼빈은 참 목사로서 사람들의 영혼을 사랑하여 우는 자와 함께 울고 고통당하는 자와 함께 고통을 당한 사람이었다. 칼빈은 그의 탁월한 성품으로 그를 잘 알던 당대의 사람들을 놀라게 한 목사이기도 했는데,[15] 예를 들어 칼빈의 친구 니콜라스 데 칼라르는 이렇게 말했다:

> 얼마나 많은 염려를 그는 감당했던가, 얼마나 날카롭게, 얼마나 민감하게 그는 위험을 예견했던가, 얼마나 열심히 그는 이 위험을 피했던가, 얼마나 신실하고 지성적으로 모든 이에게 관심을 가졌던가, 어떤 친절과 감사로 자기에게 말 걸어오는 자들을 영접했던가, 얼마나 신속히 그리고 솔직히 그는 가장 중대한 질문을 자기에게 해오는 자들에게 대답했던가, … 얼마나 능란하게 또 도약적으로 그가 하나님의 참되고 신실한 종의 모든 의무에 전념했던가, 나는 이 모든 것을 분명 어떤 말로도 표현할 수 없습니다.

칼빈은 오고 오는 모든 세대에게 참 목자상이 무엇인지를 보여주었다. 비평가들은 칼빈의 편지와 설교는 읽어 보지도 않은 채, 다만 칼빈을 극렬히 비방하고 조소하고 저주하던 자들의 문헌만을 기초해서 칼빈을 평가한다. 하지만 사실 그의 편지와 설교에서 보여주는 칼빈은 하나님의 종이자 말씀의 종으로서 목사의 사명을 감당했던 신앙과 겸손의 사람이었다.

3. 칼빈에게 있어서 성직

칼빈이 성직 곧 목사를 어떻게 이해했는가를 말하기 전에, 그가 로마 가톨릭주의의 교황제도와 사제들에 대해서 어떻게 생각했는가를 먼저 살피는 것이 중요하다. 많은 칼빈 연구가들 중에는 교회 일치를 위한 그의 노력과 관용을 들어 칼빈을 에큐메니칼 운동의 기수라고 보는 사람들이 많다. 그러나 칼빈의 관용과 교회의 화합을 위한 노력은 성경의 진리 위에 있는 것이지, 거짓된 교리와 비성경적인 교회와의 연합을 의미하는 것은 아니었다. 칼빈은 당시 로마 가톨릭주의와 교황 및 사제 제도에 대해서 다음과 같이 철저하면서도 심각하게 비판하였다:

> 교황의 신학 전체에 대한 저주를 안심하고 비난해도 좋다. 이는 참빛을 완전히 어둡게 하기 때문이다.[16]
>
> 교황주의자들은 성경의 참된 의미를 제쳐 놓고 그들 자신의 어리석은 생각으로 하나님의 신비를 망쳐 놓곤 한다.[17]
>
> 교황주의자들과 연합하고 하나님을 거슬러 불경건하고 사악한 연합을 이루는 것보다 그들과 갈라진 것은 백번 잘한 일이다.[18]

또한 칼빈은 "교황주의자들과 개혁교회 사이에는 도저히 하나가 될 수 없는 결정적인 차이가 있다. 그것은 곧 개혁교회는 철저히 하나님의 말씀을 기초로 한다는 것이다"[19]라고 했다. 칼빈은 로마 교황제도를 "혐오스런 괴물",[20] "거대한 오류의 혼돈"[21]이라 했다. 그리고 "로마 교황청은 모든 기교와 속임수의 요새"[22]이며 "로마 가톨릭 신학은 거대한 혼돈이요 가공할 만한 미궁"[23]이라고도 했다.

때문에 이러한 칼빈에게 있어서 목사직의 이해는 그의 교회관을 먼저 아는 것이 중요하다고 하겠다. 그의 교회관은 물론 성경에 근거한 것인데, 특히 에베소서 4:11-13, "그가 어떤 사람은 사도로, 어떤 사람은 선지자로, 어떤 사람은 복을 전하는 자로, 어떤 사람은 목사와 교사로 삼으셨으니 이는 성도를 온전하게 하여 봉사의 일을 하게 하며 그리스도의 몸을 세우려 하심이라. 우리가 다 하나님의 아들을 믿는 것과 아는 일에 하나가 되어 온전한 사람을 이루어 그리스도의 장성한 분량이 충만한 데까지 이르니"라고 하신 말씀에 기초한다. 이런 점에서 칼빈은 목사의 의무와 사명을 철저히 하나님의 말씀을 증거하고 섬기는 데 있다고 생각했다. 즉, 목사가 좀 부족해도 그가 하나님의 말씀을 성실히 증거하기만 한다면, 결코 말씀의 효과가 떨어지지 않는다는 것이다. 이를 칼빈의 말로 표현하면 다음과 같다:

> 사역자의 결함이 하나님의 말씀의 신실함과 능력과 효용을 파괴하지 않는다.[24]
>
> 주께서 그의 사랑하는 아내인 교회를 목사와 사역자들에게 맡기신 것이다.[25]
>
> 그리스도는 그의 사역자들의 입을 원하실 때는 입을, 입술을 원하실 때는 입술을 쓰는 식으로 사역자를 통해서 활동하신다.[26]
>
> 말씀의 사역자들의 가장 큰 임무는 곤고한 심령을 위로하고 참된 안식과 마음의 평온이 무엇인가를 지적하는 것이다.[27]
>
> 가르치는 직무는 하나님만 전파하도록 할 목적만으로 목사들에게 위임되었다.[28]
>
> 모든 사역자들은 자신의 재주와 근면에 신뢰하지 말고 자신의 수고를 주님께 맡기자. 모든 성공은 그의 은혜에 달려있다.[29]
>
> 바울은 자신을 교회의 일꾼, 하나님의 일꾼, 복음의 일꾼이라고 불렀다.[30]

위의 인용들은 칼빈의 주석들에서 발췌한 것들이다. 이렇듯 칼빈의 목회 이해는 철저히 성경의 가르침에 근거했다. 그는 교황제도 하에서 성도들을 통치하려 하지 않았고, 오직 말씀을 바르게 설교하되 종의 자리에서 섬기는 것을 목사의 사명으로 확신했다. 목사가 하나님의 말씀을 바르게 증거하는 한 그는 그 권위를 잃어버리지 않는다.

4. 칼빈에게 있어서 목사의 소명

소명 없이는 목사가 되어서도 안 되고, 신학교에 들어가서도 안 된다. 그 때나 지금이나 목사를 허영으로 또는 자기 나름의 영웅주의로 지원하는 자가 더러 있다. 하지만 확실한 소명 없이 목사가 되는 것은 그리스도의 몸된 교회에 장애물이 될 뿐이다. 이에 대해 칼빈은 이렇게 말하였다:

> 우리가 야심이나 탐욕 그리고 합당치 못한 다른 동기에서가 아니라 하나님을 진지하게 두려워함과 교회의 건덕을 위한 헌신적인 열심에서 우리에게 제공된 직무를 받았다는 이 은밀한 소명은 우리의 마음이 정직하게 증거한다.[31]

성직매매가 노골화되고 사제가 되는 것이 신분상승의 기회가 되던 시대에 칼빈은 자기 욕망을 이루려는 헛된 생각을 버리고 오직 하나님 앞에서 경건으로 헌신된 자만이 참된 소명자가 될 수 있다고 지적한 것이었다. 그는 또 이렇게 말하였다:

> 하나님께서 사람들을 그의 사역자로 선택할 때마다 그들에게 아무 선한 것이 없어도 그들의 사역에 적합하도록 그들을 양성하고 미리 각오를 하게 하신다.[32]

참된 하나님의 사역자라는 것을 증명하기 위해서는 두 가지가 필요하다.

곧 하나님의 소명과 그리고 충성과 정직이다. … 그러나 단순하고 근거 없는 소명은 충분치 않다.[33]

칼빈은 목사에게 가장 중요한 것을 소명으로 보았다. 반면 목사에게 가장 치명적인 문제는 야심과 야망이라고 지적했다. 이는 목사의 목회를 실패케 하는 가장 중요한 요인이 된다. 그런데도 오늘날은 야심과 야망을 목회 성공의 모델처럼 생각하는 이들이 적지 않다. 우리는 칼빈이 그의 목회를 통해서 깨달은 진리, 곧 목사에게 야망은 그 자신이 무너지는 첫 걸음이라는 사실을 잊지 말아야 할 것이다. 물론 누구나 개인적인 꿈과 비전을 가져야 하겠지만, 그것이 자신의 욕망을 이루기 위한 야망이 될 경우에는 자신뿐 아니라 결국 주의 교회까지 욕되게 하는 결과를 가져올 것이다. 칼빈은 다음과 같이 말하였다:

탐욕과 야망은 전 성직의 부패가 시작되는 두 근원이다.[34]
그리스도의 종에게는 야망과 허영보다 더 참을 수 없는 것은 없다.[35]
사역자들에게 야망이라는 것보다 더 가공할 전염병은 없다.[36]
하나님의 교회에는 항상 모든 과오와 혼란과 분파의 어머니인 야망이란 질병이 만연해 있다.[37]

실상 야망은 목회자에게만 아니라 일반 성도에게도 문제가 된다. 헛된 야망 때문에 주님의 일을 그릇치고 목회를 실패하는 것은 그때나 지금이나 하나도 다를 바가 없다. 목사와 그 소명에 대한 칼빈의 이해는 오늘날 한국 교회가 다시 한 번 되새길 필요가 있다.

5. 칼빈에게 있어서 목사의 자격

목사의 자격에 있어서 칼빈은, 목사는 성령의 은사가 있는 사람 그리고 끊임없이 배우며 전진하는 사람, 말씀을 끊임없이 연구하는 사람, 경건의 훈련과 불굴의 용기를 지닌 사람이어야 한다고 말했다. 일찍이 칼빈은 1559년 제네바 아카데미를 개교하면서 '경건' 과 '학문' 이 있는 대학이 되게 해 달라고 기도했는데, 여기서도 칼빈이 목사의 덕목으로 경건을 얼마나 중요시했는지 알 수 있다. 그는 목사의 자격에 대해 다음과 같이 지적했다:

> 모든 경건한 사역자들은 하나님의 영에게 매달리어 그들이 전혀 소유할 수 없는 것을 구해야 한다. 그들의 직무를 수행하는데 필요한 모든 것은 성령의 은사이다.[38]
> 하나님께서 그의 영으로써 다스리지 아니하는 사람은 진정한 목사가 아니다.[39]

칼빈은 성직자의 삶은 경건이 기초가 되어야 한다고 말할 뿐 아니라 그 경건은 곧 성령의 은사로만 이루어질 수 있는 것이라고 강조했다. 물론 훈련을 통해서도 어느 정도 이룰 수는 있지만, 궁극적으로 성령의 은혜가 아니고서는 결코 경건을 이룰 수 없다. 그렇다고 칼빈이 목사의 개인적인 훈련을 무시한 것은 아니다. 칼빈은 하나님의 은혜만큼이나 자기 성장과 진보를 위한 목사의 노력도 강조했다:

> 좋은 학자였던 자들 외에는 아무도 좋은 사역자가 아니다. 계속 배움으로

써 끊임없이 진전하기를 멈추지 않는 자들만이 학식 있는 자들이다.[40]
노력할 줄 모르는 사람은 하나님과 그 교회를 섬길 줄 모른다. 그리고 말씀의 교훈을 관리하기에 적합하지 않다.[41]

특히 칼빈은 목회를 '영적 전쟁'으로 생각했고, 영적 전쟁에는 육체의 힘과 활력, 그리고 진지함과 위엄이 필수적이라고 했다.[42] 또한 칼빈은 목사가 하나님의 말씀이 멸시를 당할 때 고통과 번민을 느끼지 않는다면, 그는 하늘의 교훈을 가르치는 교사가 될 자격이 없다고 생각했다.[43] 하지만 그러면서도 칼빈은 비록 목사가 부족하고 연약하다 하더라도 주께서 그것을 감당할 수 있는 은혜와 복을 주실 것이라 확신했다: "그리스도께서 목사직으로 부르신 자들을 또한 필요한 은사로 장식하신다."[44] 하나님이 기름 부어 세우신 목사는 하나님께서 관리하실 뿐 아니라 그의 삶을 온전히 주장하시되 은혜를 주셔서 사명을 감당하게 하신다는 것이다.

이상에서 살핀 대로 칼빈에게 있어 목사란 말씀을 증거하는 자일뿐 아니라 섬기는 자, 곧 종이었다. 초대교회 역시 섬기는 자(막 10:45), 가르치는 자(마 28:20), 하나님의 말씀 선포자(고전 1:17)를 목사상으로 가지고 있었으나, 중세에 이르러 이른바 지배하는 목사상(The rulling Pastor)으로 바뀌었다. 즉, 4세기말부터 교회는 말씀 선포나 성도들을 돌보는 것보다 세속 정치에 더 관심을 가지게 되었고, 교황은 교회의 머리로 군림하면서 무언중에 자기 세력의 확대를 꾀하였다. 이에 따라 지방의 목회자도 그 사회의 지배자로 군림했고, 이것이 목회자의 신분 상승과 맞물리면서 성직 매매 등 철저한 타락의 길을 걷게 된 것이었다.

칼빈은 이런 로마 가톨릭의 변질된 성직관을 바로 잡고자 했다. 그는 목사란 하나님이 쓰시는 도구로 오직 주님의 영광만을 바라야 하며, 주님

께 모든 권위를 돌려야 한다고 보았다. 그래서 칼빈은 이렇게 말했다:

> 하나님께서는 사역자들을 아무것도 아닌 것으로 여기신다.[45]
> 하나님의 아들의 제자가 아니고, 또 그의 교회에서 바르게 교육을 받지 않은 사람은 교회에 적합한 교사가 아니다. 이는 그리스도의 권위만 나타나야 하기 때문이다.[46]

6. 칼빈에게 있어서 목사의 권위

목사의 권위는 무엇이며, 그것은 어디서 오는 것일까? 그런데 사실 목사의 권위보다 더 중요한 것은 성경의 권위이다. 왜냐하면 목사는 오직 말씀에 충실할 때만 참된 권위를 가질 수 있기 때문이다. 이에 대해 칼빈은 사도레토에게 보내는 회신에서 말하기를, "우리들의 교회가 특별히 주의할 것은 겸손하고 경건하게 하나님의 말씀을 존중하고 그 말씀의 권위에 복종하는 것이다"[47]고 했다.

교회의 권위가 곧 하나님의 말씀에 기초한 것이라면, 목사의 권위 또한 하나님의 말씀에 기초해야 한다. 그래서 칼빈은 "교회의 일치는 성경의 권위에 기초를 두고 있다"[48]고 말했고, 따라서 "목사들이 소유한 모든 권위는 하나님의 말씀에 속한 것이다. … 우리는 그들이 하나님의 말씀에서 떠나면 곧 그들에게 어떤 권위도 주지 않도록 주의해야 한다"[49]고 했다. 목사가 의도적으로 자기 욕심에 따라 자기 명예나 이름을 내려 하는 것은 허영이며 야심이다. 그런 것은 목사의 권위를 세우는데 아무런 도움이 되지 못할 뿐더러 오히려 주님의 영광을 도적질하는 꼴이 된다. 이에 대해 칼빈은 다시 이렇게 말했다:

교회에 덕을 세우는 유일한 방법은 사역자들이 그리스도께서 그의 정당한 권위를 유지할 수 있도록 노력하는 것이다.[50]

그리스도의 권위로 만족하는 것보다 더 거룩하고 좋고 또한 안전한 것은 없다.[51]

이상에서 보는 바와 같이 목사의 권위는 하나님의 말씀인 성경에 기초해야 하며, 교회 또한 하나님의 말씀의 권위 앞에 순종할 때만 교회로서의 역할을 할 수 있고 권위도 유지할 수 있다. 그러므로 성경에서 성령이 율법 아래 있는 제사장과 선지자들, 사도와 그 후계자들에게 주신 권위와 위엄이 무엇이었든지 간에 엄밀한 의미에서 그것은 그들 개인에게 주신 것이라기보다 그들이 임명을 받은 성직에 주신 것이라고 보아야 한다. 보다 정확히 말하자면, 그들에게 맡긴 말씀과 직무에 주신 것이다.[52] 따라서 칼빈 또는 칼빈주의 사상을 따르는 우리에게 있어서도 교회의 권위나 교역자의 권위는 철저히 하나님의 말씀에 기초해야 한다. 뿐만 아니라 신학과 신앙과 삶의 모든 판단 기준이 하나님의 말씀인 성경에 있다고 확신해야 한다. 그래서 칼빈은 다음과 같이 말하였다:

하나님의 말씀에 더 붙이는 모든 것은 … 거짓이다.[53]
나는 성경이 침묵하는 곳에는 감히 어떤 것도 언급도 하지 않는다.[54]
하나님의 말씀의 권능은 영원하다.[55]

다시 말해 목사의 권위는 하나님의 말씀이 가라는 데까지 가고 멈추라는 데 가서 멈출 때, 그야말로 하나님의 말씀에 모든 권위를 부여할 때, 또한 예수 그리스도의 권위 아래 있을 때 비로소 얻게 되는 권위인 것이다.

이에 대해 칼빈은 말하기를,

> 그리스도는 유일한 목자이다. 그러나 그는 많은 목사들보다 탁월함을 유지하시고 그들을 통하여 홀로 교회를 다스리신다는 것을 조건으로 자신 아래 그들을 거느리신다.[56]
>
> 그리스도께서 그의 교회에 목사를 임명한 것은 다스리도록 하기 위함이 아니라 섬기도록 하기 위해서이다.[57]

라고 했다. 목사들이 소유한 모든 권위는 오직 하나님의 말씀에 속한 것이다. 따라서 만약 목사가 하나님의 말씀을 떠난다면 그에게는 아무런 권위도 없게 된다.[58]

7. 칼빈에게 있어서 목사상

종교개혁은 성경의 재발견이었으며 강단의 회복이었다. 또한 그것은 초대 교회 목사상의 회복이었다. 중세 교회와 종교개혁 당시 가톨릭은 교황제도 등 기독교의 본질에서 벗어난 유사기독교의 모습을 띠었다. 그것은 성경적 기독교가 아니었다. 교황제도는 성경에 없는 제도이다. 가톨릭은 이 제도를 유지하기 위해서 온갖 전통을 만들어야 했다. 교황은 무언중에 자기 세력을 확대했고, 파문제도를 도입해 정치적으로 이용하는 등 스스로 교회의 머리로 군림하는 것도 모자라 국가까지 지배하려고 했다. 지방의 사제들 또한 그 지역사회에서 자기 세력을 확장하기 위해 온갖 미신과 탈법을 통해 일반신자들을 지배하는 자(Rulling Pastor)가 되었다. 이는 전투하는 교회(Church Militant)의 이미지를 승리한 교회(Church Triumphant)의 이미지로 바꾼 것이요, 나아가 승리한 교회의 주인은 교황이요 사제라는 식이 된 것이었다. 한 마디로 중세 교회는 목회자와 강단이 타락하고 변질되었으며 하나님의 말씀이 사라진 교회였다.

때문에 칼빈과 개혁자들은 이러한 교회에 저항하여 다음과 같은 참된 목사상 곧, 성경적인 목사상이자 초대교회적인 목사상을 세웠다. 이것이 곧 종교개혁이요 또한 개혁 교회의 핵심이다.

① 목사는 말씀의 사람이어야 한다.

칼빈은 27년 동안 목회자로서의 모범을 보였다. 또한 그는 말씀의 사람으로서 연속 강해설교의 달인이기도 했다. 칼빈은 매주 6, 7회의 강해설교를 통해 어두워졌던 당시 사람들의 영적 눈을 뜨게 하고 1,000년 동안 들어 보지 못했던 하나님의 말씀을 듣게 했다. 이는 칼빈이 하나님의 말씀이 순수하게 전파되고 성례가 바로 시행되는 곳이라면, 바로 거기에 하나님의 교회가 존재한다고 생각했기 때문이다.[59]

칼빈은 하나님의 말씀인 성경을 강조했을 뿐 아니라 그 자신이 성경을 사랑하기도 했다. 그리고 성경만이 신학 및 신앙과 삶의 유일한 표준으로 생각했다. 그래서 흔히 칼빈을 가리켜 '한권의 사람', '성경의 사람'이라 부르는 것이다. 칼빈만큼 성경을 정확히 해석하고 그것을 구체적인 삶에 적용하려고 한 사람도 드물다. 그는 목사의 목적을 하나님의 말씀을 옳게 증거하는 것이라고 했다. 즉, 성경에 바탕을 둔 성직, 곧 성경 중심의 목사를 강조했던 것이다. 이에 대해 칼빈은 이렇게 말했다:

> 말씀의 선포로 교회를 다스리는 것은 사람이 고안해 낸 것이 아니라 그리스도의 거룩한 명령에 따른 것이다. … 이 성직을 거절하거나 멸시하는

자들은 교회의 설립자인 그리스도를 모독하고 배반하는 자들이다.[60]

즉, 목사가 설교하는 것은 인간의 발명품이 아니라 하나님의 방법이며 하나님의 명령이란 것이다. 따라서 목사가 설교할 때는 사람의 위로와 평강만이 아니라 죄를 분명히 지적하고 구원의 은혜와 위로를 동시에 전해야 한다. 그래서 칼빈은 "목사에게는 두 가지 목소리가 있어야 하는데, 하나는 양을 모으는 소리요, 또 하나는 이리를 쫓는 소리이다"[61]라고 말했다. 또한 목사가 설교할 때는 인간의 지혜나 지식이 아니라 성령의 능력에 의지해야 한다. 칼빈은 "목사가 그의 사명을 충실하게 수행할 때 하나님께서 그의 입에 넣어주시는 것만 말함으로 내적 성령의 능력이 목사의 외적 음성과 결합된다"[62]고 강조했다. 성령의 능력은 말씀을 전하는 자뿐만 아니라 말씀을 받는 자에게도 함께 해서 그 말씀을 깨닫도록 하신다.[63]

설교자는 말씀을 증거하기 전에 자신이 먼저 그 말씀을 받아들여야 한다.[64] 말씀을 옳게 깨닫지 못하고 자기마음대로 자기 생각을 나타내거나 허영으로 설교해서는 안 된다: "대부분의 사람들은 우리의 선천적인 허영 때문에, 견실한 학문보다는 어리석은 풍유를 좋아한다."[65] 목사가 자기 인기를 위하거나 헛된 야망을 가지고 설교하거나 성경의 올바른 해석 없이 자기 멋대로 풍유적 설교를 하는 것으로는 결코 영혼을 살릴 수 없다.

② 목사는 기도의 사람이어야 한다.

칼빈은 기도의 사람이었다. 그는 자신의 주석과 설교 등에서 수없이 기도에 대해 강조했다. 그는 기도란 믿음의 주요한 실천이며 매일 하나님의 복을 받는 매체이기 때문에,[66] 기도 없는 신앙은 죽은 상태라고 했다.[67] 그만큼 기도를 신앙의 중요한 훈련으로 보았다.[68] 물론 여기서 기도는 무조건적인 기도가 아니라 항상 거저 주시는 하나님의 은혜에 기초한 기도여야 한다. 이에 대해 칼빈은 "하나님의 은혜로 구원 받았다는 것을 믿기 전까지 우리는 진지하게 기도할 수 없"으며,[69] 또한 "하나님의 자비에 대해 맛보는 것은 우리에게 기도의 문을 열어준다"[70]고 말했다.

그렇다고 기도를 위해 힘쓰고 노력하지 말라는 것은 아니다. 오히려 기도를 위해 항상 힘쓰고 노력해야 한다. 기도는 하나님의 복을 받는 매체이기도 하기 때문이다. 기도야말로 주님의 복음의 보물을 캐내는 것이며,[71] 절망적인 상태에서 하나님의 이름에 호소하는 것이야말로 가장 확실한 도구이다.[72] 칼빈은 특히 성직인 목사가 기도에 열중해야 될 것을 강조했다:

> 가르침과 기도, 이 두 가지는 하나로 결합된다. 하나님께서는 그의 교회에 사역자를 세우시고 기도에 열중하게 하신다.[73]
> 대부분의 사역자들이 게을러서 쇠약해지거나 절망하며 낙심하는 것은 그들이 기도의 의무를 등한히 하는데 그 원인이 있다.[74]

칼빈은 기도에 대해 강조하면서도 열광주의적인 것에 대해서는 경고한다. 기도는 진실로 말씀 위에, 하나님의 말씀을 믿는 믿음 위에 근거해야 한다. 칼빈의 이러한 권면과 경고는 오늘 우리 시대에 던지는 메시지이기도 하다.

③ 목사는 다른 사역들과 화합해야 한다.

칼빈은 목사로서의 덕목 가운데 화합을 유난히 강조했다. 그리고 성직에 대한 충성을 강조하면서 주의 종들은 자기 명성에 집착하지 말고, 항상 교회의 유익을 우선해야 한다고 했다.[75] 하지만 사역자들 중에 참으로 진실한 자를 찾기가 어렵다고 칼빈은 한탄했다. 선한 사역자는 자기와 함께 있는 자만 살필 것이 아니라, 잃은 자를 찾기 위한 수고도 아끼지 말아야 한다. 칼빈은 목사가 다른 사역자들과 화합할 때 교회에 유익이 되고, 주의 나라가 확장될 것이라고 언급했다: "무엇보다 사역자들 중에 상호 사랑이 요구된다. 이는 하나님이 교회를 세우는 일을 할 수 있도록 하기 위함이다."[76]

주님의 몸된 교회를 세우려는 동일한 목적을 가졌다면 상호이해와 협조가 선행되어야 한다. 목사가 낮은 자리에 있을 때 비로소 말씀의 능력이 살아난다.[77] 그렇지 않고 쓸데없는 야망을 가지고 자기만을 위해 사는 것은 일종의 질병이다.[78] 목사가 야망을 버리고 하나님의 영광만을 유일한 목표로 삼지 않는다면, 목사의 직무를 충실하게 수행할 수 없다.[79] 그러므로 칼빈은 목사가 참으로 하나님의 면전에서 경건한 삶을 살려고 한다면, 무엇보다 자기 유익을 바랄 것이 아니라 동료들과 더불어 주의 나라와 복음을 위해 힘써야 할 것이라고 말했다:

> 같은 동료 사역자들 사이의 거룩한 교제의 문을 닫는 것은 야망일 뿐이다.[80]
>
> 교역자가 그리스도의 유익보다 자기 자신의 유익을 추구할 때, 이는 모든 교회를 죽이는 독약이요 모든 악의 근본이다.[81]

결국 칼빈은 다른 사역자와 불협화음을 내는 원인을 탐욕과 야망 때문으로 보고, 이 탐욕과 야망이 모든 성직의 부패가 시작되는 근원이라고 못 박았다.[82]

8. 나가는 말

우리는 지금까지 칼빈은 성직인 목사를 어떻게 이해했으며, 그의 목사로서의 삶과 목회 철학에 대해 주로 그의 주석과 설교집, 『기독교 강요』를 중심으로 살펴보았다. 서론에서도 언급했거니와, 칼빈은 위대한 교의학자요 탁월한 성경 주석가로서 매우 잘 알려져 있지만, 상대적으로 그의 목회자로서의 삶은 많이 연구되지 못했다. 하지만 사실 칼빈은 목회자요 설교자였다. 그의 종교개혁은 결국 강단에서 하나님의 말씀을 진실히 강해하는 것을 통해 이루어졌다. 따라서 오늘날 한국 교회는 칼빈 신학의 핵심도 배워야 하겠지만, 무엇보다 그의 목회적 모범과 목회철학을 본받아야 할 것이다. 그리할 때 한국 교회는 비로소 보다 건전하게 성장할 수 있을 것이다.

2장
칼빈의 선교론과 장로교 선교운동

전호진(캄보디아 장로교신학교 총장)

1. 들어가는 말

21세기 한국 기독교는 교회와 선교가 다 도전에 직면하면서도 선교사 파송 숫자에서는 미국 다음의 선교국가가 되었다. 한국 교회가 파송한 선교사는 교파별로는 장로교회가 가장 많다. 그럼에도 불구하고 많은 사람들은 종교 개혁자들에게 선교가 없었다고 비판한다. 그러나 이러한 비판이 일어나게 된 동기나 원인을 먼저 살펴볼 필요가 있다. 우선 무엇보다 현대 선교운동을 주도하는 소위 복음주의에 알미니안적 요소가 있음을 지적하지 않을 수 없다. 일부 복음주의 신학자들은 현대 미국 복음주의를 '칼보미니안'(칼빈주의와 알미니안 주의의 혼합)으로 표현하는데, 이는 아주 정확한 표현이다. 특히 예정론을 싫어하는 자들은 예정론과 선교는 배치되는 것이라고 주장한다. 이러한 신학적 혼합으로 인하여 복음주의자들 가운데 많은 수가 칼빈이라는 이름을 거론하는 것을 달갑지 않게 생각한다. 이것은 현대 기독교가 심각한 신학적 정체성의 위기에 직면하고 있음을 의미한다. 20세기 초기에 일부 신학자들은 "만약 종교개혁에 선교가 없었다고 한다면, 현대 복음주의에는 정통 신학이 없다"고 응수하였다. 이것은 매우 중요한 지적이다.

둘째로는 칼빈의 선교관과 현대 복음주의자들 사이에 있는 선교관의 차이를 지적할 수 있다. 칼빈과 칼빈의 후예들은 처음부터 선교를 교회 밖의 선교회가 아닌 교회의 것으로 돌렸는데, 이는 para-church 구조를 거부한 것으로 볼 수 있다. 한국에 장로교회를 세운 미국 북장로교회나 남장로교회가 대표적이다. 한국의 경우, 초교파 선교회는 성결교회를 세운 동양선교회 외에는 없다고 해도 과언이 아니다.

셋째로, 선교를 논하는 자들은 다른 나라에 선교사를 파송하는 것만을 선교로 간주한다. 물론 당시 칼빈의 교회들은 아시아에 선교사를 파송하지는 않았지만, 브라질에는 선교사를 파송하였다. 그런데도 종종 이 사실은 무시된다. 또한 국내나 이웃 나라에 목사나 선교사를 파송하는 것 역시 선교이다. 이런 점에서 칼빈은 구라파 많은 나라에 선교사를 파송하였다고 할 수 있다. 하지만 이 사실은 아예 거론되지도 않는다.

이런 시점에서 칼빈 탄생 500주년을 맞이하여 '칼빈이 부활' 하는 것은 반갑기 그지없다. 2009년 3월 23일자 타임지는 세계를 변화시킨 10대 아이디어 중에 세 번째로 신칼빈주의를 들었다. 이것은 복음주의와 장로교회의 상황을 잘 묘사하는데, 곧 "칼빈주의 후손의 자유주의적 기독교인 미국장로교회(the Presbyterian Church U.S.A.: 속칭 연합장로교회)는 다른 강조점을 발전시킨 반면, 복음주의는 엄격한 교리에 대한 욕구를 상실하였다. 그와 함께 친구가 되면서도 모호한 예수관이 지배한다. 복음주의는 딱딱한 개혁주의 설교를 소수의 변덕스러운 남부교회로 밀어내고 말았다"고 지적하였다.[1]

이런 때에 최근 몇몇 미국 남침례교 신학자들이 칼빈의 선교를 변호한 것은 대단히 기쁜 일이다.[2] 그런데 불행히도 금년에 들어와 어떤 남침례교 신학교가 칼빈주의자들을 교수직에서 배제하려고 한다는 소문이 나서 당사자들을 불안하게 했다. 하지만 이런 와중에도 남침례교 신학교 총장 묄러는 "만약 칼빈이 선교를 부정하였다면, 그는 복음의 대적자라는 것을 의미한다"고까지 말하면서 칼빈을 변호했다. 칼빈은 신학자였을 뿐만 아니라 그가 세운 제네바 아카데미는 선교의 거점 노릇을 하였다. 심지어 혹자는 칼빈을 선교의 디렉터(Director)라고까지 말하였다. 이 글은 이러한 칼빈의 선교운동과 전 세계적으로 일어난 장로교의 선교운동에 대해 간략하게 다루고자 한다.

2. 칼빈에 선교가 없다는 주장

종교개혁자들에게는 선교가 없다는 주장을 처음으로 제기한 자는 종교개혁 시대 때 로마 가톨릭의 추기경 로베르토 벨라드미노(Roberto Bellarmino:1542-1621)였다. 그는 종교개혁을 이단으로 몰면서 비난하였지만, 사실 그의 비난은 공정성과 객관성에 문제가 있었다. 그럼에도 이것이 가톨릭이 개신교를 적대시하는 신호탄이 되었다. 역사적으로 가톨릭은 다른 기독교를 원천적으로 인정하지 않고 도리어 잔인하게 박해하였다. 즉, 기독교의 다양성을 거부한 셈이었다. 또 당시 세계 선교는 로마 교황청에 의해 주도되었는데, 교황청은 가톨릭교회를 세우기 위해 가톨릭 국가인 스페인과 포르투갈을 앞세워 세계를 정복하게 하였다. 반면 당시 종교개혁의 교회들에는 그런 정치적 힘이 없었다. 하지만 그렇다고 해서 선교정신까지 없었다고 보는 것은 잘못된 편견이다. 다만 개혁자들에게는 성경적 기독교회를 회복하는 것이 보다 급선무였을 뿐이다.

"위대한 선교의 세기"인 19세기 복음주의 선교학자들이 종교개혁의 선교부재론을 들고 나왔는데, 그 대표적인 학자가 독일 복음주의 선교학자 바르넥(Gustav Warneck)이었다. 그는 『개신교 선교역사』(Abriss einer Geschichte der Protestantischen Mission)라는 그의 저서에서 개혁교회의 선교부재의 이유로서, 개혁자들은 ① 교회내부 개혁에 몰두하여 교리와 윤리의 회복에 비중을 두었고, ② 가톨릭과의 투쟁에 전념하며, 군사적으로나 정치적으로 수세 입장에 있었고, ③ 이단 논쟁에 여념이 없었는데, 특히 교황과 터키(이슬람)을 적그리스도로 간주하였고, ④ 종말이 곧 온다고 믿었고, ⑤ 일부는 선교를 사도들에게 국한된 것으로 생각하였고, ⑥ 기존신자들을 복음주의 신앙으로 회심시키는 것을 선교로 생각하였고, ⑦ 선교지가 가톨릭 점령 아래 있어서 선교지와 접촉이 불가능했다는 것 등을 들었다.[3] 바르넥이 지적한 것은 반드시 칼빈에게 해당되는 것이 아니라 포괄적으로 종교개혁자들과 그 후손들을 염두에 둔 것이었다. 그러나 개혁자들의 시대를 보는 그의 견해에서 중요한 것은 개혁자들이 '터키'를 적그리스도로 보았다는 대목이다. 지금 서구에서나 한국에서 과격 이슬람을 무서운 세력으로 보는데, 이것은 대 이슬람관이 종교개혁으로 돌아가는 것이라 할 수 있다고 생각한다.

바르넥의 이론을 토대로 하여 예일 대학교 교수 라토렛은 몇 가지 이유를 더 첨가시켰다. 그는 "16세기 가톨릭 선교활동의 전성기에 개혁자들은 구라파 외에 신앙을 전파하려는 노력이 전혀 없었다"고 개탄했다. 특히 라토렛은 종교개혁자들은 선교의 수단인 소달리티(sodality: 파라처치)가 없었다고 지적했다.[4]

이런 라토렛의 견해에 일부 개혁주의 선교학자들도 동의한다. 기독교

개혁파 교회(Christian Reformed Church)의 선교학자 보어(Harry Boer)와 리더(De Ridder)도 종교개혁자들의 교회관은 16세기 신앙고백과 요리문답에서 나타난 것처럼 교회의 정의를 만족하게 제시하지 못하였다고 지적한다. 이 신앙고백은 하나님께서 뜻하신 교회의 사명이 무엇인지를 논하지 못했다고 하면서, 개신교의 선교부재를 말씀, 성례, 권징과 같은 개혁주의 교회관 탓으로 돌린다. 물론 이 두 학자는 칼빈에게조차 선교가 없다는 말은 하지 않는다. 대신 다른 개혁자들에게서는 선교가 부재한다고 비판한다.

대부분의 자유주의 신학자들 역시 이구동성으로 이와 비슷한 주장을 한다. 동경신학대학 조직신학교 교수 가츠히코는 일본에서 아주 잘 알려진 복음주의 학자로 통한다. 나는 일본복음선교회 이사장으로서 동경에서 한국 선교사를 대상으로 한 세미나에 그를 강사로 초청한 적이 있는데, 튜빙겐 출신의 학자이면서도 독일 신학을 신랄하게 비판하는 그에게 놀라움을 금치 못하였다. 그는 기독교를 '전도적 기독교'라고 정확하게 말하면서도, "예수회는 동양의 끝까지 전도를 하였는데 비해 종교개혁자들의 의식에는 전도가 전혀 없었다"고 말한다.[5] 풀러신학교 선교학 교수들도 모두 이러한 입장을 취하는데, 유감스럽게도 한국의 많은 신학 교수들 역시 여기에 동조한다.

3. 칼빈의 선교부재에 대한 오해 원인

칼빈에게 선교가 없다는 것은 신학적 오해 때문이다. 즉, 칼빈이 강조한 하나님 주권사상과 예정론이 선교를 배제한다는 것이다. 다시 말해, 하나님이 야곱은 사랑하시고 에서는 버리셨다면, 불택자(不擇者)들에게 전도할 필요가 있겠느냐는 것이다. 이는 윌리암 케리의 선교를 자제시킨 한 목사의 충고가 나쁘게 인용된 경우이다. 당시 신학교육이나 선교에 대한 교육이 전무한 케리가 쿡 선장의 인도(India)에 대한 책을 읽고서 인도 선교를 결심하게 되었지만, 케리가 출석하는 장로교 목사는 "만약 하나님께서 인도 영혼을 구원하시기로 예정하셨다면 자네가 가지 않아도 되네, 진정하게"라고 말하였다고 한다. 이것이 후일 장로교에는 선교가 없다는 비난거리로 자주 인용되곤 한다. 하지만 이에 대하여 장로교 사람으로 변호하자면, 당시 교육을 중시하는 장로교 전통에서 교육 배경이 전혀 없는 케리를 선교사로 추천하는 것이 어려웠기 때문에 그렇게 말했을 수 있다. 그래서 "장로교 선교는 고등교육을 아주 중요시 여긴다. 이것이 독특한 것은 아니지만 중요하다"고 존 록스브로는 정확하게 지적한다.[6] 물론 이후 케리는 선교역사에서 엄청난 일을 감당하였다. 하지만 그렇다고 모든 사람들이 다 그와 같은 능력을 보이는 것은 아니다. 일례로 현대 평신도 선교 혹은 전문인 선교는 많은 문제를 야기하고 있다.

하나님은 선교의 수단도 예정하셨다. 즉 구원의 역사는 들음에서 나온다고 했다. 따라서 예정도 선교라는 수단을 통하여 실현되는 것이다. 예정론의 신학자 바울은 위대한 전도자이자 선교사였다(롬 10:14-15). 칼빈에게 선교가 없었다면 오늘날 아프리카나 아시아, 남미 대륙에 장로교회가 세워지지 않았을 것이다. 화란과 미국의 개혁주의 전통에서 많은 선교학자들이 나온 것은 또 어떻게 해석할 것인가?

하지만 불행하게도 과격한 칼빈주의는 선교를 배제할 위험이 있는 것도 사실이다. 20세기 초 미국 개혁파 교회 내에서 일어난 보통은혜(Common Grace)에 대한 논쟁은 선교를 약화시키는 대표적인 신학으로 회자되고 있다. 과격 칼빈주의자로 알려진 Hoeksema는 하나님이 이방인에게 은혜를 베푸신다는 개념은 비성경적이라고 규정한다. 그는 복음전파는 유기자들에게 은혜가 되지 못할 뿐 아니라 하나님은 이것을 의도하시지도 않았다고 함으로써 전도의 중요성을 부정하였다. 당시 일부 개혁자들 역시 선교라는 대사명을 사도들에게 국한시킨 것도 사실이다. 그리고 이미 복음이 온 세상에 전파된 것으로 오해하기도 했다.

한편, 종교개혁 교회는 초교파 선교회인 교회 밖의 선교회(para-church) 구조를 거부하고 선교를 교회에 예속시킴으로써 선교 부재라는 비판을 받기도 한다. 가톨릭 선교는 교황청에서 독립된 많은 선교회가 주도하였다. 예수회를 위시한 프란시스코 수도회 등은 수도원이면서 동시에 선교회였다. 케리는 그의 저서 *An Inquiry into the Obligations of Christians to Use Means for the Conversion of the Heathen*(1792)에서 하나님은 인간의 수단 없이도 적당한 시기에 이방인을 개종시킨다는 당시의 과격 칼빈주의(hyper-Calvinism)를 비판했다. 또한 그는 종교개혁 교회는 천주교의 수도원 같은 선교기관, 즉 수단을 무시한다고 역설했다.

그런데 칼빈이 『기독교 강요』 4권에서 수도원을 부정적으로 본 것은 사실이지만, 그렇다고 선교까지 부정적으로 본 것은 아니었다. 오히려 칼빈은 선교를 강조했고, 후일 개혁파 교회나 장로교는 칼빈에 따라 선교를 교회에 귀속시켰던 것이다. 한국에서 장로교회가 많은 선교사를 파송한 것도 이러한 전통에서 나온 것이다. 미국 장로교회는 1830년대 찰스 하지의 영향으로 초교파 선교회인 미국해외선교회(American Board of Commission for Foreign Missions)를 탈퇴하고 장로교 선교부를 세웠다. 하지는 조직신학자이면서도 선교는 교회에 속한다고 하면서 파라처치 구조를 거부하였다.

장로교나 개혁파 교회가 선교에 약하다는 비난은 영적 다이내믹이 비교적 적다는데도 원인이 있다. 선교는 성령운동의 결과이다. 무디는 "여러분, 빙산을 보기를 원하십니까? 남극으로도, 북극으로도 가지 말고 장로교회로 가 보십시요"라고 하면서 장로교의 영적 침체를 비난하였다. 개혁주의 신학과 신앙은 교리와 합리적 신앙에 치중하는 경향이 있는데, 이는 영적 다이내믹의 결여를 초래할 수 있다는 점에서 반성의 여지가 있다.

3. 칼빈의 신학은 선교신학의 기초를 제공한다

그러나 종교개혁의 신학이 현대선교 신학과 실천에 초석을 제공했음은 부인할 수 없다. 종교개혁에 선교가 없다고 처음 주장한 바르넥도 개신교는 선교는 하지 않았으나 선교 메시지의 내용을 다시 밝혀 주었다고 했다. 특히 만인제사장 원리는 선교에서 평신도 운동을 일으킨 원동력이라고 하였다. 나아가 그는 "결론적으로 우리들의 선교는 종교개혁의 딸"이라고 하였다.

칼빈은 현대선교에 신학을 제공하였다. 그는 『기독교 강요』 I.3.1-2에서 '이마고 데이'(*Imago Dei*)에 대해 논했는데, 이 이론을 기초로 바빙크(J. H. Bavinck)는 엘렝틱스(Elenctics)를 발전시켰다.[7] 화란의 개혁주의 신학자 보에티우스 또한 성경에 기초하여 선교이론을 발전시켰다. 이 외에도 화란 개혁주의 교회에서 많은 선교이론가들이 배출되었는데, 이런 점에서 칼빈의 신학이 선교신학의 기초가 되었다고 할 수 있다.[8] 뿐만 아니라 현대에 와서도 개혁주의 신학자들이나 선교학자들이 선교이론과 전도론을 많이 발전시켰다.[9]

특히 19세기 선교이론의 기초가 된 자립, 자치, 자력전파의 3자 원리는 영국 국교회 선교지도자 헨리 벤과 미국 회중교회 출신 선교부 총무 루푸스 앤더슨이 동시에 발전시킨 것이었다. 존 네비우스는 이 원리를 중국에서 실천하고 한국에 가르쳐 주었다. 화란 개혁주의 신학자 아브라함 카이퍼는 이 3자 원리에 감화를 받고 사회봉사의 선교에서 교회선교로 이론을 바꾸었다고 한다. 독일의 한 선교학자는 이 3자 원리의 이론적 배경이 칼빈주의 신앙고백과 밀접한 관계가 있다고 주장했다. 즉 엄격한 종교개혁의 신앙고백에서 3자 원리가 도출되었다는 것이다.[10]

 20세기 초기부터 서구의 많은 신학자들은 개혁자의 선교사상을 적극적으로 변호하였다. 특히 칼빈의 신학은 하나님 주권사상이지만, 성경적 기독교회의 회복과 재건이기도 했다. 또한 칼빈은 앞서간 종교개혁자들의 신앙과 신학을 수용하면서도 동시에 자신의 『기독교 강요』를 통하여 평신도를 위한 신학을 발전시켰다. 독일신학자 겐지헨(D. H. W. Gensichen)은 "종교개혁자들을 언급하지 않고는 선교역사를 논할 수 없고, 또 개혁자들의 선교신학을 언급하지 않고 종교개혁 역사를 기록할 수 없다"고까지 하였다.[11] 불트만의 제자 홀스텐(Holsten) 역시 종교개혁자들을 현대선교의 선구자로 간주했다. 그러면서 현대선교가 종교개혁에 선교가 없다고 비난한다면, 반대로 현대선교에는 종교개혁이 없다고 응수했다. 그의 말을 인용하면 다음과 같다:

> 지금까지 종교개혁과 선교의 관계를 연구한 대부분의 사람들은 종교개혁의 선교개념을 전혀 무시하고 있다. 이들은 현대적 선교개념을 유일하고도 합법적인 것으로 생각하고 현대의 선교형태를 표준으로 단정한다. … 그러나 종교개혁이 현대선교의 심판대 앞에 설 때에 전혀 다른 결론이 내려진다. 현대 선교개념을 가지고 종교개혁을 문제시할 것이 아니라 종교개혁의 입장에서 현대 선교를 논해야 한다.[12]

선교는 메시지가 중요하다. 현대 복음주의 운동은 복음주의라는 용어가 마치 19세기에 시작된 것으로, 혹은 웨슬리에서 시작된 것으로 말한다. 그러나 복음파 혹은 복음주의라는 용어는 19세기 복음주의가 아니라 루터에게서 시작되었다. 루터는 자신이 시작한 교회가 루터 교회라는 비난을 받자, 그것은 루터 교회가 아니라 복음적 교회라고 주장하였다. "세수하기 전에 얼굴은 어디 있었느냐?"고 물었다는 루터의 에피소드는 유명하다. 실제로 독일에서 Evangelische Kirche는 루터 교회로 통한다.

루터를 이어 에라스무스와 칼빈이 복음적 혹은 복음파라는 용어를 사용하였다. 에라스무스는 당시 "스트라스부르그의 위복음파를 논박한다"는 내용의 글을 썼다. 그는 종교개혁자들을 복음주의자 혹은 복음파라고 불렀다. 이것은 당시 개혁자들이 가톨릭의 교회적(ecclesiasticus)이라는 말에 대립하여 의도적으로 복음주의적(evangelicus) 혹은 복음파(evangelici)라는 말을 더 즐겨 사용한 데서 기인한다.[13]

칼빈 역시, 비록『기독교 강요』의 프란시스 왕에게 보내는 라틴어판 서문에는 복음과 관련한 용어를 사용하지 않았으나(영문판 서문에는 'Persecuted evangelicals' 라는 말이 나온다), 1543년에 쓴『교회개혁의 필요성』(De Necessitate Reform Ecclesiae)에서는 복음을 잘 설명하고 이방에게 전하는 사명에 대해 강조하였다. 또한 사람은 행위가 아닌 믿음으로 하나님 앞에서 의롭게 되는 것(Justus Coram Deo)이라고도 역설했다.[14] 그는 특히 로마 가톨릭이 복음적 교리에서 떠나 불경건한 것으로 소요를 만들었다고도 말했는데(ex Euangelii doctrina impios tumultuandi occasionem), 여기에서 복음이라는 단어를 많이 사용하였고 루터를 굉장히 칭찬하였다. 이런 점에서 복음파 혹은 복음주의를 19세기 부흥운동의 산물로만 보는 것은 신학적으로 문제가 있다고 하겠다.

이제는 칼빈의 신학이 선교의 신학임을 인정해야 한다. 칼빈주의란 성경의 원리에로의 환원을 의미한다. 성경의 구원관을 체험한 자는 그 신앙을 사유화하지 않고 나누어 가진다. 아브라함 카이퍼는 1890년 암스텔담에서 열린 개혁파 교회의 첫 선교대회 강의에서 교회선교는 칼빈에게서 시작하였다고 하였다. 버그(Berg)도 말하기를 "칼빈주의 신학과 구원론 사이에 원만한 조화가 있을 때 선교활동이 가능하다. 신학 논증에만 힘쓸 때 영혼구원의 정열이 메마르고 구원에만 치우칠 때 신비주의로 떨어진다. 칼빈주의에는 선교가 있다"고 하였다. 사실 칼빈의 교리는 차갑고 정열 없는 도덕 강령과 추상적 예정교리가 아니라 하나님의 구원 은혜에 대한 놀라운 신비에 두려워 떠는 것이다. 독일학자 라바테르(Hans Rudolf Lavater)가 잘 지적했듯이, 칼빈은 선교를 하나님께서 우리에게 맡기신 부(富)를 다른 사람과 나누어 가지는 것에 비유하였다.

칼빈은 복음이 한 구석에 머물지 않고 오히려 온 세계에 퍼져야 한다고 역설했다. 칼빈에게 있어서 선교지는 지리적으로 한정되지 않았다. 온 세계가 선교지였다. 칼빈은 온 세상 사람이 예수를 구주로 믿도록 교회가 기도해야 한다고 강하게 말했다. 이방의 구원에 대하여 칼빈은 다음과 같이 말한 것으로 전해진다: "우리는 우리 자신의 구원으로만 충분하지 않다. 오히려 하나님의 지식은 온 세상에 나타나야 하며 모든 사람은 하나님의 지식에 참여해야 한다. 우리는 고통을 참고 방황하는 자들을 구원의 길로 인도해야 한다."

칼빈은 루터나 부서와 마찬가지로 아직 이방 나라에 복음이 전파되지 않은 것을 잘 알았다. 그는 마태복음 24:14 주석에서 그리스도의 이름을 듣지 못한 멀리 있는 백성들을 의식했으며, 이사야 45:14 주석에서는 "스바의 장대한 족속들이 다 내게로 돌아온다"는 것을 선교로 이해하였고, 말라기 4:3 주석에서는 그리스도의 나라는 하나님의 뜻대로 땅에서 시작되었으니 곧 복음이 온 땅에 퍼질 것이라고 하였으며, 이사야 12:4 주석에서도 "신자는 하나님의 영광을 한 사람에게가 아니라 모든 사람에게 말해야 하며, 한번만이 아니라 평생 동안 해야 한다"고 했다. 프라이(George Fry)는 칼빈의 선교운동에 대해 잘 지적했다:

> 칼빈을 위대한 신학자, 위대한 교회 행정가, 진지한 교수 및 유능한 저술가로 생각하는 전통이 있었다. 그러나 마르틴 루터와 요한 웨슬레와 함께 칼빈은 현대 교회사에서 가장 성공적인 전도자였다. 칼빈은 단순히 제네바 도시를 개종시키거나 불어 사용의 스위스의 산 지방을 회개시키는 것이 아니라 유럽의 전도자가 되어 복음주의 신앙을 스코틀랜드에서 트랜실바니아까지 전했다. 이러한 성공은 신학과 전도의 기술적인 통합을 통하여 달성된 것이다. 칼빈이야말로 전도자로서 신학자가 된 우수한 예이다.[15]

프라이는 전도에 대한 칼빈의 인식을 다음과 같이 다섯 가지로 요약하였다: 첫째, 신학과 전도는 인과관계에 있다. 둘째, 개인전도가 교회의 가장 시급한 일이다. 셋째, 교리적 전도는 사회적으로 신자의 적응을 요하는 사업이다. 넷째, 교회는 계획성 있는 전도를 해야 한다. 다섯째, 목회가 교회에서 가장 중요하다.

영국이 유명한 설교가 스펄전은 침례교 목사임에도 뭘러는 그를 칼빈주의자라고 주장했다. 그에 의하면 스펄전은 칼빈주의를 분명하게 강조하였고 스스로 칼빈주의자라고 자처하였다. 그래서 그는 "어떻게 칼빈주의와 열정적인 전도를 조화시킬 수 있는가?"라는 질문을 받자 답하기를 "나는 결코 친구를 화해시키려고 하지 않는다"고 하였다고 한다.[16] 즉 스펄전은 칼빈주의와 전도는 적대되는 원수가 아니라 친구라고 멋지게 표현한 것이었다.

4. 칼빈의 선교운동

프라이가 지적한 것처럼 칼빈은 신학자이면서 동시에 전도자요 선교운동가였다. 필립 휴는 칼빈을 "선교의 디렉터"라고 하였는데, 이는 대단히 의미 있는 말이다.[17] 칼빈은 제네바 아카데미에서 목회자와 선교사를 양성하여 전 구라파에 파송하였다. 제네바는 "칼빈의 지도하에서 광대한 선교사업의 본부가 되었다." 온 유럽의 개신교 피난민들이 제네바로 피신하였는데, 그것은 단순히 신변의 안전만을 위한 것이 아니라 칼빈에게서 종교개혁을 배워 고국으로 돌아가서 복음을 전하기 위함이었다. 브리안 드종은 제네바 아카데미가 선교적 목회자를 훈련시켰다고 하면서, "제네바에서 칼빈은 영적인 것만 관심을 가진 것이 아니다. 칼빈은 설교, 교육, 저술 외에 제네바 시의 도움이 되기 위하여 봉제 산업도 발전시켰다"고 말했다.[18]

1555년 제네바의 *Register of the Company of Pastors*에 의하면 당시 프랑스를 위시한 전 유럽에 파송된 목회자 선교사의 명단이 있다고 한다. 1566년에 이 명부에는 88명의 이름이 등록되어 있고, 또 다른 기록에는 한 해에 무려 142명의 선교사를 파송하였다는 기록도 있다. 이 중에서도 특히 프랑스에 많은 선교사들이 파송되었고, 이로 인해 프랑스에 개신교 신자가 3백만을 넘게 되자(당시 프랑스의 전체 인구는 2천만이었다) 가톨릭이 엄청난 박해를 가하기 시작했는데, 이 때 일어난 전쟁이 1562년의 위그노 전쟁이었다.[19]

선교사 파송은 유럽에만 국한되지 않고 남미의 브라질까지 나아갔다. 앞의 명부에 의하면 1556년 8월 25일 제네바의 한 개혁그룹은 위그노파 해군장군 콜리그니(Gaspard de Coligny)의 후원으로 선교사 수 명을 브라질에 파송하였다. 이들은 리우데자네이루에 도착 즉시 콜리그니와 칼빈에게 목사와 신자를 더 파송하여 줄 것을 요청했고, 칼빈은 그들의 요구대로 몇 사람을 파송했다. 하지만 그 중 빌레가그논(Vilegagnon)은 로마교로 복귀하고 나머지는 순교당하고 말았다. 단지 레리(Lery)란 사람만 구사일생으로 귀환하여 신학을 하고 개혁교회의 목사가 되었는데, 후일 그는 『브라질 항해사』(Historie d'um vogage fact dans le pays du Bresil)를 저술했다. 만약 이들의 선교가 성공했더라면 브라질은 개신교가 기반을 잡았을지도 모른다.

5. 장로교 선교운동

칼빈의 장로교와 개혁주의는 시작하면서 선교운동을 전개하였고 한국의 장로교회 역시 선교가 아주 왕성한 상황이다. 그러나 전 세계적으로 장로교회와 개혁파 교회는 신학의 양극화 현상을 보여주고 있다. 타임지는 미국의 개신교의 신학적 상황을 보수적 칼빈주의와 진보적 칼빈주의로 예리하게 분석하였다. 그러나 한 가지 분명한 것은, 남아연방 선교학자 보쉬가 말하듯이, 칼빈의 후예들이 루터교보다 선교를 더 활발하게 하였다는 것이다. 제네바에서 교육을 받은 존 낙스는 스코틀랜드의 장로교 운동에 크게 기여하였는데, 이들 장로교 신자들이 청교도들의 중심이었다고 해도 과언이 아니다. 청교도들은 잉글랜드에서도 국교회와 가톨릭에 대항하여 종교의 자유를 외쳤다. 위그노들 또한 프랑스에서 박해를 피하여 남아연방에까지 가서 개혁교회를 세웠다. 스코틀랜드에서는 장로교가 발전한 반면 화란이나 다른 일부 유럽 국가들에서는 개혁파 교회가 발전하였다. 지금도 일부 개혁파 교회들은 예배 시에 시편만 부르는데, 그것은 제네바에서 개혁교들이 부른 것을 그대로 실천하는 것으로, 한국 장로교 목사들 중에도 시편 찬송 운동을 전개하는 분들이 있다.

칼빈의 후예들은 박해를 피하여 가는 곳마다 강력한 이민 교회를 세우고 원주민들을 대상으로 선교도 하였다. 청교도였던 조나단 에드워드의 사위 데이빗 브레이너드의 인디언 선교는 너무나 영웅적이고 감동적이었다. 이를 계기로 청교도들은 인디언과 이민자들을 위하여 선교단체를 만들기도 했다.

미국으로 건너간 장로교 운동은 19세기 부흥운동과 더불어 아시아와 아프리카에까지 장로교회를 세우게 되었다. 1823년 미국에서 첫 장로교 선교사가 미국해외선교회 소속으로 시리아와 레바논으로 파송되었고, 피츠버그 대회(Synod)는 1832년에 태국에 선교사를 파송하면서 서부해외선교회를 조직했다. 이미 언급한 바와 같이 유럽의 장로교회는 1837년 장로교 선교회를 조직하고 곧 44명의 선교사를 파송했다. 1858년에 시작된 북미연합장로교회는 특히 이슬람 국가에 많은 선교사를 파송했으며, 1861년에 미국 장로교회에서 분리된 남장로교회(남북 전쟁으로 미국 교회도 남북으로 분리됨)는 중국, 브라질, 인도, 태국, 필리핀, 한국, 일본, 과테말라, 멕시코, 에티오피아, 카메룬, 콩고, 이집트, 수단, 파키스탄 및 레바논에 선교사를 파송하였다.[20] 한국 장로교회는 선교역사에서 가장 괄목할만한 성장을 이룬 교회로 기록될 것이다.

미국 장로교는 초기 단계에는 초교파 선교회에 참여하지만 나중에는 교단 선교회를 조직하여 선교사를 파송하게 된다. 미국해외선교회(약칭 A.B.C.F.M.)는 대표적인 초교파 선교회이다. 장로교회, 회중교회, 침례교회, 화란 개혁파 교회 그리고 감리교회까지 이 선교회에 참여했다. 한편 1796년에 형성된 뉴욕선교회는 장로교, 화란 개혁파 교회, 침례교회로 구성되었다. 그러다가 1799년 장로교는 단독으로 선교회를 조직하게 되었다.

처음에는 장로교 내의 개인들과 교회나 노회 등으로 구성되었지만, 1802년의 피츠버그 대회(Synod)부터 서부선교회를 조직하여 인디언들과 임시거주자들을 대상으로 선교를 하기 시작했다. 초기 장로교 선교부는 서부 개척자들과 교회가 없는 지역의 선교는 물론, 인디언 및 흑인들을 대상으로 한 선교도 하였다. 1809년에는 총회선교잡지(The General Assembly's Missionary Magazine)를 발행하였으며, 화란 개혁파 교회도 이 시기에 선교에 관심을 가지고 캐나다에 6명의 선교사를 파송하였다.[21]

1837년 미국 장로교회가 초교파 선교회인 미국해외선교회를 탈퇴하고 독자적으로 장로교 해외선교부를 설립할 때 조직신학자 찰스 하지가 막강한 영향력을 행사했다. 이 당시 미국 장로교회에서는 구학파와 신학파 간의 신학논쟁이 일어났는데, 이것이 선교운동에도 영향을 준 것이었다. 구학파에 속하는 하지는 선교를 para-church에 속하는 것이 아니라 교회(개체교회, 노회, 총회)에 속한다고 강하게 주장했다:

> 우리는 세계를 복음화하는 일이 광범위한 의미에서 교회에 속한다는 것을 인정한다. 선교를 수행하는 권한은 노회, 대회, 총회에 있다. 하나님의 백성인 교회는 세상을 복음화해야 하는 모든 권한을 가진다. 이러한 목적을 위하여 사용되는 가장 중요한 수단은 이방인들에게 복음을 전하는 복음의 설교자들이다. 선교업무를 수행함에 있어서 완전한 기구를 갖춘 교회만이 권리가 있고, 자발적인 선교회는 선교의 세속적인 분야를 담당한다.[22]

하지의 이 사상은 선교의 수단은 교회에 속한다는 칼빈의 사상과 일치한다. 풀러신학교 선교학 교수 폴 피어선은 장로교 선교의 전략을 대체로 전도와 교회개척에 중점을 두면서 원주민 사역자 위주로 선교하는 것이라 말했다. 이것이 성공을 거둔 대표적인 곳이 한국 교회이다. 한국 교회의 네비우스 전략은 이 원리의 가장 대표적인 케이스이다.

6. 장로교 선교신학

장로교 선교신학은 선교에서 성경을 강조한다. 바르넥은 영미 선교가 개인위주의 선교와 성경강조의 선교로 국가교회의 대륙 선교보다 앞섰음을 인정한다. 물론 위에서 언급한 앤더슨과 벤 역시 바울 선교에서 자립 원리를 발전시키긴 했지만, 장로교 선교학자들이 다른 복음주의 선교학자들보다 앞서 성경원리를 강조했다고 할 수 있다. 이는 장로교 선교학자들의 성경관이 보다 전통적인 입장을 고수했기 때문이다.

장로교 선교신학은 선교의 목적을 하나님의 영광과 하나님나라의 확장에 두었다. 이점에서 이방인의 회심을 강조한 알미니안적 복음주의와는 다르다. 시카고신학교 선교학 교수인 비버는 18세기 이전까지만 해도 선교의 목적이 하나님의 영광이었는데, 18세기 이후 부흥운동과 더불어 회심이 선교의 주목적으로 전환하였다고 말한다. 그럼에도 장로교는 선교전략보다는 이방인들에게 복음의 메시지를 선포하는 선포신학(proclamation theology)을 중시했다. 여기에는 물론 심판의 사상이 많이 강조되었다. 즉 복음을 듣고도 믿지 않을 때 그에 상응하는 책임이 따른다는 것이다. 이에 비해 복음주의는 신앙의 경험과 설득(persuasion)을 강조했다. 즉 좋은 전략은 얼마든지 전도와 교회성장을 가능하게 한다는 것이다. 한편 자유주의는 현존(presence)에 비중을 많이 두었다. 즉 말 없는 신자의 삶과 행위가 곧 전도라는 것이다.

그렇다고 장로교가 회심의 경험을 전혀 배제한 것은 아니다. 오히려 장로교 전통 역시 뜨거운 신앙체험과 회심을 강조했다. 영국의 청교도 목회자 리처드 백스터와 존 번연은 회개하지 않은 이방인에게 회심을 호소했다. 백스터는 1672년 *Call to Unconverted*를, 동일한 청교도인 조셉 얼라인(Joseph Alleine)은 *Alarm the Unconverted*를 저술하였고, 번연의 *Grace Abounding to the Chief of Sinners*도 이 분야에서 중요한 저서였다. 그러나 알미니안적 복음주의보다 회심의 강조가 적은 것은 사실이다.[23]

다원주의 신학이 시대적 유행이 된 오늘날의 상황에서 전통적 장로교는 타종교와 타협하지 않으며 다원주의 신학을 단호히 거부한다. 19세기 후반 트뢸취의 종교사학이 기독교 신학에 막대한 영향을 주었고, 1893년에는 시카고에서 세계종교대회가 개최되어 타종교 지도자들이 초청되기도 했다. 이러한 다원주의적 접근에 대하여 장로교 선교학자이자 운동가인 아서 피어슨은 『선교의 위기』라는 책에서 다원주의 신학에 대해 신랄하게 비판했다. 신학적 자유주의가 곧 심각한 선교의 위기를 초래한다고 강조한 것이었다. 그는 물론 시카고 종교회의 참석을 거부했다. 더불어 이 대회는 안방에서 적들이 춤을 추도록 자리를 깔아주는 것이라고 맹렬하게 비난했다. 그의 비판은 예리하게 적중한 셈이다. 왜냐하면 십여 년 전 가톨릭 Orbis 출판사는 당시 시카고 회의에서 타종교인들이 기독교에 대해 비판한 글들을 모아서 『타종교가 보는 기독교』라는 책을 출판했는데, 이 책이 최근까지 자유주의 신학교에서 종교신학의 교과서가 되어 왔기 때문이다.

중국에서 네비우스 선교사는 한국과 중국에 있는 다른 종교에 대해 배타주의 모델에서 논하는 것을 서슴지 않았다. 그는 중국의 문화는 긍정하고 종교는 거부하는 입장이었다. 네비우스는 중국의 유교, 불교, 도교 등을 잘 분석한 후 이 종교들의 도덕적 가치는 긍정했다. 그러나 바울의 로마서 1장을 기초로 하여 비기독교 종교는 하나님의 계시와 진리를 거짓으로 바꾸었다고 하면서 철저히 개혁주의 신학을 천명했다:

> 중국의 종교는 타락한 인간의 영광이요 동시에 수치이다. 이 종교들은 최고의 진리를 찾으려는 인간의 노력이다. 그러나 자연의 빛으로 조명된 진리의 영역은 부분적이고 불완전하다. 중국의 종교들은 신의 인격, 신과 인간과의 관계, 영혼의 본질, 내세에 관하여는 불완전하게 이해하거나 관심이 없다.[24]

네비우스가 지적한 불교는 캄보디아에도 그대로 적용되었다. 캄보디아는 소승불교국가였다. 하지만 정작 캄보디아 사람들은 불교에 대해 몰랐을 뿐 아니라 영혼의 본질이니 내세니 하는 것에 대해 전혀 관심이 없었고 오직 현세에서 잘 살기 위해 축복의 신에게 비는 열심만 있었을 뿐이다. 그래서 집집마다 '복신'을 모셨다. 이는 일종의 신주단지에 불과했다. 한편 네비우스는 유교에 대해서는 비록 형식주의이며 자연숭배의 종교지만 중국인들에게 도덕적 체계와 가치관을 제공하였음을 인정했다. 흥미로운 사실은 네비우스는 불교와 천주교의 유사점을 거론하면서 이 두 종교는 사람을 하나님으로부터 떠나게 하는 것이라고 말했다는 것이다:

> 불교와 천주교에는 똑같이 최고의 그리고 무오한 수령이 있으며 승려와 신부의 독신, 수도원과 수녀들, 알지 못하는 언어로의 기도, 성자와 중보자에게 기도하는 것, 처녀에게 아이가 탄생하였다는 신앙, 죽은 자를 위한 기도, 염주를 사용하면서 기도문을 반복하는 것, 공덕사상, 금욕과 육체적 상해, 형식적인 매일의 예배, 부적과 촛불, 성수 뿌리는 것, 절하는

것과 행진과 역 행진 등이 있다. 또 양자에는 금식일과 축제가 있으며, 종교적 행진과 신상과 그림 및 전설이 있고, 또한 유물을 숭배한다. 이 두 종교는 놀랍게도 다른 환경의 인종과 문명과 종교적 지성에 따라 적용된 것이지만 인류의 거의 4/5를 영적 노예로 사로잡아 인간들의 종교적 본능과 사악한 인간본성의 전도(perversions)를 충족시키고 예배의 대상을 제공하지만 사실은 인간영혼을 하나님에게서 떠나게 한다.[25]

장로교의 이러한 신앙과 신학사상은 특히 일본에서 잘 입증되었다. 즉 일본 대부분의 교회들이 국가신도에게 굴복할 때 남장로교회의 중앙신학교(현 고베 개혁파신학교)만이 신사참배를 거부하고 용감하게 문을 닫았던 것이다.[26] 그러나 불행히도 모든 장로교 신학자들이나 선교학자들이 배타주의 모델을 고수한 것은 아니다. 오히려 더 많은 학자들이 대화신학과 다원주의 신학을 발전시켰다. 예를 들어 20세기 초 현대주의와 근본주의 논쟁에서 로버트 스피어는 성취설에 가까운 입장을 취하였다. 이에 메첸과 다른 보수주의 지도자들이 반기를 들고 독립장로교 선교부를 창설하였다. 그리고 결국 진보적인 미국연합장로교회는 선교의 약화를 초래하게 되었다.[27] 존 힉 역시 장로교 목사이면서도 기독교의 절대성을 거부하고 종교다원주의를 외쳤다. 그의 종교다원주의 신학은 예수 그리스도의 절대성을 부정하고 모든 종교에 구원이 있다고 주장한다. 소위 "모든 종교의 민주화"를 외친다.[28] 그런데 이러한 힉의 신학이 오늘날 선교지 교회에 큰 영향을 주고 있다. 즉, 오늘날 선교지에서는 전도보다 대화를 우선시하는 교회들이 증가하고 있다.

일부 역사가 오래 된 장로교회들은 복음주의적 신생교회를 박해하는데 앞장서는데, 스리랑카의 장로교회가 대표적인 예이다. 이런 점에서 장로교 선교신학이 보이는 양극화 현상은 장로교회가 당면한 중요한 과제라 할 수 있다. 하지만 한편으로 이것은 화해가 불가능한 것으로 보인다. 현재 세계적으로 장로교회든 개혁파 교회든 신학적으로 분열된 상태이다.

인도네시아에서는 화란의 식민지 지배로 인해 개혁파 교회가 강하다. 그러나 현재 인도네시아의 개혁파 교회는 영적으로 신학적으로 문제가 많다고 한국 선교사들은 우려한다. 필리핀에도 장로교회가 있지만, 한국 장로교 선교는 이들을 자유주의 신학이라 무시한 채 따로 '다른 종류'의 장로교회를 세웠다. 하지만 이것은 기존 장로교회로부터 엄청난 반발을 사게 되었다.

한편으로 장로교 신학이 선교지에서 해결해야 할 과제도 있다. 현재 대부분의 비서구 교회들은 오순절의 강한 바람으로 심한 타격을 받고 있다. 왜냐하면 워필드의 장로교 신학은 신유, 귀신들림, 방언 등의 종교현상에는 속수무책이기 때문이다. 폴 히버트가 말하는 중간지역, 즉 귀신, 영, 사탄 등의 문제에 대한 신학적 해답이 없다. 또한 비서구의 대부분의 선교지는 학문이 약하고 감정적이다. 따라서 합리성과 높은 학문과 성경원어를 중시하는 장로교와 개혁주의 신학은 선교지에 맞지 않다고 주장한다. 따라서 오늘날 장로교 신학은 현대 선교에서 가장 많이 말하는 소위 power encounter 문제를 어떻게 신학적으로 대처할 것인지 고민하지 않을 수 없다.

사무엘 즈웨머는 이슬람 국가에 장로교회를 세웠다. 그런데 이집트 장로교회는 비록 신학적으로 폭이 넓긴 하지만 영적 수월성과 학문적 수월성을 추구하는 학교의 모델을 취하고 있다. 캄보디아에서 한국 장로교 선교는 하나의 장로교회를 세우기 위하여 잘 연합하고 있지만 최근에는 하나의 장로교회를 결코 낙관할 수 없는 상황이 전개되고 있다. 캄보디아

장로교 신학교도 선교적 목회자와 문화적 사명을 완수하는 평신도를 양육하고자 한다. 하지만 기존의 복음주의적 캄보디아 교회들은 장로교를 전혀 모를 뿐 아니라 심지어 장로교를 이단시 하는 경향까지 있다. 뮐러는 침례교 신학자이면서도 칼빈주의자들에 대해 성경적 기독교 신학을 하는 자들이라고 말하였다.

7. 나가는 말

칼빈에게 선교가 없다는 이론은 신학적, 신앙적 편견이다. 오히려 칼빈을 포함한 모든 종교개혁자들은 참 복음과 교회를 회복시킨 사람들이다. 참 복음은 자연스럽게 전도와 선교운동을 일으키며, 구원의 확신은 본능적으로 이 경험을 남에게 전하게 한다. 동시에 교회를 회복시킨다. 칼빈은 개혁자이면서 동시에 선교 운동가였다. 제네바 아카데미 역시 선교훈련소요 선교센터 역할을 톡톡히 하였다. 이런 칼빈의 활동으로 종교개혁 때 이미 선교운동이 일어나서 구라파와 브라질에까지 선교사가 파송되었다. 이 전통을 따라 미국으로 건너간 장로교도 전 세계로 선교사를 파송하였다. 한국장로교회는 미국장로교 선교의 아름다운 열매로서 오늘날 선교사를 제일 많이 파송하는 교회가 되었다. 한국의 첫 장로교회 총회는 선교사 파송으로 시작하였다고 해도 무방하다.

장로교와 개혁파 교회는 영적 다이내믹이 없다는 비난에도 불구하고 양적으로 많은 선교사를 해외에 파송해 온 것이 사실이다. 하지만 오늘날 장로교와 개혁파 교회는 신학적으로 큰 과제를 안고 있다. 현재 선교지에서 기독교의 정체성은 심각한 위기에 직면하고 있으며, 또 비록 선교의 중력이 서구에서 비서구로 이동하였다고 말하지만 비서구 기독교가 과연 성경적 기독교로서 정체성을 유지하는지 의문시하지 않을 수 없기 때문이다. 이런 점에서 어느 교파보다 말씀중심의 교회가 되려고 노력하며 종교개혁의 전통에 충실하려고 노력하는 장로교와 개혁파 교회의 역할이 크다고 하겠다. 하지만 아쉽게도 오늘날 한국장로교회는 신학적 정체성에서 많은 문제를 안고 있다. 무엇보다 오순절 운동에 너무 많이 압도당하고 있다.

3장

칼빈 당시 제네바 교회[1]는 어떤 교회였을까?

황성철(전 총신대학교 신학대학원 교수)

1. 들어가는 말

저명한 칼빈 학자인 필립 볼머(Philip Vollmer)는 칼빈에 관해 『존 칼빈: 신학자, 설교자, 교육자, 정치가』라는 불후의 책을 남겼다.[2] 이 책 제목에서 우리는 칼빈의 사역이 얼마나 다양했었는지를 단적으로 보게 된다. 그러나 그의 다양한 사역가운데서도 신학자로서의 사역이 그 어떤 사역보다도 단연 돋보인 사역이었다. 개신교 종교개혁의 저명한 신학자로서 그의 명성은 아무도 부인할 수 없는 것이 사실이다. 특히 그가 저술한 『기독교 강요』[3]라는 한 권의 책이 거기에 결정적인 역할을 했다. 그래서 멜랑히톤(Philip Melanchton)은 칼빈을 가리켜 '그 신학자'(the theologian)[4]라고까지 불렀다.

칼빈은 고대 아리스토텔레스(Aristotle)나 중세 토마스 아퀴나스(Thomas Aquinas)에 비견되는 불멸의 신학자였다.[5] 그러나 신학자로서의 명성 못지않게 그는 유능한 목회자였다는 사실을 우리는 결코 간과하지 말아야 한다. 칼빈 자신은 실제로 자신이 이해하여 집대성한 신학을 공허한 관념의 세계에 붙들어 매 놓으려 하지 않았다. 그는 그것을 실천의 장(場)인 교회에 적용하려고 했고, 그로부터 가시적인 실질적 효과들을 친히 보고 싶어 했다. 그는 평생을 신학적 이론에 자신을 묶어두지 않고 그 이론을 실천에 옮기려고 심혈을 기울였던 실천신학자였다.

여기서 우리는 다음과 같은 하나의 학문적 호기심을 가질 수 있다: "칼빈은 자신의 신학을 자신이 목회 했던 제네바 교회에 얼마나 잘 적용을 했을까?" 그리고 "적용이 되었다면 그 적용의 효과는 어떠했을까?" 칼빈의 신학이론 – 특별히 그의 교회론 – 이 어떻게 그리고 어떤 과정을 거쳐 제네바 교회를 복음의 기초 위에 바로 세우고 나아가서 제네바 교회가 역사상 개혁 교회의 한 모델로서 자리 잡게 되었는지를 학문적으로 추적하는 것은 오늘날 개혁주의 교회들이 자신들의 정체성을 다시 한 번 뒤돌아 보는데 의미 있는 일이라고 생각한다. 나는 우선 칼빈의 교회론을 실천신학적 관점에서 간략하게 다루고, 이어서 제네바 교회를 성경적 교회로 세워나가는 칼빈의 개혁적 노력을 서술하려고 한다.

2. 칼빈의 교회론

칼빈에게 있어서 교회는 하나님의 선택하심을 받은 성도들의 공동체였다. 이 공동체는 성부와 성자 그리고 성령 안에서 서로 굳게 연결되며 모든 세대를 포괄하는 구원받은 자의 총수로 칼빈은 이해했다.[6] 그러나 그는 참으로 적은 수의 사람이 수많은 군중 속에, 그리고 몇 알의 밀알이 쭉정이 더미에 묻혀있다고 말하면서,[7] 교회는 하나님의 은밀하신 선택과 내적 부르심으로 말미암아 구성된다고 생각했다.[8]

그는 말하기를 "하나님의 은밀하신 선택과 내적 부르심을 신중히 생각해야 할 것"[9]이라고 했다. 왜냐하면 하나님께서만 "자기 백성을 아시며" (딤후 2:19),[10] 바울이 말한 바와 같이 그들에게 모두 인을 치셨기 때문이라는 것이다. 그리고 "이 은밀한 선택에 기초한 교회를 아는 일은 하나님께 맡겨야 한다"[11]고 했다.

칼빈은 선택함을 받은 자들만의 교회를 불가견교회로, 그리고 참 신자와 위선자를 다 포용하는 교회를 가견교회로 구분했다.[12] 그러나 누가 하나님의 영원한 계획 속에서 선택함을 받았는지 또는 버림을 받았는지에 관해서는 알 수 없다고 했다.[13] 그는 가견교회와 불가견교회를 실제로 구별하는 일에 주저하면서,[14] 가견교회와 불가견교회는 두 교회가 아니고 중첩하는 두 개의 동심원으로 보았다. 다시 말하면, 칼빈에게 있어서 가견교회와 불가견교회는 두 교회의 대칭이 아니라, 오히려 가견교회는 불가견교회의 필수적이며 유용한 표현이요, 우리가 금생에서 머무는 한 가견교회가 우리의 교회가 되지 않으면 안 된다는 것이었다.[15]

말씀 선포와 신자들의 성화를 위해 외적방편으로 두신[16] 가견교회에 대한 칼빈의 실제적 관심은 대단히 컸다. 가견교회로서의 제네바 교회를 개혁교회로 세우기 위한 그의 주요한 이론적 설명은 교회를 "신자의 어머니"[17]로 부른 데에 있다. 그가 그렇게 부른 이유는 "생명에 이르는 길은 단지 우리가 교회의 모태에서 잉태되고 탄생하여 그의 젖을 먹고 자라며 죽을 육신의 몸을 벗고 천사처럼 되기까지 그의 인도와 보호를 받는 것밖에 없기 때문"[18]이었다. 그는 계속해서 말하기를 "우리에게는 무지하고 나태한데다가 변덕스럽기까지 한 속성이 있는 고로 우리의 마음에 신앙이 생겨난 후 그 신앙이 돈독해 지는 데에는 외부로부터의 도움이 필요한"[19]데 그 외부로부터의 도움이 바로 교회라는 것이다.

실천신학적 관점에서 볼 때 칼빈이 이해했던 교회는 하나의 학교였다.

실제로 그는 『기독교 강요』에서 이렇게 언급하고 있다:

> 우리의 연약성은 우리가 어머니의 학교에서 떠나는 것을 허락하지 않는다. 우리는 우리의 생애가 끝나는 그날까지 그의 학교의 학생인 것이다. 더욱이 그의 품을 떠나서는 아무도 사죄와 구원을 얻을 수 없다.[20]

교회는 칼빈에게 있어서 평생 졸업이 없는 학교였다. 이러한 주장은 그의 제네바 사역에서 실제화 되었다. 칼빈은 자신의 신학을 교회라는 학교를 통하여 교육이라는 방편으로 실천했다.

3. 제네바 교회의 정체성 확립과정

1536년 칼빈이 목회자로 부임한 후 제네바 시는 본격적으로 개신교 신앙을 받아들이게 되었다.[21] 하지만 당시 제네바 시는 아직 그 신앙을 수용할만한 어떤 구체적 대안이 마련되어 있는 상태가 아니었다. 사실상 제네바 교회는 그 면에 있어서 백지상태나 다름없었다.[22] 포스터(Herbert D. Foster)는 그 당시 제네바 교회의 내적 상태를 이렇게 기술하였다:

> 칼빈이 오기 전에 유기적 공동체으로서의 제네바 교회는 실상 존재했다고 할 수 없다. 어떤 공식적인 신조나 신앙적인 훈련 체계도 마련되어 있지 않았다. 교회는 재산권 관리나 교인훈련이나 교인심사 또는 목회자를 청빙하거나 해고할 어떤 권리도 갖고 있지 못했다.[23]

당시 제네바 시 당국은 교회를 조직체로 인정하지도 않았고, 인정할 수도 없었다. 그 이유는 교회가 합법적이거나 명확하게 구축된 어떤 지위도 갖고 있지 못했기 때문이다.[24] 교회가 처한 이와 같은 상황을 파악한 칼빈은 신속하게 일련의 조치들을 취했다. 그것은 새로운 교회조직을 위하여 '규례'(Articles)와 '교리문답서'(Instruction) 그리고 '신앙고백서'(Confession) 같은 교회조직에 필요한 기초문서들을 만드는 것이었다. 칼빈은 이 문서들을 통해 바라던 대로 제네바 교회 건설의 길을 개척했다.

'규례'는 초대교회와 일치하는 참된 교회를 만들고자 한 칼빈의 열정적인 시도의 산물이었다. 이것은 국가의 일시적인 평가와는 별개로 그것 나름대로의 존재와 지위를 보전하면서 교회를 세우기 위하여 계획된 것이었다. '규례'는 이렇게 시작한다:

> 존경하는 신사 여러분, 교회는 항상 우리 주님의 성찬을 기념하고 되풀이하지 않고는 잘 정비되거나 바르게 될 수 없음이 분명합니다. 그리고 그러한 선하신 분의 통치 아래서는, 헌신과 그에 대한 진실한 존경을 갖지 않고서는 누구도 감히 자신을 나타낼 수 없습니다. 이런 이유로 교회를 흠 없이 보존하기 위해서는 출교의 원칙이 필요한데, 그것에 의해서만 하나님의 말씀에 전적으로 순종하지 않고 정중하게 복종하기를 바라지 않는 사람들을 바르게 잡는 것이 가능합니다.[25]

따라서 칼빈의 교회에서 성례가 자주 집례되는 것과 동시에 신성모독으로부터 성례를 보호하려는 것은 교회가 정당하게 권징을 행사하는 중심 동기들이었다. 이 점은 '규례'에서 후에 다음과 같이 강조되고 있다:

> 그러나 가장 크게 주의를 기울여야 하고 또 그럴 필요가 있는 중요한 규칙

은 주 예수 그리스도의 사람들이 그들의 머리되신 분과 함께, 그리고 서로 한 몸, 한 영을 이루어 연합하도록 명하여지고 또 그러기 위해 시작된 이 성례식이 더럽혀지거나 타락에 물들지 말아야 한다는 것입니다. 이런 이유로 우리의 구세주는 그의 교회에 바르게 함과 출교의 원칙을 세우셨습니다.[26]

칼빈이 이처럼 권징을 강조하는 '이유'는 우리가 보편적으로 생각하는 것과 같이 윤리적이거나 성경상의 율법적인[27] 언약의 문제에 있었던 것이 아니라, '거룩'이라는 의미와 그리스도 안에서의 한 몸인 백성들의 만남이라는 의미에 있었다.[28] 이와 같은 그의 신념적 원칙은 근본적으로 성례를 보호하려는 것이었다. 그러므로 제네바 교회의 교인이 되는 기준은 성례의 신비에 참여하는데 필수적 요건인 그 어떤 신성모독적인 허물도 없어야 했다.

칼빈은 성례를 실천적인 관점에서 이렇게 설명하고 있다: "우리는 진실로 예수의 몸과 피, 그리고 그의 죽음과 삶과 그의 모든 선하심에 합당하게 여겨지며, 동일한 한 몸의 지체로서, 형제애 적인 일치와 평화 안에서 함께 연합하여 그리스도인으로서 살아야 한다."[29] 이것은 칼빈이 이해한 기독교인의 삶의 요체였다.[30]

칼빈의 교회에서는 권징을 실천에 옮기기 위해서 "신실한 사람들과 인내심을 갖고 신앙의 순결을 지키는 믿음의 사람들 가운데서 선한 증거를 받은 사람들이 임명되어서 시내의 각 처소로 흩어져 시 당국과 시민들의 삶을 살피는 일"[31]이 요구되었다. 이 사람들은 회중가운데 혹시 범죄한 사람이 있을 때 그 잘못을 목회자에게 알려서 목회자와 함께 그 사람을 찾아가 형제애적인 훈계를 함으로써 그 사람을 바로잡아 주었다. 칼빈은

'규례'에서 형제애적 훈계의 절차에 관해서 아주 구체적으로 다음과 같이 설명하고 있다:[32]

> 만일 어떤 사람이 회개하지 않은 가운데 있다면, 교회는 그의 잘못이 교회에 알려지게 될 것임을 그에게 인지시켜 주어야 했고, 만일 여전히 바람직한 고백을 하지 않는다면, 목회자는 그 문제를 공개적으로 알려서 그 범죄자가 그의 완악함을 극복할 수 있는 새로운 조치를 취해 주어야 했다. 그리고 마지막 수단은 그가 회개의 증표를 보일 때까지, 기독교 공동체로부터 격리시켜서 사탄의 권세 아래 있도록 내버려 두는 것이었다(고전 5:5를 참조하라). 비록 잘못된 행위가 인식되어서 고쳐진다 하더라도 칼빈은 교회의 관용이 적용될 수 없는 더 큰 이유가 있음을 밝히고 있는데, 그것은 "종교적으로 모든 것이 자신들과 반대되는 사람들"의 경우였다. 그들은 자신들의 신앙고백을 통해서 그리스도의 왕국보다 교황의 왕국을 더 우선시하는 사람들로서 정부당국자를 불러서 그들의 신앙을 고백해 보이도록 함으로써 모든 신자들이 한 교회로 연합될 수 있는 신앙을 확인하는 것이었다. 그런 다음에 그들은 목회자들과 함께 각 사람들을 교리적으로 평가할 사람을 그들의 동료 중에서 정해야 했다.

현대적 관점에서 볼 때, 제네바에서 신성한 것으로 승인되어 받아들였던 이 바로잡는 절차를 이해하기란 쉽지 않다. 그러나 칼빈은 불변의 이상향을 제네바에 만든 것이었다. 구약의 은총 아래서 이스라엘은 하나님의 선택된 백성이었는데, 바로 그 이스라엘의 장막이 제네바 위에 임한 것이었다. 제네바 시민들은 신앙고백에 서약할 것인지 아니면 떠날 것인지 둘 중 하나를 선택하도록 요구받았다.

이러한 평신도 감시제도는 비록 발달된 형태는 아니었지만 실제로 감독법원의 역할도 했다.[33] 그런데 더 중요한 것은 칼빈이 이 감시단의 역할을 국가가 아닌 교회가 맡도록 한 점이었다. 출교의 문제에 대해서는 감시단들과 목회자들이 담당해야 한다는 것이 칼빈의 입장이었다. 비록 그들은 국가에 의해서 임명되었지만, 그와 같은 문제는 정부의 관료가 아닌 영적 관료라고 볼 수 있는 교회 지도자가 다루어야 한다고 보았던 것이다. 따라서 칼빈의 목표는 바로 교회를 통한 독립적 자치정부에 있었다고 하겠다.[34]

'신앙고백'의 의무를 받아들이도록 강제하는 것으로 인해 제네바 교회는 외적,[35] 내적[36] 갈등에 휩싸이게 되었다. 특별히 교회와 국가의 내적 충돌로 인해 교회는 지도자들을 상실하는 아픔을 맛보게 되었다. 제네바 교회의 목회자들은 교회를 떠나야만 했던 것이다. 제네바에서의 첫 목회 기간 동안 칼빈은 교회의 정체성을 국가와의 관계에 있어서 교리와 권징 그리고 예배를 정식화함으로써 자치적인 조직체로 만들려고 많은 노력을 기울였다.

칼빈과 파렐이 제네바를 떠난 후, 제네바 정부는 앙트안느 마르쿠르(Antoine Marcourt)와 장 모랑(Jean Morand)을 복직시켰다. 그러나 그들은 당시의 정치적 그리고 도덕적 상황을 대처해 나가기에는 역부족이었다.[37] 그래서 결국 1541년 9월 초, 교회는 칼빈의 귀환을 요구하기에 이르렀다. 스트라스부르그에서 3년간 목회를 하다가 돌아 온 칼빈은 제네바로 돌아온 바로 그 날, "제네바 교회의 교회법령"(Ecclesiastical Ordinances)이라는 문서를 준비할 필요성에 대해 역설했다. 교회의 전 삶을 법제화하도록 의도된 1541년 법령(Ordinances)은 목회적 기능의 관점에서 볼 때 중요한 내용들을 담고 있었다. 이 문서에 의하면 잘 정비된 교회는 목사와 교사, 장로, 그리고 집사라는 네 직분이 있는 교회였으며, 교회의 임무는 복음전파와 성례 시행, 그리고 신앙교육과 훈련, 곤고한 자들을 보살피는 일이었다. 넓은 의미로 보면, 직분자들의 임무가 서로 어느 정도 중복되는 면이 없지는 않지만, 그러나 이러한 각 임무는 각 직분에 고유하게 속하는 것이었다.[38]

목사[39]의 본질적인 임무는 하나님의 말씀을 설교하는 것과 성례 집행 그리고 교인들을 신앙적으로 훈련하는 것이었다. 목사들은 성경공부를 위해서 매주 모여야 했으며, 잘못에 대한 상호간의 비판을 조정하기 위해서 매 분기마다 만나야 했다.[40] 이 분기 모임은 "존귀한 목사들의 모임"(the Venerable Company)이라고 불렸으며, 제네바 시내의 한 저명한 장소에서 개최되었다.[41]

교회를 섬기기 위한 실질적인 세부 사항이 결정되었다. 주일마다 세 개의 교구 교회인, 성 삐에르(Saint Pierre), 성 라 마들린(la Madeleine), 그리고 성 제르베(Saint Gervais)에서 새벽과 9시에 각각 설교가 행해졌다. 성 삐에르 교회와 성 게르바이스 교회에서는 3시 설교가 하나 더 있었다. 어린이 교리문답 교실은 세 교회에서 똑같이 정오에 열렸으며, 월요일과 수요일, 그리고 금요일에 세 교구에서 또 한 차례 설교가 행해졌다.[42]

교사들은 젊은이들을 위한 교육을 맡았으며, 집사들은 가난한 사람들의 구제를 관장했다. 직분자들 가운데서 가장 주목할 만한 혁신적인 직분은 장로였다. 장로들은 평신도로서 권징의 책임을 맡았다. 그들은 12인으로 구성되었고 모두 의회에서 선출되었다.[43] 장로들과 목회자들은 권징을 책임질 감독법원을 구성했다. 그 구성에서 평신도의 수가 목회자의 수보다 압도적으로 많았다. 의장은 정부 당국자가 맡았다. 그러나 감독법원은 교회 법정이지 시의 법정은 아니었다.[44] 그래서 감독법원의 재판은 집행을 행하기보다는 권고적이었다.[45] 영적인 검을 사용하는 데에는 한계가 있었다. 시에서 내리는 형벌은 의회가 담당하였다.[46] 그러나 의회가 감독법원의 파문의 권리를 승인해 준 것은 1555년 자유주의자들에 대한 승리 이후였다.[47] 이 승리는 교회가 고도의 자치 권한을 획득하기 위해 애썼던 칼빈의 오랜 투쟁에 광명을 던져주었다. 이것은 칼빈이 1537년의 '규례'에서 제시하고 있는 미발달된 감독법원의 형태와 비교해 볼 때 상당히 구별되는 진전을 이루었다. 이러한 노력들이 장로교 형태의 교회정치를 배태시킨 걸음이었다고 볼 수 있다.

참된 교회를 구성하고 순수한 하나님의 복음을 지키기 위해서, 칼빈은 설교와 교육 그리고 권징을 중시했다. 권징은 제네바 교회의 형성에 있어서 중요한 요소였다. 하지만 엄격히 말하면, 권징 그 자체로는 존재하지 않았다. 단지 권징은 복음을 전하고, 성례를 행하는 것을 실제적이고 효과적으로 하기 위해서 계획된 것이었다.[48]

기대했던 대로 예식서(liturgy)와 교회의 종교교육에 관한 개혁은 어려움 없이 채택되었다. 1542년에 칼빈은 "교회의 기도와 찬송 형식"이라는 제목으로 새 예식 편찬물을 발행했는데, 이것은 스트라스부르그에서 사용했던 것이다. 어린이들의 신앙교육을 위한 목적으로 1542년에 그는 두 번째 교리문답을 썼다.

제네바 교회의 역사는 1547년과 1558년 사이에 단지 몇 차례의 중요한 투쟁만을 기록에 남기고 있다.[49] 그러나 분명히 말하지만 그 반대의 증거들이 과장되지는 말아야 한다. 그의 두 번째 목회 기간 동안 칼빈은 1540년 초기 세운 대부분의 제도를 완전히 관장했다. 그러한 제도들로서는 존귀한 목사들의 모임(the Venerable Company of pastors), 주일 정오 교리문답 학교(the Sunday noon catechism schools), 그리고 감독법원(the Consistory)과 함께 목사들의 금요 모임 또는 성경 공부(the Friday Congregations or Scripture exercises for Pastors)

등이 있었다.

1540년 후반을 거쳐 1560년 초에 이르기까지 교회를 견고히 세우는 투쟁에서 제네바 교회는 점차적으로 제도적 성숙을 이루어갔다. 매일의 제네바 삶의 문제들을 통해서 제네바 교회는 그 정체성을 점진적으로 확고히 했을 뿐 아니라 부여된 의무를 충실하게 수행해 나갔다.

간단히 정리하면, 제네바 교회사역에 있어서 칼빈이 의도했던 목적은 간략히 두 가지로 요약될 수 있다. 첫째는 신약 교회의 본을 따라 잘 정비된 개혁 교회를 세우는 것이었으며, 둘째는 이렇게 세워진 교회를 통해서 모든 제네바 시민들의 매일의 삶에 순수한 기독교 교리를 심는 것이었다. 칼빈은 끊임없이 모든 교인들로 하여금 오직 하나님의 말씀만을 따라서 사는 사람들로서 자신들이 누구이고, 무엇을 하며, 어디로 가는지를 바르게 깨닫도록 교육하려고 애썼다. 이러한 목적을 적절히 효과적으로 달성하기 위해서 그는 설교와 예배, 교리문답과 권징을 사용했다.

칼빈에게 있어서 교회는 사람들이 기독교 교리를 바르게 이해하고, 그들의 삶에 그것을 성실히 적용하며 살도록 훈련받는 장소였다. 칼빈은 제네바 교회를 '개혁 학교'(reform school)로 간주하고 있었음에 틀림없다. 홉플(Härro Hopfl)의 다음과 같은 설명은 이와 같은 주장을 뒷받침해 주고 있다:

> 교회의 중요한 임무는 가르치는 것이다. 따라서 교회는 명확히 '학교'로 기술될 수도 있을 것이다. 때때로 칼빈 역시 그렇게 언급했다.[50] 더욱이 몇 개의 그의 지도자 개념(master-conception)은 명백히 교육적인 함의를 갖고 있다. 두드러지는 것으로는 '훈육'(disciplina) 그 자체로, 그 첫째 의미가 바로 '가르침'(teaching)과 '지도'(instruction)와 '훈련'(training)이며, 또한 '권징'의 면에서 '징계'(징벌)와 '매'(친숙한 교육 보조물)의 의미이다.[51]

역사적 제네바 교회는 하나의 교육자(an educator)로서 또한 하나의 훈육자(a discipliner)로서 그리고 하나의 보호자(a guardian)로서 그 정체성을 분명히 갖고 있었다.

4. 나가는 말

16세기 개혁 교회의 모델로서 칼빈의 제네바 교회는 순전한 교리를 배우는 학교로서 그 정체성을 갖고 세계 역사상 지대한 공헌을 했다. 그는 개혁 교회로서 새 제네바 교회를 세우려고 '규례', '신앙고백', '교리문답' 그리고 '교회법령'과 같은 문서들을 의욕적으로 제안함으로서 개혁 교회의 조직과 교리 그리고 권징의 기초를 세우려고 대단한 노력을 기울였다.

디모데 조지(Timothy George)가 결론짓고 있는 바대로, "제네바 교회는 결코 졸업하는 사람이 없는 학교였다. 따라서 지속적인 교육이 필수적이었다. 가장 정확한 의미로서의 교회는 '개혁 학교'(reform school)로서, 특수한 의복 양식, 문건 검열, 채플 참석 강제, 반항 학생 단속담당자로 갖추어져 있는 학교였다."[52]

제네바 교회가 그와 같은 역할을 할 수 있었던 것은 칼빈의 실천신학적 노력의 결과였다. 신학자로 칼빈은 자신의 신학을 이론으로만 갖고 있었던 것이 아니었다. 그는 그것을 제네바 교회라는 목회 현장에다 실제화시키려고 했던 목회자였다. 그의 신학적 야망은 그의 말년에 꽃을 피우고 열매를 거두었다. 한 마디로 칼빈에게는 신학 이론과 목회 실제가 서로 유리되지 않았다. 신학과 경건이 그의 목회 사역 속에서 불협화음을 내지 않고 조화를 이루었다.

오늘의 개혁교회가 이상에서 언급된 칼빈의 개혁신학적 전통을 계승하고 있다고 믿는다면, 이 교회들은 칼빈이 자신의 신학을 제네바 교회에 어떻게 적용하여 열매를 거두었는가를 한번쯤 깊이 생각해 보는 것은 지금도 매우 유용한 일이라고 생각된다. 특히 당시의 제네바 교회와 비교하여서 우리 교회의 정체성에 관한 문제라든가 교회의 대(對) 사회적 책임문제 또는 교회와 학교 그리고 가정의 삼각관계에 있어서 교회의 정체성과 역할에 관한 문제는 칼빈의 영적 후손들인 오늘의 개혁교회가 안고 있는 중요한 과제들이다.

4장
칼빈의 기독교교육 사상과 그 유산

정일웅(총신대학교 신학대학원 총장)

1. 들어가는 말

제네바의 종교개혁자 요한 칼빈은 과연 위대한 종교교육(기독교교육)자의 반열에 속한 자인지에 대하여 종교교육사에서는 항상 제기되는 질문이다. 왜냐하면 루터(Luther)나 멜랑히톤(Melanchton), 쯔빙글리(Zwinglii), 스트름(Strum)과 같은 인물들처럼 교육적인 물음들에 대하여 분명한 문서로 표현해 준 것이 칼빈에게서는 발견되지 않기 때문이다.[1] 그러나 1969년 라인홀드 헤트케(Reinhold Hedtke)가 "칼빈에 의한 교회를 통한 교육"이란 주제의 연구물이 제시되면서 교육자로서의 칼빈에 대한 인식에 새로운 변화를 초래하게 되었다.[2]

그러면 칼빈의 교육적인 유산은 어디에 근거하고 있는 것인가? 그리고 칼빈이 남긴 교육의 유산은 오늘 현대 기독교교육에 어떤 의미를 제시하는가? 나는 이러한 질문과 함께 칼빈이 남긴 교육적인 유산에 대하여 살펴보기를 원한다. 특히 기독교교육과 관련하여 오늘날에도 논의될 수 있고 또 계승되어야 하는 교육적인 가치들을 밝혀보려고 한다.

그런데 여기서 먼저 한 가지 전제하고 싶은 것은 칼빈의 교육론의 핵심은 "하나님의 교육"(*Paedagogia Dei*)의 관점에서 인지되었다는 것이다. 하나님의 교육은 전 인류를 구원하시려는 하나님의 구원계획과 구원계시의 실현이라는 구속사의 섭리에 따라 그의 백성을 가르치는 일이다.[3] 그것은 구체적으로 옛 언약과 새 언약의 관계에서 실현된 하나님의 교육을 말한다. 즉, 먼저는 모세를 통하여 계시하신 토라(율법)의 배움으로 이스라엘 백성들을 구원해 가신 것이며, 이제는 그의 아들(예수 그리스도)을 통한 전 인류의 구원교육을 성경의 배움으로 실현해 가시는 것이다. 그리고 이것은 오늘날 지상의 교회를 통하여 지속되고 있다.

이러한 전제 위에 나는 칼빈의 종교개혁자로서의 활동과 제네바 교회를 통하여 실현했던 그의 기독교교육 사상과 그 유산을 다루어 볼 것이다. 물론 칼빈의 교육사상과 그의 교육적인 유산은 여러 가지로 표현될 수 있으나, 여기서는 특별히 세 가지를 중심으로 다루게 될 것이다. 그것은 첫째, 하나님의 교육론에 대한 것, 둘째, 교회를 통한 교리교육, 그리고 셋째, 그의 인문교육의 중요성에 대한 것이다. 이 글이 한국 교회가 칼빈의 탄생 500주년을 맞이하여 축하하고 기념하는 일에 작은 기여가 되기를 바란다.

2. 하나님의 교육(*Paedagogia Dei*)

칼빈의 교육적인 유산은 근본적으로 하나님의 교육이란 대전제에서 이해되어야 한다. 왜냐하면 하나님은 그의 백성들을 구원하시려는 구원계획에 따라 인간교육을 시행하고 있기 때문이다. 칼빈은 이러한 관점에서 인간교육을 생각하였고, 인간을 구원을 위한 하나님의 교육사역에 부름 받은 일꾼으로 이해하였다. 구원을 위한 하나님의 교육은 먼저 그의 백성으로 선택되었던 이스라엘 백성들에게서 시작되었다.

1) 옛 언약의 관계를 통한 하나님의 특별한 교육

칼빈은 이스라엘 백성들을 유아기 단계에 있는 그리고 옛 언약의 초보적 단계에 있는 자들로 이해하였다.[4] 물론 여기에는 옛 언약의 관계에 있던 하나님의 사람들과 족장들도 포함되었다. 하나님은 표면적인 질서가 그들에게서 유지되도록 요구하였는데, 그들은 모두 하나님에게서 선택된 자들로서 준비되어야 하는 사람들로서 점점 하나님에 대한 인식에로, 믿음에로, 그리고 경건과 거룩에로 나아가야 하는 관계에 있는 자들이었다.[5] 여기서 칼빈은 옛 언약에 근거한 하나님의 교육을 인지하였다. 즉, 칼빈은 옛 언약과 새 언약 사이에서 그리스도 이후에 있을 특별한 상태에 대한 하나님의 조절을 제기하였다. 하나님은, 비록 지금은 복음을 통하여 미래의 삶에 있을 은혜의 선물을 더 분명하게 계시하시지만, 옛 언약의 백성들에게는 현세적인 재물 아래에서 유산에 대한 희망을 기대하도록 하심으로써 벌써 하늘의 상속을 주목하고 그 비용을 준비할 가능성을 보여주었던 것이다.[6] 이처럼 하나님은 옛 언약에서 이러한 영적인 언약을 어느 정도 현세적인 약속 가운데 숨겨놓았던 것인데, 이것이 곧 하나님의 교육에 속하여 있는 것이다. 그리고 그것은 백성들의 연약성의 정도에 따라 그들을 올바르게 교육하기 위하여 발생하게 된다. 칼빈은 이것들을 넓은 의미에서 성례들로 생각한다. 예를 들면 생명나무(창 2:9)나 무지개(창 9:13) 등의 표지가 그것을 암시해 준다. 그것들은 하나님의 언약체결의 보증물이며 문서로서 확인된다.

칼빈은 옛 언약과 새 언약 사이의 두 번째 차이라 할 수 있는 제물과 의식을 동반한 합법적인 숭배에서도 하나님의 교육을 인식한다. 제사 의식법은 실제로 옛 언약에 속한 것이다. 특히 로마 가톨릭교회의 의식법과의 논쟁에서 칼빈은 예배와 교회의 여러 풍습에 대하여 비판적인 입장을 취하였다. 즉, 레위기에 나타난 제물 제사와 의식법들은 세 언약의 시작인 그리스도의 오심과 함께 모두 폐지된 것으로 인식하였다. 그러나 옛 언약의 백성들에게 있어서 이러한 의식들은 그리스도를 통하여 나타나게 될 온전한 계시를 학습하게끔 하는 구원교육적인 의미를 가진 것들이었다.[7]

하나님은 옛 언약의 백성을 그리스도를 향한 길목으로 앞서 이끌고, 또 계속 인도하기 위한 수단으로서 의식을 사용하신다. 그런데 그것은 과연 어떤 방식으로 이루어지는가? 하나님의 교육이 중요하게 나타나는 곳은 옛 언약의 성례에서이다.[8] 그것은 택한 백성으로서의 증표(할례)와 토라의 학습과 입교의식을 통하여 실현된다. 칼빈은 이러한 옛 언약의 성례를 그리스도를 통하여 나타난 새 언약에 의한 성례와 연결하고, 그럼으로써 새 언약의 성례(세례와 성찬)에 교육적인 강조점을 부여한다.[9] 그것들은 우리의 믿음의 연약성을 돕기 위하여 하나님의 언약의 말씀을 더 확실히 보증하기 위한 수단으로 사용되었다.

칼빈은 또한 도덕법의 구원교육적인 의미의 기능에 대해 언급한다. 그는 율법이 주어진 것은 옛 언약의 백성들을 스스로 붙들기 위한 것이 아니라, 그리스도 안에서 이루어질 구원이 그가 오실 때까지 보존되도록 하기 위한 것이라고 말했다.[10] 때문에 칼빈은 율법을 구원교육적인 수단으로 이해하였다. 율법은 그리스도의 오심을 준비하고 그에게로 이끌기 위한 기능으로서 교육적인 역할을 한다.[11] 이처럼 칼빈은 하나님의 구원교육으로부터 율법을 법적으로 이해하는 것이 아니라 복음적으로 이해하였

다. 율법은 칼빈에게서 하나님의 구원의지와 구원의 작용에 대한 도구인 것이다.[12]

　구원교육적인 관점과 율법의 기능들은 율법의 세 가지 작용방식에서 나타난다. 먼저 하나님의 율법은 일반 도덕법으로 작용한다. 그것은 모든 인간들에게 적용되는 것으로 인간들에게 자의식을 일깨우며, 양심적으로 자신의 상태를 깨닫게 한다. 율법은 자신을 인식하는 양심의 거울로서 하나님 앞에서 자신이 얼마나 죄인인지를 알게 해 준다. 칼빈은 율법이 지닌 이러한 교육적인 기능을 인식하였다.[13]

　율법의 두 번째 기능은 정치적인 작용이다. 법은 국가 사회를 성립시키고, 국가 통치자의 권력을 통하여 사회질서(정의)를 유지하기 위한 수단으로 사용된다. 법은 인간의 죄악과 범죄에 대하여 위협하며, 그에 상응하는 처벌을 준비한다. 이것은 인간과 사회를 다스리기 위한 수단일 뿐 아니라 인간들이 삶의 질서를 배우는 교육적인 의미도 가진다.[14]

　그러나 칼빈은 이러한 율법의 첫 번째와 두 번째 기능 역시 아직은 그리스도를 알게 해 주지는 못한다고 보았다. 그는 갈라디아서 3:24의 인용과 함께 율법은 유대인에게서는 여전히 그리스도에 대하여 몽학선생이라는 것을 강조했다.[15] 또한 그는 율법의 첫 번째와 두 번째 기능은 인간적인 행동에서 차이를 드러낸다고 보았다. 즉 율법은 교육을 통하여 인간을 그리스도에게로 인도하거나 아니면 여전히 자신의 힘과 능력을 의지함으로써 그리스도를 통한 은혜를 받아들이지 않으려고 한다는 것이다. 한편 칼빈은 율법의 두 번째 기능의 작용방식이 하나님나라의 상속과 관련하여 선택받은 자들에게서 어떻게 나타나는지에 대해서는 다음과 같이 설명한다. 즉 하나님은 선택받은 자들을 하나님 경외함에 이르도록 율법을 통하여 그들의 이해 정도에 따라 교육되도록 돕는다는 것이다. 믿는 자들에 대한 이러한 관계는 칼빈이 율법의 첫 번째와 두 번째의 사용을 옛 언약의 시대에 한정하여 이해한 것이 아니라 새 언약의 지체에로 확대하여 생각한 것임을 짐작케 해 준다.[16] 즉 그것은 율법의 첫 번째와 두 번째 사용의 교육적인 기능이 옛 언약에서 끝나는 것이 아니라 교회의 지체됨에로 확대되고 있음을 뜻하는 것으로 이해할 수 있다.

결과적으로 칼빈이 이해한 율법의 구원교육적인 목표설정은 그리스도를 준비하는 것과 그에게로 인도하는 것이었다. 따라서 칼빈은 율법의 첫 번째와 두 번째 기능보다 세 번째 기능이 더 강하게 작용하는 것으로 이해하였다. 이런 점에서 율법은 하나님의 뜻 가운데서 처음과 끝이 결정되어 있는 것이었다. 한편 칼빈에게서 율법의 세 번째 사용(tertius usus legis)은 가장 중요한 것이며, 율법의 고유한 목적에 더 가까이 있는 것으로 이해되었다.[17] 율법은 믿는 자들에게 두 가지 유익을 초래하는 교사의 직분으로서, 하나는 교리에 관계된 것이며, 다른 하나는 경고하고 훈계하는 일(exortatio)에 대한 것이다.[18] 즉 율법은 믿는 자들에게 하나의 선한 삶의 규범이 된다. 예를 들어 십계명은 사람들이 어떻게 경건하고 의롭게 살아야 할 것인지를 알려주는 표준이 된다. 이처럼 율법은 사랑 가운데서 확고한 토대를 가지도록 우리에게 삶의 목표로 주어진 것이면서 동시에 신앙의 교리에 있어서는 주님의 뜻이 무엇인지를 날마다 배우도록 하는 가장 선한 도구인 것이다. 믿는 자들에게 율법을 지속적으로 가르쳐야 하는 이유는 먼저 믿는 자들은 매일 율법을 배움으로써 하나님의 뜻을 아는 새로운 발전에 이르는 지혜를 얻게 되기 때문이며, 둘째 믿는 자들이 이 땅에서 살아가는 한 매일의 교육 작업과 계속적인 율법의 가르침을 필요로 하기 때문이다.[19]

이와 같이 칼빈은 율법의 세 번째 사용의 교육적 기능이 믿는 자들에게 필요한 것이며, 그리스도를 따라 살아가는 새 언약의 지체들에게 유효한 것이라고 강조하였다. 여기서 칼빈은 분명히 선택된 자들을 염두에 두고 있었다. 하지만 칼빈은 율법의 세 번째 기능에서 나타나는 하나님의 교육은 인간의 구원에 영향을 미치는 것이 아니며, 또한 그 교육이 그리스도 안에서 구원의 적용으로 인도하는 것도 아니라는 것을 잘 알고 있었다. 그리고 율법의 제3의 교육화를 통하여 율법적인, 즉 인간의 공로적이며 의롭게 되는 성격의 법은 완전히 벗겨지게 된다고 보았다.[20] 결과적으로 칼빈은 율법은 자기목적을 가진 것이 아니라 하나님의 교육의 수단일 뿐이라는 관점을 철저히 인지하였다고 하겠다. 이러한 칼빈의 구원교육적인 통찰은 율법과 복음의 관계를 위한 귀결로도 이해된다. 즉 율법은 복음에 대해 모순적인 대립관계로 있는 것이 아니라 오히려 복음에로 인도한다는 것이다. 이런 점에서 복음과 율법은 결코 동일한 것이 아니라 서로 나누어져 있으며 구별된 것이다. 그러나 동시에 양자는 한분 하나님의 구원 의지 안에 그 뿌리를 두고 있다.[21]

2) 하나님의 일반적인 교육

칼빈에게 있어 하나님의 교육은 일반적인 역사적 사건과 개인적인 삶의 사건들에서도 이루어진다. 즉 하나님은 인간들에게 영향을 미치기 위하여 여러 가지 수단을 이용하신다는 것이다. 모든 인간적인 고난들이 그러하며, 역설적인 운명이 그러하며, 사건들과 궁핍함과 재난들이 그러하다. 수고로운 일들과 악한 일들과 시험들과 박해 받는 일과 불행들이 또한 그러하다. 이처럼 칼빈은 십자가를 지는 것 같은 고난의 훈련이 신앙생활에 필요하다고 보았다.[22]

그런데 이와 같은 교육을 통하여 신자들 또는 불신자들에게서 하나님이 이루시려는 것은 과연 무엇인가? 이 질문에 대해 칼빈은 하나님의 섭리(provinzia Dei)를 전망하면서 교육적인 목표설정의 목록을 제시한다. 즉, 하나님은 그의 섭리를 따라 항상 좋은 길을 제시하게 된다는 것인데,[23] 예를 들면 그에게 속한 자들을 인내로 교육하는 것, 악한 경향을 개선하도록 하는 것, 정욕을 억누르는 것, 자기를 부정하는 모습에로 데려가는 것, 둔감한 상태에서 깨어나도록 하는 것, 교만의 상태에서 겸손해 지게 하는 것, 불신자들의 악한 일과 음모를 막는 것 등이다.[24]

이와 같은 하나님의 섭리의 구원교육적인 이해는 성경에서 여러 가지로 입증되고 있다. 예를 들어 모순된 일들과 같은 사건들은 하나님이 우리의 죄를 벌하시는 채찍과 같은 것이다. 하나님은 의사이시면서 또한 심판자이시다. 하나님이 은혜를 받아들인 자를 벌하시는 것은 행한 죄에 대하여 복수하시는 것이 아니라 미래에 대해 구원하는 엄격한 훈련인 것이다. 이런 점에서 우리가 복음으로 박해받는 일 또한 하나의 교육적인 목표설정을 가지게 되는데, 그것은 곧 우리로 하여금 미래에 더 잘 주의하도록 하기 위하여 우리의 실수를 벌하시는 것이라 할 수 있다.[25] 또한 하나님의 교육에 있어서 중요한 또 하나의 목표는 인간을 겸손해 지도록 하는 일이다. 여기서 겸손의 전제는 자신의 연약함에 대한 인식이다. 이러한 목표를 위해 십자가는 특별한 방식으로 우리에게 모든 것에서 자기신뢰를 버리도록 작용한다.[26]

한편 칼빈은 상급에 대한 약속과 관련해서, 이것은 인간으로 하여금 불행에서 일어서도록 독려하는 수단이라고 말한다. 그리고 이와 동시에 그는 "믿음을 통한 의롭게 됨"의 가르침을 분명히 전제한다. 즉 상급은 의를 이루기 위한 조건이 아니라 믿음을 통하여 의롭게 된 자들이 하나님의 약속을 따라 의로운 자로 살 때에 원치 않는 고난과 시련과 억울한 일들로 인하여 믿음이 연약해지지 않고 위로와 용기와 확신을 얻도록 하는 수단 이라는 것이다.

3) 하나님의 교육과 하나님의 조정(accomodatio Dei)

하나님의 교육의 가장 중심적인 개념은 역시 계시사건에 대한 것이며, 또한 인간에 대한 하나님의 조정이라 할 수 있다. 칼빈은 특히 성경의 신인동형적인 것들에서 인간의 이해력에 대한 하나의 조정을 인지하였다. 그 중 하나가 율법이다. 율법은 하나님이 그의 나라의 상속을 받기로 결정했던 자들 - 비록 그들이 중생에 이르지는 않았다 하더라도 - 로 하여금 그들의 이해정도에 따라 올바른 하나님 경외에로 이끌리도록 돕는 역할을 했다. 이와 같이 하나님은 가정의 아버지처럼 그의 자녀들을 조정하신다. 그리고 이러한 하나님의 조정은 합리적인 가르침 안에서 나타난다.[27]

칼빈은 교육적인 방식으로 백성과 개인의 정황을 조절하시는 하나님의 뜻을 가족적이며 인간적인 것으로 인식하였다. 특히 그는 이런 하나님의 조정에서 하나님이 얼마나 인간들의 유아적이며 연약한 정황을 향하고 있는지, 그리고 얼마나 깊이 우리에게 자신을 아래로 향하여 고개 숙이고 있는지를 분명히 하기를 원했다. 또한 칼빈은 하나님의 조정을 단계적인 것으로, 마치 쉬운 것에서 어려운 것으로 나아가는 교육과정 같은 것으로 인식하였다. 즉 칼빈은 하나님이 인간을 통하여 우리를 가르치시며 다스리신다는 인식 가운데서 인간의 나약함과 이해능력에 대한 하나의 조정을 직시하였다.[28] 이런 조정 가운데서 하나님은 우리로 하여금 성경을 이해하도록 도움을 주신다. 물론 거기에는 인간의 섬김(도움)이 우선적으로 속해 있다. 우리에게는 성경이 주어져 있을 뿐 아니라 동시에 우리를 돕는 해석과 교사도 주어진 것이다. 인간이 인간을 돕는 섬김을 통해 하나님은 우리의 나약함을 도우신다. 또한 하나님은 인간적인 방식에 따른 해석을 통해 우리에게 그에게로 나아가는 길에 대해 더 잘 말씀하신다. 그런데 칼빈에게서 이 인간을 통한 해석은 무엇보다 설교였다. 설교는 우리를 위한 신뢰할만한 하나의 가르침이다. 이런 점에서 교회 또한 인간의 연약함 때문에 결정적인 수단, 즉 인간을 통하여 다스리게 되는 것이다. 만일 예배에서 복음이 설교된다면, 그것은 하나님이 우리에게 오셔서, 우리의 나약함에 자신을 조정하여 맞추어 주신 것이다.[29]

인간적인 이해력에 대한 하나님의 조정은 그의 구조와 본질에 따른 하나님의 내려오심 또는 낮아지심을 뜻하는 것이다. 이러한 낮아지심은 하나님의 구원의지와 자유로운 자비 안에 그 근거를 가지며, 더불어 인간의 연약성에 그 동기를 가진다. 나아가 하나님의 낮아지심은 그리스도의 인간됨 안에 그 중심과 깊이와 높이를 가진다. 그러므로 하나님의 조정은 그리스도 안에서 이루어지는 일이다.[30]

이로써 칼빈은 하나님의 조정안에서 하나님이 인간의 불완전하고 연약한 상태 때문에 시행하시는 신학적이며 구원론적인 과정을 직시하게 된다. 인간의 연약성과 이해능력에 대한 하나님의 조정은 하나님의 구원역사적인 행위의 표현이요 중심이다. 그것은 원초적으로 교육적이기보다는 신학적이며 구속사적인 것이다.[31] 칼빈은 교회의 행위에서 교육적인 주도 개념으로서 하나님의 조정이 어떤 의미로 사용될 수 있는가라는 질문에 대해, 그것은 설교와 가르침과 영혼 돌봄과 교회의 규범 등의 진단을 통하여 나타나는 것이라 보았다.[32] 그리고 이러한 하나님의 교육적인 행위는 어디까지나 준비요 목표일뿐이지 그 자체는 아니라고 했다. 즉 목적을 향한 수단으로서 인도함이요, 보조수단이며, 도구라는 것이었다. 지금도 하나님은 그의 교회에 부름 받은 사람들을 통하여 그의 백성들을 가르치고 깨우치는 교육적 행위를 위임하였다. 그리고 하나님의 조정은 이들을 통하여 실현되고 있는 것이다.

2. 교회의 신앙교육: 교리교육

1) 교회교육의 중심과제로서 교리교육

칼빈의 기독교교육의 유산 가운데 빼놓을 수 없는 것은 신앙의 교리에 대한 교육이다. 칼빈은 교리교육을 교회교육의 중심에 두었다. 그는 영국의 한 성주인 에두어드 세이모어(Eduard Seymour)에게 편지하면서 교리교육의 중요성에 대해 이렇게 표현하였다: "교회는 교리 없이는 존재할 수 없으며 동시에 교리에 의한 교육 없이는 교회가 있을 수 없다."[33] 헤트케(R.Hedtke)의 연구에 따르면, 칼빈에게 있어서 요리문답서(Katechismus)는 "교리의 총합"(Summa doctrinae)으로서 성경에 담겨 있는 구원의 교리와 일치하는 것이었다. 따라서 요리문답서는 기독신자가 알아야 할 신앙적인 삶의 표준으로서 신앙의 기본지식이자 교리(Dogma)였다.[34]

칼빈은 제네바교회에서의 1-2차 사역을 통하여 먼저 1537년에 그의 기독교강요 초판의 내용을 근거하여 신앙교리교육서(Katechismus)를 만들어 사용하였고, 1542년 제2차 사역에 임하면서 역시 두 번째 신앙교리문답서를 만들었다. 2차의 것은 1차의 것과는 달리 비교적 루터의 질문과 대답 형식의 교수방법을 응용함으로써 청소년과 성인 초신자와 기존신자들에게 기독교신앙의 교리적 토대를 놓아 주기 위한 교육서로 사용되었다. 그리고 주일 오후모임 시간에는 반드시 신앙교리문답서를 몇 문항씩 설명하는 교리 설교에 집중했다. 초신자들에게는 3개월마다 그 동안 배웠던 신앙교리를 문답하여 자신 있게 대답하는 이들에게는 세례를 주거나 입교하게 하여 성찬에서 영적 교제를 나눌 수 있게 했다. 기존신자들에게도 기독교가 믿는 신앙의 교리가 무엇인지를 확실히 이해하게 하고, 신앙에 대하여 흔들림 없이 온전한 신앙고백을 할 수 있도록 교육했다.

실제로 칼빈이 교리교육을 통하여 이루려고 했던 교육의 목표는 첫째, 다른 영들을 분별하는 능력을 길러주는 것이었으며, 둘째, 자신이 믿는 기독교 신앙의 진리에 대한 변호의 능력을 길러주는 것이었고, 셋째, 하나님의 영광을 위하여 사는 자로 만들어 주려는 것이었다.[35]

2) 칼빈의 교리와 교회설립

칼빈은 현대적으로 이해하는 복음전파라는 개념을 충분히 알고 있지는 않았던 것으로 보인다. 그보다 칼빈에게서는 교리(Doctrina)가 설교(Praedicatio)의 의미와 동등하게 사용하고 있음을 보게 된다. 때문에 칼빈에게 있어 교회교육은 하늘의 교리를 설교하는 일이었고, 그 직무는 목회자에게 위임된 것이었다.[36] 뿐만 아니라 "진정한 그리스도의 교회는 어떤 것인가?"란 질문에 대해 칼빈은 그것은 교리에서 시작되고 교리가 토대가 되어야 한다고 대답하였다.[37] 여기서 분명한 것은 칼빈에게 있어 교리는 신학적인 사고와 교회의 신앙실천에서 가장 우선적이며 중심적인 위치를 지닌다라는 것이다.

그러면 칼빈이 이해한 교리는 어떤 것인가? 그것은 첫째, 그리스도를 통하여 나타난 구원계시의 사건이며, 둘째, 성경과 성경내용의 총체이며, 셋째, 교회의 교리인 것이다. 따라서 교리야말로 교회의 근거요 교회의 바탕이 된다. 다시 말해 교리란 교회를 중심한 그리스도인의 세상적 삶에 대한 지침으로서의 하나님의 말씀이요 기독교 신앙의 가르침이다.[38] 역사적으로 교리는 선지자와 사도들의 가르침에서 그 권위를 지닌다. 그러므로 그들의 가르침이 곧 교회의 근본이요 터인 것이다(엡 2:20). 때문에 교리는 교회에 앞선다.

그런데 사실 칼빈에게서는 교회교육에서 개념상 실제로 구별하기 어려운 교리(*dogma*)와 설교(*Predigt*)가 함께 병존한다. 뿐만 아니라 그것들은 서로 결합된 짝과 같은 것으로 자주 동의어로 사용되기도 한다. 그럼에도 교리의 개념이 설교의 개념보다 더 우위에 있으며, 또 더 포괄적인 것으로 이해된다.[39] 특히 교회에 부여된 임무와 과제는 교리의 해명(*explicatio*)과 해석(*interpretatio*), 그리고 적용(*applicatio*)이라고 보았다.[40]

결론적으로 칼빈이 이해한 교리는 설교와 교리적인 가르침의 내용을 포함하고 있을 뿐 아니라 설교와 가르침의 행위 전체를 포함하는 것이었다. 더군다나 그는 "교리를 교회의 정신"(*doctrina est die anima ecclesiae*)으로 보았다. 즉 교회는 주님의 몸이며, 교리는 그 몸을 다스리고, 그 몸으로 하여금 생명을 지니게 하며, 항상 살아 활동하게 하는 교회의 정신이었다.[41] 때문에 칼빈에게 있어 교리는 항상 교회를 세우는 근본 토대이며, 교회를 교회되게 하는 것이었다.

3) 교리의 세 가지 기능

칼빈은 교리의 고유한 유익성을 교회의 설립과 교회의 교화와 교회구성원의 신앙이 진보하는 모습에서 찾았다. 그리고 특별히 디모데후서 3:15-17 본문의 주석에서 교리의 3가지 유익성에 대해 설명하였는데, 첫째, 15절에 근거하여 구원의 지혜에 대한 인식, 둘째, 17절에 근거하여 삶의 올바른 형성에 대한 것, 셋째, 16절에 근거하여 경종과 올바른 삶에 대한 자극을 생각하였다.[42]

이러한 이해에 따라 칼빈은 먼저 "교리와 인식"의 관계를 고려하여 교리는 가르칠 만하고 교수할 수 있는 것이어야 한다고 생각하였다. 건강한 가르침이란 그리스도 안에서 하나님의 은혜가 암시된 부분을 지니고 있어야 하는데, 그것은 곧 우리가 찾고 있는 구원이며 경험할만한 것이라고 했다. 그러므로 신앙은 반드시 믿는 교리로서 인식되어야 하는 지적인 내용이 수반되어야 한다. 이런 점에서 아는 것과 교리는 함께하는 것이다. 칼빈은 인식을 나누는 방식이 곧 교리라고 하였다.[43]

또한 칼빈은 "교리와 그리스도인의 삶"에 대해 생각하면서 교리는 그리스도인의 올바른 삶의 모습에 대한 가르침이어야 한다고 보았다. 즉 하나님의 입에서 교리는 사색적으로 제시된 것이 아니라 우리의 삶의 방향을 결정하고 우리를 추종자로 인도하기 위하여 제시된 것이다. 신앙과 삶의 문제에 있어 교리는 양육하는 자질이라 할 수 있다. 그것은 하나님을 경외하는 것과 공정한 삶을 형성하도록 도우며, 하나님을 올바르게 섬기도록 표준을 제시한다. 하나님은 냉정한 지식으로 만족하는 것이 아니라 마음의 진지한 참여와 실천으로 옮길 것을 요구하신다. 따라서 교리는 삶을 통하여 확인되어야 하며, 믿는 자들로 하여금 선한 행위를 시행하도록 하는 것을 목표로 해야 한다. 왜냐하면 하나님을 믿는다면, 선한 행위에 대하여 열렬하게 개입해야 하기 때문이다. 교리는 방언의 가르침이 아니라 삶의 가르침이기 때문에 다른 학문처럼 이성과 기억력으로 파악되는 것이 아니라 인간의 온 정신으로 취하고 마음의 가장 깊은 자극 가운데 자리 잡고 거기에 머물 곳을 찾을 때만 수용될 수 있다. 이처럼 칼빈에게서 이해된 교리는 결코 인간의 지적인 이해가 아니라 그의 이해와 의지와 마음과 심정을 들음과 순종의 전 삶에 목표점이 있는 것이다. 한편 칼빈은 교리의 인식과 수용을 성령의 사역으로 보았다. 이런 점에서 볼 때, 칼빈이 교리를 강조한 것은 결코 기독교 신앙의 지식화와 합리화를 말하는 것이 아님을 알 수 있다. 오히려 칼빈은 교리와 삶의 일치를 강조했다. 건강한 교리는 언제나 세움과 생명을 지향하는 것이다. 그러므로 칼빈에게서 이해된 교리는 언제나 실천적이며 실존적인 사건이었다.

세 번째로, 칼빈은 교리는 훈계와 삶의 진보를 드러내는 유익성이 있음을 밝혀주었다. 교리의 배움은 기본적으로 자신의 모습을 돌아보게 하며, 올바르지 못한 자신의 삶을 뉘우치고, 하나님의 긍휼과 자비를 의지하게 하며, 하나님의 말씀의 훈계에 따라 말씀에 순종과 신앙의 진보를 드러내게 되는 것이다.

3. 칼빈의 인문교육의 정신

칼빈은 그 당시 다른 종교개혁자들처럼 인문교육을 받은 자였다.[44] 그는 후에 제네바에 인문학교를 설립하는 일에 관해 스트라스부르그에 있던 인문주의학자 요한 스트름(J. Strum)에게서 자문을 받았는데, 당시 이러한 인문주적인 학교의 모델은 13세기경부터 새롭게 시도되었던 데보치오 모데르나(Devotio moderna)란 "신경건주의 운동"의 영향을 받은 학교교육에 의존되어 있었다. 칼빈 자신도 파리의 인문학교인 마르헤(de la Marche)와 인문대학인 몬테그(Montaigne)에서 학생으로 그러한 교육을 경험했다.[45] 물론 칼빈은 당시 인문학교교육에서 여전히 나타나고 있던 아이들에 대한 체벌과 인간을 경멸하는 비교육적인 태도에 대해서는 분명히 거절하였다. 이러한 인문학교(College)의 설립은 후에 프로테스탄트 지도자 양성의 모판이 된 제네바 아카데미(Academie)설립의 근거가 되었다. 칼빈은 이 아카데미의 초대총장으로 테오도르 베자(Theodor Beza)를 세웠으며, 그의 활동과 함께 칼빈의 고유한 교육적인 영향은 이 학교에서 분명히 드러나게 되었다. 칼빈은 이 학교교육에서 그의 인격적인 모범을 통하여 높은 수준의 교육적인 역량을 끼쳤다.[46] 그리고 이러한 인문교육을 전제한 제네바 아카데미에서의 목회자 양성은 오늘날까지 구라파 개혁교회를 비롯하여 세계장로교회의 지도자와 신학자 양성의 근본토대가 되었다. 물론 이러한 인문교육을 전제한 신학교육의 체계(기독교 지도자 양성의 교육구조)는 칼빈만의 독창적인 것은 아니었다. 보다 멀리로는 5-6세기의 교부들 중 어거스틴에게로 올라간다. 어거스틴은 그리스도인들이 그리스도의 복음증거를 위하여 이방인들이 사용하는 기술들을 이용해야 하다고 보았다. 그래서 이미 중세기에 인문교육의 기본과목으로 자유 7과목(*lieberales septem artes*)이 제시되었고, 이는 다시 12세기로 오면서 확고한 인문교육의 토대가 되었다.[47]

칼빈에게 있어 기독교 지도자 양성을 위한 인문교육의 전제는 복음적 관점에서의 인문교육이었다. 즉 그것은 하나님의 말씀인 성경을 해석하고 증거하는 폭넓은 적용의 스펙트럼을 설교자가 갖도록 하는 일에 기여해야 했다. 이러한 칼빈의 인문교육의 관점은 오늘날 장로교회의 신학자 또는 목회자 양성에도 크게 기여하고 있다.

4. 나가는 말

지금까지 우리는 칼빈의 기독교교육사상과 그의 교육적인 유산이 무엇인지를 살펴보았다. 특히 주목한 것은 그가 지닌 하나님의 교육사상에 관한 것이었다. 비록 그만의 독창적인 것은 아니라 할지라도, 하나님 중심의 교육론으로서 그리스도를 통한 구원의 역사적 맥락에서 하나님의 교육은 이 시대에도 여전히 기독교교육의 근본 사상이라고 할 수 있다. 그리고 신학적이며 구원의 역사적인 맥락을 따라 인간을 향한 하나님의 교육의 의도를 풀어준 칼빈의 생각은 오늘날도 우리가 이어가야 할 기독교 교육의 근본정신이라 할 것이다.

나아가 교회교육의 중심에 세웠던 신앙의 교리교육은 여전히 현대교회가 이어가야 할 교육사상이며 정신이다. 교리 없는 교회가 존재할 수 없다는 그의 생각은 오늘날 교리교육의 필요성을 더욱 절감하게 한다. 따라서 아직도 불신자들이 많은 한국 교회의 상황에서 우리는 칼빈이 남겨준 교리교육의 유산을 어떻게 계승해가야 할 것인지를 깊이 생각해야 하며, 교리교육방법론 역시 깊이 고려해야 할 것이다.

마지막으로 나는 칼빈의 인문교육의 중요성을 소개하였는데, 이것은 그 시대 교육의 산물만이 아니라 이 시대에도 여전히 이어가야 할 교육적인 유산임에 분명하다. 특히 한국 교회의 목회자(신학자)들의 수준을 생각할 때, 인문교육이 기독교지도자 양성에서 얼마나 중요한지를 되돌아보아야 할 것이며, 칼빈이 무엇 때문에 인문교육의 중요성을 신학교육과 관련하여 생각했는 지를 한국 교회의 지도자 양성기관인 신학교육은 깊이 생각해 볼 일이다.

아무쪼록 종교개혁의 지도자였던 칼빈 탄생 500주년을 기리며 그가 남긴 교육사상과 그의 교육적인 유산을 잘 계승하여 참다운 하나님의 교육이 이루어지며, 건강한 교회, 건강한 신앙인의 양육을 통하여 이 시대에도 하나님의 명령인 교육목회의 선교적 사명을 다하는 한국 교회가 되기를 바란다.

5장
칼빈의 예배신학과 실천[1]

이정숙(햇불트리니티 신학대학원대학교 교수)

1. 들어가는 말

16세기 개신교 종교개혁이 신학자들과 개혁자들에게서 평신도들에게 전달되어 그들의 삶을 변화시키는데 가장 효과적인 역할을 한 것은 공예배(public Worship)였다. 개신교 예배자들은 많은 경우 선택의 여지없이 이전에 미사가 치러지던 동일 공간에서 예배를 드렸지만, 가톨릭의 예배(미사)와는 상당히 다른 예배신학과 예전을 통하여 믿는 것과 사는 것에 대한 새로운 방향감각을 익히게 되었다. 이러한 예배의 개혁에 관한 한 종교개혁자들 중에서도 칼빈이 이론적으로나 실천적으로 탁월한 모범을 보인 것으로 인정받고 있다. 1536년 칼빈이 도착했던 당시 제네바는 여러 가지 면에서 소규모의 낙후된 도시였지만, 칼빈이 세상을 떠날 당시 제네바는 이미 국제적인 도시로서의 역량을 갖추고 있었다. 이러한 제네바의 비상의 이면에는 다양한 제도의 정비와 변화, 이웃 국가에서 핍박을 피해 온 무수한 난민들로 인한 경제효과와 같은 물리적 환경변화들도 무시할 수는 없지만, 이 모든 변화의 기본을 만든 것은 역시 개신교 신앙의 확실한 정착이었다. 그런데 이러한 개신교 신앙의 확실한 정착과 제네바시의 발전은 구체적으로 공예배의 개혁과 강화를 통하여 가능해진 것이다. 본 논문에서는 칼빈의 저작과 실천에 나타난 예배개혁의 신학과 구체적인 실천내용과 특징을 살펴보고 오늘 한국 교회의 예배논의에 어떤 시사점을 주는 지 살펴보려고 한다.

2. 칼빈의 예배 신학

1537년 제네바의 목사들은 시의회에 교회와 예배의 조직에 관한 청원서(Articles concerning the Organization of the Church and of Worship at Geneva proposed by the Ministers at the Council)를 제출하였다. 이 청원서의 내용들은 비록 그대로 반영되지 못하였지만 제네바 교회의 조직과 예배형태에 관한 칼빈의 초기 생각을 잘 반영한고 있으며 이후 제네바 교회의 정비 과정에 중요한 골격을 제공하고 있다. 이 청원서에서 칼빈은 "질서 있고 잘 정비된 교회(église... bien ordonnée et reiglee)"[2]는 첫째, 성찬이 항상 시행되어야 하는데 그렇게 되기 위해서는 출교가 잘 시행되어 성찬에 참여하는 자들이 경건하게 참여할 수 있어야 하며, 둘째, 예배에서는 시편찬송이 불림으로 기도와 찬양이 함께 일어나도록 할 것이며, 셋째, 교리교육을 통하여 교리의 순수성이 지켜지도록 해야 하며, 마지막으로 혼인법이 재정비되어야 한다는 내용을 주장하고 있다. 더 나아가 그는 교인들의 삶을 돌아보고 필요시 출교를 결정할 수 있는 검증된 사람들(장로들)의 필요성에 대해 말하였는데,[3] 이러한 그의 생각은 1541년 교회법령(Ecclesiastical Ordinances)에서처럼, 컨시스토리의 조직에 적극적으로 적용된 것을 볼 수 있다.[4]

칼빈에게 교회는 하나님이 우리를 그리스도의 사회로 초대하시고 그 안에 머물게 하시는 외부적인 수단이나 목적이다. 우리 인간들은 믿음으로 구원에 참여하고 구원의 영원한 축복을 누릴 수 있지만, 우리의 무지함, 게으름과 변덕스러움으로 인하여 교회라는 도구적 도움을 통하여 믿음이 자라게 되고 결국 구원의 목적에 이르게 되는 것이라고 설명한다.[5] 또한 그는 무교회주의자들의 오만함을 경계하면서 공교회의 필요성에 대해 여러 가지 말로 강조한다. 특별히 교회 모임의 중요성에 대해 성경의 구절들을 제시하며 강조한다. 이 때 공예배는 "하나님이 그의 백성들을 한 단계씩 올릴 수 있는 가장 큰 도움"[6]이 된다고 말한다. 또한 그는 예배야말로 "우리들의 마음을 하나님께로 향하도록 자극하는 것이며 우리로 하여금 하나님의 이름의 영광을 구하고 찬양하는 일에 열심을 내도록 움직일 수 있다"고 말했다.[7] 결국 공예배는 칼빈이 주장하고 실천한 교육과 훈련을 중심으로 한 인간들의 목회(human ministry)의 주요한 한 부분이 된다.

그렇다면 공예배가 어떤 모습을 가질 때 공예배의 기능을 할 수 있게 되는가? 칼빈은 성경에 나타난 대로 믿는 자들은 "영과 진리로 예배해야 한다"고 믿었다. 영과 진리로 하나님을 예배하기 위해서 성도들은 예배의 대상인 하나님에 대한 지식을 가져야 하고 참 예배에 대한 칼빈은 요한복음 4:22, 곧 "너희(사마리아인)는 알지 못하는 것을 예배하고 우리(유대인)는 아는 것을 예배하나니 …"를 주석하면서 사마리아 사람들의 예배를 가톨릭교회의 예배로, 유대인들의 예배를 참예배로 비유하고 있다. 즉 칼빈은 가톨릭교회의 예배가 결정적으로 하나님을 아는 지식을 제공하지 못하고 있음을 비판하는 것이다. 가톨릭교회의 예배에서 지식의 부재는 사람들을 복음에 대한 순수한 믿음에서 떠나 인간이 고안한 방법과 전통에 의존하게 만들고 있다고 보았다.[8]

그렇다면 하나님에 대한 지식은 어떻게 습득될 수 있을까? 칼빈은 하나님의 말씀에서 하나님에 대한 바른 지식을 얻을 수 있다고 말한다. 그러므로 예배는 설교의 형식으로 말씀을 전달하여야 하며, 그 설교는 예배자들이 알아들을 수 있는 언어와 수준으로 전달되어야 한다. 이러한 칼빈의 관심은 "이해 가능한 예배"(intelligibility of worship)로 요약된다. 이러한 이유에서 제네바의 예배는 사람들의 언어인 불어로 진행되었으며, 문맹자도 알아들을 수 있고 이해할 수 있는 수준의 설교와 성찬으로 구성되었다.

이해 가능한 예배가 "영과 진리로 드리는 예배"에서 진리로 드리는 예배에 해당한다면 영으로 드리는 예배는 무엇일까? 이는 성령이 인도하는 예배이며 우리의 영이 화답하는 예배일 것이다. 칼빈은 예배의 인도자가 되는 목사에 관해 예배를 인도하는 사람 목사를 "외부적 목사"(external minister)라고 하고, 보이지 않게 예배를 인도하는 성령을 "내부적 목사"(internal minister)라고 하였다.[9] 이러므로 예배는 성령의 인도하심에 철저히 인도되어 외부적 목사인 사람의 도움으로 하나님을 바라보고 하나님의 은혜의 약속과 그 혜택을 배워 누리게 되는 것이다. 칼빈의 성찬이해가 루터나 쯔빙글리와 달리 성령의 사역이 강조된 것 역시 이와 무관하지 않을 것이다.

칼빈은 제네바교회에서 예배의 순수성이 지켜지는 것을 매우 중요하게 생각하였다. 예배의 순수성은 무엇보다도 예배의 대상이 인간이나 인간이 만들어 낸 그 어떤 것이 아니라 하나님이 되시는 것이며, 예배의 방식 또한 하나님이 기뻐하시는 방법으로 이루어지는 것이다. 이런 점에서 칼빈은 가톨릭 예배가 인간들이 만들어 낸 과도하게 많고 복잡한 의식(ritual)들과 절차에 의해 예배자들의 초점을 하나님에게서 멀리 떠나게 한다고 비판한다. 칼빈의 표현을 직접 빌리자면, 가톨릭교회의 예배는 "겉으로 드러난 쇼"(external show), "영원한 미로"(perpetual labyrinth), "인간적 고안"(human inventions), "미신"(superstitions)이다. 이러한 가톨릭 예배는 하나님을 예배하도록 인도하는 것이 아니라 오히려 예배자들을 방황하게 만든다고 보았다.[10] 즉 과도한 의식으로 가득 찬 예배는 예배자들로 하여금 하나님에게서 멀리 떠나게 할 뿐만 아니라 사람을 숭배하게 만들 수 있는 함정이 있다는 것이다.

예배의 순수성 유지는 우상숭배의 가능성 제거 및 예배의 단순화와 긴밀하게 연결된다. 가톨릭교회가 사용하던 이미지나 성물들을 우상숭배와 연결시키는 칼빈의 논조는 매우 강하다. 이미지(Image)의 경우 8세기에 끝난 도상논쟁에서 이미 이미지의 사용은 예배를 위한 것이 아니라 존경심을 위한 것임을 분명히 한 것에 대해 칼빈이 모를 리 없었다. 그럼에도 불구하고 중세 말 가톨릭교회에서 일어나고 있었던 지나친 이미지 사용은 이미 무지한 신자들에게 우상숭배의 길을 열어준 것이라고 지적한다. 또한 성물은 우상숭배와 미신적 예배행위를 함께 조장하고 있기 때문에 이것에 대해서도 반대하며 경계한다.[11]

예배가 우상숭배와 미신적 행위가 되지 않기 위해서는, 또는 하나님이 제대로 예배되어지기 위해서는 하나님을 아는 지식, 예배의 행위를 이해하는 지식이 필수적이다. 그러므로 칼빈은 신앙고백을 중요하게 다루었다. 그의 이러한 확신은 교리문답서의 출판, 교리문답교육, 컨시스토리를 통한 확인과 교육활동 등에서 잘 나타난다. 또한 칼빈은 예배자들의 삶의 변화 혹은 교정, 재조정에 대해서도 크게 관심을 가진 것으로 나타난다. 실제로 칼빈은 그리스도의 가장 큰 적은 교황도 이단도 아닌 나쁜 그리스도인들이라고 믿었다. 말하는 것과 행하는 것이 다르고 믿고 고백하는 것이 행동으로 나타나지 않는 것이 가장 위험하다고 본 것이다.[12] 이런 점에서 칼빈의 예배신학은 하나님을 순전하게 예배하기 위하여 이해가능한 예배, 우상숭배와 미신적 신앙행위의 가능성을 배제하는 단순한 예배, 삶의 변화를 촉발하는 예배라고 요약할 수 있다.

3. 제네바 교회의 예배 실제

칼빈의 예배신학에 근거하여 제네바교회의 예배가 기획되었는데, 이 예배는 이후 대부분의 개신교교회 예배의 원형으로 제공되었다. 칼빈은 예배의 요소들은 성경에 근거해야 한다고 믿었으며, 가톨릭교회의 과도한 의식들을 배제하고 가급적 단순하면서도 하나님의 진리와 성령의 인도하심이 드러나는 예배가 되도록 하는데 초점을 맞추어 예전을 갖추었다. 또한 예배의 진정한 효과를 극대화하기 위하여 컨시스토리를 통하여 제네바 시민들을 훈련시켰다. 아래에서 이에 대해 차례로 살펴보기로 하자.

1) 예배의 요소들
① 말씀

개신교 예배의 핵심은 일반적으로 말씀으로 인식된다. 이 때 말씀은 흔히 설교로 인식되지만, 칼빈은 분명히 두 가지 말씀, 즉 들리는 말씀인 설교와 보이는 말씀인 성찬을 함께 말하고 있다. 현대 개신교 교회에서 성찬이 약화된 것은 칼빈과 개혁자들의 예배신학이 잘 전달되지 못했거나 편이를 위하여 지나치게 간소화한 데 근거한다.

들리는 말씀 – 설교

중세교회에서 설교가 없었던 것은 아니다. 특히 중세 말에는 설교를 강화해야 한다는 자성론과 실천이 제한적으로 존재했던 것도 사실이다. 그럼에도 불구하고 설교중심의 예배는 분명히 개신교 예배의 중요한 특성이다. 제네바에서 예배를 가르쳐 흔히 "설교"(sermon)라고 지칭하는 것은 제네바교회 예배의 핵심을 입증하는 것이다. 설교는 하나님의 말씀을 믿는 자들에게 전달하는 것이기에 제네바교회는 목사를 선발하면서 목사의 자질에서 3가지를 중요시하였다. 즉 목사후보자들은 첫째, 풍부한 성경지식과 바른 교리지식을 가졌는지, 둘째, 후보자의 삶이 믿는 것과 일치하는지, 셋째, 말씀을 듣는 사람들의 눈높이에서 소통(communication)할 수 있는 능력이 있는지를 심사하였다. 마지막에 언급한 소통의 능력에는 고딕교회에 적합한 목소리의 크기까지를 포함하는 매우 실제적이며 구체적인 것이었다. 제네바목사회에 속한 목사들이 1541년 교회법령에 근거하여 목사후보자들을 다각도로 심사하여 마지막 후보자를 시의회에 추천하면 시의회가 승인하고 교회가 다시 이를 받는 형식으로 제네바교회의 목사는 엄격한 절차를 거쳐 임명되었다. 또한 목사에게서 문제점이 발견될 경우 1541년 교회법령에 근거하여 시의회는 권고 내지는 면직할 수 있는 권한을 가지고 있었다.[13] 또한 이러한 방식으로 선별된 목사들은 오늘날의 '강해설교'에 해당하는 설교를 교회에서 했던 것으로 보인다.

보이는 말씀 - 성찬

보이는 말씀인 성찬은 설교와 함께 예배의 중심이 되었다. 칼빈의 글들에서 성찬의 중요성을 새삼 다시 언급할 필요는 없을 것이다. 1534년 청원서에서 칼빈은 교회와 예배의 개혁에서 첫 번째로 성찬을 논하였다는 것은 이미 밝힌 바 있다. 그는 성찬은 매주 행해져야 하지만 한 달의 한 번이라도 시행되어야 한다고 주장하였다. 시의회는 끝까지 그의 주장을 받아들이지 않고 취리히처럼 일 년에 네 번 행하는 것으로 확정하였는데, 이에 대해 칼빈은 끝까지 아쉬워하였다.[14] 루터나 쯔빙글리와는 달리 성만찬을 성령의 사역과 연결해 이해했던 칼빈은 성찬에 대하여 매우 신중하게 다루었을 뿐 아니라 성찬과 출교를 긴밀하게 연결시켜 논의하기도 했다. 즉 여러 가지 이유로 출교된 자들은 수찬정지와 또 다른 성례였던 세례에 제한을 받았고 결혼에도 제재를 당했다는 것이다.

수찬정지는 기본적으로 성찬의 순수성과 참여자들의 양심을 보호하기 위한 장치였다. 칼빈은 고린도전서 11:29를 거의 문자적으로 이해하는 것이 아닌가 싶을 만큼 자신을 살피지 않고 거리낌이 있는 상태로 성찬을 받는 것에 대해 적극 반대하였다. 실제로 제네바교회의 성찬식에서는 출교에 대한 확인이 있었다. 성찬을 베풀기 전에 목사는 출교자들에게 교회를 떠날 것을 종용하였고 거리낌이 있는 자들은 성찬을 받지 않도록 권면하였다. 그럼에도 불구하고 출교자들이 몰래 성찬을 받는 경우가 있었는데, 이것이 발각되면 컨시스토리는 그들을 소환하여 권면하였고 심한 경우 출교기간의 연장을 명하기도 했다. 비록 시행되지는 않았지만 이러한 행위를 미연에 방지하기 위해 성찬에 참여할 수 있는 납동전, 혹은 종이표를 나눠줄 것에 대해 논의하기도 하였을 만큼 성찬의 참여에 대해 매우 신중한 태도를 취하였다.[15] 결국 성찬에 대한 새로운 의미가 칼빈의 설교와 교리교육에서 교육되는 한편, 컨시스토리의 활동을 통하여 강화됨으로써 제네바시의 모든 예배자들은 개신교 성찬을 의미 있게 참여할 수 있도록 지도받았을 수 있었다.

② 기도

칼빈에게 기도는 말로 하는 기도와 찬양으로 하는 기도 두 가지였다.

이러한 기도에 대한 이해는 골로새서 3:6에 근거한 것이었다. 칼빈은 특별히 찬양으로 하는 기도를 시편찬양으로 이해했는데, 이는 시편찬양이야말로 성령께서 성경을 통하여 우리를 권면하고 하나님을 기뻐하도록 하기 때문에 예배의 가장 효과적이며 편리한 형태가 된다고 보았다.[16] 기도의 일환으로서 시편찬양은 가톨릭교회에서는 볼 수 없었던 회중찬양의 형식으로 불려졌다.

시편찬양

칼빈은 당시의 기도가 너무 차가운 것을 걱정하였다. 그래서 시편찬양을 통하여 하나님을 찬양하는데 우리의 가슴이 뜨거워지는 것을 경험할 수 있다고 믿었다.[17] 회중찬양에 익숙하지 않았던 당시 교인들을 배려하여 어린이 성가대를 조직하고 미리 연습시켜 예배시에 찬양을 인도하게 하였다. 교인들은 어린이 성가대의 찬양을 듣고 따라하면서 찬양에 익숙해졌다.[18] 다른 지역과 마찬가지로 이제까지 가톨릭교회의 미사에 익숙하였던 제네바교인들에게도 찬양은 성가대의 몫이었고 시편은 사제들이나 수사들의 반복적 기도였다. 또한 작성된 기도문(prescribed prayers)은 라틴어여서 많은 경우 그 뜻을 제대로 알지 못하고 그대로 외워 예배에서 사용하기 일쑤였다. 이러한 당시 사람들을 위하여 칼빈은 친절한 목회를 제공한 것이었다. 1542년 칼빈이 편집한 *La forms des prieres et chantz ecclesiastiques*는 시편찬양(metrical Psalms와 canticles)을 포함한 예전집이었다. 1545년과 1562년에 시편찬양집이 발행되었는데, 이는 시편 150편을 다 포함한 것으로 당시까지 출판사상 가장 큰 프로젝트였다고 한다. 시편찬양의 곡은 당대 최고의 작곡가 중 하나였던 루이 부르죠지(Louis Bourgeois)가 맡았는데, 칼빈은 그에게 곡이 하나님을 찬양하기에 충분히 존엄하나 회

중들 누구나가 부르기에 충분히 쉬운 곡이 되도록 주문하였다.[19]

공기도

"고백의 기도"는 공기도의 대표적인 예라고 하겠다. 고해성사가 없어진 개신교에서 고백의 기도는 특별한 의미를 가진다. 목사가 읽어주는 고백의 기도는 우리가 하나님 앞에서 마땅히 고백해야 할 일반적인 죄를 내포하고 있다. 이 고백의 기도는 복수형 "우리"로 되어 있어 목사가 읽을 때에 예배를 드리는 모든 사람은 그 우리 속에 자신이 포함된 것으로 믿고 함께 죄를 고백하는 것이다. 이 고백의 기도 순서는 칼빈이 도착하기 이전 파렐의 예전에서는 설교와 율법 후에 배치되었으나,[20] 칼빈의 예전에서는 설교 전으로 배치되었다. 고백의 기도 후에는 사죄의 말씀이 선포되었다.

제네바에서 공기도는 즉석(개인적으로 준비된) 기도가 아닌 이미 작성된 기도문이었다. 종교개혁 이전 가톨릭 기도는 성인에게 의존하는 기도, 뜻도 모르고 무조건 외우는 절대다수 우매한 자들의 기도였다면, 개신교의 기도는 성인들의 도움을 배제하고 하나님께 직접 기도하는 것이었다. 그러나 공예배에서 행해지는 공기도의 경우에는 즉흥적, 개인기도가 아닌 준비된 기도로서 모두가 공유하는 기도였다. 이러한 공기도는 현재 개신교 교회의 공기도가 의식적으로든 무의식적으로든 목적을 갖고 개인적으로 준비된 기도가 되어 선거시에는 특정 정당을 옹호하는 기도로, 교회의 갈등이 있을 경우에는 특정 세력을 비호하는 기도로 전락되는 위험에 처해 있는 것을 고려할 때 새로운 의미를 갖는다 하겠다.

이러한 배경에서 주기도문은 가장 요긴한 공기도였다. 주기도문이야말로 가장 성경적이며 우리가 마땅히 기도할 것을 일체 포함하고 있는 기도

이기에 주기도문은 예배에서 적극 활용되고 컨시스토리를 통하여 주기도문이 대중화되는 것을 훈련한 것은 개신교 예배 예전발달에 중요한 한 부분을 차지한다.

2) 제네바 교회의 예전

이제 제네바 교회가 실제로 어떤 예전을 가지고 예배를 드렸는지를 살펴보기로 하자. 제네바교회의 예전은 마틴 부처가 목회하였던 스트라스부르그 교회의 예전에 근거하여 칼빈이 준비한 것이다. 1562년 예전은 시편찬양을 좀 더 보완하고 있지만, 제네바교회의 예전은 기본적으로 1542년의 예전을 따르고 있다. 이제 제네바 교회의 주일예배 예전을 살펴보자:[21]

<시편 55편 회중찬양(1562년이후)>

예배에의 부름 기도: 우리의 도움은 하늘과 땅을 지으신 주님의 이름에 있도다. 아멘.

죄의 고백: 형제들이여, 각자 주님의 얼굴 앞에 자신을 내놓고 마음속으로 내 말을 따라 하면서 우리들의 온갖 잘못들과 죄를 고백합시다. 중략

사죄의 말씀

시편회중찬양

기도 (들을 말씀의 조명을 간구함)

성경구절 봉독

설교

기도 (들은 말씀에 대한 묵상과 적용을 위해)

성찬식 (성찬식이 있는 주일의 경우)[22]

시편 27편 회중찬양 (1562년 이후)

축도 (민수기 6: 24-6)

제네바에는 주일예배 외에 주중에도 예배가 있었다. 1541년 교회법령에 따르면 월요일, 수요일, 금요일에 한 번씩 예배가 있었던 것으로 보인다. 그러나 실제로 제네바에서 예배는 매일 한 번씩 있었으며, 수요일은 주일 다음으로 중요한 날로 여겨져 두 번 예배가 있었다.[23] 주중 예배는 단연코 설교중심의 예배였던 것으로 보이며 말씀을 읽거나 배우는 것이 제한되었고 개신교적 삶에 대한 이해가 부족하였던 16세기 제네바에서 교육의 중요한 기능을 담당했던 것으로 보인다. 주중 예배의 예전은 다음과 같다:

기도 (들을 말씀의 조명을 간구함)

성경본문낭독

설교

기도 (들은 말씀에 대한 묵상과 적용을 위해)

주기도

고백의 기도

축도

개신교의 두 가지 성례중 하나인 성찬은 주일 예배 중에만 가능하였던 반면, 세례는 주중 예배나 주일 예배에서 다 가능하였다. 갓 태어난 생명들이 빠른 시간 안에 세례를 받을 수 있도록 한 배려였을 것이다. 세례식을 포함한 예배 예전은 다음과 같다:

예배에의 부름 기도

세례의 목적과 성경적 의미에 대한 질문

기도

주기도문 임송 (세례 받을 아이의 아버지와 대부)

고백임송 (세례 받을 아이의 아버지와 대부)

세례문답

세례식

축도

3) 제네바 교회의 예배 훈련

제네바시가 1541년 말부터 컨시스토리를 통하여 성찬의 순수성을 보호하고 제네바 시민들의 삶의 변화를 지도하였다면, 1547년에 제정된 법(Ordinances for the Supervision of Churches in the Country)은 제네바시 뿐만 아니라 관할 인근지역 주민들에게까지 그 사역이 확장된 것을 볼 수 있다. 이 법은 예배참석과 교리교육의 참석을 의무화하고 개신교적인 삶에 어긋나는 행동에 대한 법적 제재에 대하여 분명하게 밝히고 있다. 칼빈을 "독재자" 혹은 "잔인한 지도자"라고 비판하는 사람들에게 일종의 빌미를 제공하게 된 이 법령에 의하면 일꾼을 포함한 온 가족의 주일 및 주중 예배 참석은 물론 설교에 집중할 것, 예배를 방해하는 행동을 하지 말 것, 예배에 처음부터 끝까지 참석할 것에 대하여 구체적으로 적고 있으며 법을 어길 경우에 일정한 벌금을 물도록 정하고 있다.[24] 다른 어떤 것보다 먼저 예배참석을 강조하고 있는 제네바는 예배에 참석해야 할 다양한 사람들을 고려하여 주일 예배를 네 번 드렸다. 구체적으로 주일예배는 하인들과 일하는 사람들을 위하여 준비된 새벽예배(여름에는 4시, 겨울에는 5시), 아침예배(8시), 어린아

이들과 필요에 의해 참석하는 어른들을 위한 교리문답(낮 12시) 오후예배(여름에는 오후 3시, 겨울에는 오후 2시)로 구성되었다.

예배에 대한 강조는 단순히 예배를 강조하고 교인들을 통제하기 위한 것은 아니었다. 출교에서 잘 나타나듯이, 제네바는 중세교회와는 달리 출교된 자들도 예배에 참석하여 말씀을 듣도록 정하였다. 이는 비록 성찬식이 있는 주일의 경우 이들은 설교를 듣고 성찬에는 참석할 수 없었지만, 설교를 계속 들음으로서 말씀의 교정(correction) 효과에 힘입어 그들의 잘못을 회개하고 삶을 교정할 수 있는 기회를 얻을 수 있다는 칼빈의 깊은 확신이 반영된 것이었다. 이러한 출교자 관리는 출교가 죄인들을 교회에서 배제하는 데 있지 않고 궁극적으로 그들에게서 회개와 변화된 삶을 유도한다는 출교의 목적과 잘 연결된다.[25]

컨시스토리 회의록에 의하면, 소환되어 온 다양한 사람들 중 예배를 소홀히 한 사람들이 일부 있었지만,[26] 그 일 자체로 인하여 출교를 당한 사람은 없었던 것으로 보인다. 그런데 컨시스토리에 소환되어 온 사람들 중에 주기도문을 모르거나 교리교육에 제대로 참석하지 않거나 개신교 예배에서 가톨릭 행위를 하는 사람들의 수는 제법 많았고 그 일로 인하여 출교당하기도 하였다. 컨시스토리는 이러한 사람들에 대하여 특별한 관심을 가지고 지도한 것으로 보인다. 예배와 신앙생활에 필요한 내용(주기도문과 사도신경 암송, 성찬의 의미 등)은 필요시마다 특별교육을 마련하여 개별학습 시켜주기도 하였다. 또한 가톨릭적인 신앙습관이나 미신적 행위(성찬의미 오해, 성물 숭배 등)를 일삼는 사람들에 대해서도 컨시스토리는 개별 교육과 상담을 제공한 것으로 나타난다. 컨시스토리가 가장 많이 다루었던 사건들은 일상적으로 범하기 쉬운 말실수에서 오는 신성모독이나 가정문제, 이웃과의 불미스러운 사건들이었다. 컨시스토리는 그리스도인들은 바른 신앙고백과 예배를 드리는 데서 끝나지 않고 변화된 삶을 사는 것으로 완성된다고 보았기에 그들의 삶을 훈련하는 것에 깊은 관심을 가졌다.[27] 컨시스토리의 이러한 노력이 제네바에서 개신교 예배가 바르게 정착하는데 결정적인 계기가 되었던 것은 굳이 언급할 필요가 없을 것이다. 질서 있는 예배와 바른 예배 태도의 정착, 시민들의 모범적인 삶의 모습은 제네바가 짧은 시간 안에 도시의 모습을 탈바꿈하고 개신교 종교개혁의 요람으로, 유럽의 다양한 지역으로 개신교 종교개혁을 확장시켜나가는 든든한 지도자와 후원자로 인정받게 되는 근거가 되었다.

4) 예배와 이미지, 예배 공간

우상숭배의 폐단과 위험성을 염려하여 종교개혁자들은 일제히 교회건물과 예배에서 이미지(image)의 사용을 제한할 것을 주장하였다. 십자가나 교회미술품(그림들과 조각), 교회 색유리창, 악기 사용을 폐지하는 것은 개신교교회 예배의 한 특징으로 이해되었다. 칼로스 이어(Carlos Eire)는 개신교 종교개혁자들의 예술에 대한 입장을 탁월하게 비교 정리하였다. 그에 의하면, 예술에 대한 종교개혁자들의 신학은 유사했지만 그것들의 사용 혹은 제거에 대한 실제정책에 있어서는 많은 차이가 있었다. 먼저 칼슈타트는 가장 적극적으로 예술의 사용을 반대하여 적극적인 제거를 시도한 개혁자이고, 쯔빙글리는 그 다음으로, 그리고 그 다음이 바로 칼빈이다. 반면 루터는 개혁자들 중서도 예술에 대하여 가장 긍정적이었던 사람으로 소개된다.[28] 현대 개신교 교회의 예배가 다양한 시각 미술적 요소를 사용하고 클래식풍의 오케스트라, 앙상블, 재즈밴드, 락밴드 등 많은 악기를 사용하면서 화려한 음악적 요소를 가미하는 것은 16세기 개신교 정신에 비추어 볼 때 상당히 아이러니한 일이라 하겠다.

칼빈은 근본적으로 예배에서 하나님이 높아지는 것을 방해할 수 있는 모든 가능성을 배제하는 것을 원칙으로 했다. 칼빈이 제네바에 도착하였을 때는 이미 도시 전체가 개신교를 받아들여 개혁을 시작한 후였기 때문에 칼빈은 쯔빙글리나 다른 개혁자들처럼 미술품들을 제거하고 음악을 없애는 일에 나설 필요가 없었다. 제네바의 교회들은 일체의 이미지들을 제거하였지만 생 피에르교회(St. Pierre Cathedral)의 종탑에 있던 십자가상은 그대로 두었는데, 그 십자가가 번개에 의해 망가지게 되자 다시 십자가를 만들어 세우지는 않았다. 예배공간은 이전의 가톨릭교회가 사용하던 공간을 그대로 사용하였다. 성 피에르교회는 고딕양식에 의거하여 중세에 지어진 교회였기에 개신교 예배의 공간으로 적절하지 않았다고 할 수 있다. 실제로 개신교 예배에 적절한 예배공간이 지어지기 시작했을 때 개신교 교회의 건축양식은 기존의 고딕교회 양식과는 매우 달랐다. 의식(ritual)을 위한 공간이 아니라 어떻게 하면 말씀이 잘 들릴 수 있을까, 또 성찬이 잘 보일 수 있을까에 집중하여 설계되었다.

4. 개신교 예배: 칼빈의 제네바와 오늘의 우리 예배

1) 연속성과 변화

나는 최근 가톨릭교회의 미사에 참여하여 예배를 관전하면서 격세지감을 경험한 바 있다. 미사 그 자체나 성찬에 대한 의미는 여전히 가톨릭교회를 가톨릭교회로 만들며 개신교와 구분하는 근본적인 요소이다. 그러나 이 점을 제외하면 가톨릭교회의 미사는 16세기의 미사와는 매우 다른 모습이었다. 성도들에게 등을 보이며 제단에서 미사를 집전하던 신부들은 이제 신자들을 향하고 있었고, 그들의 강론은 개신교의 설교와 별 다를 바가 없었다. 기도문이나 예전에 필요한 말들은 한국어로 친절하게 번역되어 누구든지 어려움 없이 외우거나 읽을 수 있었다. 아이러니한 것은 예전 전체를 통해 성도들의 일어나고 앉음이 개신교 예배보다 더 활발하게 배치되어 있고 회중찬양도 더 많아 회중의 참여도가 아주 높은 예배로 보였다.

개신교의 거대한 도전을 무시할 수 없었던 가톨릭교회는 이처럼 자의 반 타의반 많은 변화와 개혁을 시도하였고, 그 시도는 개신교 예배와 가톨릭 예배의 간극을 좁히는 역할을 했음에 틀림없다. 앞서 우리는 칼빈의 예배신학과 그 실제에 대해 정리해 보았다. 그런데 이러한 정리는 자칫 개신교 예배가 가톨릭교회의 예배와 전혀 다른 예배를 만들었다는 성급한 결론을 내릴 수 있다. 그러나 16세기 개신교 운동은 새로운 종교의 창시운동이 아니라 개혁운동이었다는 점을 기억할 필요가 있다. 즉 성경과 초대교회의 전통을 공유하고 있었던 개신교예배와 가톨릭 미사는 어쩔 수 없는 연속성을 가지고 있었음을 인정할 필요가 있다는 것이다. 예배학자 존 위트블리엣(John D. Witvliet)과 역사학자 커린 마그(Karin Maag)가 편집한 책, *Worship in Medieval and Early Modern Europe: Change and Continuity in Religious Practice*는 개신교 예배의 뿌리를 더 잘 이해하기 위하여 중세 가톨릭 예배와 16세기 개신교 예배의 다양한 측면을 비교 연구한 연구서이다. 이 책은 결론으로 개신교 예배는 가톨릭교회와 적어도 6가지 면에서 연속성을 가지고 있으며, 3가지 면에서 변화를 시도하였다고 지적한다. 먼저 6가지의 연속성을 소개하면, 두 예배는 공통적으로 첫째, 훈련된 경건(disciplined piety)을 추구하였으며, 둘째, 작성된 기도문(set prayers)을 사용했고, 셋째, 시편찬양(the Psalter)을 불렀으며, 넷째, 시각적 도구(visual means)를 사용했고, 다섯째, 예전의 형성과정에서 그 당시 정치적 세력의 영향으로부터 자유롭지 않았으며, 여섯째, 학습(Instruction)의 중요성을 강조한다는 유사성을 가지고 있다. 반면 변화 혹은 차이점으로 소개된 3가지는 첫째, 개신교 예배는 보는 예배가 아니라 듣는 예배(auditory service)였으며, 둘째, 성경이 예전의 일부가 되었으며, 셋째, 평신도들이 성찬에 참여하는 횟수가 실제로 증가하였다는 것이다. 그 외에도 결혼예배가 주중에서 주일날로 들어오게 된 것이나, 설교중심 예배에서 목사의 목소리 크기가 중요하였다는 것, 시편찬양이 성가대에서 회중찬양으로 바뀌었다는 점 등을 지적하고 있다.[29] 칼빈의 제네바에서 예배의 개혁을 이해하고자 하는 사람은 칼빈의 개혁은 이러한 연속성과 변화를 동시에 가지고 있음에 대해 인식할 필요가 있다.

2) 칼빈의 예배와 현대교회 예배

이상에서 살펴본 것처럼, 칼빈의 예배 신학과 실제는 가톨릭교회와의 연속성을 지니면서도 확실한 변화를 추구한 것을 볼 수 있다. 이러한 칼빈의 예배개혁은 우리에게 어떤 시사점을 제공하는가? 예배에 관한 한 칼빈이 우리에게 영속적으로 남겨주고 있는 것은 무엇인가? 오늘 한국 교회 예배가 지양하고 지향해야 할 것은 어떤 것들이 있는가? 역사를 공부함의 유익은 이전 시대를 그 시대의 관점에서 이해하는 것을 넘어서 오늘 우리에게 전해진 관습과 제도의 뿌리에 대하여 비판적이며 건설적인 시각을 얻는 것이다. 오늘 한국 교회에서 예배에 대한 관심은 뜨겁고 그 형식에 대한 논의는 치열하다. 왜냐하면 시공을 초월하여 예배는 여전히 교회의 모든 활동에서 가장 근본적이며 본질적인 것이기 때문이다. 교회를 중심으로 일어나는 크고 작은 모임은 예배로 시작하게 된다. 또한 출산, 돌잔치, 결혼, 환갑(칠순, 팔순, 미수 등), 임종과 장례 등과 같이 생애주기에서 중요한 매 고비마다 예배를 드린다. 이 때 예배들은 어떤 모습을 지닐 때 칼빈이 주장한 질서 있고 진정한 예배의 모습을 갖출 수 있을까? 이에 답하기 위해 칼빈의 예배 이해와 실천에서 필수적으로 간주되었던 것을 다시 정리해 보면서 우리의 예배를 성찰해 보기로 하자.

먼저 칼빈은 예배는 예배에 참석하는 모든 이들이(목회자와 평신도) 함께 하나님만을 찬양하고 예배하며 하나님이 주시는 구원의 복을 누리는 것이라는 점을 분명히 하고자 했다는 점을 대전제로서 기억해야겠다. 이 점이야말로 칼빈이 가톨릭예배에서 가장 아쉬워한 점으로 보인다. 이러한 대전제에서 칼빈은 누구나 이해 가능한 예배, 의식을 약소화한 단순한 예배, 삶으로 연결되는 예배, 함께 하나님의 가족임을 경험하는 공동체 예배의 실제를 발전시킨 것이다.

두 번째로 칼빈의 예배는 들려지는 말씀인 설교와 보이는 말씀인 성찬이 예배에서 공존할 것을 주장함으로써 개신교교회의 예배가 설교만의 예배가 아니어야 할 것을 보여주었다. 물론 설교위주의 예배는 하나님에 대한 지식을 풍성하게 제공하고, 이 지식이 우리로 하여금 바른 예배를 드리고 복음에 합당한 삶을 살아가는 데 얼마나 절대적인지를 잘 보여주는 필수적인 것임에 틀림없다. 그러나 말씀은 단지 설교를 통해서 뿐만 아니라 교리학습과 성찬을 통하여 우리에게 전달된다는 중요한 사실을 간과해서는 안 될 것이다. 말씀의 이중적 구조는 현대교회에 와서 소홀해진 성찬의 회복을 강조하고 있다. 또한 현대교회에서 지나치게 강조된 바 있는 설교에 대한 비판 역시 가능하게 한다. 많은 경우 개신교 예배는 목사의 설교에 지나치게 의존되어 있다. 현대교회 예배에서 설교의 비중은 예배 전체의 반 이상을 차지하기도 한다. 사실 이러한 현상은 미국의 각성운동과 부흥회 전통에서 강화된 것이다. 설교의 교육적 기능에도 불구하고 현대개신교 교회에서 설교에 대한 비판은 가능하다. 목사들은 일주일에 지나치게 많은 양의 설교를 해야 하고 성도들은 교회에서, TV에서, 책에서, 인터넷에서 쉽게 설교를 듣는다. 소위 "설교홍수"의 시대를 살아가는 설교자들은 양질의 설교를 제공하기 어려운 현실에 처해 있고, 성도들은 흔히 하는 말로 "귀만 커지는"(혹 까다로워지는) 증세를 경험하고 있다. 이러한 현상은 설교자나 설교를 듣는 자 모두가 말씀을 적용하고 실천하는 일보다는 말씀의 양, 지식을 넓혀가는 데 치중하게 되어 "머리만 커진" 그리스도인들을 양산하는 시대를 만드는데 일조할 뿐이다.

   칼빈의 예배에서 말씀에 버금가는 중요도를 지닌 기도는 어떠한가? 칼빈은 찬양으로 하는 기도로 시편찬송을 절대적으로 고집하였다. 지금도 리폼드교단 교회의 예배에 가면 시편찬양집을 볼 수 있고 실제 예배에서 다른 찬양집과 함께 사용되는 것을 볼 수 있다. 시편이 가진 하나님의 다양한 속성에 대한 위대한 찬양과 환난 날에 대한 놀라운 위로가 예배 속에서 우리의 찬양이 되고 위로로 다가온다. 시편찬양은 하나님의 말씀 그 자체이기 때문에 예배의 대상인 하나님이 중심이 된다. 의도적으로 시편찬양의 곡은 화려하지 않기 때문에 곡보다는 가사, 즉 하나님의 말씀에 집중하게 하는 장점이 있다. 반면 오늘 우리 예배에서 많이 사용되는 찬송가나 복음성가들은 작사가의 경험이 지나치게 강조되어 있는 것을 본다. 결국 나의 경험이 하나님을 우선하는 듯하여, 하나님의 구원의 큰 섭리 속에서 개인을 바라보는 성경적 시각이 부재하는 것이 아닌가 하는 우려를 갖게 한다. 또한 하나님의 통치가 인간의 개인사를 넘어 국가의 흥망과 우주만물에게로 확장되어 있는 성경의 생생한 고백은 찾아보기 어려운 것 역시 안타까운 부분이다.

   이미 지적한 바 있지만 말로 하는 기도, 즉 공기도의 경우를 다시 한 번 언급한다면, 우리 예배에서 고백의 기도를 포함한 공기도는 다시 한 번 재고될 필요가 있다. 기도는 하나님께 드리는 우리의 찬양이자 피조물로서의 한계를 토로하는 간구이다. 피조물인 우리의 경험상 기도는 간절할 수밖에 없고 자칫 수치스럽고 유치하기조차 하다. 그러나 공예배에서 사용되는 기도는 다양한 세대와 남녀노소가 함께 드리는 예배이기에 절제되고 정제된 내용을 필요로 한다. 다른 어떤 것보다도 하나님께 집중되는 기도를 작성해야할 필요가 있다. 그런 의미에서 고백의 기도나 공기도가 특정인물이나 특정집단의 이익을 반영하지 않는 보편적인 기도문이어야 하며, 미리 준비할 것이며, 필요하다면 공람되어 불필요한 오해를 피하는 것조차 고려해 볼 수도 있다. 또한 말씀봉독, 혹은 설교의 시작과 마지막에 말씀을 위한 기도를 하는데 이를 설교자의 대표기도로 하는 것보다 회중과 함께 할 수 있는 짧은 기도문을 개발하는 것도 회중의 참여도를 높이는 예배예전이 되는데 도움이 될 것으로 보인다.

예배와 예술의 관계에서 칼빈의 입장은 예배자가 하나님에게 집중하는데 방해되는 요소는 제거되어야 한다는 것이었다. 시편찬양에서 곡이 화려하지 않고 악기가 사용되지 않는 것, 미술품들이 사용되지 않는 것들은 이런 취지에 근거하고 있다. 그러나 여기서 우리는 칼빈의 종교개혁은 다른 개혁자들과 마찬가지로 그 시대 가톨릭교회에 잘못된 관행이나 가톨릭 교인들의 그릇된 신앙의식과 행위를 염두에 두고 진행되었다는 점을 충분히 고려하여야 한다. 칼빈은 그리스도인의 문화적 사명에 대해 누구보다도 잘 알았고 그것을 충분히 지지할 수 있는 신학적 폭과 넓이를 갖추고 있다는 것은 후기 칼빈주의자들이 잘 보여주었다. 그런 점에서 칼빈의 예배에 비추어 오늘날 현대교회의 예술에 대한 입장을 여과과정 없이 비판하는 것은 불공평하며 역사의 유익을 무시하는 행위일 뿐이다. 그러므로 오늘 우리 교회가 다양한 예술을 적극적으로 수용하는 것은 고무적인 일이라 할 수 있다. 그러나 여기에서 우리는 다시 한 번 어떤 종류의 예술도 과하여서는 안 된다는 점을 다시 한 번 상기할 필요가 있다. 음악의 경우 지나치게 복잡하고 웅장하며 소란스러운 음악과 악기사용은 예배자들에게 하나님에 대한 묵상과 집중을 방해하기 십상이다. 칼빈이 주장하는 "적당함"(moderation)의 원리를 교회음악가들과 예배기획자들은 더 고려할 필요가 있다.

현대개신교교회에서 시각미술은 사실상 영상으로 대체되었다. 영상의 사용과 그 성공여부가 헌금의 정도를 결정하고 예배의 만족도를 결정한다는 말을 흔히 듣는다. 영상이나 대형스크린의 사용은 교회가 더 친절하게 메시지를 전달하고 새신자들에게 친근하게 다가가는데 크게 기여하고 있다. 그러나 동시에 대형스크린을 통하여 목사들이나 예배인도자들이 교인들의 뇌리에 압도적인 이미지를 남기고 TV설교자들과 같이 연예인화 되는 현상은 중세교회가 겪었던 성직자주의(clericalism)의 폐단을 내포한 21세기형 재판(再版)은 아닐지 생각해 보는 것이 유익하다고 본다.

마지막으로 칼빈의 예배는 훈련 및 권징(discipline)과 긴밀하게 연결되어 있었다는 점을 특별히 주목하고자 한다. 칼빈은 제네바시의 사람들이 "성도의 표지"[30]를 갖춘 그리스도인으로 거듭나려면 정기적으로 예배를 드림으로써 하나님의 말씀을 듣고 그 말씀에 비추어 자신의 삶과 행동을 재조정하여야 한다고 믿었다. 이러한 칼빈의 생각은 컨시스토리를 통해 강화되고 제네바시의회와의 공조 속에서 구체적인 현실로 나타났다. 앞서 말한 대로 컨시스토리는 예배를 소홀히 여긴 사람들을 소환하여 권면하였고, 시의회는 벌금제도까지 마련하여 예배참석을 의무화하였다. 이러한 제네바시의 노력은 현대적인 관점에서는 종교의 자유가 무시된 폭정으로 이해될 수도 있다. 그러나 이 사건은 16세기의 관점에서 이해할 때 정확하게 이해할 수 있는 일이며, 그 의도를 중심으로 이해할 때 바르게 이해될 수 있는 것이다. 결국 칼빈의 제네바가 추구하였던 것은 누구나 하나님의 백성으로서 하나님의 백성답게 사는 것이었다. 그러기 위해서 사람들을 바른 방향으로 인도하는 것은 목사의 의무였고, 칼빈의 제네바는 이러한 의무에 충실하였던 것이다.

바른 예배는 교회를 교회되게 하며 성도를 성도되게 한다. 교회의 예배는 교회 건물 안에서 하나님을 찬양하고 예배하는 데에서 그치지 않고, 세상 속에서 하나님을 예배하며 하나님의 뜻을 실현하는 것을 가능하게 한다. 이런 점에서 칼빈의 예배신학과 실천을 이해함으로써 오늘 교회의 예배를 성찰해 보려 했던 이 글을 다음의 인용문으로 마치면 어떨까 싶다:

> 칼빈에게 있어서 예배는 예전예배와 세상 속에서의 예배라는 이중의 의미를 가지고 있다. 세상에서의 예배라 함은 항상 그리스도 안에서 하나님의 구원의 역사를 감사하며 하나님의 뜻을 행하는 것이다. 우리 안에서 역사하시는 성령은 우리로 하여금 우리를 사랑하시고 그리스도를 통하여 우리를 자유롭게 하사 찬양함으로 우리의 감사함을 표현하게 하시는 하나님을 의지하게 하신다. 또한 성령은 우리가 기꺼이 그리고 활발하게 우리의 감사를 표현하며 하나님의 목적을 성취하기 위해 우리들이 세상 속에서 들어가도록 우리를 부르고 계신다.[31]

칼빈과 윤리

제2부

6장 칼빈의 『기독교 강요』 초판(1536)에 따른 "그리스도인의 자유" 이해 _ 최윤배 7장 칼빈 신학에 있어 그리스도와 "신비적 연합"과 성화론적 기독교 윤리 _ 노영상 8장 칼빈의 에덴 이해 _ 지명수 9장 칼빈의 십계명 이해와 개혁주의 윤리 _ 신원하 10장 칼빈의 윤리 _ 이상원

6장
칼빈의 『기독교 강요』 초판(1536)에 따른 "그리스도인의 자유" 이해

최윤배(장로회신학대학교 조직신학 교수)

1. 들어가는 말

한국 교회는 선교 2세기에 진입하여 4반세기를 눈앞에 두고 있다. 하지만 최근 기독교역사와 기독교선교역사에서 유례없는 성장을 이룩한 한국 교회가 한국사회로부터 불신과 외면 속에서 위기를 맞고 있다. 한국 교회 내외로부터 나오는 중요한 비판들 중 하나는 한국 교회의 윤리약화에 대한 것이다. 즉 지금 한국 교회는 정직하지도 투명하지도 않고, 이웃에 대한 사랑도 빈약하다는 것이다.

한국 교회에서 차지하고 있는 한국장로교회의 비중을 고려해 볼 때, 한국 교회의 공과(功過)는 곧 한국장로교회의 공과라는 도식이 성립될 수 있다. 그러므로 한국 교회의 위기의 극복은 한국장로교회의 위기의 극복으로부터 시작될 수 있다. 따라서 이렇듯 개혁·장로교회의 신앙과 신학의 뿌리를 형성한 칼빈의 탄생 500주년을 맞이하여 "칼빈탄생 500주년기념

사업" 학술대회에서 칼빈의 윤리학의 중심을 차지하는 "그리스도인의 자유"에 대해 연구하는 것은 한국장로교회와 한국 교회의 윤리의 회복에 기여할 수 있을 것이다.

이 글에서는 『기독교 강요』 초판(1536)을[1] 중심으로 칼빈의 그리스도인의 자유 개념을 분석하고자 한다. 연구방법과 관련해서는 주로 조직신학적 방법이 사용되지만 역사 신학적 분석도 배제되지 않을 것이다.

2. 그리스도인의 자유에 대한 역사적 배경

1) 그리스도인의 자유의 필요성

칼빈은 『기독교 강요』(1536)의 제6장에서 교회의 권세와 정치조직보다 먼저 그리스도인의 자유에 대해 논의한다. 그런데 논의를 시작하자마자 곧 바로 그리스도인의 자유는 선택의 문제가 아니라 복음뿐만 아니라 윤리와의 밀접한 관계 속에서도 "꼭 필요한 문제"라고 힘주어 말한다. 왜냐하면 여기에 대한 올바른 지식이 없을 경우에 파생되는 그리스도인의 양심의 피해는 치명적이기 때문이다. 그리스도인의 자유에 대한 논의의 절대적인 필요성에도 불구하고, 어떤 사람들은 그리스도인의 자유에 대한 논의 자체를 타부로 간주하여 아예 논의 자체를 거절했다:

> 복음을 요약하여 가르칠 때도, 이 문제에 대한 설명을 생략해서는 안 된다. 이것은 꼭 필요한 문제이며, 이에 대한 지식이 없으면 양심은 거의 매사에 망설이게 된다. 자주 주춤거리고 지체하거나, 항상 동요하고 걱정하게 된다. 그러나 여기서는 (앞에서 가볍게 언급했지만) 이에 대해 충분히 논의할 수 없다. 왜냐하면, 그리스도인의 자유에 관하여 운을 떼기 시작하면

곧 격분이 들끓거나 북새통이 벌어지거나, 그렇지 않으면 이 변덕스런(혹은 최상의 것들을 최악의 것으로 변질시키는) 이들이 즉시로 대항하기 때문이다.[2]

칼빈은 그리스도인의 자유에 대한 지식은 복음과 그리스도인의 삶의 관점에서 필수불가결한 것임을 거듭 강조하고, 논의 자체를 가로막는 방해자들에게 한 번 더 이의를 제기한다:

그러나 이미 말했듯이 이 자유에 대하여 알지 못하면, 그리스도의 복음 진리도 올바르게 알 수 없다. 오히려 우리는 필수불가결한 교리의 일부분들이 삭제당하지 않도록 주의해야함과 동시에 보통 이로부터 발생하는 저 황당한 이의들을 경계해야 한다.[3]

2) 그리스도인의 자유에 대한 오해

어떤 사람들은 그리스도인의 자유를 율법이나 도덕이 필요 없는 것으로 오해하여 율법 또는 도덕폐기론(antinomianism)으로 빠지는 자유방종주의자들이 된다. 칼빈 당시에 여기에 속하는 자들은 소위 "자유파"(les Libertines)와 국가나 정부의 권위를 인정하지 않던 재세례파가 있었다. 또 어떤 사람들은 그리스도인의 자유를 주장할 경우, 마치 정당하고 유익한 법이나 도덕 자체를 부정하고 교회나 국가의 질서를 전복하는 것으로 오해하여, 그리스도인을 얽어매는 비성서적인 법규나 사회적 악습조차도 무조건적으로 고수하고 강요하고 그리스도인의 내면적 양심을 고려하지 않는 율법주의자들 내지 형식주의자들이 된다. 칼빈 당시에 로마 가톨릭교회의 신학과 생활 속에 이 같은 경향이 일반적으로 발견되었다.

『기독교 강요』 초판을 헌정 받은 프랑스의 왕 프랑소와 1세(François I)에게 칼빈은 1535년 8월 23일에 헌정사를 썼다. 여기에서 이미 칼빈은 교회론을 중심으로 로마 가톨릭교회가 교회를 본질적인 관점에서 정의하지 않고, 외적인 관점에서 정의한다고 비판한다:

> 우리의 논쟁은 다음과 같은 점과 관련되어 있습니다. 첫째, 교회의 형태는 항상 드러나 보이고 관찰될 수 있는 것이라고 그들은 주장합니다. 둘째, 그들이 이 형태를 로마 교회와 그 계급제도와 동일시하고 있습니다. 그 반대로 우리는 교회는 어떤 가시적인 외형이 없이도 존재할 수 있으며, 그 외형은 그들이 바보스럽게 흠모하는 저 외적 장엄함 속에 담길 수 없다고 확신합니다. 오히려 교회는 다른 표지를 가지고 있는데, 교회의 표지는 하나님의 말씀을 순수하게 전파하는 것과 성례를 올바르게 집행하는 것입니다. 그들은 손가락으로 꼬집어 지적할 수 없으면 격분합니다. … 그들은 사도적 지위를 가진 로마 교황과 나머지 감독들이 교회를 대표하며 교회로 간주되어야 한다고 말합니다. 그런고로 그들은 오류를 범할 수 없다는 것입니다.[4]

여기서 한 걸음 더 나아가 칼빈은 교회의 직제나 국가의 제도를 전적으로 무시하고, 혁명이나 폭력을 통하여 교회와 사회에 혼란과 무질서를 초래하는 재세례파에 대해서도 비판한다:

> 사탄은 재세례파들(Catabaptistas)과 괴악한 사람들을 통해서 불일치와 교리적 논쟁을 불러 일으킴으로써 진리를 희석시키고 마침내 말살하려 했던 것입니다. 그리하여 이제 사탄은 두 가지 방법으로 진리를 줄기차게 포위하고 있습니다. 인간의 폭력적 수단을 통해서는 참된 씨를 뿌리째 뽑아

버리고, 자기의 할 수 있는 대로 자기의 가시덤불을 가지고 씨를 질식시
켜 버림으로써 씨가 자라 열매를 맺지 못하게 하려는 것입니다.[5]

칼빈은 그리스도인의 자유에 대하여 본격적으로 논의하기 전에, 그리스도인의 자유를 오해한 자유방종적인 사람들과 율법주의적인 사람들을 동시에 다음과 같이 비판한다:

어떤 사람들은 이 자유를 핑계 삼아 하나님께 대한 순종을 모조리 팽개쳐 버리고 걷잡을 수 없는 방종으로 뛰어든다. 또 어떤 사람들은 이런 자유가 절제와 질서와 사물의 분별 모두를 말살시킨다고 생각하면서 이를 무시한다. 이와 같은 난관에 가로막혀 있는 우리가 여기서 무엇을 할 수 있겠는가? 그리스도인의 자유와는 작별함으로써 이런 위험에 빠질 소지를 없앨 것인가?[6]

3. 그리스도인의 자유

칼빈은 그리스도인의 자유의 내용을 세 가지로 구별한다: "내 생각으로 그리스도인의 자유는 세 부분으로 구성되어 있다고 본다."[7] 첫째는 칭의를 통하여 얻어지는 율법의 저주로부터의 자유이며, 둘째로 성화를 통해 성취되는 율법의 자발적 실천을 통한 자유이며, 마지막으로 종교적, 윤리적 의무들로서의 "비본질적인 것들"(adiaphora; ἀδιαφοραι)로부터의 자유이다. 이 세 가지를 올바로 이해하기 위하여 칼빈이 이해한 율법 이해, 인간 이해 및 칭의와 성화 이해가 선행되어야 할 것이다.

1) 율법 이해

칼빈은 십계명을 해설한 뒤에 하나님 경외와 사랑과 이웃 사랑의 내용을 담고 있는 십계명을 다음과 같이 요약한다:

> 우리는 십계명에 드러난 전 율법을 가지고 있다. 그것에 의해 우리는 하나님을 향해서나 이웃을 향해 주께서 우리에게 요구하시고 금지하시는 것들을 충분히 배우게 된다. 이 모든 것들이 사랑을 가르치고 있다는 것을 파악하는 것은 쉬운 일이다. 첫 번째 돌판에 의해 우리는 특별히 경건을 배우게 되는데 그것을 요약하면, 하나님을 경외하고 사랑하며 영화롭게 하는 것과 그 분을 고백하며 그 분을 부르며 그 분에게 모든 것을 구하고 그 분으로부터 모든 것을 기다리며 그 분 안에서 우리의 보호를 찾으며 그 분 안에 쉬는 것이다(마 7:12). 둘째 돌판을 요약하면, 하나님을 위해서 이웃에 대한 사랑을 계발하는 것인데, 그렇게 함으로써 모든 사람에게 우리가 대접을 받고자하는 대로 행하며 우리 자신을 사랑하지 않게 되는 것이다.[8]

칼빈에 의하면, 대표적인 율법은 십계명이지만, 양심과 자연을 포한하는 자연법도 도덕법인 십계명과 사랑의 차원에서 본질적으로 같다:

> 율법은 우리에게 하나님의 뜻을 가르쳐준다. 우리는 그것을 준행해야하며 그것은 우리가 지고 있는 빚이다. 그것은 우리가 왜 하나님께서 명령하신 것을 전혀 준행할 수 없는지를 보여준다(롬 3:19; 7:7-25). 결과적으로 그것은 분명히 우리를 위한 거울이 된다. 그 곳에서 우리는 마치 거울 속에서 우리 얼굴의 상처와 흠들을 늘상 보는 것처럼 우리의 죄와 저주를 분별하고 명상할 수 있는 것이다. 정확히 말하자면, 이 기록된 율법은 자연법에 대

한 증인이다. 자연법이 우리를 교훈할 때, 수시로 우리의 기억을 되살려서 우리가 미처 깨닫지 못했던 사실들을 일깨워 주는 증인인 것이다.[9]

칼빈은 하나님의 뜻이 내포된 하나님의 말씀으로서의 율법의 기능을 세 가지로 구별한다: "이러한 사실로부터 우리는 율법의 용도가 무엇인가를 파악할 수 있다. 그것은 세 부분으로 구성된다."[10] 칼빈이 이해한 율법의 첫 기능은 죄 인식의 기능 내지 정죄의 기능이다:

> 첫째, 하나님의 의, 즉 하나님께서 우리에게 요구하는 것이 무엇인지를 보여줌으로써 율법은 각 사람의 불의를 책망하며, 그의 죄를 깨닫게 해준다. 모든 사람은 예외 없이, 주께서 그들의 허영을 증명해 보이지 않는 한 자기 자신의 능력에 대한 터무니없는 자신감으로 가득 차 있다.[11]

율법을 통해 죄를 깨닫고, 정죄 받은 인간은 한 걸음 더 나아가 자신의 행위의 의를 포기하고, 하나님의 은혜와 자비 속에서 계시된 그리스도의 의와 공로를 의지해야 한다:

> 그들 자신의 능력에 대한 이 모든 어리석은 견해가 제거된 뒤 그들은 오직 하나님의 손에 의해 지탱된다는 것을 알 필요가 있다. 또한, 그들의 행위의 의에 의해 그들은 하나님의 은혜를 대항하는 고로 이러한 교만이 팽개쳐져서 빈손으로 하나님의 자비만 의지하고 그 안에 쉬며 그 곳에 숨는 것이 합당하다. 또한 의와 공로를 위해 오직 하나님의 자비만 붙잡는 것이 필요하다. 왜냐하면 하나님의 자비는 진실한 마음으로 그것을 찾고 기다리는 모든 사람에게 그리스도 안에서 계시되기 때문이다.[12]

칼빈이 이해한 율법의 둘째 기능은 사회적 기능이다. 다시 말하면, 사회생활에서 법을 지키지 않았을 때 받게 되는 처벌이나 형벌이 두려워서 인간은 억지로 강요된 의를 행하게 된다:

> 둘째, 율법은 하나님께서 보복하실 것을 선언하고 범법자들을 위한 형벌을 설정하며 사망과 심판을 선언하기 때문에, 최소한 무엇이 옳으며 바른 것인가에 관한 고려에 의해 영향을 받지 않는 어떤 사람들을 형벌의 공포에 의해 제어하는 역할을 한다. 그러나 그들이 제어되는 것은 마음이 움직이거나 흔들려서가 아니라 고삐가 매였기 때문에, 즉 그들의 손을 외적 행동에까지 뻗치지 않기 때문이다. 그러면서 속으로는 만일 그렇지 않았더라면 마음대로 탐닉했을 부패를 간직하고 있는 것이다. 결과적으로 그들은 하나님 앞에서 조금도 더 나아지거나 의로워지는 것이 없다. 비록 두려움이나 수치심에 의해 제동이 걸린다 할지라도 자기 마음에 생각한 대로 행하며 또한 그들은 하나님에 대해 두려워하는 마음을 갖지도 않으며 하나님께 순종하지도 않는다.[13]

칼빈에 의하면, 인간이 형벌에 대한 두려움 때문에 강요된 상태로, 비자발적으로 행하는 의가 인간 공동체를 위하여 필요하기 때문에, 하나님께서 이것을 섭리의 차원에서 배려하셨다:

> 그러나 이 억지로 강요된 의는 인간의 공공사회를 위해 필요하다. 주께서는 공공의 안녕을 위해 그러한 대비를 하심으로써 완전하고 폭력적인 혼란으로부터 보호하고자 하셨던 것이다. 만일 모든 사람이 저마다 원하는 대로 하게 내버려 둔다면 그러한 일이 일어날 것이다.[14]

칼빈이 이해한 율법의 셋째 기능은 율법의 제3사용으로서의 그리스도인의 성화의 기능이다. 앞에서 논의한 율법의 첫째 기능과 둘째 기능은 그리스도인이나 비그리스도인 모두에게 해당되는 율법의 소극적이고도 부정적인 기능이라면, 칼빈이 주장한 율법의 제3기능은 그리스도인에게 해당되는 율법의 적극적이고도 긍정적인 기능이다:

> 셋째, 그 마음속에 하나님의 영이 거하셔서 다스리시는 신자들에게도 율법은 못지않은 중요한 역할을 한다. 즉 하나님 보시기에 무엇이 옳으며, 무엇이 하나님을 기쁘시게 해 드리는 것인가에 대해 더욱더 엄숙한 경고를 주고 있는 것이다. … 게다가 그들이 아무리 성령의 감화를 받아 열심히 하나님께 순종한다 할지라도 그들은 여전히 육신 가운데 연약하며 하나님보다는 죄를 섬기려하는 경향이 있다. 게으르고 고집센 나귀를 채찍으로 쳐서 일어나 일터로 향하게 하는 것과 같은 역할을 율법이 우리 육신에 대해 한다. 요약하면, 율법은 신자들에 대한 권면이다. 그것은 저주로 신자들의 마음을 구속하는 어떤 것이 아니라 반복적인 권고에 의해 그들이 나태를 떨쳐버리게 하며, 그들의 불완전에 대해 항상 깨어 있도록 자극하는 역할을 하는 것이다.[15]

예수 그리스도 안에서 하나님의 자녀가 되어 하나님과 새로운 관계에 있는 그리스도인에게 율법이 폐기되었다는 말은 율법이 더 이상 필요 없다는 뜻이 아니다. 그보다는 이전에 정죄의 기능을 가진 율법이 이제는 율법의 정죄와 저주로부터 벗어난 그리스도인을 자발적으로 순종케 하는 성화의 기능으로 바뀌었다는 뜻이다. 다시 말해, 그리스도인의 신분의 변화에 상응하는 율법의 적용과 기능이 변화되었다는 것이다:

그러므로 율법의 저주로부터의 이러한 해방을 표현하고 싶어 하는 많은 사람들은 신자들에게 있어 율법이 폐기되었다고 말했다. 율법이 신자들로 하여금 옳은 일을 하도록 더 이상 명하지 않는다는 것이 아니라 단지 신자들에 대해 이전과 같은 관계를 갖고 있지는 않다는 것이다. 사망의 메시지를 가지고서 그들을 놀라게 하고 겁나게 함으로써 그들의 양심을 정죄하고 파괴하는 일은 더 이상 하지는 않는다는 것이다. 선행이 칭의의 가치를 떨어뜨린다는 것과는 다르다. 선행이란 것이 전혀 없다는 말도 아니고 또 선행이 선행임을 부인하는 것도 아니다. 단지 우리가 선행을 신뢰하거나 자랑하거나 우리의 구원을 선행의 공로로 돌리지 말아야 한다는 것이다. 왜냐하면 다음의 사실이 확실하기 때문이다. 즉 하나님의 아들 그리스도는 우리의 것이며, 우리에게 주신 바 되어서 우리도 그 안에서 하나님의 아들들, 그리고 하늘의 왕국의 상속자들이 될 수 있다는 것이다(사 9:6; 살전 4:14-18).[16]

2) 인간 이해

그리스도인의 자유 문제를 논의하기 위하여 칼빈의 인간 이해가 선행되어야 한다. 칼빈의 인간 이해는 일반적 인간 이해가 아니라 하나님과의 관계에서 이해되는 신학적 인간 이해이다. 다시 말하면, 하나님 지식에 의해 인간 지식이 규정되고, 반대로 올바른 인간 지식은 하나님 지식과 밀접한 관계 속에 있다: "거룩한 교리의 대부분은 다음의 두 부분으로 구성된다. 즉 하나님에 대한 지식과 우리 자신에 대한 지식이다."[17]

창조주이신 하나님은 하나님의 형상에 따라 우리를 창조하셨고, 우리는 하나님으로부터 지혜와 의와 거룩함을 부여받았다:

우리 자신에 대한 확실한 지식에 도달하려면 우리는 먼저 우리 모두의 조상인 아담이 하나님의 형상으로 창조되었다는 사실을 포착해야 한다(창 1:26-27). 말하자면 아담은 지혜와 의와 거룩함을 부여받았으며 이 은혜의 선물에 의하여 하나님께 너무나 밀착되어 있었기 때문에 만일 그가 하나님께서 그에게 주신 의로움 속에 굳게 서 있었더라면 영원히 그 분 안에서 살 수도 있었으리라는 것이다.[18]

그러나 자유의지를 부여받은 인간은 하나님께서 주신 의로움 속에 굳게 서지 못했다: "아담이 실족하여 죄를 범했을 때, 이러한 하나님의 형상은 취소되고 지워졌다. 말하자면 그는 하나님의 은혜가 주는 모든 혜택을 상실해버렸다는 것이다."[19] 또한 아담의 범죄로 말미암아 모든 인류가 죄를 짓지 않을 수 없게 되었다: "이것들이야말로 '죄의 열매들'인 것이다(갈 5:19-21). 이러한 재앙은 아담에게만 떨어지는 것이 아니라 그의 씨요 자손인 우리에게도 흘러내리게 된 것이다. 따라서 아담에게서 난 우리 모두는 무지하며 하나님에게서 떨어졌으며 사악함에 이끌리며 부패한 욕망으로 가득 차 있으며, 그것들에 중독되어서 하나님을 향해서는 완고한 마음이 여기에 있는 것이다."(렘17:9)[20]

칼빈에 의하면, 하나님은 율법의 모든 의를 충분하고도 예외 없이 지키지 않는 모든 사람에게는 저주를 선언하시며 영원한 사망의 심판을 선고하신다: "율법을 범하지 않았다고 말할 수 있는 사람은 아무도 없다."[21] 하나님의 형상으로 아름답게 창조된 인간이 율법의 저주 가운데 살게 되자, 하나님께서는 자신의 사랑을 예수 그리스도 안에 나타내사 인간에게 구원의 길을 여셨다:

그는 이 모든 축복들을 예수 그리스도 우리 주 때문에 우리에게 주신다. 그 분은 아버지와 함께 하나님이셨으나(요 1:1-4) 우리의 육신을 입으심으로 우리와 계약을 맺으셨고(죄로 말미암아 하나님에게서 떨어진) 우리를 자기에게 연합시키고자 하셨던 것이다(사 53:4-11). 그는 또한 자신의 죽음의 공로에 의해 하나님의 공의의 대한 빚을 지불하셨으며 하나님의 진노를 무마시키셨던 것이다(엡 2:3-5). 그는 우리를 묶는 저주와 심판으로부터 우리를 구속하셨으며 자기 몸으로 죄의 형벌을 담당하셔서 그것으로부터 우리를 해방하셨던 것이다(골 1:21-22).[22)]

우리는 성령의 역사(役事)와 믿음을 통하여 예수 그리스도와 하나가 되어 구원받게 되었다:

하나님은 우리에게 그리스도 주 안에서 이 모든 축복들을 주시는데 그 속에는 죄에 대한 값없는 용서와, 하나님과의 평화와 화목, 성령의 은혜와 선물들이 있다. 만일 우리가 확실한 믿음으로 그것들을 붙잡고 받아들이면 그것들은 우리의 것이 되는 것이다. … 한 마디로, 만일 우리가 그리스도에 참여한다면 그분 안에서 우리는 모든 하늘의 보화와 성령의 선물들을 소유하게 될 것인데 그것은 우리를 생명과 구원으로 인도할 것이다. 참되고 산 믿음이 없이는 결코 이런 것을 얻을 수 없다."[23)]

칼빈의 인간 이해는 하나님의 형상으로 창조된 인간, 자유의지의 오용으로 타락하여 부패된 죄인으로서의 인간, 성령과 믿음으로 예수 그리스도의 형상에 따라 구원받을 수 있는 인간이라는 내용이 그 핵심을 이룬다.

3) 칭의와 성화 이해

우리가 앞에서 이미 살펴본 칼빈의 율법 이해와 인간 이해와 밀접한 관계 속에서 지금 논의하고자 하는 칼빈의 칭의와 성화 이해가 용이해질 것이다. 칭의와 관련하여 칼빈은 타락한 인간이 과연 율법을 행할 수 있느냐의 문제를 제기하고, 한 걸음 더 나아가 인간의 행위를 통한 의가 하나님 앞에서 어떤 가치를 갖는가에 대한 문제를 제기한다. 특히 칼빈 당시 로마 가톨릭교회에서는 인간의 공로를 통한 구원을 이룩하고자 하는 율법주의적이거나 반(半) 펠라기우스주의적 경향이 많았다. 이들에 의하면, 타락한 인간은 여전히 자유의지를 사용하여 행위를 통한 의의 성취가 가능하며, 이것이 공로가 되어 구원 성취에 기여할 수 있다:

> 그러나 우리는 오늘날 많은 사람들이 흔히들 자랑하는 것에 대해 이러쿵저러쿵 하지 않는다. 그들이 행위의 공로를 통해 완전하고도 궁극적인 의를 획득한다는 것이 불가능한 일임을 고백하지 않을 수 없게 된 후 그들은 결코 율법을 완성할 수 없는 고로 실제 그런 고백을 하고 있다. 그러나 그들이 모든 영광을 빼앗긴 것처럼 보이지 않기 위하여 말하자면 완전히 하나님께 굴복한 것처럼 보이지 않기 위해 그들은 부분적으로 율법을 지켰으며 그 점에 관한 한 자신들이 의롭다고 주장한다. 부족한 것은 보속과 공덕의 행위에 의해 보충된다고 그들은 주장하는 것이다. 그들은 그것을 자신들의 부족에 대한 보속이라 생각하는 것이다. 자기들 자신의 진정한 본성에 대한 망각과 하나님의 공의에 대한 멸시와 자신들의 죄에 대한 무지가 그들을 이러한 오류에 빠지게 했던 것이다. 성경이 아담의 자손의 죄에 대한 모든 자손들에 대해 묘사하고 있는 것 외에 다른 모습으로 자신을 생각하고 있는 자들은 확실히 자신에 대한 지식에서 멀리 떠난 자들이다.[24]

비록 타락한 인간이 자연은사를 통해 사회적 의를 행할지라도, 칼빈은 하나님의 의가 너무나도 완전하기 때문에 인간의 행위의 의는 전적으로 무가치하다고 주장한다:

> 만일 사람이 자연은사에 따라 판단 받는다면 머리꼭대기에서 발끝까지 그에게 선한 의지라고는 하나도 찾아볼 수 없을 것이다. … 또한 하나님의 의가 너무나도 완전하기 때문에 어떤 더러움에 의해서도 오염되지 않은 완전한 것 외에는 하나님에 의해 용납되지 않는다는 사실이 인식되지 않는 곳에서는 하나님의 의가 멸시를 당한다. 그러나 만일 그렇다면, 우리의 모든 행위가 그 자체의 가치에 의해 판단된다면 부패와 오염 외에 아무것도 아니다. 그리하여 우리의 의는 연약함이며, 우리의 강직함은 오염이며, 우리의 영광은 불명예일 뿐이다. 우리에게서 나올 수 있는 최선의 것도 여전히 우리의 육체의 어떤 부정에 의해 얼룩지고 더러워져 있으며 그렇기 때문에 불순물이 섞여 있다고 말할 수 있다.[25]

타락한 인간이 율법의 행위를 통해서 의롭다함을 받는 것이 불가능하다고 주장한 칼빈은 전적으로 다른 길, 즉 하나님의 자비와 은혜를 통해서 그리고 예수 그리스도에 대한 믿음을 통해서 얻게 되는 칭의를 주장한다: "하나님은 자기의 원수들에게 죄를 전가하신다. 그러므로 주께서 우리의 어떤 행위를 인정하시기 전에 우리의 죄가 용서받고 덮여져야 한다 (시 31:1; 롬 4:1, 비교). 이 사실로부터 죄의 용서는 거저 주어지며, 자기의 공로를 의지하는 자들은 그것을 무효화하고 모독하는 자들이라는 결론이 나온다."[26]

오직 믿는 자들만을 위해 성취될 수 있는 견고한 약속이 그 확실한 신앙을 뒤따른다. 그러므로 우리는 이제 우리의 구원이 우리의 어떤 가치나 우리에게서 나오는 어떤 것에 있지 않고 오직 하나님의 자비에만 있다는 것을 인식해야 한다. … 그러나 그리스도를 통하지 않고서는 아무도 이런 확신을 가질 수가 없다. 오직 그 분의 축복에 의해서 우리는 율법의 저주에서 자유로워진다. 저주는 우리 모두에게 선언되고 선포된 것이다. 왜냐하면 우리 조상 아담으로부터 상속된 연약함 때문에 우리는 자기 자신을 위해 구원을 얻고자하는 사람들에게 요청되는 율법의 행위를 성취할 수 없기 때문이다. 그렇다면 그리스도의 의로 말미암아 우리가 의로워지며 율법을 성취하게 되는 것이다. 우리는 이 의를 우리 자신의 것으로 입으며 하나님께서도 그것을 우리의 것으로 받아 주셔서 우리를 거룩하고 순결하고 무죄하다고 인정하시는 것이다.[27]

칼빈에 의하면, 타락한 인간이 율법의 행위를 통해 자신의 의를 이룩할 수 없음은 물론 행위의 가치를 전적으로 부정하고, 하나님의 자비와 은혜 안에 나타난 예수 그리스도의 전가된 의를 믿음으로 받아들일 때, 인간은 죄 용서와 함께 의롭다함을 받는다. 신앙을 통한 칭의는 율법의 저주와 정죄로부터 벗어남, 예수 그리스도의 의를 전가 받음, 죄 용서의 은혜를 받는 것과 관련된다. 그런데 그리스도인의 칭의 문제에서 구원에 기여하는 공로로서의 율법의 행위에 대한 칼빈의 전적인 거부에 대해 율법주의적이고 반 펠라기우주의적인 사람들은 칼빈이 율법의 실천과 선행 자체를 경시하거나 폐기하는 것으로 오해했다:

한 마디로 말해, 이것은 어떤 불경건한 자들의 뻔뻔스러움을 반박하기에 충분하다. 그들은 우리가 인간들에 의한 모든 선행의 추구를 정죄할 때 우리가 선행을 폐기한다고 비난하며, 우리가 사죄는 값없는 것이라고 말할 때 너무 쉬운 사죄를 설교한다고 비난하며, 이러한 유혹에 의해 이미 자기 스스로 죄로 기울어져 있는 자들을 범죄케 한다고 비난하며, 우리가 사람은 행위나 공로에 의해 의롭다함을 얻지 못한다고 가르침으로써 사람들로 하여금 선행을 위한 열심에서 돌아서게 한다고 중상한다.[28]

그러나 칼빈은 칭의 받은 그리스도인에게 저주와 정죄의 기능을 가졌던 율법에다 율법의 제3의 사용, 즉 성화의 기능으로 적용하여, 그리스도인의 성화의 삶을 강조한다. 칭의 받은 그리스도인의 삶은 성화의 삶에로 부름 받는다. 칼빈은 그리스도인은 자기부인과 십자가 지기를 몸소 실천하셨던 예수 그리스도의 제자로서 자기 부인, 십자가 지기를 통해 고난에 즐거이 참여할 것을 촉구했다.[29]

그런 다음 성령의 은사들을 통해 그가 우리 안에 거하시고 다스리시며 그를 통해 우리 육신의 정욕들은 날마다 더욱 사멸되어 가는 것이다. 우리는 정말 성화되고 완전히 순결한 삶 속에서 주께 헌신되며 우리의 마음은 변화되어 율법을 순종하게 되는 것이다. 그 분의 뜻을 이루어 드리고 매사에 그 분의 영광만을 진작시키고자하는 것을 우리의 유일한 의지로 삼기 위해 우리는 우리 안에 거하는 모든 육신의 더러움을 증오하는 것이다. 마지막으로, 우리가 성령의 인도를 따라 주의 길을 걸어가고 우리가 교만해지는 것을 계속적으로 피하는 중에도 불완전한 어떤 것이 우리 안에 남아서 우리가 겸손할 수 있게 해주며 하나님 앞에 모든 것을 막고 모든 신뢰를 우리 자신으로부터 하나님께로 옮길 것을 가르치는 것이다(롬

7:23), 따라서 우리는 항상 사죄를 필요로 한다.[30]

율법과 관련해, 신앙에 의한 칭의는 자신의 율법행위를 통한 의를 전적으로 부정함으로써 율법의 저주와 정죄로부터 벗어나 율법의 완성자이신 예수 그리스도의 의를 믿음으로 받아들임으로써 성취된다. 칭의를 통해 율법의 정죄와 저주로부터 벗어난 그리스도인은 성령과 믿음을 통해 율법의 순종, 즉 성화에로 부름 받는다. 칭의가 주로 율법의 첫 기능과 밀접한 관계에 있다면, 성화는 율법의 제3사용과 밀접한 관계에 있다고 이해될 수 있다.

4) 그리스도인의 자유의 내용

앞에서 이미 논의했다시피, 칼빈은 그리스도인의 자유의 내용을 세 가지,[31] 즉, 첫째, 칭의를 통하여 얻어지는 율법의 저주로부터의 자유, 둘째, 성화를 통해 성취되는 율법의 자발적 실천을 통한 자유, 마지막으로 종교적 의무들로서의 "비본질적인 것들"(adiaphora; ἀδιαφοραι)로부터의 자유로 규정했다.

① 율법의 저주로부터의 자유

칼빈이 이해한 그리스도인의 자유의 첫째 차원은 율법의 정죄와 율법의 의로부터의 자유이다. 예수 그리스도 안에서 주어지는 칭의를 통해서만 그리스도인은 이 자유를 획득할 수 있다:

첫째, 신자의 양심은 하나님 앞에서 자신의 칭의에 대한 확신을 찾는데 있어서 일체의 율법적 의를 잊어버리고 율법을 넘어서야하며 그 범위를 능가해야 한다. 왜냐하면 우리가 다른데서 설명했듯이, 율법은 어느 누구도 의롭게 하지 못하므로, 우리가 모든 칭의에 대한 희망으로부터 끊어지든가 아니면 그로부터 자유로워져야 하기 때문이다.[32]

칼빈은 신자들이 양심의 자유를 얻기 위하여 율법의 저주와 정죄로부터 벗어날 것을 촉구한다. 즉 신자들은 율법의 행위를 완전히 접어두고, 하나님의 자비를 의존하여 예수 그리스도만을 바라보아야 한다는 것이다:

> 우리가 칭의를 논의할 때는 율법에 대한 언급은 배제하고 행위에 대한 고려도 모두 버려두고 하나님의 자비만을 붙잡고 자기 자신들로부터 눈을 돌려 그리스도만 바라보아야 한다. 문제는 우리가 어떻게 의롭게 될 수 있는가에 있지 않고 불의하고 무가치한 우리가 어떻게 의롭다고 여겨질 수 있는가에 있기 때문이다.[33]

칭의와 관련하여 율법과 율법의 행위에 대한 전적인 거부가 마치 율법 자체와 선행에 대한 거부로 오해받아 비판받았던 칼빈은 칭의와 관련하여 율법의 정죄와 저주로부터의 자유를 말하는 동시에 성화와 관련하여 율법의 제3사용의 기능도 언급한다. 칼빈은 율법의 저주의 기능과 율법의 성화의 기능을 의식적으로 구별하여 율법주의자들과 도덕폐기론자의 비판을 원천봉쇄하고 있다:

> 만약 양심이 이 문제에서 어떤 확신을 얻기를 원한다면, 율법에 대해서는 아무런 여지를 주어서는 안 된다. 이로부터 어떤 사람도 정당하게 율법을 신자들에게 불필요한 것이라고 결론지을 수 없다. 왜냐하면, 하나님의 심

판대 앞에서는 율법이 신자들의 양심에서 아무 몫을 차지하지 않는다 해도, 그것은 부단히 그들을 가르치고 권면하여 선을 행하도록 촉구하기 때문이다. 이 두 가지는 완전히 다른 것이므로 우리는 올바르고 양심적으로 이 둘을 구별해야 한다.[34]

칼빈은 다시 한 번 더 갈라디아서 3:13과 5:1-4을 인용하여, 칭의 받은 그리스도인이 율법의 멍에와 정죄와 저주로부터 벗어날 것을 강조한다:

양심이 하나님의 심판대 앞에 호출 받았을 때, 어떻게 하나님을 기쁘시게 할까, 무엇이라고 응답할까, 그리고 어떤 확신으로 설 것인가를 고민할 때, 거기에서 우리는 율법이 요구하는 바를 고려하지 말고 율법의 완성을 초월하신 그리스도만을 의로써 내보여야 한다.[35]

② 율법에 대한 자발적 순종을 통한 자유

율법에 대한 자발적 순종을 통한 자유는 앞에서 언급한 율법의 정죄 또는 저주로부터의 자유를 전제한다:

첫 번째 부분에 의존하고 있는 둘째 부분은 양심이 율법을 준수한다는 것이다. 이는 마치 율법의 필요 때문에 부득이 하게 하는 그런 것이 아니라, 율법의 멍에로부터 해방되어 하나님의 뜻에 자발적으로 순종하는 것이다. 양심이 율법의 지배를 받는 동안에는 끊임없이 공포를 느끼므로, 이미 이런 자유를 받지 않는다면 양심은 결코 하나님께 선뜻 그리고 쉽게 순종할 수 없기 때문이다.[36]

칼빈은 율법의 저주와 심판으로 강요된 율법 준수와 율법의 자발적인 준행 사이의 차이를 엄한 주인과 종의 관계와 자애로운 아버지와 아들의 관계의 비유를 통하여 설명한다:

> 요컨대, 율법의 멍에에 얽매인 자들은 주인에게서 매일매일의 일거리를 할당받는 종과 같다. 이 종들은 자기들이 아무것도 이루지 못했다고 생각하며, 주어진 만큼의 일을 정확하게 완수하지 않으면 주인 앞에 나타나지 않으려고 한다. 그러나 자기 아버지에게서 더욱 관대하고 스스럼없이 대우받는 아들들은 불완전하고 모자라고 심지어 결함이 있는 일이라도, 내보이기를 주저하지 않는다. 이는 비록 아버지가 바란 만큼 이루지 못했더라도, 그들의 순종과 자원하는 심정을 받아 주실 것이라고 믿기 때문이다. 우리는 우리의 봉사가 아무리 사소하고 조잡하고 불완전해도 지극히 자비로운 성부께서 받으실 것임을 굳게 믿고 있는 그런 자녀들이 되어야 한다.[37]

칼빈은 하나님의 은혜로 율법으로부터 해방된 그리스도인은 율법의 기준에 따라 판단하여 좌절할 것이 아니라 믿음과 결부된 선행을 하도록 촉구함으로써, 율법으로부터의 해방을 오해하여 선행을 무시한다는 비판자들의 비난을 일축한다: "우리가 율법 아래 있지 않으므로 죄를 범해도 된다고 추론하는 자들은 이 자유가 그들과는 아무 상관이 없다는 것을 알아야 한다. 율법의 목적은 우리를 선에 이르도록 격려하는 것이기 때문이다."[38]

③ "아디아포라"(adiaphora; $\check{α}διαφοραι$)로부터의 자유

칼빈은 일상적인 삶 가운데서 음식이나 축제일이나 종교적인 의식(儀式) 문제 등과 같이 비본질적인 문제들로부터의 자유를 주장했다:

그리스도인의 자유의 세 번째 부분은, 우리가 그 자체로는 '비본질적인 것들'(ἀδιαφοραι)을 하나님 앞에서 종교적 의무로서 해야 하는 것이 아니라 때로는 그것들을 사용해도 좋고 때로는 무관심하게 내버려두어도 좋다는 것이다. 그리고 이 자유에 대한 지식은 우리에게 필수불가결한 것이다. 만약 이것이 결여되면, 우리의 양심은 결코 평안을 얻지 못할 것이고, 미신은 끝이 없을 것이기 때문이다.[39]

칼빈은 특히 이 자유를 절제와 사랑의 법칙에 일치하게 사용할 것을 권면하다:

그러나 이 절제가 결여된다면, 속되고 천한 쾌락까지도 난무하게 된다. … 그러므로 사람들로 하여금 제각기 분수에 맞게 소박하게 혹은 적당하게 혹은 풍성하게 생활하게 하여서, 하나님께서 우리에게 살 수 있도록 공급해 주셨지 사치하라고 준 것은 아니라는 것을 모두가 명심하도록 하라. 그들로 하여금 바울이 가르친 것, 즉 '어떤 형편에든지' 자족하며 비천에 처할 줄도 알며 모든 일에 '배부름과 배고픔과 풍부와 궁핍에도' 일체의 비결을 배웠노라는(빌4:11-12) 내용을 그리스도인의 자유의 법칙으로 여기게 하라.[40]

칼빈은 고린도전서 10:23-24을 인용하여 "우리는 항상 사랑을 좇아서 노력해야하며, 우리의 이웃을 바로 세우고자 힘써야한다"고 주장하면서, 이보다 더 유명한 법칙은 없다고 말했다.[41]

④ 율법의 두 질서로서의 교회와 국가

양심을 얽어매는 비인간적이거나 비성서적인 규범들로부터의 자유가 오해되어 인간에게 어떤 규제나 법도 필요없다는 주장을 비판한 칼빈은 인간에게 필요한 두 가지 통치를 제시한다. 즉 그리스도인은 영적 나라로서 교회의 영적 통치를 통하여 영적 자유를 누리고, 국가의 통치를 통하여 도덕적, 정치적 자유를 누릴 수가 있게 된다는 것이다. 칼빈은 이 두 질서가 하나님의 말씀과 성령을 통해서 다스려짐으로써, 무질서뿐만 아니라 독재적 횡포로부터도 벗어나 하나님의 뜻을 이루어 하나님나라를 실현할 것이라고 촉구했다:

> 그러나 이것이야말로 알아야 할 가치가 있는 것인 만큼 더 깊고 분명한 설명을 요하는 것이다. 왜냐하면 인간이 제정한 것을 폐기한다고 말하면 인간의 복종이 한꺼번에 다 사라지고 소멸되기라도 하는 것처럼, 유혹자들 편에서 또 중상가들 편에서 굉장한 분쟁을 일으키기 때문이다. 그러므로 우리들 중 아무도 이 돌에 걸려 넘어지지 않도록 하기 위하여, 인간에게는 두 가지 통치가 있다고 생각하자. 하나는 영적인 통치로서 이를 통하여 양심은 경건과 하나님에 대한 경외를 배우는 것이고, 다른 하나는 정치적 통치로서 이를 통하여 사람은 사람들 사이에서 준수되어야 하는 도덕과 사회생활의 의무들을 교육받는 것이다.[42]

4. 나가는 말

칼빈 탄생 500주년을 맞이하여 한국 교회와 한국장로교회의 위기는 윤리위기인 것을 진단하면서 문제해결의 기초 방안으로서 칼빈의 윤리학의 중심을 이루는 그리스도인의 자유 개념에 대한 고찰을 목적으로 본고를 시작했다.

칼빈의 그리스도인의 자유 개념에 대한 역사적 배경에는 16세기 당시 그리스도인의 자유에 대한 두 가지 잘못된 개념이 율법 이해를 중심으로 존재했다는 측면이 있다. 즉 한 편으로는 자유를 율법이나 도덕의 폐기로 이해하는가 하면, 다른 한편으로는 율법을 외적이고도 형식적인 틀에 갇혀서 비인간적 폐습이나 관습을 강요하고 지키는 것으로 이해하였다. 16세기 당시 자유파(les Libertines)나 재세례파는 전자에 속했고, 로마 가톨릭교회의 일반적 신앙과 신학은 후자에 속했다.

칼빈의 그리스도인의 자유 개념을 이해하기 위해서는 칼빈의 율법 이해, 인간 이해 및 칭의와 성화 이해가 선행되어야 한다. 먼저 칼빈에게서 율법은 인간의 양심이나 자연 질서 안에 나타난 자연법과 십계명에 계시된 도덕법이 있으나 양자는 공히 사랑을 지향한다. 칼빈에 의하면, 하나님 사랑과 이웃 사랑의 내용이 담긴 율법으로서 십계명의 기능은 세 가지, 즉 죄인식의 기능, 사회적 의의 기능, 성화의 기능이 있다. 앞의 두 기능은 모든 인간에게 적용된다면, 마지막 세 번째 기능은 그리스도인에게만 적용된다. 둘째로 칼빈이 이해한 인간론은 신학적 인간론으로서, 인간 이해는 하나님과의 관계에서 출발한다. 즉 인간은 하나님의 형상으로 창조된 인간, 아담의 범죄로 타락한 결과 죄인으로서의 인간, 성령과 예수 그리스도 안에 있는 신앙을 통하여 구원된 인간으로 이해된다. 마지막으로 칭의는 법정적(forensic)인 것으로 이해되는데, 곧 인간이 자신의 행위의 의를 전적으로 거부하고, 예수 그리스도에 대한 믿음을 통하여 그리스도의 전가된 의를 통해서 하나님에 의해 의롭다고 선언 받고 사죄 받는 것이다. 이런 칭의 속에서는 율법의 저주 또는 정죄 기능이 배제된다. 한편 율법의 제3사용을 통해 율법에 대한 자발적 순종을 이룩함으로써 그리스도인은 적극적인 자유를 획득할 수 있다.

칼빈은 그리스도인의 자유를 세 가지로 구별한다. 첫째, 율법의 저주와 정죄로부터의 자유는 칭의를 통해서 이룩되고, 둘째, 율법에 대한 자발적인 순종을 위한 자유는 성화를 통해서 이룩되고, 셋째, '아디아포라'(adiaphora), 즉 비본질적인 것으로부터의 자유는 그리스도인의 삶 가운데 외적이고도 형식적인 측면에서 절제와 사랑의 법칙 안에서 가지는 자유이다. 그리스도인의 자유는 개인윤리 차원을 넘어 교회 공동체와 사회(국가) 공동체 속에서 질서와 법규를 지킬 의무를 가진다. 즉 영적인 통치 속에서 양심과 경건이 유지되고, 정치적 통치 속에서 도덕과 사회생활의 의무가 수행된다.

오늘날 한국 교회와 사회 속에서도 칼빈 당시에 발견되었던 두 가지 잘못된 그리스도인의 자유에 대한 이해가 발견되는 것을 알 수 있다. 즉 일부 그리스도인은 개인 신앙과 개인 이익에만 지나치게 관심을 기울임으로써 교회나 사회 공동체에서 지켜야할 질서나 의무를 무시하는 경향이 발견된다. 그 결과 영성훈련이나 피정훈련, 기도훈련이라는 명목으로 교회공동체나 사회공동체의 문제를 도외시하고 혼자 자신의 내면훈련에만 몰두하거나 개인의 성공과 축복에만 몰두하게 된다. 반면, 또 다른 일부 그리스도인은 교회 공동체와 사회 공동체에서 관행으로 자리 잡은 악습이나 악법에 깊이 연계되어 교회와 사회가 요구하는 올바른 개혁의 바람에 무뎌 있다. 교회나 사회에서 선거 때마다 떠오르는 금권선거와 금권정치의 관행은 굳어진지 오래되었다.

이와 같은 한국 교회와 사회를 변화시킬 수 있는 개혁의 원리를 우리는 칼빈의 자유의 개념에서 발견할 수 있다. 인간의 공로주의의 가면을 쓰고 다양한 형태로 나타나는 펠라기우스적 또는 반펠라기우스적 문제는 칼빈이 이해한 율법의 정죄로부터의 자유 개념과 율법의 행위를 전적으로 배제한 칭의 개념을 통해서 해결할 수 있을 것이다. 또한 교회의 안팎으로부터 지탄받는 그리스도인과 교회의 윤리부재의 문제 역시 칼빈이 이해한 율법의 제3사용을 통한 성화를 통해서 해결할 수 있을 것이며, 한국 교회와 사회 속에 깊이 뿌리 내린 허례허식과 사치와 낭비를 낳은 형식주의는 칼빈이 이해한 '비본질적인 것'으로부터의 자유 개념을 통해서 극복할 수 있을 것이다.

무엇보다도 칼빈이 이해한 자유 개념은 그리스도인 개인의 차원에만 적용되는 것이 아니다. 그것은 그리스도인이 몸담고 있는 지금의 역사 안에 있는 교회와 사회와 국가 속에서 영적 통치와 정치적 통치를 이룩하기 위해 제반 법규와 조직과 제도를 개선함으로써 하나님나라를 구현하는 차원에까지 나아가는 것이다. 특별히 그리스도인은 자신에게 주어진 자유를 절제와 사랑의 법칙에 따라 적극적으로 활용해야할 것이다.

7장

칼빈 신학에 있어 그리스도와의
"신비적 연합"(Unio Mystica)과 성화론적 기독교 윤리

노영상(장로회신학대학교 교수)

1. 칼빈 신학의 중심에 놓여 있는 "그리스도와 연합"(union with Christ)[1]

1) 칼빈 신학을 지배하는 신학적인 관점들

칼빈 신학을 지배하는 신학적인 관점들에 대해 여러 의견들이 있다. 신론 지향적으로 그의 신학 전체를 전망하기도 하며, 기독론 중심으로 그의 신학을 조망하기도 한다.[2] 예정론[3]이나, 하나님의 통치적 주권 및 "오직 주께 영광"(Soli deo gloria)을 그의 신학의 핵심 주제로 보는 경우는 신론 중심적 고찰이다. 이와 달리 예수 그리스도에게 신성과 인성이 한 인격을 이루는 관점에서 그의 신학을 해석하기도 한다. 예를 들어, 니젤(Wihelm Niesel)은 칼빈의 신학을 기독론 중심적인 관점에서 분석하면서 예수 그리스도 안에서 신성과 인성은 분리(separation)되지 않지만 동시 구별(difference)되는 것이라고 말한다.

예수 그리스도의 신성과 인성이 분리되어서는 안 되지만 구별되어야 하는 것처럼, 성경의 기록된 말씀과 성육신하신 말씀, 칭의의 은총과 성화의 은총, 칭의와 성화, 그리스도의 본질과 인간의 본질,[4] 성례전적 양식과 그리스도를 우리에게 주시는 성령의 행동, 말씀과 성령, 성령을 통한 개인적 소명과 교회를 통한 공적인 소명 등이 모두 분리되어서는 안 되지만 구별되어야 한다는 것이다.[5] 물론 이런 신중심적인 관점과 기독론 중심적인 관점을 종합하는 입장도 있다. 그것은 이른 바 삼위일체 중심적인 입장에서 조망하는 것이다. 삼위일체에서 성부와 성자와 성령이 분리되지 않지만 구별되어야 하는 것처럼, 예수 그리스도의 신성과 인성도 그러하다는 견해이다.

2) "그리스도와 연합"이 칼빈 신학의 중심개념이다

최근 칼빈 신학에 있어서는 "그리스도와 연합"(union with Christ)과 "성화"(sanctification)가 그의 전 신학구조에서 중요한 기능을 하고 있음을 주장하는 신학자들이 많아지고 있다.[6] 텀블레로(Dennis E. Tamburello)는 그의 책 『그리스도와 연합』(Union with Christ)에서, "그리스도와 연합"의 의미를 갖는 말들을 칼빈의 『기독교 강요』에서 골라 그 책의 부록에 싣고 있다. 곧 접붙임(engrafting), 연합(communion), 교제(fellowship), 성령 안에서(in the Spirit), 영적 결혼(spiritual marriage), 영적 연합(spiritual union), 신비적 연합(mystical union, unio mystica),[7] 하나 됨(becoming one), 하나님과의 연합(union with God), 양자됨(adoption), 중생(regeneration), 그리스도에 참여자(partakers of Christ) 등이다.[8] 더브리스(Dawn DeVries)는 실로 칼빈의 전 구원론이 이 같은 용어들을 포함한 그리스도와 연합이라는 개념에 근거되어 있다고 하였다. 여기서 그리스도와 연합은 말씀에 의해 효력을 갖게 되는 것이며, 성령의 사역을 통해 믿음에 의해 포착되는 것이다.[9]

신학자 콜프하우스(Wilhelm Kolfhaus) 또한 칭의, 성화, 신앙, 도덕이 예수 그리스도와의 접붙임으로서의 신비적 연합의 빛에 의해 조망되어야 한다고 언급한 바 있다.[10] 이처럼 칼빈의 전 신학적 구조는 그리스도와 연합을 통해 조망된다(III.1.1).[11] 즉 칭의론, 성화론, 예정론, 신앙론, 기독교인의 영성 이해, 성례론 등의 전개에 있어서 그리스도와 연합 및 그리스도 안에 참된 참여(a true participation in Christ)는 중요한 개념이 된다(III.1.1/ IV.17.11).[12] 중생, 소명, 회심, 회개, 칭의, 성화 등 모두가 성령의 현실성에 관련되어 있다. 칭의는 그리스도와의 연합을 통해 주어진다(III.11.2/ III.11.10). 신앙도 지적인 시인(acknowledgment)만이 아니라 연합이라는 경험적 측면을 갖는다(III.11.7). 이에 대해 밀너(Benjamin C. Milner, Jr.)는 이르기를, 신앙과 칭의가 칼빈의 『기독교 강요』에서 성령의 하나 되게 하시는 행동보다 순서상으로 뒤에 오는 것은,[13] 이러한 성령으로의 하나 됨이 구원의 기초를 이루는 것임을 나타내는 것이라고 하였다. 이런 의미에서 신앙과 칭의는 그리스도와 연합의 한 양상인 것이다.

칼빈은 신앙이 성령의 주된 사역임을 언급한다(III.1.4). 또한 우리는 그의 몸에 참여함을 통하여 이중은총(a double grace), 곧 칭의의 은총과 성화의 은총을 받게 된다(III.11.1). 칼빈은 그리스도와 교제가 없으면 성화도 없다고 가르치며(III.14.4), 나아가 구원의 최종적인 목표는 그리스도와의 연합을 통하여 하나님의 형상을 우리 속에서 회복하는 데에 있다고 말한다.[14] 칼빈은 예정론도 기독론과 성령론에 근거하여 해석한다. 예정론을 신론의 입장에서 해석하는 것이 적절하지 않다고 보았다(I.15.8). 따라서 칼빈은 예정의 근거를 그리스도에게 둔다. 즉 시간 이전에 그리스도 안에서 우리가 예정되었다는 것이다(III.22.3). 그리고 우리가 성령 안에서 그리스도와 연합할 때, 구원의 예정은 확실한 것이 된다.

본 논문의 핵심은 "그리스도와 연합"이 칼빈 신학의 중심을 이루는 개념임을 보이는 데에 있으며, 그 그리스도와 연합이란 개념이 갖는 신학적인 의미를 재조명하려는 것이다. 나아가 이러한 칼빈이 말하는 그리스도와 연합의 관점에서 개인적 성화와 사회적 성화로서의 기독교윤리상의 논점들을 다시 정리하고자 한다.

2. 하나님과의 직접적 하나 됨이 아닌 성령을 통한 그리스도와 연합

1) "그리스도와 신비적 연합"과 신비주의(mysticism)

루터의 칭의론은 단순히 외부에서 그리스도가 우리를 의롭게 하셨다는 법정적 또는 수동적인 의의 개념으로 끝나지 않는다. 오히려 루터는 그리스도와의 신비적 연합이란 개념을 통해 칭의론에서 하나님의 성품에 참여하는 신화(theosis, deification)의 가능성을 열어놓고 있다. 우리는 루터의 이러한 입장을 그의 용어, "우리 안에 존재하는 하나님의 왕국", "신비적 연합", "황홀경", "신비적 그리스도" 등을 통해 감지할 수 있다. 루터는 가톨릭의 공적주의와 함께 하나님과의 본질혼합(a mixture of substances)을 강조하는 열광주의 양자를 다 반대하였다.[15]

이에 있어 루터와 달리 칼빈은 신비주의와 관계없는 것으로 평가되어 왔다. 칼빈은 신비주의의 입장을 갖는 위-디오니시우스(Pseudo-Dionysius)의 신학과 오시안더(Osiander)의 신학을 신랄히 비판한 바 있기 때문이다(I.14.4/ III.11). 칼빈은 신비주의의 존재론적 측면 특히 하나님 안으로의 존재론적 몰입에 대해 가차 없이 비판한다. 또한 계몽주의 시대 이후 근대에서는, 신비주의나 성경의 기적 등을 이성에 반한 것으로 판단함에 따라, 칼빈의 "그리스도와 연합"이란 개념이 정당한 평가를 받기 어려웠다.[16] 그리하여

학자들은 예수 그리스도와 연합이라는 개념을 축소해석하려는 경향이 있었다.

그럼에도 불구하고 신비주의에 대한 칼빈의 입장은 복합적이다. 특히 그는 클라보의 베르나르(Bernard of Clairvaux)의 신비주의에 대한 친화력을 보여준다.[17] 아울러 플라톤적 신비주의의 경향을 나타내기도 한다.[18] 이는 칼빈이 그의 생애 중 신비주의의 입장에 있는 공동생활형제단과 깊은 관계를 맺은 것에서 근거를 찾을 수 있다. 칼빈의 『기독교 강요』 제3권에서도 근대적 경건 및 중세 신비주의의 영향을 읽을 수 있다. 아마도 칼빈은 클라보의 베르나르와 장 제르송(Jean Gerson) 신비주의에[19] 직접적인 영향을 받은 것 같다. 그러므로 칼빈은 일면 신비주의의 위험을 경계하면서도 신비주의 내에 있는 하나님과의 하나 됨이란 영성적 차원에는 많은 관심을 가졌다고 하겠다.

2) 신비주의의 범신론적 위험성 경계

스미디즈(Lewis Smedes)는 칼빈의 그리스도와 연합이라는 개념을 신비적인 면으로 해석하기보다는 믿음 안에서의 인격적 만남(a personal encounter in faith)으로 해석한다.[20] 신앙이란 연합의 경험으로서 살아계신 그리스도에 대한 인격적 개방성(a personal openness)을 의미하기도 한다. 그것은 부르심에 대한 우리의 응답으로서 순종의 행위를 수반한다. 신앙은 하나님의 주도권에 응답하는 우리의 의지와 마음의 행위인 것이다.[21] 스미디즈는 그리스도와 연합을 하나의 행동으로 해석하지 일종의 존재적인 연합으로 보지 않는다. 이에 있어 파커(Tomas Henry Louis Parker)는 스미디즈의 입장과 달리 신앙을 행동으로 생각하기보다는 우리가 죄인이라는 것과 예수 그리스도가 우리의 의라는 것에 대한 시인(acknowledgment)으로 생각하였다. 행동으로 보게 되면, 그 행동이 하나의 공적으로 화할 우려가 있기 때문이라는 것이다.

아무튼 스미디즈와 파커 모두는 그리스도와 연합을 본질적인 연합으로 보기보다는 거리를 둔 간접적인 것으로 보았다. 우리의 구원은 하나님으로부터 전가된 의에 의한 칭의이지 가톨릭과 같은 본질혼합에 따른 것이 아니라는 것이다. 이처럼 두 학자는 모두 범신론(pantheism)의 위험을 경계한다. 신자의 의는 하나님으로부터 주어진 의이지, 우리의 본질에서 나오는 의가 아니라는 것이다. 그러나 이럴 경우, 칭의와 성화로 구성된 칼빈의 이중은총이 단 하나의 은총인 칭의로만 감축되는 아닌가 하는 질문이 야기될 수 있다. 스미디즈와 파커는 하나님의 초월성을 유지하기 위하여 인간의 존재 내에 내재하는 신을 말하기 어려웠다. 이에 반해 슐라이에르마허(Friedrich Schleiermacher)를 위시한 자유주의 신학자들은 지나치게 하나님을 내재화한 나머지 범신론의 위험을 갖게 되었으며, 예수 그리스도의 특수성과 교회의 아이덴티티에 적지 않은 손상을 주게 되었다. 슐라이에르마허는 성령을 통한 그리스도와 연합을 자의식(self-consciousness) 속의 실재로 파악함으로써 일종의 범신론이라는 비난을 받기도 하였다.[22]

3) 신비주의가 말하는 바의 직접적 하나 됨이 아닌 성령을 통한 하나 됨

워필드(Benjamin Warfield)는 칼빈을 성령의 신학자라고 하였다.[23] 성경의 기자들에 영감을 주시는 분도 성령이며, 성경의 독자들에게 성경을 깨닫게 하는 분도 성령이고, 성례를 통해 은총을 주시는 분도 성령이다. 우리는 성령의 작용에 의하여 그리스도와 함께 그분이 주시는 모든 유익을 누리게 된다. 다시 말해 성령은 그리스도께서 우리를 자신에게 효과적으로 연결시키는 매개 작용을 하시는 분이다. 성령은 그리스도의 영이다(Ⅲ.1.1).

그리고 성화는 성령의 사역이다. 성령이 없인 그리스도가 우리 밖에 머무른다(III.1.1). 칼빈은 이러한 성령을 하나님의 존재의 역동성을 매개하는 영이라고 정의하였다(III.13.19). 성령은 단순히 우리를 그리스도에게 인도할 뿐 아니라, 그 분과 우리를 하나 되게 하신다(IV.17.10). 성령의 능력과 효율성이 그리스도의 "우리를 위한(pro nobis) 사건"을 "우리 안에(in nobis) 거하는 사건"이 되게 한다. 성령은 그리스도와 우리를 실제로 그리고 효율적으로 맺어 주는 끈이다(III.1.1).[24] 성령을 통한 그리스도와 연합이 의인과 성화의 은총의 삶을 수여한다. 우리의 외부에서 사역하시는 그리스도(Christ extra nos)는 우리의 구원을 위한 객관적인 조건이 된다(III.1.1). 성령을 통해 그와 연합할 때 그리스도의 은총과 영적 유익함을 나누게 되며, 그리스도의 구원은 우리의 주관적인 사건으로 화한다. 그리스도를 얻지 않고는 성령을 얻을 수 없으며, 성령 없이 그리스도를 받을 수 없다. 왜냐하면 그리스도 이외의 그 어디에서도 성령을 발견할 수 없기 때문이다.[25]

그러나 이러한 연합, 곧 참여(participation)가 칼빈의 구원론의 핵심이라는 생각은 그 동안 잘 인정되지 않았다. 신학자 리츨(Albrecht Ritschl)은 신비주의와 종교개혁의 칭의론이 양립할 수 없다고 말하였다. 하지만 이 같은 리츨의 견해와 달리 탬블레로(Dennis E. Tamburello)는 그의 책 『그리스도와 연합』(Union with Christ)에서 클라보의 베르나르와 연계하여 칼빈을 "신비적 연합"의 관점에서 다룬다. 여기서 그는 종래의 칼빈과 신비주의 사이의 부정적 관계를 논박하면서,[26] 칼빈의 입장을 광의의 신비주의 속에 포함시킨다. 협의의 신비주의는 하나님과의 직접적인 하나 됨을 추구하는 반면, 광의의 신비주의는 성령을 매개로 하여 하나님과의 연합을 추구한다는 것이다.

토마스 아퀴나스는 신비주의를 설명하면서, 그것은 체험을 통해 하나님을 아는 것을 의미한다고 하였다.[27] 신비주의는 궁극적인 존재와의 직접적 합일을 말한다. 그러나 칼빈이 말하는 바의 "그리스도와 연합"은 머리와 지체의 결합이다. 우리 마음 안에 내주하는 그리스도와의 연합은 합리적으로는 설명되지 않는 것으로, 체험적이며 신비적인 성격을 갖는다. 그러나 칼빈은 이러한 연합을 하나님과 인간 본질(substance)의 존재론적 혼합으로 이해하지 않았다. 경건한 인간 본질의 신적 존재로의 몰입 내지 합일이라는 중세 신비주의와 칼빈의 신학은 같지 않다.[28] 그것은 성령을 통한 하나 됨이지 직접적인 합일이 아니라는 것이다. 이렇듯 칼빈의 신비주의는 개인의 체험적인 요소를 강조하면서도 동시에 그리스도 중심적이며 교회론적이며 성례전적인 구조를 가지고 있는 것이다.

3. 예수 그리스도와의 "신비적 연합"(unio mystica)[29]이 나타내는 신학적 특성

1) 하나님의 초월성과 내재성

칼빈은 성화의 능력이 그리스도의 인성에 있다고 말한다. 그리스도의 인성은 성령에 의해 대리적으로 성화된다. 또한 그의 인성은 신성의 충분한 거처가 되어, 우리의 구원에 유용한 모든 것을 포함하는 자리가 된다. 성령에 의해 우리 인간은 그리스도의 인성과 연합하게 된다. 그리고 그의 인성과 연합함으로 우리는 그의 인성에 있는 유용한 모든 은사들을 받을 수 있게 된다. 신자들은 그리스도를 머리로 하여 한 몸이 됨으로써 교회를 형성하게 된다. 각 신자뿐 아니라 교회 역시 그리스도와 신비적 연합을 이룬다. 이 연합은 오직 믿음으로만 가능한 것으로, 성례라는 유형적이며 가시적인 방편을 통해 교회의 생활 속에서 효력을 갖게 된다. 우리에게 이러한 믿음을 갖게 하시는 분은 성령이다. 이 연합은 우리의 칭의와 성화의 원천이 된다. 이러한 연합을 가능하게 하는 것은 성령인데, 성령은 우리를 천상으로 끌어올려 그와 연합되게 하신다. 칼빈은 이 경우 성령이 그리스도를 지상으로 끌어내리신다고 말하지 않는다. 부활하신 그리스도는 하늘 위에 계시는 분이다. 따라서 우리는 성령을 통해 하늘에 계신 그리스도의 인성과 연합하게 된다고 칼빈은 말한다. 칼빈은 그리스도께서 부활 후 이 세상에 육체적으로 편재한다는 루터의 사상에 동조하지 않는다(II.16.14).[30] 성령은 그리스도를 우리와 연합하는 고리 같은 구실을 함과 동시에 그리스도가 가지고 있는 모든 성품과 은사를 우리의 것이 되게 해주는 통로 역할을 한다. 칼빈은 우리가 그리스도의 인성과 연합함으로써 그 인성을 통해 그리스도의 신성과 교제하게 되며, 이로써 하나님과의 교제가 가능하게 됨을 언급한다.[31]

그 하나 됨은 본질혼합으로서의 하나 됨이 아니다. 인간의 인성은 그리스도와의 연합에 있어서도 그와의 간격을 유지하는 것이지 본질적으로 혼합되는 것이 아니라는 것이다. 연합을 통해서도 인간과 신적인 그리스도가 혼동(confusion)되지 않으며, 나름의 간격을 유지하고 있다. 즉 초월하신 하나님이 연합을 통해 인간에 내재함과 동시에 인간의 유한성에 대해 그 초월성을 유지하시고 계시는 것이다. 여기서도 칼빈은 하나님과의 직접적인 연합을 말하기보다는 성령의 매개에 의한 예수 그리스도의 인성과의 연합을 통한 연합을 언급함으로써 하나님과의 직접적 연합에 따른 문제점들을 극복하려 하였다. 즉 그는 인간과 하나님과의 교제 사이에 성령과 예수 그리스도라는 매개를 둠으로써, 신이 인간 속에 내재함과 동시에 거리를 두고 초월하여 있음을 말하였던 것이다.[32] 그리스도의 성육신에서 그의 신성과 인성 간의 속성이 교류하는 것과 같이, 인간의 인성이 성령을 통해 그리스도와 연합되어 그리스도의 신성과 속성적으로 교류하게 되는 것이다. 이러한 그리스도의 신성과 인간의 인성 사이의 속성교류는 인간으로 하여금 그리스도의 신성에 있는 모든 구원의 축복을 누리게 한다. 칼빈은 인간의 인성이 직접 그리스도의 신성과 만나는 것이 아니라 그리스도의 인성을 매개로 하여 연합하는 것으로 보았다. 이는 연합하면서도 동시에 계속되는 구별을 강조하는 것이다.[33] 그러므로 신자와 그리스도 사이의 연합은 두 인격의 거리를 전제하면서 그리스도의 속성이 신자에게 교류되고 있음을 언급하는 것이다.

2) 예수 그리스도의 신성과 인성 사이의 속성교류와 신자와 그리스도의 연합

다음으로 다루려고 하는 것은 그리스도와의 연합과 신화(*theosis*)[34]의 문제이다. 하나님의 형상의 회복은 고대교회사에서 신화이론으로 확실한 위치를 점하고 있었다. 이레네우스의 총괄갱신(recapitulation) 이론, 카파도기아 교부들의 신적인 삶에 참여 및 하나님의 성품에 참여 등의 개념들이 이것을 나타낸다. 물론 이것은 본질적인 변화를 의미하는 것이 아니라 인격적이고 윤리적인 변화를 말한다. 이에 비해 닛사의 그레고리 등 동방교회 신학자들은 성령을 통한 신화를 더욱 강조하였다. 그것은 영 그리스도론 및 성령론 중심의 동방교회의 구원론과 무관하지 않다. 한편 루터는 신의 성품에 참여하는 것으로서의 속성교류를 강조하였다. 예를 들어 루터는 계속적 은총(*gratia*)과 함께 성령을 통해 주어진 것으로서의 은사(*donum*)를 강조하였다.[35] 물론 그는 신화의 가능성은 인간의 업적에 있는 것이 아니라 성령의 능력을 통해 주어진다고 하였다. 그렇지 않고 성화의 삶이 종말론적 유보와 성령론적 주도권에서 일탈될 때, 그것은 율법주의와 신비주의에 빠지게 된다.[36]

칼빈 또한 기독론에서 그리스도의 신성과 인성의 교류를 속성교류

(*communicatio idiomatum*, communication of properties)³⁷⁾로 설명하지 본질교류로 말하지 않는다(Ⅱ.14.1/ Ⅳ.17.30). 더불어 그는 그리스도와 인류 사이에 이루어지는 속성교류는 그리스도와의 신비적 교제가 수반되지 않으면 아무 소용이 없다고 하였다. 즉 인간의 '본질'(essence)을 배제하지 않으면서 그리스도의 속성을 나누어주는 '속성교류'(*communicatio idiomatum*)의 측면을 강조한 것이었다(Ⅱ.12.2).

3) '의인'(imputation of righteousness 의의 전가, *justitia imputatio* 전가된 의)과
   '의화'(infusion of righteousness 의의 주입, *justitia infusa* 주입된 의)의 관계

칼빈은 하나님과의 직접적인 연합을 말한 것이 아니다. 그보다 그는 성령을 매개로 한 연합을 강조하였다. 즉 오시안더(Andreas Osiander)의 신비주의와 같은 본질혼합(mixture)이 아니라 연합(union)이라는 것이다(Ⅲ.11.5). 그것은 의화나 본질적 의(essential righteousness)의 획득을 의미하지 않는다. 반면 오시안더는 십자가와 성육신을 무시한 일종의 가현설적인 하나 됨을 주장하였다.³⁸⁾

칭의와 성화는 서로 구별되나 분리(separation)되어서는 안 된다. 두 가지의 은총으로서의 칭의와 성화는 서로 뗄 수 없다(Ⅲ.11.6). 칭의와 성화는 그리스도 안에 있어서의 현실이요 그 안에서 하나의 통일을 이룬다. 그러나 그것은 구별(difference)되어야 한다(Ⅲ.16.1). 오시안더와 같이 두 은총을 혼동하여서는 안 된다. 그래서 칼빈은 칭의 이상의 어떤 것을 언급한다. 왜냐하면 그리스도와 연합하는 것은 그의 신성에 대한 연합임과 동시에 그의 인성에 대한 연합이기도 하기 때문이다. 즉 그의 성육신과 고난에 대한 연합이다. 따라서 칼빈의 그리스도와의 연합은 오시안더가 주장하는 주입된 본질(*essentia infusa*)과는 다르다. 오시안더의 주장은 일종의 의화사상

에 해당한다. 하지만 칼빈은 성령의 사역에 근거한 영적 연합을 강조한다 (Ⅲ.11.5). 즉 칼빈은, 비록 의가 주입된 것은 아니지만, 그 의에 참여 (impartation)하고 있는 신자의 위치에 대해 말하는 것이다. 때문에 칼빈은 스콜라 신학자들의 은총 주입설을 반대하였다. 여기서 칼빈이 "주입된 의"(justutia infusa)와 "전가된 의"(justitia imputatio) 사이에서 고심한 흔적이 보인다. 그는 오시안더의 주장과 같은 의의 주입으로서의 본질혼합에 대해서 반대하였을 뿐만 아니라, 의로 인정함만을 받을 뿐 그의 삶에서의 실재적 성화를 거부하는 칭의 일원론에 대해서도 반대하였다.

4. 그리스도와 연합의 관점에서 조망된 성도의 선행

1) 그리스도와의 연합과 성화론적 기독교윤리

"성화"(sanctification)란 사전적인 의미로는 거룩하게 만들거나 거룩하게 되는 것, 또는 신의 은총에 의하여 칭의를 입은 사람이 성령을 받아 거룩한 인격을 완성하는 것을 말한다.[39] 간단히 말해, 성화는 우리의 행동과 인격이 예수 그리스도를 닮아가는 과정이다. 루이스 뻴콥은 성화를 정의하면서, "의롭다 함을 얻은 죄인을 죄의 오염으로부터 구원하며, 그의 전 본성을 하나님의 형상 안에서 갱신하고, 그로 하여금 선행을 수행할 수 있도록 하는 성령의 은혜롭고 계속적인 작용"이라고 하였다.[40] 칼빈은 성화를 종종 회개와 중생이라는 단어로도 표현하면서(Ⅲ.14.19), 다음과 같이 정의한다: "하나님께서는 계속적인 과정을 통해서 그의 택한 자들 안에서 육체의 부패성을 제거하시고, 그 죄책을 깨끗하게 하시며, 그들을 성전(temple)으로 거룩히 구별하시며, 참된 순결에게 이끌리는 모든 성향을 회복시켜 가시므로, 하나님의 택한 자들은 평생토록 회개를 실천하며, 또한 이러한 싸움이 죽음에 이르러서야 비로소 종결될 것을 아는 것이다." (III.3.9). 즉 성화란 "성령께서 그의 거룩하심을 우리의 영혼 속에 불어 넣으사, 그의 거룩하심 속에 푹 젖어 새로운 생각과 느낌을 갖도록 하여 전적으로 새로워진 상태가 되도록" 하는 것을 말한다(III.3.8).

성화는 크게 개인적 성화와 사회적 성화로 구분된다. 개인적으로 마음의 부패가 제거되고 새롭게 되어 그들의 행동이 변하게 되는 개인적인 성화는, 일종의 윤리적 측면의 변화를 수반한다. 그런데 이와 동시에 기독교의 성화는 사회적인 성화를 병행한다. 즉 거룩하게 되는 것은 인간뿐이 아니라 인간이 거주하는 삶의 환경으로서의 사회와 자연만물의 변화 또한 성화에 포함된다. 다음 두 장에서는 성화의 구체적인 모습으로서의 개인적 성화와 사회적 성화를 그리스도와 연합의 관점에서 서술할 것이다.

칼빈은 믿음을 가리켜 우리에 대한 하나님의 선하심을 굳게 또한 확실하게 아는 지식이며, 이 지식은 그리스도 안에서 값없이 주신 약속의 신실성을 근거로 삼는 것으로, 성령을 통해서 우리 지성에 계시되며 우리의 마음에 인친 바가 된다고 하였다(III.2.7). 믿음은 머리로만 아는 지식이 아니라 마음의 지식 곧 실천의 지식이다. 신앙은 실천과 분리되지 않는다. 성령에 의해 그리스도와의 연합을 통해 주어지는 죄의 용서와 삶의 복은 윤리적 차원과 분리되지 않는다. "그리스도와의 연합"은 삶의 변화 및 이 세상에서의 윤리적 실천을 요구한다. 칼빈은 윤리의 세 구성요소인 선과 덕과 법의 문제에 대해 아래와 같이 언급한다.

2) 그리스도와의 연합과 선(good)의 문제

칼빈은 선의 문제를 설명하면서 지복의 삶(the beatific life)이 영적인 것이라고 말하였다. 참된 행복은 세상적이며 감각적인 것에서 도출되지 않는다. 세상적 부요, 권력, 명예 등은 다 헛된 것이다. 행복 된 삶의 성취는 미래의 영원한 세계에서 이루어진다. 오늘의 삶은 순례적 삶일 뿐이다. 또한 행복 된 삶은 그리스도와의 연합(communion with Christ)에서만 가능하다. 인간은 그들의 최고선을 하나님과의 교제에서 성취하게 된다.[41] 우리는 하나님께 영광을 드림으로써 행복하게 된다. 그러면 우리는 어떻게 하나님께 영광을 드릴 수 있는가? 그것은 예수 그리스도 안에 나타난 하나님의 은총에 우리가 응답할 때이다.[42] 여기서 하나님에 대한 응답은 우리의 개인적 삶의 영역 및 사회적 삶의 영역에서의 하나님의 말씀에 대한 순종을 포함한다.[43] 그러면 이 지복의 삶을 어떻게 알고 가질 수 있는가? 그것은 오직 계시와 신앙을 통해서만 알 수 있다. 왜냐하면 우리의 이성이 타락 후 심각히 훼손되었기 때문이다. 따라서 그리스도와의 연합에 의한 지복의 삶의 획득은 우리 인간의 힘으로는 불가능하고, 오직 예수 그리스도의 중보를 통해서만 가능하다.

3) 그리스도와의 연합과 덕(virtue)의 문제

다음으로 칼빈은 인간의 선행이 마음의 생생한 근원에서 연원되지 않는다면, 그러한 행함은 외식에 지나지 않는다고 하였다.[44] 하나님과 사람 사이의 바른 화목이 이루어지기까지 어떠한 마음도 옳지 않다. 결과적으로 중생하지 못한 사람의 마음에서 나온 어떤 행함도 선이 아니다.[45] 인간이 변해야만 선행이 나온다. 칼빈은 인간의 변화과정을 다음과 같이 말한다:

예정(선택) - 유효한 부르심(소명) - 예수 그리스도와 연합 - 믿음 - 중생(성화) - 회개(죽임과 살림) - 기독교적 삶의 스타일(자기부정, 십자가를 짊, 내세에 대한 묵상) - 칭의 - 선행(성화) - 견인 - 영화 또한 칼빈은 기독교인의 선행은 하나님에 대한 경건(piety, *pietas*)에서 야기되는 것이라고 말한다. 하나님에 대한 경건은 기독교인의 삶의 스타일(Christian life-style)을 변화시켜 마침내 선한 행동을 가져오게 하는 것이다. 경건은 하나님과의 수직적 관계를 말하는 것으로, 하나님을 두려워함과 동시에 아버지로서 하나님을 사랑하는 것이다. 이러한 하나님에 대한 경건은 하나님께 대한 복종과 감사의 마음을 생기게 하며, 나아가 기독교인의 삶의 스타일을 형성시킨다. 여기서 기독교적 삶의 스타일은 자기부인, 십자가를 짊, 순례적 삶으로 구성된다(Ⅲ.7-9). 자기부인은 죽임(mortification)과 갱생(vivification)을 의미하는 것으로, 즉 자기중심성의 죽임과 동시에 이웃사랑을 위해 다시 사는 것이다.[46] 우리는 그리스도의 십자가와 연합하는 자기죽음을 통해서 자기애와 교만을 극복하게 된다. 그것은 겸손과 타자에 대한 존경으로, 또한 공동선과 타자를 위한 사랑의 윤리로 이어진다(Ⅲ.7.5).

또한 십자가는 우리가 받는 고난의 훈련을 의미한다. 여기에는 훈련, 징계, 핍박의 세 요소가 있는데, 먼저 훈련으로서의 십자가는 자랑의 마음을 제거해준다. 그것은 우리에게 우리의 지극히 약한 모습을 드러내주는 것이다(Ⅲ.8.2). 그 다음 징계와 고난은 우리에게 겸손 및 순종과 인내를 가르친다. 그리고 마지막으로 핍박, 또는 내세에 대한 묵상으로서의 순례적 삶의 자세는 우리로 하여금 현실개혁에 눈뜨게 한다.

사람이 참으로 선해지려면 먼저 하나님 앞에서 바른 자세로 서있지 않으면 안 된다고 칼빈은 강조한다. 하나님 앞에서의 바른 자세는 도덕적 삶의 불가결한 조건(*sine qua non*)으로서 하나님의 용서하시는 사랑을 이기심 없이 받아들이는 것이다.[47] 그럼에도 불구하고 우리의 선행에는 문제가 있다. 성도의 어떤 행위라도 그 본질적 가치에 의거하여 판단한다면 부끄러움 이외에 어떤 보상도 받을 가치가 없다(III.14.9). 따라서 선행조차도 하나님의 은혜로운 인간구원 역사의 일부로 보아야 한다. 우리의 선행은 하나님의 은총에 의한 것으로 하나님께서 우리 속에서 일하심에서 비롯되는 것이다. 이에 경건한 사람은 이기심을 가지고 단순히 자기의 유익을 증진하기 위하여 살지 말고 자기의 주어진 기회에 따라, 또한 할 수만 있는 대로 모든 사람들의 공통된 유익을 증진시키기 위하여 노력해야 한다.

4) 그리스도와의 연합과 법(law)의 문제

칼빈의 자유론은 칭의론에 속한다. 즉 그는 칭의를 통해 자유를 획득한다고 말한다. 또한 그는 율법으로부터 해방으로서의 자유에 대해 말한다. 물론 그렇다고 율법의 폐기를 말하는 것은 아니다. 오히려 그는 자유의 실천을 통해 율법의 정신에 충실함을 언급한다. 적어도 율법은 복음의 한 형식이기 때문이다. 자유를 얻은 인간은 그들의 삶에서 성화를 향한 윤리적 실천을 추구하며 이기심으로부터 해방된다. 여기서 율법은 강요가 아니라 인간을 위한 은총의 다른 차원이 된다. 즉 하나님의 은총 안에서 인간은 하나님의 거룩한 계명과 율법을 즐거운 마음으로 지켜나가는 것이다.[48] 따라서 칼빈은 율법의 문제를 성령론적으로 해석한다. 성령은 인간으로 하여금 율법을 내면적으로 복종하게 한다. 우리가 성령의 능력을 통해 율법을 내면적으로 복종하게 될 때, 성령은 율법 안에 그리스도의 임재를 계시한다. 성령의 역사를 벗어나면 성경은 죽은 문자가 된다. 그러므로 복음이 율법에 앞서는 것이고, 모든 구약의 율법 역시 그리스도의 복음 안에서만 의미를 갖는 것이다. 그리스도 없는 율법은 가치가 없으며, 어떠한 확실한 희망의 근거도 제시하지 않는다(III.2.32). 율법은 거듭난 자의 영성이 그리스도를 충실하게 따르도록 인도한다. 따라서 칼빈은 무규범주의에 반대한다. 오히려 하나님의 은총은 율법을 사랑하고 흠모하게 만든다고 말한다(II.7.7.).

칼빈은 율법주의와 무규범주의의 양극단을 다 경계한다.[49] 루터는 율법을 복음과 대치(dialectic)되는 것으로 보면서 율법에서의 자유를 강조하였다. 칼빈 역시도 율법의 의를 잊어버리고 하나님의 은총을 바라볼 것을 강조한다. 하지만 칼빈은 루터와는 달리 율법과 복음을 연속적인 것으로 설명하였다. 즉 복음을 통하여 말씀하신 하나님은 율법을 통해서도 말씀하신 분이라는 것이다. 이런 각도에서 칼빈은 루터와 달리 율법의 적극적인 효용성을 강조하면서 율법의 세 가지 사용에 대해 말한다. 즉 제1사용인 신학적 사용(usus theologicus), 즉 영적 사용(usus spiritualis)은 죄를 고발하는 기능을 하고, 제2사용인 정치적 사용(usus legis politicus)은 악인으로부터 공동체를 보호 유지하며 죄를 억지하는 것으로, 이를 통해 악인들은 벌이 무서워서 악을 행치 않게 된다. 마지막 율법의 제3사용(usus legis tertius)은 선의 권면으로서의 사용이다(II.7). 앞의 1, 2사용 소극적인 율법의 기능이라면, 제3사용은 율법의 적극적인 사용을 말한다(II.7.6-12). 여기서 칼빈은 특히 율법의 제3사용에 대해 강조하였다. 그리고 이를 위해 "제네바 훈령집"(Geneva Ordonnances) 등을 펴내었다. 하지만 그렇다고 칼빈이 율법주의자인 것은 아니다. 그는 분명 율법보다 살아계신 하나님의 직접적 요구를 강조하였다.

5) 성화론적 기독교윤리에 있어 교회의 역할

요약하자면, 칼빈은 믿음으로 얻는 칭의를 기독교인이 행하는 선행의 전제조건으로 생각하였다. 그러한 칭의는 하나님 앞에 있다는 확신, 용서의 체험, 그리스도와 연합을 강조하는 칼빈 신학의 역동성과 연관된다. 우리는 이러한 칭의와 그리스도와의 연합으로 아들 됨의 자격을 얻는다. 신자의 순종은 아버지에 대한 자녀들의 스스럼없는 순종과도 같다. 그리고 신자의 그리스도를 본받음은 그리스도와의 연합에서 가능하게 된다. 한편 칼빈은 먼저 행복 된 삶은 그리스도와의 연합에서만 가능하다고 하였다. 또한 그리스도의 십자가와 연합하는 자기죽음을 통해 그의 삶의 스타일이 변혁되어 새로운 도덕적 행위자로서 태어나게 됨에 대해서도 언급하였다. 그는 율법의 문제를 성령론적으로 해석한다. 성령은 율법 안에서 그리스도의 임재를 계시한다고 하였다. 이상에서 볼 때, 선(good)과 덕(virtue)과 법(law)으로 구성된 윤리의 전 체계가 성령의 역사에 따른 영성과 "그리스도와의 연합"에 의해 재정의 됨을 파악할 수 있다. 그리스도와 연합됨이 없는 바른 윤리생활을 우리는 상상할 수 없는 것이다.

칼빈에 의하면 성령은 스콜라 신학의 일반적 주장처럼 인간의 영적 노력에 맞춰 그때그때마다 주입되는 하나의 은총의 특질이 아니며, 하나님 자신의 역동적 활동이다. 그러므로 그것은 인간의 노력에 의한 것이기보다는 하나님의 은총에 의한 것이다. 인간의 한계를 하나님 앞에서 고백하는 감사, 겸손, 종말론적 희망이 칼빈의 영성신학의 특징이다.[50]

칼빈은 그리스도인이 양육되는 장으로서의 교회를 강조하였다. 그는 교회의 중요성을 세 가지로 지적한다. 첫째, 교회는 하나님이 사람들을 기독교적인 삶을 살도록 부르시고, 그 안에서 그들을 양육시키시는 장이다(IV.1.5). 둘째, 아무도 혼자 살아갈 수 있을 만큼 충분한 기독교적 신앙을 가지고 있는 사람은 없다(IV.1.5). 그러므로 우리는 몸의 머리되신 그리스도와 연합할 필요가 있을 뿐 아니라 다른 사람들과 연합할 필요를 가지는 것이다. 그리하여 칼빈은 사람이 혼자서 경건생활을 향상시킬 수 있다고 생각하는 신앙개인주의를 철저히 거부하였다. 셋째, 교회는 경건생활의 향상에 도움이 되는 삶의 훈련과 통제를 제공한다는 점에서 그리스도인의 삶에 중요하다고 그는 말하였다. 특히 교회의 치리는 기독교적인 삶에 외적인 보조수단(external aid; IV.1.1)이 된다.[51] 인간의 윤리적인 삶은 이러한 교회공동체의 양육 없이는 불가능하다. 칼빈은 성화의 방편이 되는 것으로, 성령의 역사와 하나님의 말씀과 기도 및 성례전 그리고 기타 극기 등의 훈련을 언급한다.[52] 이러한 성화의 방편들은 모두 교회가 보유하고 있는 것들로서, 성령을 능력을 통해 우리에게 주어지는 것들이다. 그리스도인은 이러한 방편들을 통해 거룩한 삶을 영위하게 된다. 성령은 교회를 성화의 장으로 만드신다.[53]

8장

칼빈의 에덴 이해:
G. K. Beale의 에덴과 새 창조 이해에 비추어

지명수(평택대학교 교수)

1. 들어가는 말

일반적으로 에덴동산은 종말의 새 창조와 긴밀한 연관성이 있다고 이해되었는데, 최근 일부 신학자들은 기독교의 새 창조 이해에 대한 새로운 신학적 관심을 촉구하였다.[1] 전통적으로 개혁파 신학은 새 창조를 주로 새 하늘에 강조점을 둔 관점, 즉 "하늘에서의 영원한 삶"으로 이해하는 경향이 있었는데,[2] 최근에 이르러서는 성경이 하늘만 아니라 땅도 함께 강조하여 언제나 "새 하늘과 새 땅"이라고 언급한다는 점에 새롭게 관심을 갖게 된 것이다.[3] 전통적인 하늘 중심의 새 창조 이해는 칼빈의 "영혼의 구원"[4] 이해와 다르지 않다. 따라서 두 관점을 비교하면, 칼빈주의 전통에 서 있는 한국 장로교회의 새 창조 이해에 새로운 지평을 여는 데 도움이 될 것이라고 기대하였다. 마침 에덴동산과 성막, 성전, 새 예루살렘의 공통점으로 "하나님의 세계 임재"를 제시하고 또 그것의 전파를 하나님의 백성의 사명이라고 주장하는 G. K. 비일리의 논문[5]을 발견하여, 그의 에덴-새 창조 해석을 칼빈의 에덴 이해와 비교함으로써 한국 장로교회의 에덴-새 창조 이해에 대한 시사점을 찾고자 하였다.

칼빈은 에덴동산에 대하여 글을 많이 남기지 않았다. 특히 새 창조, 새 예루살렘, 새 하늘과 새 땅을 깊이 다룰 수 있었을 요한계시록이나 에스겔 후반부에 대한 주석도 쓰지 않았다. 그러므로 "에덴과 새 창조의 연관성"이란 관점에서 칼빈의 이해를 연구하기에는 자료가 매우 제한적이다. 하여 제한된 자료들을 모아 그의 에덴 이해를 재구성해야 한다.

이 글에서는 우선 비일리의 논문이 주장하는 "에덴-새 창조 연관성"을 요약적으로 소개하고, 다음엔 칼빈의 성경 주석들과 『기독교 강요』에서 '에덴'과 '인간 창조', '불멸의 영혼' 등을 다룬 부분들을 찾아 칼빈의 에덴 및 새 창조 이해를 재구성할 것이다. 그리고 마지막으로 비일리의 주장과 여기서 구성한 칼빈의 에덴 이해를 비교함으로써 한국 장로교회의 에덴-새 창조 이해를 위한 연구 방향을 모색할 것이다.

2. 에덴동산과 새 창조의 연관성

에덴동산은 성경의 첫 책 창세기, 그 중에서도 가장 앞부분인 2장과 3장에 나온다. 에덴동산은 첫 인류가 여호와 하나님께 처음으로 계명을 받은 곳이었고, 인류가 거주하기에 적합한 곳, 보기에 아름답고 먹기에 좋은 나무들이 있고, 하나의 강이 흐르다가 네 지류로 분지된 곳이었다(창 2:8-10, 16-17). 그러나 첫 인류는 여호와 하나님이 주신 첫 계명에 순종하지 않고 죄를 범함으로써 저주를 받고 그 곳에서 쫓겨났고, 동산 입구에는 인류가 출입할 수 없도록 그룹들과 화염검이 지키게 되었다(창 3:24).

그 이후로 성경에는 에덴동산과 관련된 이미지들이 종종 등장한다. 예를 들어, '생명나무' 또는 '생명과 사망의 갈래길'은 율법 시여 및 율법 준수에 관한 명령의 문맥에서(신 30장이 그 대표적인 장이다), 또는 위험에서 구원을 간구할 때나 하나님을 신뢰할 때와 같은 문맥에서 찾을 수 있다. '그룹'(케루빔)은 성막과 성전을 언급하는 부분이나 하나님의 임재를 노래하는 시편, 이사야와 에스겔 등 선지자들의 이상 속에 종종 등장한다. '에덴동산'도 '물이 흐르는 비옥한 땅'이라는 의미로,[6] 또 '여호와의 동산'(창 13:10; 사 51:3) 혹은 '낙원'(계 2:7)이라는 표현으로 종종 등장한다. 특히 신약의 마지막 책이자 유일한 묵시서인 요한계시록에는 에덴동산의 회복을 암시하는 표현들이 여러 차례 나온다(계 2:7; 22:1-2, 14, 17, 19). 그러므로 성경 독자들이 그런 성경구절들을 읽으면서 "지금의 세상은 과거의 에덴동산과 다르며, 장차 하나님께서 아담이 다시 들어갈 수 없도록 막아 놓으신 그 낙원을 어떤 식으로든지 회복시키실 것"이라는 믿음을 갖거나, '에덴동산'과 '새 창조'를 연관 지어 생각하는 것은 자연스러운 귀결이다.[7]

3. 비얼리의 에덴-새창조 이해

1) 구약의 신약 성취: 해석학적 질문

비얼리의 "새 창조의 관점에서 본 에덴, 성전 및 교회의 사명"은 구약 예언이 신약에서 어떤 방식으로 성취되고 있는지에 관심을 둔다. 왜냐하면 성취라고 말씀을 하는데 그 논리가 정확히 이해되지 않기 때문이다. 그 한 예로 계시록의 예를 들었는데, 그가 보기에 요한계시록을 읽는 독자들은 ① 계시록 21장에서 이사야 11장과 65장, 또 에스겔 40장 이하에 나오는 종말적 성전 회복에 관한 예언들이 상당수 인용되고 있다고 느끼지만, ② 실제로 그 예언들이 '문자대로' 성취되었다는 느낌을 받지는 못한다. ③ 그럼에도 불구하고 요한의 표현은 분명히 자체의 해석적 논리에 입각하여 "하늘에서 내려오는 새 예루살렘"과 에스겔이 예언한 종말기의 성전 예언을 연결시키고 있다는 암시를 느낀다(계 21:2, 10, 15, 27 참조).[8] 그러므로 비얼리는 과연 요한이 어떤 논리로 그 둘을 연결시켰고, 또 두 비전이 서로 어떤 연관성을 갖고 있는지, 그리고 보다 포괄적으로 구약 예언이 어떻게 신약에서 성취되었는지를 묻는 해석학적 질문을 제기하였고 나름대로 그 대답을 찾았다.

2) 해석 열쇠 제안

상기 질문들에 대한 대답으로 비얼리는 "하나님의 임재"를 그 해석의 열쇠로 제안한다. 즉 에덴동산 안에는 첫 창조의 성소, 즉 성경에 나온 최초의 성소가 있었고, 따라서 에덴동산은 하나님의 우주적 임재라는 메시지를 시각적으로 구현한 비전이라고 이해할 수 있다는 것이다. 그는 이렇게 볼 수 있는 아홉 가지 관찰 결과를 그 근거로 제시하였다:[9]

① 하나님의 임재: 구약의 성전이 중요한 것은 그곳이 하나님의 임재 장소이기 때문이다. 이스라엘 성전은 하나님의 임재를 경험하는 독특한 장소였다. 그런데 에덴은 아담이 하나님과 산책하며 대화하던 장소였다. "동산에 거니시는 여호와 하나님"(창 3:8)이란 표현에서 사용된 '거닐다'(히트알렉)라는 동사는 구약의 다른 곳에서 하나님께서 회막에서 이스라엘과 더불어 행하심을 묘사할 때 사용된 단어이다(레 26:12; 신 23:14; 삼하 7:6-7 참조).

② 제사장 용어: 창세기 2:15에 보면, "여호와 하나님이 그 사람(아담)을 이끌어 에덴동산에 두사 그것을 다스리며 지키게 하시고"라고 했다. 거기

나온 '다스리고 지키다'(아반, 샤마르)는 종종 '섬기고 지키다' 라고 번역되는 단어로서, 구약에서 '하나님의 말씀을 섬기고 지키다/순종하다' 라는 의미로 사용되었고, 보다 빈번하게는 제사장들이 회막이나 성전에서 하나님을 섬기고 불결한 것들을 차단하는 일을 의미했다(민 3:7-8; 8:25-26; 18:5-;6; 대상 23:32; 겔 44:14 참조). 그런 면에서 아담은 하나님의 성소를 지키는 첫 제사장이었다고 볼 수 있다. 그러나 아담이 그 직을 잃었을 때 하나님은 "그 사람을 쫓아내시고 에덴동산 동편에 그룹들과 두루 도는 화염검을 두어 생명나무의 길을 지키게 하셨다"(창 3:24). 이후 지성소 안에 두는 언약궤 위의 금 속죄소 양편에 조각된 두 그룹의 형상은 그것을 상징한다.

③ 생명나무 모티프: 성소에 세운 칠지금등대의 모델은 아마도 에덴동산의 생명나무일 것이다. 양 쪽에 각각 3개의 가지를 두고 중앙에 똑바로 1개의 가지를 둔 것은 동산 안에 있는 여러 종류의 과실나무들과 중앙에 있는 생명나무를 상징한다.

④ 동산 모티프: 성전 "내외소 사면 벽에 모두 그룹들과 종려(나무)와 핀 꽃 형상을 아로새겼고"(왕상 6:18, 29, 32, 35), "두 줄로 석류를 둘렀다"(왕상 7:18-20)는 구절들은 성전이 온통 '동산 같은 분위기' 로 장식되었음을 보여준다.

⑤ 산과 동편 입구 모티프: 성전은 산에 위치하고(출 15:17) 그 문은 동편을 향한다(겔 40:6)는 표현들도 에덴동산과 연결된다: "주께서 백성을 인도하사 그들을 주의 기업의 산에 심으시리이다. 여호와여 이는 주의 처소를 삼으시려고 예비하신 것이라. 주여 이것이 주의 손으로 세우신 성소로소이다"(출 15:17).

⑥ 율법 모티프: 지성소 안에 있는 법궤 안에(지혜로 인도하는) 율법이 들어 있다는 것은 선악을 알게 하는 나무를 상징한다. 선악을 알게 하는 나무의 실과나 법궤/언약궤를 만지는 자는 죽임을 당한다는 공통된 요소가 있다.

⑦ 생명의 강 모티프: 에덴에서 강이 흘러나간 것처럼 에스겔 47장이나 계시록 21장의 종말적 성전에서도 한 강이 흘러나간다. 시편 36:8-9에서도 성전과 풍성한 수확, 강을 에덴과 연결시킨다. 예레미야 17장은 "무릇 여호와를 의지하며 여호와를 의뢰하는 그 사람은 복을 받을 것이라. 그는 물가에 심기운 나무가 그 뿌리를…"(7,8절)라고 하여 여호와를 의지함을 물가에 심기움으로 비유하고, 그 다음에 나오는 12-13절에서는 여호와를 '생수의 근원', '이스라엘의 성소'라고 칭함으로써 에덴에서 흘러나오는 강을 암시한다.

⑧ 성소 모티프: 에덴은 물의 근원이며 하나님의 거처가 되는 동산이었다. 넓은 에덴 지역 안에[10] 한 거룩하신 하나님의 거처, 즉 성소인 동산이 있었고 거기서 강이 흘러나왔다. 장차 종말적 성전의 지성소에서 물이 흘러나와 땅을 적실 것이고(겔47:1), 하나님과 어린 양의 보좌로부터 생명수의 강이 흘러나온다고 말씀한다(계22:1-2). 만일 에스겔과 계시록이 최초의 동산-성전의 발전된 모습이라면, 에덴동산은 성소를 의미하고, 정확한 장소 '에덴'은 물의 근원, 곧 지성소에 해당된다고 볼 수 있다. 에덴과 그 주변 동산은 사실 두 개의 구별된 영역이다(창2:8, 10). 생명나무는 성소의 순금등대, 제단 위의 진설병은 동산에서 음식이 되었던 과실수들에 해당된다. 성전 안에서 밖으로 갈수록 하나님의 임재의 강도가 약해진다. 에덴동산 외부의 땅과 바다(들)는 성전 뜰에 있는 번제단과 '놋 바다'(들)에 해당된다. 다른 곳보다 솟아 오른 동산은 세상의 중심을 의미하며, 외부 세계와 격리되어 제사장이 하나님을 섬기는 공간(성소)이며, 그 안에서도 에덴은 물로 상징되는 영적, 물적 생명의 근원으로서 하나님께서 거하시는 곳(지성소)이다.

⑨ 아담과 교회의 사명: 상기의 에덴과 회막과 성전을 연결시켜 주는 여러 개념과 단어들을 볼 때, 에스겔 28:13, 14, 16, 18에서 "에덴, 하나님의

동산, 하나님의 성산, 성소"를 언급하는 것에 특히 유의하게 된다. 성전이나 성막을 의미하는 '휘장'과 '제단'(레21:23), '그 성소들'(겔7:24), '여호와의 집 성소들'(렘51:51)이라는 복수형 표현은 성전 뜰, 성소, 지성소라는 구별된 세 영역을 통칭한 것이다. 에스겔 28:13은 아담이 에덴에 있었을 때 각종 보석으로 단장하였다고 말씀하고, 이어서 18절에서는 그 곳 에덴은 '성소' 였는데 그가 더럽혔다고 말씀한다. 그런 이미지들을 종합하면, 에덴동산은 이스라엘의 신앙 역사상 최초의 성소였다는 결론을 내릴 수 있다. 아담의 사명은 에덴동산의 지역적 경계를 확장시켜, 에덴이 온 땅으로 확장되도록 하는 것, 즉 "생육하고 번성하여 땅에 충만하라, 땅을 정복하라, 바다의 고기와 공중의 새와 땅에 움직이는 모든 생물을 다스리라"(창1:28)는 최초의 축복을 이루는 것이었다. 그것은 곧 에덴에 국한되었던 하나님의 임재를, 그 세 영역으로 나뉜 상징이 의미하는 대로, 온 땅으로 확장시키는 것을 의미한다.

비얼리는, 월턴의 글을 인용하여, 에덴동산은 아담과 하와의 궁극적인 거처로 지정된 장소가 아니었다고 지적한다: "만일 창세기 1:28처럼 사람들이 원래부터 땅에 충만해야 할 것이었다면, 우리는 사람들이 동산에 계속 거주하는 일은 원래 의도된 것이 아니라는 결론을 내려야 한다".[11] 그러므로 에덴에서부터 시작하여 많은 어려움을 겪으면서 주위의 적대적인 환경을 정복하고 안전하게 식량 조달처를 확장시키는 동시에, 거룩한 에덴의 질서, 즉 하나님의 영광스러운 임재를 온 땅으로 확장시켜 나가는 것이 아담과 그 후손들에게 주어진 사명이었다. 비얼리는 그런 측면에서 보면, 왜 계시록이 새로워진 우주, 즉 새 창조를 '동산 같은 성전'(계21:1-22:5)으로 묘사하는지를 이해할 수 있다고 주장한다.[12]

3) 성전 상징

그러나 아담은 타락으로 말미암아 그 하나님의 성전에서 섬기는 제사장 직을 잃고 하나님의 임재도 즐거워하지 못하게 되었으므로, 하나님께서는 자신이 거하실 새로운 성전을 지으시기 위해 다시 하나님의 제사장으로서 노아와 아브라함과 이스라엘 민족을 택하셨는데, 모두가 아담과 마찬가지로 순종하지 못하였다.[13] 그러나 아담에게 주어졌던 처음 사명은 그 후에도 계속해서 족장들에게 반복적으로 요구되었다.[14] 일례로 아브라함에게 주신 사명은 "너는 네 고향을 떠나 (세상의) 축복이 될지라. 너를 통하여 모든 민족이 복을 받게 될 것이다"라는 것인데, 비얼리는 많은 주석가들이 아담의 사명이 사실은 작은 '성소'를 짓는 일과 직접적으로 연관되어 있고, 그와 관련된 요소들은 오직 성막 혹은 성전과만 연관된다는 매우 흥미로운 사실에 별로 유의하지 못하였다고 주장한다.[15]

비얼리가 보기에는 성전과 성막은 에덴 성소의 재건이고, 에덴은 온 땅을 포괄하는 하늘 성전의 지상적 모델이었다.[16] 즉 에덴 성소나 이스라엘 성전은 그보다 훨씬 더 큰 실재 즉 "하나님과 하나님의 우주적 임재"를 상징하는 모델이라는 것이다.[17] 이스라엘 성전은 하나님의 영광스러운 임재가 결국 온 우주에 충만하게 될 것이며, 우주는 하나님의 영광을 드러내는 곳이 될 것이라는 메시지를 작은 규모로 보여주는 상징이었다.[18] 그러나 이스라엘은 엉뚱하게도 그 성전을 하나님이 자기들만을 선택하신 데 대한 상징으로 오해했고, 하나님의 임재를 오직 자기 민족만을 위한 임재라고 착각했으므로 본연의 사명을 수행할 수 없었다.[19]

그러다가 마침내 그리스도가 오셔서 그리스도와 그 제자들이 손으로 짓지 아니한 새 창조의 성전임과, 예수님의 죄 사유하는 권세로 그가 성전 기능을 대체하심을 보여주셨다.[20] 이스라엘 성전은 종말적 그리스도와 교회를 지칭하는 상징적 그림자였다. 마찬가지로 신약은 예수님을 믿을 때 우리가 하나님의 성전이 된다고 말씀한다: "너희가 하나님의 성전인 것과 하나님의 성령이 너희 안에 거하시는 것을 알지 못하느뇨?"(고전3:16; 6:19; 고후 6:16; 엡 2:21-22; 벧전 2:5; 계 3:12; 11:1-2).[21] 요한계시록 21-22장에서는 새 하늘과 새 땅을 새 성전으로 묘사하는데, 그 이유는 그 성전은 하나님의 임재와 같은 것으로서 그리스도의 사역으로 인하여 온 땅을 포괄하게 된 성전이기 때문이다.[22] 결국 새 창조와 새 예루살렘은 하나님의 성막과 다르지 않다. 그 '성막'은 계시록 21장이 묘사하는 하나님의 특별한 임재로 충만한 진정한 성전이다.

그것은 애초에 "에덴동산에 계시된 그 성전"이 의미했던 종말론적 목표, 전체 창조계에 통용될 "우주적인 하나님의 임재"라는 목표가 결국엔 실현될 것이라는 말씀이며, 장과 광과 고가 같은 정육면체 형의 새 예루살렘이 지성소를 상징한다는 사실(왕상 6:20)과 연관 지어 생각하면, 결국 계시록 22:1-4은 전체 창조계가 이미 하나님의 임재로 가득한 지성소가 되었다고 선언하는 것임을 알게 된다.[23] 그러므로 "하나님의 임재의 확장"이라는 에덴-성전의 원리에서 볼 때, 요한이 새 하늘과 새 땅을 성전 도시로 묘사한 것은 우화나 영해가 아니라 구약의 성전 예언의 본래적 목적의 성취 혹은 '문자적' 실현이라고 말할 수 있다.[24] 장차 건축물로서의 성전이 아니라 하나님의 임재라는 성전이 온 세계를 뒤덮을 것이다.[25]

4) 교회의 사명

그러므로 하나님의 성전인 우리 기독교인들에게도 세계를 향하여 그 하나님의 임재를 드러내라는 사명이 주어졌다: "그리스도는 마지막 아담이시자 참되신 왕-제사장으로서 하나님께 온전한 순종을 드리셨고, 따라서 그 성전의 경계를 자신에게서 다른 사람들에게까지 확장시키셨다(그것은 창세기 1:28의 성취이다). 그러므로 우리도 그 하나님의 임재를 다른 이들에게 전달하는 그 과제를 마지막 때까지 계속해야 한다. … 하나님의 성전인 교회의 사명은 성소의 순금등대처럼 어두운 세상에 증거의 빛을 비추는 것이다. … 하나님의 임재는 우리가 그의 말씀을 알고, 거기 순종할 때 우리 안에서 더 커지며, 그럴 때 우리는 세상 안에서 신실하게 사는 우리의 모습을 통하여 주위 사람들에게 그 하나님의 임재를 확산시키는 것이다."[26]

5) 비얼리의 '에덴–새 창조' 요약

요약하건대, 비얼리의 주장은 에덴동산이나 성막, 성전은 인류에게 주신 복음의 전달 수단이라는 것이다. 소명을 받은 이들은 특별한 장소인 에덴이나 성막이나 성전에서 하나님의 임재를 경험하는데, 그 장소들은 오히려 하나님의 우주적 임재를 상징하는 물체들로 가득하다. 그 상징들을 해석하면, 모든 상징들이 전체적으로 전달하는 메시지는 하나님의 우주적 임재, 즉 하나님은 특정 장소에 한정되시지 않고 세계 전체에 임재하신다는 것이며, 부름 받은 이들에게는 그 진리를 온 땅에 전달할 사명, 즉 하나님의 임재에 관한 지식을 널리 확산시킬 사명이 주어진다는 것이다. 이는 곧 에덴동산을 하나님의 임재에 관한 최초의 메시지로 이해할 수 있다는 주장이다.

비얼리의 주장은 에덴동산을 비롯하여 구약의 중요한 상징들과 사건들을 하나의 핵심 메시지, 즉 우주적인 하나님의 임재를 계시하는 수단으로 봄으로써 성경의 여러 사건들을 통합적으로 설명해 주고, 또 그 메시지와 연관하여 특정한 시대만이 아니라 모든 역사 시대에 통용되는 하나님의 우주적 임재와 그 선포라는 규범에 입각하여 모든 시대 성도들에게 이 세상에서 추구할 삶의 목표를 설정해 주고 아울러 교회들이 분열이 아니라 일치하여 하나님의 임재를 세상에 선포해야 한다는 현재적 사명을 잘 규정해 준다.

4. 칼빈의 에덴 이해

아래는 칼빈의 에덴 이해를 필자가 재구성한 것이다. 『창세기 주석』[27)]은 괄호 안 숫자에 주석의 해당 페이지 수를 적고, 『기독교 강요』는 본문에 (I.2.3)식으로 표현하고 각주에 그 출처를 표기했다.

1) 인간 창조

> 창 2:7 흙으로 사람을 지으시고 생기를 그 코에 불어 넣으시니 사람이 생령이 된지라.

칼빈은 여기서 생령이 된 것은 들짐승과 사람이 동일하지만, 들짐승은 순간적으로 땅에서 나왔고 사람은 점진적으로 형성되었으므로 인간의 우월적 지위를 나타낸다고 설명한다(57). 그러나 뒤에 나오는, 그 설명과 맞지 않는 표현의 경우, "흙으로 각종 들짐승과 공중의 각종 새를 지으시고"(창2:19)라는 부분은 의외로 그냥 지나치면서, 아담이 자신의 배필이 될 존재가 없다는 것을 인식했다는 것과 이름 짓는 일을 통하여 교육을 받았다는 것에 대해서만 해설한다(72). 이어서 본문을 자세히 구분하며, "여기서 인간 창조의 3단계에 유의하자: 먼저 생명 없는 육체가 땅의 먼지로 지음을 받고, 그 다음에 영혼이 부여되고, 그 후에 움직이는 활력을 받는다"고

하며, "바로 그 영혼에 하나님께서 불멸성이 부수된 자기 형상을 새기셨다"고 해설한다(58-59).[28]

"생령(네페쉬 하야)이 된지라"는 표현에 대해서는 "이 네페쉬를 영혼의 핵심이라고 보지만 '살아 있는'(하야)이란 표현은 이 구절에만 해당되고 영혼의 일반적 능력에는 적용되지 않는다"고 한다(58). 또 이 구절과 고린도전서 15:4-5절을 연결하여, 바울이 여기서 '산 영혼'(living soul)과 '살리는 영'(quickening spirit)을 대조시킨 이유는 아담의 인격 안에서의 지상적 삶은 결코 완전하지 못하고, 오직 그리스도가 주시는 특정한 혜택에 의해 '새로워진 천상적인(celestial) 삶'을 얻을 수 있다고 가르치기 위함이라고 해설한다(58).[29] 이 말은 칼빈이 타락 이전의 에덴동산에서의 삶을 불완전한 지상적 삶으로 이해한 것임을 보여준다. 이하의 창조 해설에서도 칼빈은 인간의 영혼과 순수 영적 존재(천사)라는 주제에 관심이 많은 것을 볼 수 있다.

2) 에덴동산

창 2:8 여호와 하나님이 동방의 에덴에 동산을 창설하시고

이 구절을 해설하면서 칼빈은 에덴에 대해 하나님께서 첫 사람에게 배정해 주신 장수로 설명한다. 즉 칼빈은 그 곳 에덴을 "어쩌면 아담이 자신의 고향으로 삼을 수도 있었을 한 실제적인 특정한 장소가 과거에 동편에 있었다"[30]고 추측하고, 그 곳은 결코 일부 사람들이 잘못 생각하는 것처럼 온 땅으로 확장될 수는 없는 구체적인 한 장소였으며, 에덴과 온 땅을 연결시키는 오리겐 식의 풍유적 해석은 성경의 분명함과 굳건함을 훼손시키려는 사탄의 속임수라고 비판한다(59). 그러나 그 문단의 열 두

줄 밑에서는 "인류의 영원한 거주지는 하늘에 있기 때문에 우리가 마땅히 그쪽에 더 관심을 두어야 하는 것은 참으로 옳은 일이지만, 그럼에도 불구하고 우리는, 하나님께서 잠시 동안 사용하게 하신 이 장소에 대해 충분히 숙려할 수 있을 만큼은 우리 발을 땅에 고정시켜야 한다"(59)고 해석한다.[31] 여기서 영원한 거주지인 '하늘'을 향하는 칼빈의 경향성을 다시 발견한다.

창 2:9 생명나무와 선악을 알게 하는 나무도 있더라.

칼빈은 생명나무를 하나님의 은총에 대한 외적 상징으로 해설하면서도, 비얼리처럼 에덴동산 역시 하나님 나라의 상징이 된다는 생각은 하지 못했다: "생명나무는 '하나님 안에 우리가 살고, 기동한다'는 선언에 대한 가시적 증언이었다"(61). 칼빈은 생명나무에 '육체의 노화를 방지하는 어떤 능력'이 있었다는 해석은 무리이며, 우리는 생명의 더 중요한 측면인 지성의 은총을 배제하지 말아야 한다고 해설한다: "우리는 언제나 인간이 어떤 목적을 위해 조성되었는지 또 어떤 삶의 규칙들이 인간에게 규정되었는지를 숙고해야 한다. 아담에게 있어서 산다는 것은 싱싱하고 활발한 육체를 가질 뿐 아니라 영혼에 부여된 소질을 탁월하게 발휘하는 것이었음이 분명하다"(62).

3) 교육장 에덴

창 2:15 그 사람을 이끌어 에덴동산에 두사 그것을 다스리며 지키게 하시고 칼빈은 에덴동산에서의 노동은 타락 이전의 일이기 때문에, 일체의 고생이나 지겨움과는 무관한 오직 즐겁기만 한 노동이었다고 해설한다(66). 한편 2:19의 해설에서는 들짐승들이 타락 이전의 아담의 권위에 순복하여 그 앞에 나아와 각자의 특징을 보여줌으로써 아담이 그들의 이름을 지을 수 있었고, 자신에게 맞는 배필이 없음을 알았다고 해설한다(72). 15절과 19절의 해설을 연결하면, '즐거운 교육'이란 종합적 의미가 쉽게 발견될 수 있었을 텐데, 매 주의 설교 일정이 너무 촉박했는지, 칼빈은 이 구절에서 앞뒤를 연결시키지 않고, "맡은 일에 대한 근면성"만 강조하거나 "아담에 대한 동물들의 순복"만 해설하였다.

혹시 그가 창세기 2장의 에덴 창설 기록을 '교육장 설치'라는 관점에서 보았다면, 여호와 하나님께서 의도적으로 사람을 위해 동산을 설계하시고 모든 필요한 교육재료들을 배치해 두신 것을 발견할 수 있지 않았을까? 땅에서 자라는 각종 나무들(식물학)과 먹을 수 있는 모든 과실들, 먹지 말아야 할 선악과(약물학, 독물학 및 도덕), 다양한 동물들(동물학), 강들(지리학)과 유용한 광물들(광물학) 등을 배치해 두신 것을 발견했을 것이다. 그렇다면 에덴에서 아담이 할 일은 죄를 짓고 쫓겨나는 일만이 아니었음도 발견했을 것이다. 전체 하나님의 창조 세계를 배우는 것, 즉 창세기 1:28의 첫 축복에 함축된 바, 그가 장차 나가서 정복하고 다스려야 할 온 땅에 대해 멀리 가지 않고 배울 수 있도록 절호의 기회, 유일한 기회가 주어졌다. 여호와 하나님께서 그를 위해 목적에 적합한 지역과 지형을 정하시고, 동산을 만드시고 그를 거기 이끌어 들이시고, 식물과 동물, 교육에 적합한 조건을 마련해 주셨다.32) 그러므로 에덴동산은 한편으론 시험과 타락의 장소이지만, 다른 한편으론 세상 통치에 도움이 될 필요한 정보를 습득하는 교육장이기도 한 것이다.

현대적 관점에서 보면, 에덴동산은 왕자들을 교육시키는 '왕립 아카데미'이다. 교육의 끝에 평가가 따르는 것도 현대적 관점에서는 자연스럽게 보인다. 그러나 칼빈의 에덴동산 해설에서는 그런 '현대적인' 광범위한 교육의 필연성에 대한 관심을 찾을 수 없다. 그것은 아마도 칼빈이 어거스틴의 이해를 따라 어차피 아담은 하나님의 허용적 작정에 의해 창조된 그날 (창조 후 6시간 만에!) 에덴동산에서 쫓겨날 운명이었다고 여겼기 때문일 것이다.[33] 첫 창조의 거의 모든 창조물의 대표들이 총집결된 특별한 장소라고 불러야 마땅한 에덴동산이었지만, 칼빈은 인류의 타락이 발생한 사고지라는 점 외에는 별로 특별한 의미가 없는 것처럼 해설하고 넘어간다.

4) 타락과 승천

창 2:16-17 동산 각종 나무의 실과는 네가 임의로 먹되 선악을 알게 하는 나무의 실과는 먹지 말라 네가 먹는 날에는 정녕 죽으리라 하시니라.

칼빈은 이 금지명령을 인간에게 방종에 빠지지 말라는 명령을 주신 것, 즉 아담이 스스로 도를 넘는 지혜를 바라지 않게 하는, 일종의 순종을 가르치는 첫 교훈이라고 해설한다(67). 이는 하나님의 계명과 그에 대한 인간의 순종이라는 본문의 좁은 맥락에 초점을 두고 해석한 것이다.[34] 칼빈의 관심은 죽음과 그 원래적인 해결방안에 있었다. 그는 이렇게 질문한다: "여기서 반드시 죽을 것이라는 그 죽음은 어떤 죽음인가?"

내 보기엔 이 죽음의 의미는 그 반대에서 찾아야 할 것 같다. 우리는 인간이 어떤 생명을 상실했는지를 기억해야 한다. 그는 모든 면에서 행복했고, 그러므로 그의 삶은 영혼의 바른 판단과 욕망들에 대한 적절한 통제가 있었고, 생명의 다스림과 육체적 무결점, 죽음으로부터의 완전한 자유로움 등 몸과 영혼이 동일하게 존중되는 삶이었다. 그의 지상적 삶은, 물론 시간에 따른 삶이었겠지만, 아무런 죽음이나 상처 없이 하늘로 올라가는[35] 그런 삶이었을 것이다. 그러나 이제는 죽음이 우리에게 공포가 된다. 첫째는 육체가 일종의 멸절을 당하기 때문이고, 또한 영혼이 하나님의 저주를 느끼기 때문이다. 또한 우리는 소위 하나님으로부터의 소외라는 죽음의 원인이 무엇인지 반드시 알아야 한다. 그 후엔 죽음이란 이름 아래 아담 자신의 결함으로 인하여 겪게 된 모든 일들, 즉 그가 생명의 원천이신 하나님을 거역함으로써 이전의 상태에서 떨어져서 하나님 없는 인간의 삶이 얼마나 비참하고 상실된 삶인지, 죽음과 하등 다를 바 없음을 인식하게 되는 비참한 상황이 따라온다. 그러므로 범죄 이후의 인간 조건을 생명의 박탈, 즉 죽음이라고 부르는 것은 조금도 이상한 것이 아니다. 인간이 세상에 사는 한 겪어야 하는, 영혼과 육체 모두에게 닥치는 참담하고 악한 일들은 죽음이 인간을 완전히 삼키기까지 일종의 죽음으로 가는 입구이기 때문에, 성경은 어디서나 죄와 사탄의 폭압에 시달리는 자들을 자신의 파멸을 숨쉬는 '죽은 자들'이라고 부른다.[36]

칼빈은 여기서 살아서 승천할 기회를 놓친 타락한 인류가 살아가는 모든 조건을 죽음이라고 정의했다. 칼빈이 말한 많은 부활은 대다수가 최종적 부활, 몸의 부활과 영혼 불멸 등 미래의 부활[37]인데, 드물게는 이런 현재적인 죽음에 대응되는 현재적인 부활도 언급한다:

그러므로 이 점을 사실로 인정하기로 하자: 즉 우리의 구원의 시작은 죽음에서 생명으로 들어가는 일종의 부활인데, 그 이유는 우리로 하여금 그리스도를 위하여 그리스도를 믿게 하실 때에야(빌 1:29) 비로소 우리는 죽음에서 생명으로 옮겨가기 시작하기 때문이다(3.14.6).[38]

영생을 선행의 보상이라고 부르는 구절들에서 우리는 그것들을 단지 하나님께서 아버지의 인애하심으로 그리스도 안에서 우리를 포용하실 때 그 복된 불멸성에 이르기까지 우리가 하나님과 더불어 나누는 교제로만 이해하지 않고, 사람들이 부르는 것처럼, 또한 축복됨의 소유 또는 축복됨의 '결실'이라고도 이해한다. 그러므로 그리스도도 친히 "내세에 영생을 받을" 자들이라 선언하시고(막 10:30) 또 다른 구절에는 "나아와 … 나라를 상속하라"고 말씀하신 것이다(마 25:34). 그런 면에서 바울은 부활 때에 될 양자됨의 드러남을 '수양'이라 부르고(롬 8:18이하), 그 후에 다시 그것을 "우리 몸의 구속"으로 해석한다(롬 8:23). 하나님으로부터의 소외가 영원한 사망(3.25.12 참조)인 것처럼, 하나님과 교제하고 하나님에 의해 하나님의 은혜 안에 수납되고 하나님과 하나가 될 때, 수양으로만 얻을 수 있는 특별한 혜택이 이루어지고 그 사람은 사망에서 생명으로 옮겨진다(3.18.3).[39]

창 3:19 너는 흙이니 흙으로 돌아갈 것이니라

칼빈은 "너는 흙이니 흙으로 돌아갈 것이니라"라는 사망선언이 아담으로 하여금 그리스도 안에 있는 치유책을 추구하게 한다고 해설한다(109). 그리고 다시 "참으로 첫 사람이 똑바로 서 있었더라면, 영혼과 육체의 분리 없이, 부패나 파멸이나 아무런 격렬한 변화도 없이, 더 나은 삶을 향하여 그대로 들어갔을 것"(110)이라고 아쉬워한다.[40]

5) 칼빈의 에덴 및 창조 이해

위에서 살펴본 바에 의하면, 칼빈에게 있어서 에덴동산은 약간의 교육을 받은 장소, 창조 후 곧 타락하기까지 잠시 동안 머문 장소로서 칼빈 시대에도 실재하는 장소였다.

① 약간의 경험

에덴은 잠시 동안 약간의 경험을 얻은 장소였다. 칼빈이 보기에 에덴은 별로 긍정적인 요소가 많은 곳이 아니다. 좋은 경험이라면, 창조된 지 얼마 되지 않은 아담이 한 동안 여호와 하나님이 이끌어 오신 짐승들의 이름을 짓고, 그를 통하여 자신에게도 배우자가 필요함을 느끼고, 깊은 잠을 자고, 자신의 갈빗대로 만들어진 여자를 만나고, 그 기쁨을 시로 노래한 것 정도이다. 그러나 그 몇 가지 좋은 경험들이라도 좀 더 묵상해 보면, 그 경험 자체가 가능하기 위해서는 하나님 편에서 많은 것들을 조직적으로 예비하신 것을 볼 수 있다. 동식물을 마련하신 교육 체계와 아담에게 순서대로 보여주시기 위한 지형 설계가 필요하다. 아담 편에서 보아도 무척 많은 정보를 일시에 처리할 수 있는 능력이 전제된다. 최소한 정보를 분류할 줄 아는 언어-지식 체계와 숙련된 언어구사 능력이 필요하다. 한 마디로 에덴에서 아담이 경험한 것은 높은 수준의 정신문화가 전제되지 않고서는 도무지 불가능한 일이다. 그러나 칼빈은 에덴동산에 함의된 그런 좋은 점들에는 유의하지 않았다.

② 잠시 경유지

또 칼빈이 보기에 에덴은 여호와 하나님이 주신 계명을 듣고, 아직 동산에 있는 "보기에 좋고 먹기에 좋은" 과실들을 충분히 맛보기도 전에, 금하신 계명을 어겨 죄를 짓고 강제 추방을 당한 곳이다. 죄를 짓고 추방하기까지 오래 걸리지 않은 것도 하나님의 은혜라고 말할 수 있겠지만, 사실상 그런 해석은 하나님의 은혜를 매우 부정적인 측면에서 보는 것이다.

③ 실재하는 장소

또한 칼빈에게 그 곳은 과거 근동 지역에 존재했고 지금도 존재하는 장소이다. 칼빈은 아담 시대의 지형이 자기 시대에 이르기까지 별로 달라지지 않았다고 보았고, 유프라테스 강을 따라 올라가면 지도에서 충분히 그 위치를 지목할 수 있는, 물론 그룹들이 지킴으로 인간이 들어갈 수는 없겠지만, 그런 실재하는 장소였다. 요컨대, 칼빈에게 에덴동산은 "만일 순종했더라면 … 그 자손들과 더불어 하늘로 옮겨졌을 텐데"라는 깊은 아쉬움을 남기는 역사적 타락이 발생한 장소, 그 이상도 그 이하도 아니다.

④ 비관적인 창조 세계

칼빈의 에덴 이해는 현재의 창조에 대한 비관적인 관점으로 확장된다. 칼빈은 선택과 유기를 설교하면서 비관적인 세계관을 이렇게 노정한다:

> 너무나 어지러운 세상, 노골적으로 하나님을 무시하는 자들, 깊이 악에 물든 자들, 그런 악독에 빠진 자들을 볼 때, 사람들의 마음에는 큰 근심이 생긴다. … 성경이 선언하듯이, 하나님의 선하심과 긍휼이 아니었다면 모든 인류는 멸망할 것이다. … 왜 하나님은 나머지는 지옥에 갈 것을 아시면서 10분의 1, 아니 100분의 1만 선택하시는가? … 심지어 교회 안에서도 상황은 동일하다. … 그러나 성경이 그렇게 말씀하시면, 우리는 그렇게 믿어야 한다. (에서와 야곱에 대한 선언을 들은) 리브가가 그랬던 것처럼.[41]

그리스도인들은 한 때 바로 들어갈 수도 있었던 그 '더 나은 삶'을 얻기 위해 반드시 진실하게 이곳에서 그리스도를 믿고 바라며, 믿음의 수고와 인내를 경주해야 한다.

⑤ 해결과제

위에서 살펴 본 것처럼, 칼빈은 인간 창조나 에덴동산을 해설하면서 보다 넓은 신학적 맥락에서 회막(성막)이나 성전과 연결시키려는 시도를 하지 않았다. 만일 칼빈의 해설처럼 에녹과 엘리야처럼 "살았을 때 하늘로 옮겨짐"이 타락 전 아담이나 현 인류의 창조 목적이고 이상적인 삶이라고 본다면, 그것은 현재의 창조 세계를 매우 부정적으로 보는 관점이고, 따라서 현 창조를 하나님께서 애초에 목적하신 영원한 천국에 들어갈 대상 선발 장소로 축소시킨다는 정당한 비판을 받는다.

예수 그리스도의 구원을 중심한 해석이라는 해석적 동기는 충분히 이해되지만, 그런 해석은 현재의 창조계에 대하여 성경이 선언하는 선한 관점을 매우 약화시키는 한편, 아담이 행한 죄의 의미를 너무나 확대시킨다. 그에 의하면, 첫 인류가 범한 죄의 영향력이 그리스도의 초림과 재림의 영향력을 초월하며, 심지어 재림 이후에도 여전히 회개치 않는 수많은 인류가 있게 하며(계 16:9, 11), 인류를 회개시키지 못하고 다수를 지옥에 보내는 등,[42] 아마도 칼빈이 생각지 않았던 부수적인 해석을 허용하는(즉, 창조된 지 몇 시간밖에 되지 않았던 첫 아담이 행한 한 번의 잘못된 선택에 그 이후 모든 인류의 영원한 운명이 결정적으로 악화 되어 성자께서 두 번이나 강림하셔서도 그 악영향을 해소하지 못한다고 해석하는) 부작용을 피할 수 없다. 그것이 칼빈의 주장처럼 성경이 말씀하는 대로의 해석임에도 불구하고 "사탄의 사주를 받은, 두뇌가 가벼운 광신자들이 계속 불경스런 질문을 던지는"[43] 것인지, 아니면 특정한 철학적 전제에서 기인된 해석인지는 신학적 관심을 가지고 앞으로 중요하게 검토해 볼 과제라 생각된다.

5. 비얼리와 칼빈의 에덴 이해 비교

앞에서 살핀 각각의 에덴 이해에 근거하여 두 이해를 비교하였다.[44] 먼저 표를 제시하고 각 요소에 대해 간단히 설명하겠다.

1) 에덴 요소 비교(Comparison of Edenic Contents)

에덴 요소 Edenic Contents	비얼리 Gregory Beale	칼빈 John Calvin
존재 의의 Significance	성전, 하나님 임재 메시지 상징 Symbol of Temple, Key Message of GP	역사적 실재 장소 Real Historic Place
평가 Estimation	전체적으로 긍정적 Generally Positive	전체적으로 부정적 Generally Negative
생명나무 Tree of Life	생명의 상징으로 존속 Symbol of Life	무산된 가능성 Lost Possibility
선악과 나무 Tree of the Knowledge	율법의 상징으로 존속 Symbol of the Law	일시적 시험, 더 이상 존재 않음 Only for the Test, No more exists
강과 네 지류 One and the Four Rivers	하나님의 임재의 확산 상징 Symbol of Flow of GP	현재도 존재 Still existing
동물, 식물, 광물 Fauna, Flora, Mineral	아담의 제사장-왕 역할 반영 Reflect Adamic Priest-Kingship	현재도 존재 Still existing
접근가능성 Accessibility	모두에게 개방적 Yes, Open	그리스도의 재림 때까지 폐쇄 No, Closed until Xp's 2nd Coming

에덴동산의 존재 의의는 현재와 새 창조에 대하여 에덴동산이 어떤 의의를 갖느냐는 질문이다. 비얼리는 그 상징성이 항상 유효하다고 보는 반면, 칼빈은 에덴동산은 현 창조와 새 창조 모두와 단절되었다고 본다.

에덴동산에 대한 평가는 조성된 처음에는 하나님의 작품으로 매우 긍정적이다. 그러나 비얼리가 그 동산이 가진 상징성을 더 중요시하고 동산의 구조 자체가 하나님의 우주적 임재를 드러내는 교육적 메시지를 갖는다고 보았다면, 칼빈은 거기서 발생하지 않았으면 좋았을 인류의 타락 사건이 발생했다는 점을 중요시하고, 에덴동산에서의 좋은 시절은 아주 짧았다고 봄으로써 에덴동산을 매우 부정적으로 평가한다.

비얼리는 모든 에덴의 구성 요소들 즉 생명나무, 선악과나무, 강과 네 지류, 동물, 식물, 광물 등은 하나님의 세계적 임재의 상징으로서 누구에게나 열려 있다고 본다. 이에 반해 칼빈은 그 모든 것들은 과거에 실재했고, 일부는 현재도 실재하는 사물이지만 시험이라는 한 가지 용도를 위한 것이었을 뿐, 현재나 그리스도의 재림 이후에, 그 때는 이미 영적 몸으로 변화되었을 것이므로, 성도들이나 불신자들에게나 불필요하다고 본다.

2) 종말-해석학적 특징 비교(Comparison of Eschato-Hermeneutical Features)

종말-해석학적 특징 E-H Features	비얼리 Gregory Beale	칼빈 John Calvin
해석의 핵심주제 Hermeneutical Key	하나님의 임재 확장 Expansion of God'Os Presence	영혼의 구원 Salvation of Souls
유형 Type	문학적, 상징적 Literary, Symbolic	문자적, 목회적 Literal, Pastoral
지향성 Orientation	원심적 확산, 포용적 Centrifugal Diffusion, Inclusive	구심적 선택, 배타적 (순수지향) Centripetal Selection, Exclusive
배경 개념 Background Ideas	구약 신학, 하나님 나라 OT theology, Kingdom of God	언약 신학, 플라톤적 영혼 Covenant theology, Platonic Soul
인간론적 전제 Anthropological Premise	전인적 Holistic	이분설적 Dichotomic
초점 Focus	구원의 전체 그림, 원칙다양성과 일치성 Entire Picture of Salvation Principle, Diversity & Unity	최종적 구원, 방법으로서의 성화핵심적 요소들에 치중 The Final Salvation. Sanctification As a Means, Essentials Only
문맥 선호성 Context Preference	광의의 문맥 (추구) Wide Context	협의의 문맥 (자제) Narrow Context
본문 해석 과제 Text Interpretation Task	진체 본문 해석, 현대적 발견들과 다양한 해석들 Full Text Interpretation: Modern Findings & Explanations	선별적 본문들의 통합: 해석전제에 입각한 해석 Integration of Selective Texts: Framed Explanation
경향성 Tendency	다양성 강조 Emphasis on Diversity	일치성 강조 Emphasis on Unity
장점 Advantages	일관된 상징들이 이외에 대한 합리적 연구방법 Reasonable Approach to Consistent Significance of Symbols	그리스도 중심의 구원 기작 설명 Integrated Explanation of the Mechanism of Christ-centered Salvation
단점 Disadvantage	상대적 원죄 약화: 후대가 다시 아담 역할 Relative insignificance of Adam's Sin: All humans are God's Agents.	창조 직후의 아담의 행위에 지나치게 무거운 의의 부여 The Wrongdoing of Just-created Adam Was Super-Significant
삶의 정황 Sitz im Leben	환경위기, 종교적 관용, 세계평화추구 Environmental Crisis, Religious Tolerance, Search for Peaceful World	교회개혁, 전쟁, 생존 투쟁 Church Reformation, Wars, Struggles for Survival
과학적 측면 Scientific	현대적 (독립적 학문분야) Modern (Independent Discipline)	중세적 신비 (예언적 꿈들이나 천문학으로 증거) Medieval Mysteries (Supported by Prophetic Dreams & Astronomy)
현실과의 거리 Distance from Present	적극 참여 Active Participation	건전한 거리감 유지 Keep Sound Distance
세계관 Worldview	낙관적 Optimistic	비관적 Pessimistic

창조-새 창조 연속성 Continuity of Creations	연속적 Continuous	단절적 Discrete
재림으로 인한 변화 Change of Xp's Coming	비교급 → 최상급 The Better → The Best	최악급 → 최상급 The Worst → The Best
하나님 나라의 전파 Propagation of KoG	성도의 생애 중 계속 Continues During Saintly Life	현/새 창조(두 세계)의 단절 Detached Two Worlds
천년설적 경향 Millennialistic Tendency	무-후천년설적 A & Post-milistic	전천년설적 Pre-milistic
관련 분야 Related Disciplines	환경신학, 사회행동윤리 Environmental Theology Social Active Ethics	선교신학, 개인경건윤리 Mission Theology Personal Pietistic Ethics
사회성 Social Relation	평화적 Pacifistic	전투적 Combatant

① 해석상의 핵심주제

비얼리는 성전 상징에서 발견한 전체 구속사적 원칙을 "하나님의 우주적 임재 선포"라고 보고 거기에 맞추어 모든 성경의 사건들을 설명하고자 한다. 반면, 칼빈은 모든 인간의 행위는 "최종적 구원", 즉 "영혼의 구원"을 위한 행위여야 한다고 보고 모든 성경을 거기 맞추어 해석한다.

② 해석 유형, 지향성, 배경 개념, 인간론적 전제

비얼리는 현대신학의 입장에서 현대구약신학이나 하나님 나라 신학, 전인적 인간관을 가지고 문학적 해석을 한다면, 칼빈은 개혁적인 언약신학과 이분설적 영혼관에 입각하여 문자적 해석을 한다. 칼빈의 해석에 '목회적'이란 설명을 붙인 이유는, 그가 분명히 일종의 보호주의 입장인 목회적 관점에서 교인들에게 도움이 되지 않을 것 같은 질문들을 아예 차단하는 경우를 종종 발견하기 때문이다.

③ 초점, 문맥 선호성, 본문해석과제, 경향성

비얼리는 구원의 전체 그림 설명에 초점을 두니까 다양성 속에서 일치성을 추구하고, 광의의 문맥, 현대적 신학 성과들의 응용, 다양한 해석 허용, 합리적 방법을 선호한다. 이에 반해 칼빈은 최종적 구원에 초점을 두므로 핵심 요소에 치중하고 협의의 문맥에 관심을 두고 본문에 근거한 지나친 사변을 경계하고, 천상적 구원이라는 정해진 해석적 틀에 맞추어 일관된 해석을 한다.

④ 장단점

비얼리의 해석에 따르면, 아담의 원죄의 영향이 거의 중요시되지 않는다. 이후의 모든 인류에게 동등한 기회가 주어졌고, 모두가 실패하였을 때, 다시 실패할 수 없는 그리스도가 오셔서 애초에 제시된 상징을 완전 성취하신다. 상징들의 의의가 강조되는 반면, 전통적인 개혁파의 기본 교리들은 상당히 약화된다. 하지만 칼빈의 해석은 그리스도의 구원사적 의의를 강조하는 장점이 있지만, 그것이 동시에 단점이 된다. 의도하지도 언급하지도 않았으나 그의 해석에 함축된 아담의 타락이 가진 지나친 영향력은 합리적으로 설명되지 않는다.

⑤ 삶의 정황, 현실과의 거리, 세계관, 연속성, 재림의 변화, 하나님 나라 확장

비얼리는 현대 시대, 국가의 헌법이 종교적 관용을 보장하는 시대, 세계 평화를 추구하는 시대, 지구적인 환경 위기의 주범이라고 무고 받는 기독교를 변호해야 하는 시대를 위한 신학을 한다. 그러나 칼빈은 거대한 가톨릭교회와 그를 지지하는 국가들의 위협 속에서 새롭고 건강한 교회상을 세우고 교회개혁을 지속해야 하는 정치적 격동기를 위한 신학을 하였다는 사실을 이해해야 한다. 시민들의 교육 수준이나 정보 소통이 매우 낮은 시대, 전쟁과 권력에 의한 핍박과 살해 위협이 상존하는 시대, 시민주권 의식이 확립되려면 아직도 오랜 세월을 기다려야 하는 거의 중세적인, 중세를 겨우 벗어난 시대를 살았다. 미지의 과학 지식에 의존한

논증⁴⁵⁾이나 현실과의 건전한 거리감을 필요로 한 것은 그런 시대적 정황에서 나온 것이라고 생각된다.

⑥ 천년설적 경향, 관련 분야, 사회성

비얼리는 하나의 상징이 전 역사에 걸쳐 유효하며 장차 그리스도의 재림으로 완성될 것이라고 보므로, 상징의 측면에서는 무천년설적이고 점점 좋아진다는 측면에서는 후천년설적이다. 그러므로 사회에 대한 적극적 참여를 권장하고 환경신학과 사회행동윤리에 관심을 갖고 평화주의적 신학을 하고자 한다. 반면 칼빈의 경우에는 천년설 논의 자체가 무의미하다고 보았지만, 교회가 지상에 존재하는 동안 환난을 당하다가 극적인 전환이 있을 것임을 강조하는 점에서는 '전천년설적' 이다. 칼빈은 그 시대의 목회자로서 탁월한 정신력을 가졌을 뿐 아니라 개인 건강상의 어려움, 공적인 과중한 업무, 개혁교회 내외부의 위협들을 감당해야 하는 어려움을 겪었다. 그런 상황을 고려하면 일사각오의 개인 경건윤리 강조와 전투적 신학은 자연스런 귀결처럼 보인다.

5. 나가는 말

1) 일부 한국 장로교회 신학생들의 관심

에덴과 관련된 일부 학위논문들은 오늘날의 한국 장로교 신학생들이 칼빈의 에덴 및 천상적 새 창조 이해를 상당 부분 유지하면서도 환경위기나 교회일치운동, 종말론에 대한 현대적 해석 등 현대 한국 장로교회의 이슈들에 상당한 관심을 보이고 있음을 보여준다.⁴⁶⁾ 그것은 우리 장로교회 안에 칼빈의 신학을 계승하되 비판적 관점에서 보완하려는 일단의 신학적 경향이 존재한다는 증거이다. 그러나 다른 한편, 그런 연구 논문의 숫자가 매우 적다는 사실은 우리 한국 장로교회가 아직도 현대적인 이슈에 대하여 관심이 많지 않다는 사실을 반영한다.

2) 현대적 이슈들에 대한 관심

그러나 현대에 살고 있는 한 현대적인 이슈들을 피할 수 없고, 세상은 계속해서 교회에 시대에 적합한 신학적 대안을 요청할 것이다. 우리 교회가 처한 역사적 상황은 칼빈의 시대와는 다르다. 칼빈의 신학은 소중한 유산이지만, 그것을 언제까지고 그대로 반복할 수는 없다. 우리는 개혁파 교회들이 고백하는 전통적인 신앙고백들이 수 백 년 전에, 과학 혁명과 인터넷 혁명이 있기 오래 전에 작성된 신앙고백들이며,[47] 현대적인 이슈들은 거의 모두가 그 고백 이후에, 어떤 면에서는 그 고백들 덕분에 제기된 이슈들이라는 사실에 유념해야 한다. 500년 전에 탄생한 칼빈은 성경을 성경으로 해석한다는 개혁파 신학의 해석 원리로써 당대 교회를 위한 신학을 집대성하고 당대 신학자의 사명을 감당하였다. 그렇다면 그의 유산을 계승한 한국장로교 신학자들도 그의 신학에 불가피하게 연관된 중세적 이슈들을 분변하고, 보다 본문 연구에 근거한 "오직 성경만으로써"의 신학으로 오늘날 교회의 이슈들에 대한 대안을 제시함으로써 칼빈 신학을 더욱 발전시킴과 동시에 오늘의 신학자 된 사명을 감당해야 한다.

3) 한국 장로교회의 에덴–새 창조 이해에 대한 시사점

요컨대, 칼빈과 비얼리의 에덴 이해 차이는 우리에게 시대적 요청에 민감하고, 전통을 존중하되 비판적인 본문 연구가 필요함을 시사한다.

9장
칼빈의 십계명 이해와 개혁주의 윤리:
은혜와 감사

신원하(고려신학대학원 기독교윤리학 교수)

1. 개혁주의 교회역사와 십계명의 위치

1) 기독교회와 십계명

십계명은 사도신경, 주기도문과 함께 기독교 교리문답의 핵심일 뿐만 아니라 신자들이 살아야 할 도덕적 삶에 대한 하나님의 뜻이 명령되어 있는 기독교 윤리의 핵심이다. 십계명은 율법의 율법이라고 일컬어질 만큼 구약성경에서도 그 권위를 인정받아 왔다. 그리고 이미 예수님과 사도들이 신자들의 삶에 관해 가르칠 때도 이것을 인용할 만큼 권위있는 규범으로 사용되었다.[1] 16세기 종교개혁가 마틴 루터는 "십계명을 완전히 아는 사람은 성경 전체를 아는 자다"라고 말한 바 있다.[2] 일반사회에서도 십계명은 기독교의 상징적 교리로 취급되고 있다. 그러나 자세히 살펴보면 초대교회 이래로 예배와 신앙교육 면에서 십계명은 주기도문이나 사도신경에 비해 그 중요성과 활용도가 상대적으로 낮았음을 알 수 있다.[3] 그러다가 11세기 이후에 이르러 서방교회가 점점 교리문답을 강화하게 되면서 비로소 십계명의 가치와 활용도가 높아졌다. 이후 토마스 아퀴나스가 사도신경 및 주기도문과 함께 십계명을 신앙교육을 위한 중요한 가르침으로 다루면서 십계명은 점점 교리 문답의 중심적인 자리를 확고하게 차지하게 되었다.[4] 이런 분위기는 "오직 성경"(sola scriptura)을 외친 종교개혁 시기에 이르러 더욱 강화되었으며, 이후 십계명은 신자들의 삶을 위한 가장 핵심적 윤리 헌장으로서 자리를 차지하게 되었다.

2) 칼빈과 십계명

십계명을 예배와 교리문답의 중요한 부분으로 복귀시키는 데는 루터가 크게 기여한 것이 사실이지만,[5] 아무래도 최고로 공헌한 개혁가는 존 칼빈(1509-1564)이라고 할 수 있다. 칼빈은 율법을 "하나님의 뜻"이라고 표현했음은 물론,[6] 하나님은 "율법의 명령들"을 통해 당신의 "영원한 뜻이 무엇인지를 이해할 수 있게 했다"고 가르쳤다. 그는 율법은 신자들의 삶을 위한 궁극적인 삶의 규범이라고 주장하면서 율법에 부여할 수 있는 최고의 도덕적 가치와 의미를 부여했다.[7] 그는 십계명을 율법의 요약으로 간주하면서, 『기독교 강요』(1536, 1539), 『제네바 교리문답』(1545), 『오경 주석』, 그리고 『신명기 설교』 등 여러 저술을 통해 십계명 신학을 정교히 선보였다. 뿐만 아니라 제네바에서 목회하면서 16차례에 걸쳐 십계명을 강해하며 신자의 삶에 십계명을 구체적으로 적용하며 설교했다.[8] 심지어 출애굽기에서 신명기까지를 다룬 그의 주석은 각 율법들을 십계명의 차례에 따라 재조합하고 배치하는 순서로 구성되어 있을 정도이다.[9] 물론 예수님의 산상수훈과 바울의 가르침도 십계명과 연결시켜 설명하고 주석했다.

이와 같은 모든 예들은 칼빈이 십계명을 얼마나 중시했는지를 잘 보여주는 증거들이다. 그는 십계명을 신자의 삶을 위한 완벽한 의의 규범으로 또 하나님의 뜻의 명시적 표현으로 생각했기 때문에 이와 같이 강조한 것이었다.[10]

3) 개혁교회와 십계명

칼빈 신학의 영향 아래 있는 개혁교회들은 십계명을 교리와 예배에서 중시해왔다. 개혁교회의 표준 교리문서인 『하이델베르크 교리문답』(1562) 과 『웨스트민스터 대소교리문답』(1647)은 십계명을 자세히 다루고 가르친다. 특히 『하이델베르크 교리문답』은 십계명을 52개 문답으로 다루면서 10개 문답으로 구성된 주일에 관한 교리보다 더 길게 취급했다. 그러나 안타깝게도 현대로 내려오면서 십계명은 기독교회의 전반적인 분위기와 무관하지 않게 개혁주의 신학전통에 속한 교회 내에서도 예배나 교회 교리문답에서 그 위치와 역할이 축소되어왔다. 최근 한국 장로교회에서는 이런 현상이 더욱 두드러지게 나타나고 있다.

본 논문은 칼빈의 십계명 이해와 신학 그리고 이와 관련된 예배의식을 분석하여 살펴볼 것이고, 나아가 이것이 그의 사회 윤리에 어떻게 관련되어 있는지를 분석할 것이다. 이후 칼빈의 신학과 윤리학이 개혁주의 윤리학의 방향과 과제에 시사하고 도전하는 의미를 짚어 보고, 마지막으로 한국 장로교회에 던지는 질문과 과제가 무엇인지 성찰해볼 것이다.

2. 칼빈의 십계명 구분

칼빈은 구약성경 출애굽기 20:2-17과 신명기 5:6-21에 기록된 하나님의 명령을 10개의 계명으로 구분하고 두 돌판으로 나누었다. 1계명에서 4

계명까지의 첫째 돌판과 나머지 계명의 둘째 돌판을 예수님이 직접 하나님 사랑과 이웃사랑으로 요약한 것(마 22:37-40)에 대해 언급하면서, 자신도 그대로 따르고 있는 것이다.[11]

칼빈은 초대교회의 전통을 따라 출애굽기 20:2-17의 내용을 서론과 10개 계명의 카테고리로 분류했다. 이것은 유대교, 로마 가톨릭교회, 그리고 루터의 방법과는 다른 것이었다. 유대교는 전통적으로 2절, "나는 너를 애굽 땅에서 인도하여 낸 너의 하나님 여호와로라"를 제1계명으로 분류한데 반해, 칼빈은 이것을 서론으로 취급했다. 그 이유는 2절이 구체적인 명령을 담고 있는 것이라 하기보다는 하나님이 영광 중에 이스라엘 백성 앞에 나타나서 그들에게 말씀하시고자 한 사실을 부각하는 내용을 담고 있는 것으로 이해했기 때문이다.[12] 또한 칼빈은 3절, "네 앞에 다른 신을 두지 말지니라"와 4-7절, "네 앞에 다른 형상을 만들지 말라 …"는 내용을 각기 제1계명과 제2계명으로 분리하여 구분했지만, 로마 가톨릭교회와 루터는 이것들을 모두 함께 묶어 제1계명으로 다루었고, 유대교는 이것을 묶어 제2계명으로 다루었다. 이들은 3절의 "다른 신들"(no other gods)과 4-6절의 "아무 형상"이 동일한 것을 가리킨다고 판단하고, 이 구절들은 모두 하나의 계명에 관한 명령으로 본 것이었다. 그러나 칼빈은 3절은 오직 하나님 한분만을 예배하고 섬겨야 할 것에 관한 내용이고, 4-6절은 그 하나님을 어떻게 섬겨야 할 것에 관한 내용으로 보고, 이 둘을 서로 별개의 내용으로 간주해 각각 제2계명과 제3계명으로 나눈 것이었다.[13]

또한 루터와 로마 가톨릭교회는 칼빈이 제10계명으로 나눈 17절의 내용을 제9계명, 제10계명의 별개의 계명으로 나누었다. 이들은 "네 이웃의 소유를 탐내지 말 것"과 "네 이웃의 아내를 탐내지 말 것"은 각기 서로 다른 명령이라고 본 것인데, 그 이유는 "… 하지 말지니라"(you shall not)는 금지 명령 구절이 각각 나오고 명령의 내용도 다르다는 것이었다. 그러나 칼빈은 이런 구분은 석의적인 근거가 약하다고 평가했다. 비록 그 구절이 소유, 재산, 소, 아내, 집 등을 나누어 놓긴 했지만, 그 명령들은 모두 "같은 것들"에 대한 것을 다른 방식으로 표현한 것일 뿐, 음행이든 도둑질이든 "모든 경건하지 못한 욕망"들을 금하는 명령이라고 주장했다.[14] 이점에서는 유대교도 칼빈과 같은 입장이었다.[15]

3. 감사와 거룩한 삶을 위한 규범

1) 은혜의 선물로서의 십계명

칼빈은 율법을 언약의 맥락에서 주어진 은혜의 선물로 이해했다.[16] 하나님은 시내산에서 모세에게 율법을 주실 때 스스로를 "애굽 땅에서 인도하여 낸 네 하나님 여호와"로, 곧 '구원하신 자'로 자신을 드러내셨다. 다시 말해 하나님은 먼저 구원해주시고 이후에 율법을 주신 것이다. 이는 하나님은 아브라함과 맺었던 언약에 따라 그의 후손들을 복주시기 위해 구원하신 분이라는 것을 보여준다. 이와 같이 하나님이 먼저 자신을 아브라함과의 언약을 성취한 자이심을 드러내신 사실은 율법이 기본적으로 아브라함의 언약처럼 은혜 언약의 성격을 지니고 있음을 나타내는 것이라고 칼빈은 해석한다. 그러기에 율법의 요약인 십계명 역시 은혜 안에서 주어진 언약의 선물이요 은혜로 향해 나아가도록 제정된 의의 규범이 되는 것이다.[17]

또한 칼빈은 하나님이 베푸신 구원을 감사하는 마음으로 자원하여 계명을 지킬 것에 대해 모세가 이스라엘 백성에게 가르쳤다는 사실을 부각시킨다.[18] 즉 하나님이 이스라엘 백성을 '사랑하사' 지상 만민 중에서 그들을 하나님의 백성으로 삼으시고 구원하시고 계명을 주셨으니, 그들은 당연히 구원하신 "하나님을 사랑하여" 그 명령을 행하며 살 것(신7:6-9)에 대해 모세가 명령했는데, 칼빈은 이 구절이 율법을 지키는 삶이란 구원의 은혜에 대한 감사와 사랑의 표현임을 잘 나타내주는 근거내용이라고 주장한다.[19]

한편 칼빈이 율법을 은혜와 감사의 차원에서 이해한 것은 그가 쓴 주석들, 제네바교리문답, 기독교 강요, 그리고 프랑스, 네덜란드, 스코틀랜드의 고백서들과 교리 문답서들의 내용에도 잘 반영되어 있다. 그 중에서도 가장 대표적인 것은 개혁교회의 표준문서인 『하이델베르크 교리문답』과 『웨스트민스트 대교리문답』이다.[20] 특히 『하이델베르크 교리문답』 교리는 세 부분 즉 '인간의 죄와 비참,' '인간의 구원', 그리고 '구원받은 자의 감사의 삶'으로 구성되어 있는데, 십계명은 이 가운데서 제3부 '감사의 삶'에 관한 부분에 배치되어 다루어진다. 이 문답서는 신자들이 선을 행하고 계명을 지키는 이유는 하나님이 베푸신 구원과 은혜에 대해 자신들이 하나님께 감사하고 있음을 나타내기 위함이라고 확실하게 가르친다.[21]

『하이델베르크 교리문답』은 제1문답부터 신자의 삶을 감사의 삶의 관점에서 가르친다. 제1문답은 먼저 "사나 죽으나 인생의 유일한 위안이 무엇이냐"라고 묻는다. 그리고 이에 대해 "나의 유일한 위안은 내가 내 자신의 것이 아니요 나의 신실하신 구원자 예수 그리스도에게 속해 있다는 사실"을 고백하고 난 뒤, 곧 "그리스도는 그의 성령으로 나에게 영생을 확신하게 하며 그래서 나로 하여금 지금부터 온 마음을 다하여 자원하여 그를 위해 살아가도록 한다"라고 대답한다. 즉 구원자에 대한 감사함(thankfulness)을 표현하는 방식이 그의 계명을 순종하는 삶, 즉 선행으로 나타난다는 것이다.[22] 이처럼 이 교리문답은 1문답에서부터 계명과 율법은 구원을 얻기 위한 '방편'이 아님을 분명하게 가르친다. 따라서 칼빈과 그의 영향을 받은 개혁교회 또한 십계명을 감사의 삶의 차원에서 이해해왔고, 그 기초 위에서 하나님의 명령을 삶의 중심으로 삼는 신학과 윤리학을 발전시켜 온 것이다.

2) 거룩한 삶을 위한 규범과 안내로서의 십계명

앞에서도 말했듯이, 칼빈은 십계명을 "모든 의의 가장 완전한 규칙"이며 그의 백성들의 거룩한 삶을 위한 규범으로 강조했다.[23] 이스라엘 백성은 하나님의 거룩과 덕을 이방에 나타내어야 할 백성으로서 집단적으로는 물론 개인적으로도 의로운 삶을 통해 그것을 증거해야 했다. 그런데 여기서 그들은 거룩하신 하나님과 그가 원하시는 거룩한 삶이 무엇인지에 대해서는 율법을 통해 배워야 했다. 율법은, 비록 구원받은 자들이라 하더라도 여전히 죄 가운데 살면서 곤고해지고 나태해져서 하나님을 순종하려는 마음이 사라지게 되기 때문에, 이러한 신자의 마음을 찌르고 아프게 함으로써 다시 거룩한 삶으로 나아가게 돕는 채찍과 같은 기능을 하는 것으로 보았다.[24] 즉 율법과 십계명은 신자의 우둔함을 깨우쳐 지혜롭게 하고, 신자의 눈을 밝게 해주고(시19:7-8), 거룩한 삶으로 안내해주는 등과 빛으로(시119:105), 때로는 채찍으로 작용한다는 것이다.

칼빈이 공예배에서 십계명을 사용할 때도 이러한 기능이 분명하게 반영된다. 칼빈은 부처(Buccer)를 이어 스트라스부르그에 부임해 1539년부터 교회에서 사역을 시작했는데, 비록 초기에는 부처의 예배의식을 그대로 존중했지만,[25] 점점 십계명을 공예배의 순서에 고정적으로 배치하는 의식으로 발전시켜갔다.[26] 사실 당시 개혁자들은 예배에서 십계명을 참회와 관련하여 사용하고 있었다. 부처 역시 십계명을 자비송인 Kyrie(주여 긍휼히

^{여기소서)} 영창과 함께 읽거나 부르도록 함으로써 십계명을 참회와 연관해 배치했었다. 루터와 대부분의 루터교회들과 독일 팔트 지방의 개혁교회들도 이에 관해서는 마찬가지였다. 이와 같이 당시 교회들은 십계명을 하나님께 온전히 예배하기 위해서 먼저 죄를 고백하고 사죄의 은총을 받기 위해 자신을 돌아보는 회개의 자료로 사용했다. 당연히 십계명낭독 내지 영창 순서 뒤에 사죄의 선언(Absolution)이 따라 나오게 되어 있었다.

그러나 칼빈은 십계명의 위치를 사죄의 선언 직후에 배치했다. 그는 구원받은 신자가 구속의 은혜에 감사하여 의로운 삶을 살겠다는 표시로 십계명을 따라 행해 나가는 것으로 보았기에, 사죄 선언 뒤에 다짐과 안내의 차원으로서 십계명 순서를 배치한 것이었다. 이처럼 칼빈은 십계명을 거룩한 삶으로 안내하는 의의 규범, 즉 율법의 제3용법의 차원에서 이해하고 사용했다.[27] 이런 신학적인 입장 때문에, 칼빈은 십계명을 사제나 목사가 강단에서 낭독하고 회중은 수동적으로 듣는 방식보다는 오히려 온 회중이 그것을 함께 읽거나 노래하는 것을 더 좋아했다.[28] 그것은 칼빈이 신자의 일체된 예배를 강조하는 의식을 선호한 결과이기도 하지만, 또한 회중이 함께 읽고 노래함으로써 스스로가 언약백성이라는 자각을 새롭게 하기 위함이기도 했다.[29]

4. 칼빈의 십계명 해석 원리

칼빈은 십계명을 바르게 해석하려면 인간의 전통과 생각보다 우선 성령의 인도함을 받아야 할 것을 분명히 한다. 그는 십계명 해석을 위한 원리를 여러 곳에서 제시했는데, 크게 3가지로 이것을 정리해 보자.[30]

첫째, 십계명은 영적인 것이기에(롬7:14) 제정자이신 하나님의 성품을 반영해 해석해야 한다.³¹⁾ 칼빈은 율법의 제정자이신 하나님은 영이시기에 육체만이 아니라 영혼에게도 말씀하신다고 주장했다. 그는 하나님은 단순히 "외적 행동"(external behaviour)이 아니라 "내적이고 영적인 의"(inward and spiritual righteousness)를 요구하신다고 강조한다. 즉 외적으로 드러나는 것 이상의 마음의 순결을 요구하신다는 것이다. 따라서 명령을 받은 자들은 율법의 제정자(lawgiver)의 성품을 묵상하면서 계명이 요구하는 그 중심을 찾아 해석해야 한다고 말한다.³²⁾ 그리고 그 예로서 그리스도가 산상수훈을 통해 율법을 재해석하여 그 본래의 의미를 제자들에게 제시하신 것을 든다. 여기서 그리스도는 율법이 지닌 본 내용, 즉 하나님이 원하신 그 내용을 온전히 회복시키셨다는 것이다.³³⁾

특히 칼빈은 이 원리를 6계명에 적용하여 설명한다. 즉 6계명은 사람의 생명에 물리적으로 상해를 입히는 행동을 금하는 것을 넘어 영혼의 살인에 해당하는 분노, 미움, 적개심까지도 금하는 명령이라는 것이다. 인간의 법은 설령 마음에 미움과 살의가 가득하더라도 단지 죽이는 행동만 취하지 않는다면 그 사람을 정죄하지 않는다. 그러나 하나님의 법은 인간 마음의 은밀한 생각까지 제재하고 다스리는 법이다. 따라서 이웃에 대한 미움과 살의와 분노도 이 6계명이 금지하는 명령안에 포함된다.³⁴⁾ 예수님 또한 형제에 대해 노하는 것이 6계명을 범한 것이라고 말씀하셨는데, 이것은 영이신 하나님의 성품을 고려해 계명을 해석할 경우 당연히 나올 수 있는 귀결로 칼빈은 이해한다.

둘째, 어떤 형태로 명령이 표현되어 있든지 그 안에 담겨있는 하나님의 의도와 목적을 찾아 해석해야 한다. 십계명의 계명은 크게 두 형태로 표현되어 있는데, 하나는 부정적 명령의 형태이고 다른 하나는 제유법의 형태이다.³⁵⁾ 칼빈은 먼저 부정적 형태의 명령 안에서 하나님의 의도를 찾아 긍정적이고 적극적인 내용을 해석해야 한다고 주장한다. 또한 부분으로 전체를 대표하는 수사법인 '제유법'(synecdoches)이 쓰인 계명들에서는 그것을 통해 하나님이 의도하시는 것이 무엇인지를 찾아내야 한다고 말한다.[36] 칼빈은 이런 작업 없이 각 계명을 그저 문자적으로 해석하면 유치한 결과를 낳게 된다고 설명한다.[37]

예를 들어 "살인하지 말라"는 6계명은 비록 '살인'이 언급되었지만, 그 의도는 인간 생명에 해를 가하는 죄 전체에 관한 명령이라는 것이다.[38] 이것은 태아나 인생 말기에 있는 환자의 생명에도 적용된다. 따라서 이 계명의 궁극적 목적은 살인금지만이 아니라 생명을 지극한 정성으로 돌보라는 생명존중의 명령, 즉 적극적이고 긍정적인 명령이다. 7계명인 "간음하지 말라"는 명령 역시 성에 관련된 죄 전반에 대한 문제이다. 때문에 이것 역시 부정적인 의미만이 아니라 부부는 결혼관계에서 서로 신실함을 유지해 나가야 할 것을 가르치고 요구하는 명령으로 해석되어야 한다. 칼빈은 이 원리를 '우상숭배'(idolatry)를 금하는 2계명에도 적용한다. 즉 이 계명은 물리적 형태를 지닌 우상을 만들어 신을 섬기는 것만이 아니라 인간이 만들어 낸 갖가지의 상상 속의 미신과 신화를 만들어서 섬기는 모든 것을 금지하는 계명이라는 것이다.[39] 그래서 이 두 번째 해석 원리를 가리켜 밴 윅(van Wyk)은 '특정한 것'에서 '일반적인 것'까지를 찾아야 하는 것이라고 정의한다.[40] 아울러 이 원리는 반대적 내용의 규칙(the rule of opposites)을 적용하여 계명을 해석하는 것도 내포한다.[41] 긍정적 형태로 주어진 명령인 "네 부모를 공경하라"는 5계명에 이것을 적용해 보면, "네 부모를 불명예스럽게 하는 것을 하지 말라"는 명령도 담겨있다는 것이다.

셋째, 십계명은 하나님 사랑과 이웃 사랑의 명령을 담은 두 돌판으로 나뉘는데, 이것은 서로 밀접하게 연관되어 있음을 염두에 두고 각 명령을 해석해야 한다.[42] 칼빈은 이 두 돌판은 결코 분리될 수 없다고 주장한다. 그리스도는 율법을 두 부분으로 요약했기에 이미 그의 영의 인도로 이 율법을 가르친 모세의 가르침도 마찬가지라는 것이다.[43] 이 두 돌판은 서로 단단히 결속되어 있기에, 한 돌판이 요구하는 바를 행하면서 다른 돌판의 의무를 저버릴 수는 없다. 물론 하나님을 경외하고 예배하는 것이 의의 시작이고 토대이기 때문에 첫째 돌판이 우선적인 위치를 차지하는 것은 분명하다. 하나님을 두려워하는 것에서 시작되지 않는 이웃 사랑의 행동은 불안하다. 왜냐하면 하나님을 의의 심판자로 생각하지 않는 한 사람들은 서로에 대해 바르게 사랑한다는 것은 불가능하기 때문이다.[44] 하나님을 온전히 경외하는 자는 이웃을 사랑하게 마련이며 또한 그렇게 해야만 한다. 하나님의 관심은 하나의 돌판이 아니고 두 돌판 모두에 있기 때문이다. 그러므로 십계명의 각 계명은 늘 두 돌판의 관점에서 해석해야 한다. 예를 들어 5계명의 경우, 부모님을 공경하는 것이 실제적으로 하나님을 예배하고 섬기는 것과 배치되는 것이라면, 그것은 진정으로 하나님이 명령하는 부모공경이 아닐 수 있는 것이다.

5. 십계명 이해의 핵심 열쇠: 그리스도

칼빈의 십계명 이해의 특징은 한 귀절로 요약한다면 '그리스도 중심적'이다. 그가 제시한 해석의 여러 원리들도 궁극적으로는 그리스도 중심적 해석과 이어진다. 조운스(David Jones)는 칼빈의 입장을 "그리스도 중심적 이해"(Christ-centered understanding)라고 칭했다.[45] 칼빈의 율법 이해에 있어서 최고의 권위자로 인정받는 헤셀링크(Hesselink)도 기독론적 연관성 없이 접근한다면 칼빈의 십계명 이해의 핵심을 놓치는 것이라고 주장했다.[46] 칼빈은 『기독교 강요』 1539년판과 1559년판에서 율법과 십계명을 "그리스도 안에 드러난 하나님에 대한 지식"(Knowledge of God the redeemer in Christ)이라는 제목이 달린 제2권에서 취급했다. 이 사실은 칼빈이 십계명과 율법은 그리스도와 그의 빛으로 조명해야만 제대로 이해할 수 있다는 그의 입장을 보여주는 것이다.[47]

칼빈은 율법이 은혜의 맥락에서 주어졌지만 완전히 지킬 수 있는 것이 아니기 때문에 그것은 궁극적으로는 그리스도를 지향하고 또 기다리도록 하는 성격을 지녔다고 주장한다.[48] 이는 아브라함의 언약이 궁극적으로 그리스도를 약속하고 지향했던 것과 같은 차원이다. 율법이 지닌 이와 같은 그리스도 중심성과 지향성은 희생 제사나 의식법에서만 아니라 도덕법에서도 나타난다. 바울이 로마서에서 "예수 그리스도가 율법의 마침"(롬 10:4)이 되었다고 말한 것도 그리스도가 율법이 요구하는 그 의를 완전히 성취한 자임을 말해주는 것이다.[49] 이처럼 칼빈의 율법과 십계명 해석은 철저히 기독론적임을 알 수 있다.[50]

칼빈은 산상수훈을 분석함으로써 기독론적인 그의 율법이해를 더욱 분명히 한다. 그리스도의 가르침은 당시 바리새인들의 것과 달리 율법의 문자에 얽매여 외적인 행동을 강조하지 않는다. 오히려 사람이 누구를 죽이지 않아도 마음으로만 '미련한 놈', '바보'라고 해도 이미 살인한 것이라고 가르친다(마 5:21-22). 또한 음욕을 품고 여자를 보기만 해도 7계명을 범한 것이라고 한다. 이것은 모두 율법에 대한 협소한 이해를 교정시키면서 본래의 깊은 의미를 드러낸 것이다.[51] 이런 점에서 칼빈은 영생을 얻기 위해 무엇을 해야 할 것인지를 물으면서 자신은 율법의 두 돌판을 다 지켜 행했다고 대답했던 청년에게 주신 그리스도의 대답과 평가를 아주 중요하게 언급한다. 즉 여기서 그리스도는 계명이 요구하는 본질이 무엇인지를 분명하게 드러내셨다고 칼빈은 본 것이다.[52] 때문에 칼빈은 예수 그리스도를 "최고의 율법 해석자"(optimum legis interpretem)라고 불렀다.[53]

6. 십계명, 황금률 그리고 형평(equity)

칼빈이 보여준 기독론적 십계명 해석은 예수님의 황금률과 십계명을 연결하는 면에서 정점을 이룬다. 그는 복음서 주석에서 "남에게 대접을 받고자 하는 대로 남을 대접하는 것"(마7:12; 눅6:31), 또는 "네 이웃을 네 몸과 같이 사랑하는 것"(마22:39)이 십계명의 둘째 돌판을 성취하기 위한 구체적인 원리라고 주장한다.[54] 이런 원리에 따르면, 6계명은 이웃이 너의 생명을 보호해 주기를 바라는 것 그대로 너도 이웃에게 행하라는 명령이 되고, 8계명은 자신의 소유와 재산을 보호하듯이 다른 사람들의 재산과 소유도 그렇게 보호하라는 명령이 된다.

한편 칼빈은 황금률을 형평(aequitas)의 관점에서 해석한다. 즉 마태복음 7:12의 주석에서 그는 그리스도가 이 교훈을 제자들에게 가르치신 이유는 "이 땅에는 수다한 불법이 활개치며, 사람들이 그것 때문에 고통 받는 것은 그들 스스로가 형평(equity)을 짓밟으며 살기 때문"임을 제자들로 하여금 깨닫도록 하기 위함이라고 주석했다. 다시 말해 사람들이 불법으로 고통을 받지 않으려면 무엇보다 형평을 추구하고 그것을 규칙으로 하여 살아가야 한다는 것이다.[55] 칼빈은 이웃 사랑의 삶은 곧 황금률의 원리를 실천하는 것이요, 이것이 곧 그리스도의 가르침이라고 말한다.

칼빈 신학과 윤리학에서도 형평이 중요한 기능을 한다. 예를 들어 국가와 정부의 기능을 다룰 때, 칼빈은 형평이 법의 중심에 있어야 한다고 주장했다. 즉 다양한 성격의 법이 있을 수 있지만 그 법들의 목표는 모두 동일하게 형평에 맞춰져야 한다는 것이다.[56] 비단 정치나 법에서만 아니라 사람들의 사회적, 경제적 관계에 있어서도 형평은 추구되어야 하는 목표이자 규칙이 되어야 한다.[57] 이처럼 칼빈은 사회적 관계를 위해 하나님이 주신 둘째 돌판을 성취하기 위한 원리이자 규칙으로서 형평을 일관되게 주장했다.

그렇다면 과연 형평(衡平)은 무엇을 의미하는가? 일반적으로 형평(衡平)은 '치우침 없음'(impartiality), 또는 '공정'(fairness), 또는 '각자에게 속한 몫을 각자에게 속하게 하는 것' 등을 의미한다. 그러나 형평은 때론 상황을 참작하여 특정 대상에게 '긍휼을 덧붙여' 그의 몫을 계산하는 것을 내포한다. 물론 그것이 근거가 있을 경우에 한해서이다.[58] 칼빈 학자인 하스(Haas)는 칼빈의 윤리학에서 가장 중요한 개념은 형평이라고 결론짓는다. 그런데 칼빈 사상에서 '형평'은 '정의'와 함께 사용될 때가 많다. 그만큼 두 개념이 매우 밀접한 관계임을 알 수 있다. 이는 정의가 구현되기 위해서는 형평의 규칙이 준수되어야 함을 의미한다고도 할 수 있다.[59]

하스는 고대로부터 칼빈에 이르기까지 사상가들의 형편개념과 법률들에 사용된 형평의 의미를 분석한 후 그것을 네 가지로 요약했다:[60] ① 흠이 있는 실정법의 개정 ② 자연법 ③ 법의 해석적 원리로서의 정의 ④ 긍휼로 중재된 법(mitigatio iuris). 그런데 칼빈은 이 네 개의 개념 중 마지막 세 개의 개념들로 형평이란 단어를 주로 사용했는데, 그 중 도덕법을 다룰 때는 네 번째 의미로 사용했다.[61] 칼빈이 형평을 황금률의 규칙으로 제시한 것에서도 도덕법에 쓰인 형평이란 네 번째 개념의 의미라고 볼 수 있다고 하스는 분석한다.[62] 앞에서 이미 칼빈은 율법을 해석할 때 하나님의 성품을 반영해서 해석해야 한다는 원리를 제시한 바 있는데, 이런 차원에서 본다 하더라도 이웃 사랑을 위한 형평의 규칙이란 긍휼이 중재된 법이요 정의라고 이해하는 것이 훨씬 설득력 있다.

그러므로 십계명의 둘째 돌판의 명령은 단순히 이웃에게 해를 가하지 않는 삶을 뛰어넘는 이웃을 형평으로 대하는 것, 곧 그들이 최소한의 생존을 위해 필요한 것을 제공하고 도와주는 삶을 살아야 할 것을 요구하는 명령으로 정리할 수 있다. 이웃이 우리처럼 하나님의 형상으로 창조된 존재요 하나님이 사랑하는 대상이기에 우리는 더욱 그렇게 해야 한다. 칼빈이 십계명을 황금률과 연관시키고 또 긍휼로 중재된 정의라는 형평의 차원에서 이해한 것은 개혁주의 윤리학이 어떤 사회를 이상으로 하는지 또 어떤 사회윤리를 지향하는지를 어렵지 않게 유추할 수 있다.

7. 칼빈의 사회관과 사회 윤리

형평개념을 통해서도 드러났듯이, 십계명은 개인적 도덕을 넘어 하나님이 원하시는 사회와 사회관계에 관한 도덕을 보여준다. 칼빈의 십계명 이해는 그의 사회관과 사회 윤리를 담고 있는 헌장이라고 할 수 있다. 그래서 존 버제스(John Burgess)는 칼빈이 십계명을 사회적 이슈와 관련하여 설교하고 강해했다고 말한다.[63] 제5계명을 다룰 때에도 칼빈은 부모와 권세자를 존중하지 않는 것은 개인에 대한 불경일 뿐만 아니라 사회생활을 어지럽히고 공공의 복리를 위협하는 것으로 이해했다. 제6계명에서는, 인간 생명을 해하지 말라는 것을 넘어 사회를 구성하고 있는 사람간의 결속을 파괴하는 행위를 해서는 안 된다는 사회적 의미로까지 확대, 해석했다. 심지어 하나님 경외에 관한 첫째 돌판까지도 그것이 지닌 사회적 관련성을 빠뜨리지 않았다. 예를 들어 제3계명, 즉 하나님의 이름을 잘못 사용하는 것은 하나님의 위엄을 훼손하는 것을 넘어 잘못된 맹세를 통해 이웃에게 피해를 주고 사회적인 관계를 파괴시키는 것으로 해석했다.[64] 이처럼 칼빈이 각 계명들을 사회적 차원으로 적용하여 해석한 것은 그의 신명기 설교를 읽어보면 더욱 뚜렷하게 드러난다.[65]

칼빈주의 윤리학자 스미즈(Lewis Smedes) 교수는 십계명은 인간 공동체가 지향해야 할 방향과 이상을 담고 있다고 설명한다.[66] 그는 십계명은 인간의 사회적 관계의 10가지 영역(sector)에서 구현되어야 할 윤리적 질서를 제시한 헌장으로 보았다. 특히 둘째 돌판은 사랑과 정의에 기초한 사회를 만들기 위한 사회적 명령으로 이해했다.[67] 그래서 7계명조차도 배우자에 대한 배타적인 신실한 관계를 유지함은 물론 그것이 보장되는 공동체를 만들어 가야 한다고 말함으로써, 그것을 개인적 윤리의 명령이면서 동시에 사회가 구현해 가야할 의무라고 설명한다.[68] 이처럼 스미즈는 십계명을 개인의 도덕을 넘어 각 영역에서 형평으로서의 정의가 구현되고 이웃의 권리가 보장되고 도모되는 사회를 만들어 가야 한다는 사회윤리의 헌장으로 이해할 것을 주문한다.

그런데 이 사회적 비전에는 약자도 생존할 수 있는 권리를 천명하고 그것을 보장해 주는 형평의 원리가 그 중심에 자리 잡고 있다. 칼빈은 이런 사회관은 기독교 사회든 아니든 관계없이 모든 사회에 적용되어야 한다고 주장한다. 이 점은 마치 이스라엘 나라가 이방 백성이 지향해야 할 미래를 위한 제사장적 나라라는 사실에서도 유추될 수 있다. 따라서 칼빈주의 윤리학은 형평의 원리에 기초한 사회를 건설하는 것에 대해 신자든 불신자든 모두가 따르고 추구해야 할 명령이요 과제라고 생각한다.[69] 이런 점에서 교회와 국가는 비록 서로 다른 두 주권의 영역이지만 가난하고 약한 자들이 생존할 수 있는 조건을 도모하는 데에는 하나가 되어야 한다. 이것이 칼빈 사회 윤리의 중요한 틀이다.[70] 따라서 교회는 국가가 제도적으로 이 일을 잘 수행하도록 격려하고 감독해야 하는 사명이 있다. 칼빈은 정부의 진정한 가치는 얼마나 약한 자들의 삶과 권리를 잘 보장하고 돌보느냐에 따라 달라진다고 주장한 바 있다. 그리고 이것이 도덕적 사회로 평가받기 위한 핵심적 구성요소라고 보았다.

8. 십계명과 개혁주의 윤리학의 과제

그렇다면 칼빈의 십계명 이해를 통해 유추한 사회관과 사회윤리를 이 사회에서 구현하기 위해 개혁주의 윤리학은 어떤 방향으로 나아가야 할 것인가? 이를 위해서는 큰 그림과 아울러 구체적인 면에서 취해야 할 방향을 함께 모색하지 않으면 안 된다. 첫째로 각 계명에 관련된 영역에서 도덕적 사회적 문제의 종류와 그 범위(scope)의 경계에 대해 규정하고 안내하는 해석학적 작업을 우선적으로 해야 한다. 예를 들어 오늘날 지구촌의 주요 이슈인 신자유주의 시장경제체제는 과연 십계명의 8계명과 관련시킬 수 있는 문제인지 아닌지를 분석하고 해석하는 것이다. 즉 자유시장(free market) 체제문제, 경제적으로 기반이 취약한 후진국과의 교역에 관련된 국제간 자유무역협정(FTA)와 같이 현대 사회에서 첨예하게 부각되는 문제, 국내 비정규직 노동자에 대한 사용자의 기업운영 문제 등은 8계명과 관련이 없는가 하는 것이다. 만약 있다면 어떤 선과 내용까지 기독교 윤리가 다룰 수 있는 것인지 그 범위를 정해주는 해석 작업을 먼저 해야 한다.

둘째로 각 영역에서 현재 지구촌과 우리 사회에서 새로 발생하는 실제적인 사회 문제들에 대해 신학적으로 분석하고 그에 기초하여 윤리적인 처방을 제공하는 과제를 감당해야 한다.[71] 예를 들면 생명공학기술의 진보로 생명의 탄생과 조작이 가능해졌고 그에 따라 생명과 건강에 관계된 여러 의료 행위와 실험 행위에서 윤리적 논란들이 발생하고 있다. 난치병 치료를 위한 목적으로 행하는 줄기세포 및 배아실험 연구는 가능한가? 이것은 6계명의 관점에서 어떻게 이해해야 할 것인가? 그것에 국가가 공적 기금을 제공하는 것을 교회는 어떻게 이해하고 대응해야 하는가? 교회는 이런 질문들에 대해 신학적 윤리학적 성찰과 간학문적 연구를 통해 검토하고 그에 기초해 윤리적 지침을 만들어 신자와 교회에 제공해 주어야 한다. 강대국의 개혁교회와 약소국의 개혁교회는 이런 사안들을 함께 연구해서 윤리적 지침을 교회와 사회에 제시해야 한다. 이런 신학적 윤리학적 지침이 제공되면 교회는 교단과 국제적 교회 기구들을 통해 국내외의 책임 있는 정치인들에게 이것을 전달하고 호소함으로써 교회가 지향하는 보편적인 가치를 효과적으로 이 사회에 구현해 갈 수 있을 것이다.

9. 한국 칼빈신학 전통의 교회를 위한 묵상과 제안

1) 정리

이상에서 보듯이 칼빈은 율법과 십계명을 구원의 방편이 아니라 구원받은 자들의 거룩한 삶을 위한 의의 규칙으로, 그리고 구원의 은혜(grace)에 대한 감사(gratitude)의 표현으로 보았다. 교회의 역사 가운데서 십계명이 개혁교회의 예배에 있어 사죄 선언 후에 배치된 것도 십계명에 대한 칼빈의 이와 같은 신학적 영향 때문이었다.[72] 한편 칼빈은 십계명을 그리스도 중심적으로 취급해 나갔다. 왜냐하면 율법은 처음부터 은혜로 주어졌고 그리스도를 가리켰기에, 십계명 역시 그리스도의 빛을 통해 이해할 때만 그 의미가 온전히 드러난다고 보았기 때문이다. 칼빈이 그토록 율법을 강조하면서도 결코 율법주의적 경향을 보이지 않았던 것도 계명들을 늘 그리스도 중심적으로 해석했기 때문이다. 그래서 율법과 십계명을 규범으로 강조한 칼빈의 해석을 율법주의적 태도로 비판하는 것은 칼빈 신학과 개혁주의 전통을 잘못 이해한 결과라고 말할 수 있다.

칼빈은 이웃 사랑의 계명을 황금률로 요약함은 물론 그 황금률에 형평의 개념까지 연결시킴으로써 십계명 윤리를 전개했다. 칼빈이 형평을 주요 개념으로 그의 사회 윤리에 활용하여 전개한 것은 그의 윤리적 지평이 결코 개인에 매몰되지 않고 사회로 확대됨을 보여준다. 그런 만큼 개혁주의 윤리학 또한 결코 개인윤리에 머물 수 없고, 늘 사회적 관계를 지향하는 진보적 윤리의 이상을 향해 나아가지 않을 수 없다. 칼빈이 강조한 형평의 규칙에 근거한 사회는 단순히 각자의 몫을 각자에게 돌려주는 사회를 넘어선다. 그것은 약한 자에게 생존을 보장하고 약자를 배려하는 사회로까지 나아간다. 따라서 개혁주의 교회는 다른 어떤 신학 전통에 속한 교회보다 국가의 적극적 기능을 강조해 왔고, 이에 대한 신자의 참여와 교회의 비판적 지원을 강조해 왔던 것이다.

2) 한국 교회를 위한 제언

한국 장로교회는 칼빈과 개혁교회가 십계명을 우리의 개인적 삶과 사회윤리적 삶을 위해 중요한 규범으로 받아들이고 강조해왔음을 깊이 새길 필요가 있다. 개혁교회는 예배시간마다 십계명을 노래함으로써 자신들이 언약백성임을 재확인하고 동시에 그 백성다운 거룩한 삶을 살 것을 다짐하며 권고해 왔다.[73] 하지만 안타깝게도 오늘 한국에서는 어떤 이유인지 교회가 십계명을 점점 소홀하게 취급하는 방향으로 흘러가고 있다. 여기에는 십계명을 강조하면 마치 율법주의로 기우는 것처럼 생각하는 경향도 한 원인으로 작용하지만, 십계명의 의미, 가치에 대해 올바른 인식이 교회에 결여되어 있는 것이 무엇보다 큰 원인으로 작용한다.

그러므로 오늘날 한국 교회에서는 십계명을 중시하고 연구하고 강해하는 분위기가 다시 진작되어야 할 것이다. 바른 행동은 하나님과 그 말씀에 대한 지식에서 시작되는 것이다. 현재 장로교회를 비롯해 한국 교회는 "산위의 동네"로서의 기능을 제대로 못해 사회로부터 호된 비판을 받고 있는 뼈아픈 현실에 직면해 있다. 이는 신자들이 성도의 이름에 걸 맞는 삶을 살지 못하고, 일반 사람들과 별 차이 없는 수준의 윤리로 살고 있기 때문이다. 이런 작금의 현실에서 칼빈이 신자에게 주신 하나님의 완전한 의의 규범이라고 칭했던 십계명과 그 명령의 깊은 뜻을 더 연구하고 가르치고 배우는 운동이 일어나기를 진정으로 희망하다. 동시에 그 계명에 따라 각 영역에서 살아가려는 운동이 새로이 일어나기를 바란다. 그러나 이 운동은 결코 부담에서 나오는 것이 되어서는 안 된다. 구속자 하나님의 은혜에 대한 감사함에서 말미암는 그 하나님께 "신속하고 진실하게 (*prompte et sincere*) 마음을 바치는" 운동이 되어야 할 것이다.

10장
칼빈의 윤리

이상원(총신대학교 신학대학원 기독교윤리학 교수)

1. 들어가는 말

이 논문은 칼빈의 『기독교 강요』 제1권 15장, 제2권 1, 2, 7, 8장, 제3권 6-10, 19장을 분석한 것으로서, 텍스트로는 베버리지(Henry Beveridge)가 번역한 영문판 *Institutes of the Christian Religion* (Grand Rapids: Eerdmans, 1989)을 사용했다. 이 논문은 첫째로, 사회윤리를 포함해 칼빈의 윤리학 전반을 아우르는 논문이 아니라 칼빈의 개인윤리 사상만을 다룬 글이라는 점에서, 그리고 둘째로, 칼빈에 관한 이차문헌을 포괄적으로 검토하지 못하고 다만 『기독교 강요』에 나타난 사상만을 정리했다는 점에서 그 한계를 지닌다. 이 논문에서는 먼저 칼빈의 인간론의 구도를 소개함으로써 그의 윤리론 전개의 지평(地平)을 설정한 뒤, 율법에 관한 세 가지 용법을 중심으로 전개된 칼빈 윤리학의 규범론을 검토하고, 나아가 자기부인과 십자가를 지는 삶으로 해명되고 있는 칼빈의 윤리적 실천의 내용을 소개한 다음, 전체 내용에 대해 요약하고 평가를 내릴 것이다.

2. 윤리의 지평으로서의 인간론

1) 타락 이전의 인간

칼빈에 의하면 몸과 더불어 인간의 두 구성요소 가운데 하나인 영혼은 단순한 숨이나 호흡 또는 힘이 아니라 불멸하는 본질로서(I.15.2) 하나님의 형상의 좌소이다(I.15.3).[1] 영혼은 다시 두 가지 요소로 구성되어 있는데, 하나는 지성이요 다른 하나는 의지이다. 지성은 어떤 대상들이 수납될 만한 가치가 있는 것인가에 따라서 대상들을 구분하는 작업을 한다(I.15.7). 윤리적인 관점에서 좀 더 구체적으로 말한다면, 지성은 선과 악, 정의와 불의, 따라야 할 것과 피해야 할 것을 분별한다. 원시적 상태에서 아담과 하와는 탁월한 이 기능들을 가지고 지상생활을 영위했다. 이 기능들은 그들로 하여금 하나님과 영원한 행복을 향하여 날아오르게 할 수 있었다(I.15.8). 이러한 지성이 주어진 후에 의지가 첨가되었는데(I.15.8), 의지는 지성이 선하다고 선언하는 것을 선택하고 따르며, 지성이 악하다고 선언하는 것을 거부하고 회피하는 역할을 한다(I.15.7). 이처럼 의지에는 선과 악 사이에서 자유롭게 선택할 수 있는 능력이 있었다. 그것은 최고의 바른 모습(rectitude)으로 주어졌다. 그러나 의지는 어떤 방향으로도 기울어질 수 있는 것으로서 항구적인 견인성(堅忍性)을 부여받지 못했다. 아담은 바로 자신의 의지 때문에 타락했다(I.15.8).

2) 타락 이후의 인간

아담과 하와는 선과 악을 알게 하는 나무를 통하여 순종의 시험을 받게 되었다. 이 시험에서 아담과 하와는 순종함으로써 하나님의 명령에 자발적으로 복종하고 자기의 분복 이상의 것을 동경하지 않는 태도를 보여줄

기회를 맞이했으나, 하나님의 명령에 불순종하고 그 권위에 도전하며 그 말씀을 조롱함으로써 타락의 길을 선택했다(II.1.4). 인간의 타락의 결과로 찾아온 저주는 천상천하, 온 세상, 그리고 모든 후손에게로 확대되었다. 인간 안에 있는 거룩한 심상들, 예컨대 지혜, 덕, 정의, 진리, 거룩성이 박탈당하고, 그 자리에 맹목, 무력, 헛됨, 불결, 불의가 자리 잡았는 바, 아담의 후손들도 모두 동일한 비참함 속에 들어가게 되었다. 그 결과 우리 영혼의 모든 부분에 걸쳐 확대되어 있는 원죄에 의하여 우리의 본성은 부패하고 타락한 상황에 있게 되었다(II.1.4-8).[2] 인간에게는 태어날 때부터 부패의 씨앗이 심겨져 있는 바, 본성 전체는 일종의 죄의 묘판(苗板)과도 같은 것이 되어 버렸다. 본성은 선을 박탈당했을 뿐만 아니라 온갖 종류의 악으로 가득 차 있게 되었다. 인간 안에 있는 모든 것, 지성으로부터 의지까지, 영혼으로부터 육체까지 색욕(concupiscence)에 의하여 오염되어 있다. 전인(全人)이 곧 색욕 그 자체라고 할 수 있을 정도다(II.1.8).

3) 타락한 이후의 인간에게 있어서 지성과 의지

타락한 이후의 인간의 본성에 관한 칼빈의 견해는 본성의 능력이 상처받고 불구가 되고 흔들리고 상실되었으며, 인간 자신만을 볼 때 인간은 전적으로 악하다는 전제에서 출발한다. 이같이 타락한 본성은 자기애와 야심으로 가득 차 있다(II.2.11). 이러한 칼빈의 인간론은 어거스틴의 입장을 충실히 소개하고 이에 동의하는 과정을 통하여 드러난다.

어거스틴의 인간론은 인간이 지닌 자연적 은사들은 인간이 타락한 이후에 죄로 말미암아 부패되었고, 초자연적인 은사들은 박탈당했다는 전제에서 출발한다. 믿음, 하나님을 향한 사랑, 이웃을 향한 긍휼, 의와 거룩과 같은 영적인 은사들은 박탈당한 반면, 건전한 정신이나 온전한 마음과 같은 자연적 은사들은 부패되었다.

    초자연적 혹은 영적인 은사들 --- 박탈
    자연적 은사들   --- 부패

 지성이나 판단, 의지와 같은 자연적 은사들의 잔재가 어느 정도 남아 있기는 하지만, 이 정도를 가지고 건전하고 온전하다고는 할 수 없다. 좀 더 구체적으로 말하자면, 선과 악을 구분하고 이해하고 판단하는 기능인 이성은 완전히 파괴되지는 않았으나 부분적으로 약화되고 부패되었다. 의지도 완전히 파멸되지 않았으나 부패된 욕정에 너무 크게 노예가 되어 있기 때문에 한가지의 의로운 욕구도 가질 수 없을 정도가 되었다(II.2.12). 칼빈은 이와 같은 자신의 논증을 지성과 의지에 대한 상세한 해명을 통해 심화시킨다.

 ① 지성
 지성은 진리에 대한 사랑의 영향을 받은 분별력(discernment)이다. 물론 진리에 대한 이와 같은 사랑은 목표에 이르기 전에 실패하여 허무함에 떨어지고 만다. 그리하여 지성은 자신이 추구해야 할 지식이 무엇인지조차도 분별하지 못한다. 심지어 지성은 헛된 호기심의 영향을 받아 무익한 토론 속에서 스스로를 괴롭히며, 꼭 알아야 할 일들에 대해서는 주목하지 않거나 기껏해야 성의 없이 조롱 섞인 눈빛으로 흘겨보고 지나갈 뿐, 이 일들을 결코 진지하게 연구하려 하지 않는다(II.2.12).
 지성에는 두 가지 유형이 있는데, 하나는 하늘의 일들에 관계하는 지성이고, 다른 하나는 지상의 일들에 관계하는 지성이다. 하늘의 일들에 관계하는 지성은 신지식과 이 지식에 부합한 삶을 형성시키는 방법을 내용으로 한다. 반면 지상의 일들에 관한 지성은 하나님, 하나님의 나라, 참된 의, 미래의 복락과 관계하지 않고 현세의 삶, 곧, 정치, 경제, 예술, 인문학 등에 관계한다. 현세의 삶에 관한 한 인간은 이성의 빛을 상실하지 않았다(II.2.13). 인간의 마음이 아무리 타락하고 왜곡되었어도 인간에게는 여전히 창조주로부터 부여된 경탄할만한 은사들이 있으며, 세계 도처에서 나타나는 진리를 거부하거나 저주해서는 안 된다. 예컨대 우리는 상당히 공평하게 시민적 질서와 규율을 배열하고 있는 고대의 입법가들, 정교한 탐구와 자연에 대한 묘사를 수행한 철학자들, 담화의 규칙들을 제정하고 이성에 부합하게 말하는 법을 가르친 자들, 그리고 의사나 수학자들을 인정해야 한다(II.2.15). 성령 또한 이와 같은 초자연적인 은사들을 인정한다(출 31:2; 35:30). 그러나 지성의 모든 힘을 합해도 그것이 진리의 견실한 터 위에 자리 잡고 있지 못하면, 하나님 앞에서는 허무하고 무상한 것에 지나지 않는다(II.2.16).

칼빈은 하늘의 일들에 관계하는 지성의 내용을 다시 세 가지로 분류하였는데, 그것은 곧 신지식, 구원의 지식, 그리고 하나님의 법에 따라서 우리의 행동을 통제하는 방법에 관한 지식이다. 칼빈은 신지식과 구원의 지식에 있어서 이성은 두더쥐보다도 더 어두운 맹인이 되었다고 주장한다(II.2.18). 그러나 하나님의 법에 따라서 우리의 행동을 통제하는 방법에 관한 지식, 곧, 의의 행동에 관한 지식에 있어서 인간은 신지식이나 구원의 지식보다 더 많은 분별력을 소지하고 있다고 판단한다. 따라서 이방인들도 삶의 규칙의 문제에 있어서 완전히 눈이 멀었다고 말할 수는 없다. 곧, 이방인들도 본성으로 율법의 일을 행할 수 있다는 것이다(롬2:14-15). 이 삶의 규칙에 관한 지식은 곧 양심의 판단으로서, 의와 불의를 구분하는 데는 충분하며, 인간으로 하여금 무지의 핑계를 대지 못하도록 한다(II.2.22).

칼빈은 테미스티우스(Themistius)의 이론을 비판적으로 수용하면서 지성의 한계에 대해 설명한다. 테미스티우스에 의하면, 지성은 일반적 정의 또는 사물의 일반적 본질에 있어서는 거의 실수하는 법이 없으나, 특수한 사실들 속으로 내려가기 시작할 때면 기만(欺瞞)이 시작된다. 예컨대 살인은 추상적으로는 악이다. 아무도 이 사실을 부인하지 않는다. 그러나 적의 죽음을 도모하는 사람은 마치 죽음이 선한 일이기나 한 것처럼 생각한다. 간음 역시 추상적으로는 악이다. 그러나 사적으로 그 일을 행할 때는 자기 스스로에게 간음이 악이 아니라고 아부한다. 결국 인간은 특수한 상황에 이르게 되면, 일반적인 경우에 설정해 놓은 규칙을 잊어버린다. 그러나 이 같은 테미스티우스의 견해는 인간이 선을 가장한 선의 외양(外樣)으로써 자기 자신의 행동이 선한 행동이라고 강변하고 있다는 뜻인데, 그것은 사태를 잘못 파악한 것이다. 인간은 오히려 죄임을 알면서도(knowingly) 의도적으로(willingly) 죄속으로 달려간다(II.2.23).

칼빈은 테미스티우스의 틀에 의지하면서 인간 안에 있는 보편적 판단, 예컨대 정의와 불의에 대한 의식이 인간으로 하여금 무지의 핑계를 댈 수 없게 할 만큼 충분히 주어져 있지만, 그렇다고 해서 구체적인 사례들의 경우에도 진리를 구별할 수 있는 것은 아니라고 말한다. 다시 말해 이 지식은 하나님의 심판석에서 자기 스스로의 양심에 의하여 기소당하는 것을 피할 수 없을 만큼, 그리고 두려워 떨 만큼 충분히 계시된 지식이긴 하지만, 완벽한 의의 표준인 하나님의 법에 입각하여 시험해 볼 때, 인간의 이성은 십계명의 첫 번째 판에 대해서는 제목에도 미치지 못할 뿐만 아니라 계명들을 왜곡시키기까지 한다. 하지만 시민사회의 보존과 긴밀하게 관련된 두 번째 판에 대해서 만큼은 놀랄 만한 지식을 가진다(II.2.24).

② 의지

인간은 바른 이성에 의하여 선한 것이 무엇인가를 결정한 뒤에 자신이 아는 것을 선택할 수 있는가? 그리고 자신이 선택한 것을 추구할 수 있는가? "원함(to will)은 내게 있으나"(롬7:18)라고 고백한 본문은 선을 향한 의지가 인간에게 있음을 말하는 것인가? 결코 그렇지 않다. 여기서 원한다는 것은 거듭난 자의 원함인 바, 이것은 성령으로부터 주어지는 것일 뿐이다. 우리가 마음에 계획하는 바는 어려서부터 악할 뿐이다(창8:21). 우리는 모두 본성에 있어서 죄인들이요 죄 아래 있는 자들이다. 전인이 죄의 지배에 굴복해 있다면 전인의 주요부인 의지 역시도 그 긴밀한 사슬에 얽혀 있는 것은 당연한 일이다(II.2.26-27).

타락한 이후의 인간에게는 선과 악 사이에서 자유롭게 선택할 수 있는 의지의 능력은 없고, 다만 자발적으로 또는 강제에 의하여 행동하지 않는 다는 의미에서 의지의 자유가 있다고는 할 수 있다. 그러나 인간은 죄의 종이 되도록 강요받지는 않으나 죄의 노예가 되어 있고 그의 의지는 죄의 사슬에 얽매어 있다고 할 때, 과연 인간에게 강요받지 않고 자발적으로 행동할 수 있는 자유가 있다는 것이 그리 찬양받을 만한 일인가? 어거스틴이 말한 것처럼, 의지는 욕정의 노예가 되어 있으며, 욕정의 포로가 된 의지는 의의 길에서 아무 일도 할 수 없다. 인간은 창조시에 받은 자유의지를 범죄함으로써 상실했다. 그렇다면 차라리 자유의지라는 말을 아예 사용하지 않는 것이 더 유익하다. 그러나 이제 성령 안에서 은총을 통하여 자유의지는 새롭게 확립된다. "주의 영이 계신 곳에는 자유함이 있느니라"는 고린도후서 3:17의 말씀이 그것을 뒷받침한다. 인간이 율법이 명령하는 바를 자기 자신의 힘에 의하여 행할 때는 하나님의 의를 성취할 수가 없고, 다만 성령이 도우시고 인간의 자유의지가 아닌 하나님에 의하여 자유케 된 의지가 하나님의 명령에 순종을 할 때에만 비로소 인간은 하나님의 의를 성취할 수 있는 것이다(II.2.8.27). 이상에서 논술한 바와 같이, 칼빈의 인간론과 윤리학은 뚜렷하게 주의주의(主意主義)적 입장을 뚜렷이 드러낸다. 즉 인간이 타락한 것도 인간이 의지를 잘못 사용한 결과이며, 타락한 이후의 인간의 문제는 선과 악이 무엇인지 알면서도 행할 의지가 없는 것이 문제이며, 거듭난 신자들은 의지가 성령과 은총 안에서 새로워질 때 비로소 율법을 행하는 삶을 살 수 있다는 것이다.

2. 규범론

그러면 기독교 윤리학의 반성작업의 표준으로서 작용하며, 또한 기독교인들의 실천의 규범으로 작용하는 율법은 어떤 기능을 가지고 있는가? 이 질문에 대하여 칼빈은 개혁주의 윤리학의 규범론의 근간을 형성하고 있는 율법의 세 가지 기능 이론으로 대답한다.

1) 종교체계 전체를 의미하는 율법의 기능

칼빈에 의하면 율법은 완벽한 삶의 체계인 십계명 뿐만 아니라 모세가 전달한 종교체계 전체를 의미한다(II.7.1). 곧 칼빈은 도덕법의 기능을 설명하기 전에 일종의 개괄적 서론으로서 도덕법을 포함하면서 이 법보다 범위가 넓은 종교체계 전체의 기능을 말하는 것이다. 물론 이 기능의 내용은 도덕법의 기능에 대한 보다 정교한 서술의 내용을 예시(像示)한다.

넓은 의미의 율법이 뜻하는 종교체계는 보다 더 높은 어떤 것을 향해 이스라엘 백성들의 마음을 일으키기 위하여 준비된 것인데(II.7.1), 여기서 말하는 보다 더 높은 어떤 것은 곧 구속의 그리스도를 가리킨다. 따라서 율법은 우리를 그리스도에게로 인도하는 몽학선생이다(갈3:24). 여기서 이 말의 의미를 좀 더 설명해 보자. 율법은 범법함을 인하여 더한 것으로서(갈 3:19) 사람으로 하여금 저주를 인식하게 함으로써 인간을 겸손하게 만든다 (II.7.2). 우리는 율법을 읽음으로써 죄의식을 가지게 되고 그때 인간은 용서를 구하게 된다. 그러면 인간은 왜 율법을 읽을 때 죄의식을 가지게 되는가? 율법 안에는 완전한 의가 제시되어 있는데, 그 의는 하나님의 심판석에서 의롭다고 여겨지고 선언될 수 있는 의로움이다. 완전한 의는 율법의 요구에 대한 완전한 순종을 통하여 성취된다. 그러면 인간은 어떻게 율법에 완전한 순종을 할 수 있는가? 이 완전한 순종은 우리 가운데서는 발견할 수 없다. 그 결과 우리는 생명의 약속으로부터 배제되고 저주에 들어가게 된다. 그리고 율법은 즉각 우리에게 죽음을 선고한다. 그렇다면 주님은 우리를 조롱하고 계시는 것인가? 우리에게 행복에 대한 소망을 제시하고 그 소망을 향하여 초청하고 훈계하시며, 그 소망이 우리 앞에 있다고 선언하시고는 그 축복에 이르는 문은 닫아 버리시니 말이다. 그러나 하나님은 우리의 행위를 전혀 고려하지 않으시고 자신의 절대적인 선하심에 근거하여 (용서를 구하는) 우리를 받아들이신다. 우리가 믿음으로 복음 안에 제시된 선함을 받아들일 때 우리에게 생명을 약속하신 하나님의 약속은 성취된다(II.7.3,4).

그렇다면 기독교인인 우리가 율법을 수행하기 위하여 기울였던 불완전할 수밖에 없는 모든 노력들에 대해서 하나님이 내리시는 평가는 어떤 것인가? 물론 마음과 목숨과 힘을 다하여 하나님을 사랑하는 완전함을 갖춘 사람은 없으며, 색욕의 힘을 느껴보지 못한 사람도 없다. 육체 안에 있는 한 어떤 성인(聖人)도 완전에 이르지 못할 것이다(왕상8:46; 시143:2). 율법책 안에 기록된 모든 것들을 지속적으로 행하지 않은 이는 모두 저주받은 자이기 때문이다(갈 3:10; 신 27:26). 율법책을 통하여 요구하시는 하나님의 요구는 완전한 것이다. 비록 그것이 펠라기우스가 말하는 것처럼 인간이 이행할 수 있는 범위 안에 들어올 수 있는 것은 아니지만,[3] 그렇다고 해서 율법을 준수하는 것이 불가능하다고 생각하는 것은 극히 어리석은 생각이다. 우리는 (상당한 정도까지) 율법에 순종하는 삶을 살 수가 있다. 비록 그 순종이 불완전할 수밖에 없다 하더라도 하나님은 우리의 불완전한 순종을 멸시하시지 않고, 이 순종에 뒤따르는 결점을 용서해 주시며, 그것을 마치 완전한 것처럼 받아들이시며, 그리하여 우리에게 율법이 약속한 바를 충만히 부여해 주신다(II.7.4.5).

2) 도덕법의 세 가지 기능

칼빈은 도덕법의 기능을 제일의 용법, 제이의 용법, 그리고 제삼의 용법으로 구분하여 설명한다.

① 제일의 용법

율법은 하나님의 의로움을 드러냄으로써 인간 자신의 불의함을 고발하며 마침내 인간을 정죄한다. 이 일은 자기애에 중독되어 눈이 먼 인간이 자기 자신의 연약함과 불결함을 알고 고백하도록 하기 위하여 필요하다. 율법을 배운 자는 한때 그를 눈이 멀게 만들었던 교만을 버린다. 율법의 저울에 자기 자신의 행동을 달아봄으로써 자신이 거룩으로부터 무한한 거리에 떨어져 있음을 보게 되며, 많은 악으로 가득 차 있음을 깨닫게 된다. 욕정(concupiscence)은 너무나 깊은 곳에 숨어서 우리에게 고문을 가해 오기 때문에 우리의 눈을 벗어나기 십상이다. 따라서 바울은 율법이 탐내지 말라고 말하지 않았으면 내가 탐심을 알지 못하였을 것이라고 고백하는 것이다(II.7.6).

　율법은 일종의 거울이다. 거울을 통하여 우리는 우리의 얼굴에 묻은 얼룩을 발견하듯이 율법 안에서 우리는 먼저 우리의 무력함을 보며, 그 결과로서 우리의 부정함을 깨달으며, 이 같은 무력함과 부정함에 대하여 내리는 저주를 본다. 의를 따를 능력이 없는 자는 필연적으로 부정의 질곡에 빠져 드는데, 이 부정에는 저주가 뒤따른다. 율법이 고발하는 범법의 정도가 크면 클수록 우리는 더욱 더 심각한 심판에 노출된다. 결국 율법으로는 죄를 깨닫는 것이다(롬3:20). 죄의식이 명쾌해지면 해질수록 죄도 더 늘어난다. 인간의 부패한 본성은 하나님의 법과는 증오의 관계에 있기 때문에 우리가 율법에 주목할수록 율법은 사망의 기회가 된다. 이렇게 해서 율법 앞에서 정죄받을 수밖에 없는 우리의 연약성과 부패성이 드러나면 율법 밖에서 우리를 돕기 위하여 찾아오는 하나님의 은총이 얼마나 감미로운 것인가가 드러나면서 하나님의 긍휼이 지니는 사랑스러움이 더욱 더욱 부가된다. 이것이 바로 거듭나지 않은 죄인이 경험하는 율법의 제일의 용법이다(II.7.7).

　한편 신자들은 율법을 읽을 때 자신이 덕 있는 존재라고 하는 견해가 얼마나 어리석은 견해인지를 깨닫게 되고, 또 자신이 얼마나 하나님의 손에 의존되어 있는 존재인지를 깨닫게 된다. 이들은 자신들이 얼마나 헐벗고 결핍되어 있는가를 느끼면서 하나님의 긍휼을 피난처로 삼고 그것에 의지하며 긍휼로 자기자신을 둘러 덮는다. 이들은 자기 자신이 의롭다거나 공적을 쌓았다는 생각을 포기하고 오직 그리스도 안에서 제공된 긍휼에만 매달린다(II.7.8): "이같이 율법이 우리를 그리스도에게로 인도하는 몽학선생이 되어 우리로 하여금 믿음으로 말미암아 의롭다 함을 얻게 하려 함이니라"(갈3:24).

② 제이의 용법

율법은 무서운 경고와 이에 뒤따르는 처벌의 두려움을 통하여 정직과 정의를 실천하지 않으려 하는 자들을 제어한다. 그리고 그렇게 함으로써 사회의 선과 평화의 확립을 도모한다. 사람들은 하나님의 심판에 대한 두려움 때문에 공개적으로 범법하는 것을 주저하며 억지로 의의 멍에를 질 수 있도록 단련받게 된다: "알 것은 이것이니 법은 옳은 사람을 위하여 세운 것이 아니요 오직 불법한 자와 복종치 아니하는 자며 경건치 아니한 자와 죄인이며 거룩하지 아니한 자와 망령된 자며 아비를 치는 자와 어미를 치는 자며 살인하는 자며 음행하는 자며 남색하는 자며 사람을 탈취하는 자며 거짓말 하는 자며 거짓 맹세하는 자와 기타 바른 교훈을 거스리는 자를 위함이니"(딤전 1:9-10). 곧 율법은 모든 사회적 유대관계를 깨뜨릴 수 있는 위험을 안고 있는 무절제한 욕망을 통제하는 것이다. 하나님의 성령이 다스리지 않는 곳에서는 이 욕망이 빈번히 폭발하여 영혼으로 하여금 하나님을 망각하고 조롱하게 만드는 사태가 벌어진다. 이때 두려움은 이들을 참된 경건 안에서 교육하는데 유용하다. 이런 점에서 율법은 이들이 성령에 의하여 거듭나서 마음으로부터 하나님을 사랑하기 시작할 때까지 어느 정도라도 하나님을 두려워하고 경외하도록 유지시켜 주는 효력을 갖는다(II.7.10.11).

③ 제삼의 용법

이것은 율법의 주요한 용법으로서 고유한 목적과 보다 긴밀하게 연관되어 있는 것이며, 하나님의 성령이 이미 마음 안에서 흥왕하고 마음을 지배하는 신자들과 관련된 용법이다. 율법은 신자들이 따라야 할 하나님의 뜻이 무엇인지를 배울 수 있는 가장 훌륭한 도구이며 이 지식에 대한 확신을 준다. 신자들은 율법으로부터 하나님의 훈계를 도출해낸다. 율법에 대하여 계속 묵상하는 가운데서 순종하도록 자극을 받으며, 그 안에서 확신에 이르고, 죄의 미끄러운 길로부터 벗어나게 된다. 율법은 사람이 게으른 당나귀에게 채찍을 가하는 것과 같이 육체에 자극을 주는 회초리와도 같다. 영적인 사람들도 여전히 육의 무게를 짊어지고 있기 때문에 율법이 끊임없는 자극제로서 작용한다. 곧 이들이 나태함 속에 빠져들려고 할 때 그를 자극하여 앞으로 나아가게 한다(II.7.12).

한편 율법 안에는 완전한 의의 패턴 곧, 영구적인 부동의 규칙이 포함되어 있다. 즉 율법은 완전함 안에서 우리에게 훈계를 줌으로써 우리의 생애 전체에 걸쳐서 우리의 관심사가 될 뿐만 아니라 우리의 의무가 되어야 하는 목표를 지시해 준다. 그러나 이 목표를 우리가 성취할 수 있는 것은 아니다. 우리가 우리의 길을 다 마친 후에 주께서 우리로 하여금 다만 소원 가운데 바라던 그 목표에 이르게 해 주실 것이다(II.7.13).

그런데 신자에게 있어서 율법은 더 이상 정죄하는 기능을 갖지 않는다. 율법이 신자에게 훈계할 때는 신자의 양심을 저주로 얽어매는 방법으로써가 아니라 수시로 게으름을 떨쳐 버리게 하고 불완전함을 견책하는 방법으로써 하는 것이기 때문에, 정죄하는 기능을 담당하는 주체로서의 율법은 신자에게 있어 폐기된 것이다. 따라서 율법은 신자로 하여금 두려움에 사로잡히게 하거나 당혹하게 하는 방법을 통해서 양심을 저주하거나 파괴하지 않는다. 그런데 여기서 주의해야 할 것은 바울이 율법이 폐하여졌다고 말했을 때, 그 말은 율법 그 자체에 적용되는 것이 아니고 양심을 강제하는 율법의 힘에 적용되는 말이라는 점이다. 물론 율법은 가르치고 요구하며 순종이 뒤따르지 않으면 저주로 내려친다(갈3:10; 신27:26). 그러나 이 저주는 우리를 구속하기 위하여 그리스도에게로 향했다(신21:23; 갈3:13).

즉 신자에게 있어서 저주하는 율법의 기능은 폐하여졌지만, 율법 그 자체는 권위를 전혀 잃지 않았고 변함없이 우리의 존중과 순종을 받아야 한다는 것이다(II.7.14,15).

3) 십계명의 특징들
① 십계명과 자연법

십계명의 내용은 모든 인간의 마음에 기록된 내면의 법, 곧 자연법과 다른 것이 아니다. 인간의 마음 안에는 양심이 내재하면서 증인과 감독자로 작용하면서 우리에게 하나님께 해야 할 일과 선과 악의 구분을 말해줌으로써 우리가 마땅히 해야 할 의무로부터 일탈해 있음을 확신시켜 준다. 그러나 인간은 오류의 어두움 속에 감금되어 있기 때문에 자연법만 가지고서는 첫째로, 하나님이 받으실만한 예배관념을 형성시키는 것이 거의 불가능하며, 둘째로, 교만과 야심에 부풀어 있기 때문에 스스로를 겸비하게 낮추면서 자신의 불행을 고백하는 법을 배울 수가 없다. 그러므로 우리의 우둔함과 불순종에 대한 치료책으로서 하나님은 우리에게 기록된 율법을 주신 것이다. 하나닝은 이 기록된 율법을 통하여 자연법의 불투명성을 제거하고 우리의 나태함을 일깨워 줌으로써 우리의 마음에 살아 있고 영구적인 인상을 심어주신다(II.8.1).

② 십계명은 순종을 요구한다

그러면 십계명이 자연법보다 더 완전하고 뚜렷하게 드러내고자 하는 하나님의 뜻은 무엇인가? 이 뜻은 다음 두 가지로 요약될 수 있다. 첫째로, 우리의 창조주이신 하나님은 우리로부터 아버지와 주로 여김을 받을 자격이 있으며, 따라서 우리의 경외, 사랑, 두려움과 영광을 받아야만 한다(첫째 돌판). 둘째로, 정의와 바름은 하나님이 기뻐하시는 것이요, 불의는 가증히 여기시는 것이므로 우리의 전 생애는 의를 계발하는데 소비되어야 한다(둘째 돌판, II.8.2). 이같은 하나님의 뜻은 당위의 형식으로 되어 있는데, 이는 순종을 요구하는 것이다. 칼빈에 따르면 하나님이 받으실만한 덕목은 순종이다. 인간은 하나님의 은총을 얻기 위한 수단으로서 다양한 예배형식을 고안해내며, 하나님의 말씀의 인준을 받지도 않은 의로움을 획득해 보려고 어마어마한 노력을 기울인다. 그러나 율법은 그 자체로서 이미 완전한 의로움을 드러내기 때문에 이런 시도들은 불필요하다. 뿐만 아니라 하나님이 자신의 율법을 통하여 하신 절대적인 완전에 대한 요구는 영구적인 구속력을 가진다. 따라서 이와 같은 완전한 요구에 대하여 인간은 오직 순종하면 되는 것이며, 율법에 규정되지 않은 선행을 추구하는 것은 참되고 거룩한 의를 중대하게 깨뜨리는 행위가 될 뿐이다(II.8.5).

③ 십계명은 행위뿐만 아니라 은밀한 생각까지도 탐사하는 규범으로 해석되어야 한다

그러면 십계명에 대한 바른 해석은 무엇인가? 십계명과 다른 인간의 법들은 어떤 점에서 다른가? 물론 인간의 법도 우발적인 행동이 아닌 의도와 소원을 중시하며 행동의 정신(*animus*)을 고려한다. 그러나 인간의 법은 은밀한 생각까지 탐사하지는 않는다. 인간의 법은 범법으로부터 손을 거두어들이면 그것으로 충족된다. 반면에 하나님의 법은 마음을 통제 하에 둘 것을 요청한다. 율법 안에서 인간의 생명은 단순히 외적인 예의바름 안에서만 추구되지 않고 내적인 영적 의로움 안에서까지 추구된다. 그러므로 살인, 간음, 도둑질의 금령들 안에 분노, 증오, 욕정, 탐심을 비롯한 모든 것들이 포함된다. 율법 수여자는 육체뿐만 아니라 영혼에 대해서도

말씀하신다. 분노와 증오는 영혼이 범하는 살인이요, 탐심은 영혼의 도둑질이며, 정욕은 영혼의 간음이다(마 5:22,28; II.8.6). 이와 같은 해석이 십계명 각론에 어떻게 나타나는지 살펴보자.

    a. 하나님의 신성과 영광은 외적인 고백에 의해서만이 아니라 마음 속 가장 후미진 곳에서까지 온전하고 더럽혀지지 않은 모습으로 유지되어야 한다(제1계명; II.8.15).

    b. 그러므로 우리는 마음과 혀로써 하나님과 그의 신비에 대하여 생각하거나 말할 때마다 경외와 커다란 신중함을 가져야 하며, 그의 사역을 평가할 때에 깊은 경외의 감정이 아닌 어떤 다른 감정을 그에 대하여 갖지 않도록 주의하지 않으면 안된다(제3계명; II.8.22).

    c. 마음의 살인이 금지되며, 형제의 생명을 보존하고자 하는 신실한 욕구를 요구한다. 손이 살인을 하지만 분노와 증오의 영향을 받은 마음이 살인을 구상한다. 그 형제를 미워하는 자마다 살인하는 자다(요일 3:15). 살인의 죄로부터 벗어나기 위해서는 인간의 피를 흘리는 것을 억제하는 것만으로는 충분하지 못하다. 행위를 통하여 범법을 하고 노력 안에서 구상을 하고 소원과 계획안에서 다른 사람의 안전에 역행하는 것을 고안한다면, 우리는 살인죄를 범하는 것이다. 한편 만일 우리가 우리에게 주어진 수단과 기회를 이용하여 이웃의 안전을 보호하는 법을 궁구하지 않는 비인간적인 태도를 취하는 경우라도 우리는 살인죄를 범하는 것이다(제6계명; II.8.39,40).

    d. 하나님은 간음을 금하시고 정결함과 순결을 원하신다. 외적인 행동을 절제한다고 해서 불결의 죄로 고소당하지 않을 수 있는 것은 아니다. 그의 마음은 내적으로는 정욕으로 불타오를 수 있다. 순결에 대한 바울의 정의는 마음의 깨끗함인데, 여기에는 몸의 순결이 결합

되어 있다(고전7:34). 우리를 온전히 소유할 자격을 갖추신 하나님은 몸, 혼, 영의 순결성을 요구하신다. 간음을 금지하실 때 동시에 외설적인 복장, 태도, 불경한 대화를 통해 이웃의 정숙함 앞에 함정을 놓는 것을 금하신다. 우리는 영혼의 일부이든, 몸의 일부이든, 모든 오염을 증오하는 하나님께 존경심을 표현해야 한다(제7계명: II.8.41-43).

e. 율법은 우리에게 동료들의 이익과 편의의 증진 및 수호를 요구하는 동시에 우리의 마음과 손에도 동등하게 요구한다(제8계명: II.8.46).

f. 하나님이 혀로 악을 말하는 질병을 증오하시면서 마음속에 들어 있는 악의는 용인하신다고 생각하는 것은 어리석은 일이다. 그러므로 하나님에 대한 참된 두려움과 사랑이 우리 안에 거한다면 우리는 합법적이고 편의적인 한에 있어서 그리고 긍휼이 허용하는 범위 안에서 쓰라리고 독설적인 비난을 발하거나 조소어린 의심을 성급하게 즐기는 일이 없도록 주의하지 않으면 안 된다(제9계명: II.8.47).

g. 주님은 영혼 전체가 사랑으로 가득차기를 원하시기 때문에 사랑과 반대되는 어떤 감정은 우리의 마음으로부터 배제되어야 한다. 우리의 이웃의 손실을 기대하는 어떤 혐오스러운 색욕도 우리의 생각 속에 스며 들어와서 우리의 생각을 불붙이도록 허용되어서는 안 된다. 여기에는 우리가 구상하고 생각하고 뜻하고 계획하는 모든 것이 우리의 이웃의 선과 이익에 부합하는 것이어야 한다는 반대개념이 해당된다. 앞의 계명들이 긍휼이 우리의 소원, 연구, 행위들을 통제하도록 명령했던 것처럼, 이제는 우리에게 같은 방법으로 마음의 생각을 통제함으로써 마음속의 어떤 생각도 부패하거나 왜곡되지 않도록, 그리하여 마음속에 반대의 경향이 자리 잡지 않도록 해야 한다(제10계명: II.8.49).

④ 두 돌판 사이의 관계

십계명에 나타난 완전한 의의 규칙은 두 유형으로 나누어지는데, 하나는 하나님을 예배하는 것과 관련된 종교적 의무이며, 다른 하나는 인간과 관련된 긍휼의 의무이다. 이 두 규칙 사이에는 다음과 같은 상관관계가 성립한다.

    a. 하나님을 예배하는 것은 의의 우선적 토대이다. 종교와 분리하여 의에 관하여 말하는 것은 공허한 일이다. 그것은 마치 목이 잘린 몸통의 아름다움과도 같은 것이다. 종교는 단순한 주요부에 지나지 않는 것이 아니라 삶 전체가 살아 숨 쉬는 혼 그 자체이다. 하나님을 두려워함이 없으면 인간들 사이에서의 정의와 긍휼을 관찰할 수조차 없다. 하나님을 경배하는 것은 의의 토대이면서 시작이며, 하나님을 예배함이 결여되어 있는 곳에서는 인간들 사이에 존재하는 어떤 정도의 평등, 절제, 극기도 텅 비어 있기 마련이며, 그것은 의로움의 원천이며 혼이다(II.8.11).

    b. 인간을 향한 계명은 하나님을 향한 계명의 증거이다. "남을 사랑하는 자는 율법을 다 이루었다"는 로마서 13:8의 말씀이나 "온 율법은 네 이웃 사랑하기를 네 몸과 같이 하라 하신 말씀에 이루었나니"라는 갈라디아서 5:14의 말씀은 이런 맥락에서 이해되어야 한다(II.8.53).

4) 자연적인 태도로서의 자기애와 당위로서의 사랑

십계명의 정신은 결국 하나님과 이웃을 향한 사랑으로 요약되는 바, 이 사랑은 인간이 자연적으로 보지(保持)하고 있는 자기애와는 다른 것이다. 인간은 자연적으로 과도(過度)한 자기애에로 경사(傾斜)되는 경향을 지니고 있기 때문에 이미 과도하게 존재하는 자기애를 불붙여줄 어떤 법칙 같은 것이 필요하지 않다. 그런데 계명을 준수하는 것은 우리 자신을 사랑하는 것이 아니라 하나님과 우리의 이웃을 사랑하는 데 있는 것이다. 가능한 한 자기 자신을 위해서는 적게 궁구(窮究)하고 생활하는 자가 가장 거룩한 삶을 사는 것이며, 반대로 가장 악하고 불의한 삶을 영위하는 자는 자기 자신을 위하여 궁구하고 또 자기 자신의 것을 추구하는 자이다.

결국 자기애는 자연적인 것이지만, 하나님과 이웃을 사랑하는 것은 당위이다. 주님은 이웃 사랑의 당위성의 강도를 더 잘 표현하기 위하여 자기애를 판단의 표준으로 삼으셨을 뿐이다. 왜냐하면 우리의 본성 중에서 자기애보다 더 강하고 격렬한 감정은 없기 때문이다. 주님은 마치 타인을 향한 사랑이 자기애에 종속되어 있기나 한 것처럼 자기애를 행동의 법칙 곧, 도덕의 법칙으로 삼으셨던 것은 아니다. 주님이 말씀하시고자 한 것은 우리가 자기를 사랑할 때와 같은 차원의 민첩함과 열의와 근심으로써 우리의 이웃에게 선을 행할 준비를 해야 한다는 것이었을 뿐이다(II.8.54).

이와 같은 칼빈의 입장은 이웃의 개념에서도 명료하게 표명된다. 누가복음 10:36이 말하는 이웃은 우리 자신의 친척에게만 제한되어서는 안 된다. 이웃의 개념은 가장 먼 곳까지 확대되어야 한다. 인간의 조건은 친족관계, 우정, 이웃관계에 가깝게 연결된 사람들 사이에 공통된 의무에 더 많은 비중을 둘 것을 요청한다. 이것은 자연적인 일이다. 이 일을 한다고 해서 하나님을 대적하는 것은 아니다. 우리는 하나님의 섭리에 의하여 이 일들을 하도록 강요받는다. 그러나 온 인류는 예외 없이 긍휼(charity)의 감정으로 포용되어야 한다. 이것은 당위이다. 여기에는 헬라인과 야만인, 가치 있는 자와 그렇지 못한 자, 친구와 적의 구분이 없다. 왜냐하면 모든 자들은 자기 자신들 안에서가 아니라 하나님 안에서 관찰되어야 하기 때문이다. 만일 우리가 이같은 견해로부터 등을 돌리면 우리는 오류 안에

휘말려 들어가게 된다. 그러므로 우리가 사랑 안에서 참된 길을 가기 위해서 취해야 할 첫 번째 조치는 우리의 눈을 사람에게로 향하는 것이 아니라 하나님께로 향하는 것이 되어야 한다. 하나님은 우리가 하나님을 향하여 품고 있는 사랑이 온 인류 가운데 분산됨으로써 우리의 행동의 근본 원리가 다음과 같은 것이 되기를 요청하신다: "인간은 어떤 인간이든 간에 그는 여전히 사랑받아야 한다. 왜냐하면 그들이 사랑을 받음으로써 하나님이 우리들로부터 사랑을 받는 것이기 때문이다"(II.8.55).

3. 그리스도인의 삶

그러면 칼빈이 이해하고 있는 그리스도인의 실천적인 삶의 모습은 어떤 것인가? 칼빈이 이해하고 있는 실천적인 삶의 모습을 알아보기 전에 기독교윤리에 있어서 항구적인 관심사라고 할 수 있는 교리와 윤리의 상관성의 문제를 생각해 보자.

칼빈에 의하면 교리는 언어의 문제가 아니라 삶의 문제이다. 교리는 지성과 기억에 의해서만 인지(認知)되는 것이 아니라 영혼 전체를 소유할 때 받아들여지는 것이며, 마음의 가장 깊은 곳에 거처를 발견한다. 우리는 종교가 담겨 있는 교리에 우선적인 지위를 부여했는데, 그 이유는 이 교리를 통하여 우리의 구원이 시작되기 때문이다. 그러나 교리는 가슴속에 주입되어야 하며, 행위 안으로 옮겨져야 하고, 우리를 변형시켜 그 안에 몰입시켜야 하며, 열매로 증명되어야 한다(III.6.4).

1) 본성에 부합하는 삶이 아닌 그리스도를 본받는 삶

우선 그리스도인은 거룩한 삶을 살아야 한다. 왜냐하면 하나님이 거룩하시기 때문이다. 거룩은 하나님과 우리를 연합시켜 주는 끈이다. 물론 우리는 거룩이라는 공로를 통하여 하나님과 연합되는 것은 아니다. 오히려 그 반대이다. 그의 거룩에 의하여 지배되어 어디든지 하나님이 부르시는 대로 따르기 위해서는 먼저 우리가 그에게 붙어야만 한다. 악 그리고 불결함과의 연합을 끊어 버리는 것은 하나님께 영광을 돌리는 일이다. 우리가 주의 백성으로 간주되기를 원한다면 거룩한 예루살렘성에 거주해야 한다. 주께서 자기 자신을 위하여 성별하셨는데, 이 성에 거하는 거민들이 불결함으로써 더럽혀진다는 것은 경건치 못한 일이다(시15:1,2;24:3,4; III.6.2).

철학적 윤리학은 덕에 관한 탁월한 훈계를 주고자 할 때 본성에 부합하여 살도록 우리에게 말할 수 있을 뿐이다. 그러나 기독교윤리학은 우리 앞에 하나의 모델로 제시된 그리스도의 삶을 우리의 삶을 통하여 표현하도록 요구한다. 주께서 우리의 삶이 그리스도의 삶의 표현이 되어야 한다는 조건 하에서 우리를 자신의 아들로 삼으셨는데, 만일 우리가 의로움에 헌신하지 않는다면 우리는 극도의 불신으로써 창조주에 대하여 반역하는 것이며 구세주 자신을 버리는 셈이다. 하나님이 자신을 아버지로서 우리에게 보여주셨기 때문에, 우리가 그의 아들로서 우리 자신을 드러내지 않는다면 우리는 극도의 배은망덕한 태도를 가진 자로 고발당하게 된다. 그리스도께서 자신의 피로써 우리를 깨끗하게 하시고 이 정결함을 세례를 통하여 전달하셨는데, 그 이후 우리가 다시 더러워진다면 우리는 병든 자가 될 것이다. 그가 우리를 그의 몸에 접목시키셨다면, 그의 지체들이 된 우리는 어떤 오점이나 더러움과 결합하지 않도록 주의해야 한다. 우리의 머리이신 그가 하늘로 오르셨다면, 우리가 땅으로부터 우리의 감정을 유보시키고 우리의 혼 전체를 통하여 하늘을 열망하는 것이 어울리는 일이다. 성령이 우리를 성전으로 주께 봉헌했기 때문에, 우리는 하나님의 영광을 보여주기 위해 노력해야 하고, 죄의 더러움으로 속화되지 않도록 주의해야 한다. 우리의 혼과 몸이 하늘의 썩지 않음과 쇠하지 않는 왕관을 쓰도록 운명지워져 있다면, 우리는 우리의 혼과 몸이 주의 날까지 순결하고 부패되지 않은 모습으로 유지되도록 부지런히 힘써야 한다. 이와 같은 이유들이 잘 정돈된 삶의 가장 확고한 토대인데, 이같은 요소들은 철학자들 사이에서는 발견할 수 없는 것들이다. 철학자들은 기껏해야 인간의 자연적 존엄성보다 더 높이 올라가는 법이 없다(Ⅲ.6.3).

그러나 여기서 우리가 유의해야 할 점은 칼빈이 그리스도를 우리의 삶을 통하여 구현해야 할 모델로 제시할 때 완전주의를 말하고 있지 않다는 것이다. 칼빈은 그리스도인의 삶은 완전한 복음만을 호흡해야 한다고 강조하는 것이 아니며, 복음적인 완전함을 엄격히 강조하는 것도 아니다. 만일 이렇게 한다면 모든 사람들이 교회로부터 축출당해야 할 것이다. 왜냐하면 이 완전함으로부터 멀리 떨어져 있지 않은 사람은 아무도 없기 때문이다. 그러면 완전한 복음은 왜 존재하는가? 그것은 우리가 끊임없이 추구해야 할 (규범적) 목표로서 우리 앞에 제시되어 있는 것이다(Ⅲ.6.5).

2) 이웃사랑의 전(前)단계로서의 자기를 부인하는 삶

우리는 하나님께 드려진 몸으로서 자기 자신의 것이 아니라 주님의 것이다. 따라서 우리의 행동과 권고를 지배하는 것은 우리 자신의 이성이나 의지여서는 안 되며, 우리의 육적인 본성에 부합할만한 것을 추구하는 것을 우리의 목적으로 삼아서도 안 된다. 우리는 가능한 한 우리에게 속한 것을 잊고 하나님의 지혜와 뜻이 우리의 행위를 지배하게 해야 하며, 우리 자신의 뜻을 추구하지 않고 주님의 뜻을 추구하며, 그의 영광을 증진시킨다는 관점을 가지고 행동해야 한다. 이 삶은 곧 자기를 부인하는 삶이다(Ⅲ.7.1,2).

그런데 자기를 부인하는 것은 그 자체가 목적이 아니다. 그것은 이웃의 선을 도모하기 위한 전단계이다. 우리가 주님으로부터 획득한 것은 무엇이든지 교회의 공동선을 위하여 사용한다는 조건 하에서 주어진 것이며, 따라서 친절하고 관대하게 그것들을 교회 회원들과 나누어서 쓸 때 우리에게 주어진 은사들을 합당하게 쓰는 것이다. 사람들을 바라볼 때 그들 안에 우리의 사랑을 받을만한 가치가 있는 것들을 바라보지 않고 그 안에 있는 하나님의 형상에 주목하는 가운데 우리가 모든 긍휼의 의무를 실천한다면, 우리의 자아를 죽이는 일에 성공을 거둘 수 있을 것이다. 이런 관점에서 본다면 자아를 죽이는 일은 이웃사랑과 동전의 앞면과 뒷면의 관계에 있는 셈이다(Ⅲ.7.5-7). 이처럼 칼빈에게 있어서 자기를 부인하는 삶은 중세시대의 수도원적 금욕주의에서 보이는 탈세적인 요소를 보여주지 않고 오히려 세상 안에서의 적극적인 삶으로 표현된다.

칼빈은 자기를 부인하는 삶의 목표를 그리스도인이 현세에서 불안으로부터 해방된 편안하고 고요한 삶을 살도록 배려하는 데 있다고 말한다. 우리는 광적인 욕망과 끝없는 열심을 가지고 부와 명예를 추구하고 권력을 탐내며 부를 축적하고 사치와 영광에 도움이 될 것으로 사료되는 모든 자질구레한 것들을 추구한다. 반면에 우리에게는 가난, 비천한 출생, 겸비한 조건을 두려워하고 증오하며 이런 것들에 대하여 스스로를 방어하려는 태도가 있다. 그런데 이와 같은 자기 자신의 권고에 따라서 자신의 생애를 구성하고자 하는 자에게는 끝없는 불안이 있을 뿐이다. 따라서 우리가 이와 같은 불안으로부터 자유함을 얻고 평안 가운데 생활하기 위해서는 하나님의 축복과는 동떨어진 어떤 형태의 번영도 열망하거나 소망하거나 생각해서는 안 된다. 부와 명예를 추구하되 옳고 그름을 무시한다든지 사악한 술법을 동원한다든지 이웃에 해악을 끼치면서 이와 같은 것들을 추구해서는 안 되고, 순결한 마음으로 향유해도 좋은 부를 추구해야 한다. 과도한 부와 명예의 추구를 억제해야 하며, 우리의 성공이 우리가 소망하고 바라는 것에 미치지 못한다 하더라도 성급함과 자신의 처지에 대한 자조감을 가져서는 안 되는데, 그 이유는 그 같은 태도는 결국 하나님에 대항하여 불평하는 것이나 다름없기 때문이다(Ⅲ.7.8-10).

3) 자기부인의 한 형식으로서의 십자가를 지는 삶.

자기를 부인하는 한 형식은 십자가를 지는 것이다. 경건한 자는 자기 십자가를 져야 한다(마 16:24). 경건한 자는 힘들고 수고스럽고 환란이 있는 생활, 수많은 다양한 악들로 가득찬 생활에 임할 준비를 갖추어야 한다. 아버지께서 첫 얼매이신 그리스도를 고난 속에 두셨다면, 우리가 고난을 피할 수 있겠는가? 모든 하나님의 자녀들은 그리스도를 따라야 하지 않겠는가?(Ⅲ.8.1)

십자가를 지는 삶은 우리에게 많은 유익을 가져온다. 첫째, 십자가를 지는 삶을 통하여 인간이 얼마나 약한 존재인가를 깨닫게 된다. 우리 자신의 덕성에 대하여 우리 스스로가 품고 있던 거만한 견해가 뒤집어지고 위선이 드러남으로써 자기애를 벗어버리는 계기가 마련된다. 이렇게 해서 우리의 연약성을 깨닫고 자기 자신을 불신하게 되면서 하나님의 은총을 의지하게 되고, 넉넉한 보호를 제공하는 하나님의 권능의 현존을 경험한다. 이로써 인내하는 성품이 형성되며, 필요할 때 도움을 주시는 경험적 증거를 체험함으로써 믿음이 확증된다(Ⅲ.8.2.3). 둘째, 하나님이 인간에게 주신 인내의 덕이 무용지물이 되지 않고 사라지지 않도록 하기 위하여 십자가를 지는 삶이 필요하다. 고난이 없으면 인내의 덕은 사장되고 만다

(Ⅲ.8.4). 셋째, 십자가를 지는 삶을 통하여 순종의 의미를 깨닫게 된다. 자기 하고 싶은 대로 행동한다면 순종이 무엇을 의미하는지 어떻게 알 수 있겠는가?(Ⅲ.8.4). 넷째, 만일 하나님이 인간의 응석을 다 받아 주신다면, 인간의 내적인 성품은 어떻게 해서든지 하나님이 메어주신 멍에를 떨쳐 버리고 싶어 할 것이다. 이 성향을 제어하고 지나치게 풍요로운 재물에 의하여 우리의 간이 커지지 않도록 하고, 명예로 의기양양해지지 않도록 하며, 그밖에 다른 온갖 혜택에 의하여 마음이 부풀어 오르지 않도록 하기 위하여 십자가를 지는 삶이 필요한 것이다(Ⅲ.8.5). 다섯째, 세상과 함께 정죄함을 받지 않도록 하기 위하여 십자가를 지도록 하신다(Ⅲ.8.6). 여섯째, 주께서 자신의 군사에게 주시는 특별한 휘장으로 우리를 구별하시는 영예를 안겨 주시기 위하여 십자가를 지도록 하신다(Ⅲ.8.7).

그러나 칼빈은 이와 같은 십자가를 지는 삶은 스토아학파에서 말하는 무사무욕의 삶과는 다른 것임을 강조한다. 스토아학파에서 말하는 무사무욕이란 인간성을 박탈당한 채 역경을 만났을 때나 번창할 때나 영향을 받지 않는 인간의 상태를 말하는 것인데, 이와 같은 인간이 얻는 것은 인내의 그림자일 뿐, 인간들 사이에서 존재한 일도 없고, 존재할 수도 없는 것이다. 이 학파는 너무나 엄격한 인내를 목표로 했다가 인내를 아예 인간의 삶으로부터 추방해 버리는 우를 범했다. 심지어 그리스도인들도 이들의 영향을 받아 한탄하고 울고 슬퍼하고 분노하는 것을 사악한 행동으로 판단하기도 하는데, 이것은 주님의 가르침과 생애와는 상반되는 것이다(요6:20;마5:4; 26:38; 눅22:44; Ⅲ.8.9).

기독교적 인내는 필연적이기 때문에, 곧, 해야만 하는 의무감 때문에 행하는 인내와는 달리 살아있고 열정적인 개념이다. 우리를 괴롭게 하는 바로 그 십자가 안에서 하나님은 우리의 구원을 위해 필요한 것을 제공하셨다. 십자가 아래에 있는 우리 마음이 어떤 쓰라린 감정을 자연적으로 느낄 때 거기에는 영적인 즐거움이 뒤따르고 감사가 솟아오른다(Ⅲ.8.11).

4) 내세를 열망하는 삶과 현세의 축복의 적합한 용도

십자가를 지는 삶은 현세를 조롱하고 내세를 열망하도록 우리를 자극한다. 인간의 본성은 현세에 노예적으로 애착을 가지는 경향이 있다. 인간은 생애 전체에 걸쳐서 하늘의 불멸성을 열망하고 추구하기를 원하는 존재로 생각되기를 원한다. 그러나 그의 실제적인 계획, 소원, 행동을 보면 땅이 있을 뿐이다. 우리의 마음은 부, 권력, 명예에 현혹당하며 그 이상의 것을 바라보지 못한다. 가슴은 탐욕, 야심, 정욕에 몰두한 나머지 이것들에 눌릴 뿐만 아니라 결코 이것들을 넘어서지 못한다. 요약하면 영혼 전체가 육체의 유혹에 말려든 채 땅의 행복을 추구하는 것이다. 이 질병을 치유하시기 위하여 주님은 현세의 불행을 끊임없이 증명해 보임으로써 현세의 허무함을 깨닫게 하신다(Ⅲ.9.1).

그러나 현세에서의 삶에 대하여 신자들이 조롱하는 마음을 갖도록 훈련받는 것은 현세의 삶을 증오하게 하거나 하나님께 대하여 감사하지 않는 태도로 나타나는 것이어서는 안 된다. 현세의 삶은 온갖 종류의 비참함으로 가득 차 있긴 하지만 조롱되어서는 안 될 거룩한 축복으로 간주되어야 한다. 현세의 삶은 신자에게 있어서는 하나님의 인애의 증거인데, 그 이유는 현세의 삶은 신자들의 구원을 증진시키기 때문이다. 현세의 삶은 더 큰 영광을 향한 우리의 소망과 욕구를 자극하기 위하여 주시는 작은 증거들(minor proofs)이다(Ⅲ.9.3).

칼빈은 십자가를 지는 금욕적인 태도를 강조하면서도 현세의 축복의 적절한 용도를 또한 강조한다. 우리가 현세에서 살아가기 위해서는 삶을 지탱시켜 주는 것들을 사용해야만 한다. 이때 우리는 필수적인 물품들뿐만 아니라 즐거움을 안겨주는 것으로 생각되는 것들을 사용하는 것을 피할 수 없다. 우리는 필요를 위한 것이든 즐거움을 위한 것이든 물품들을 깨끗한 양심을 가지고 사용해야 한다. 여기서 우리는 두 극단을 피해야 한다. 하나의 극단은 꼭 필요한 필수품의 범주 안에서만 물질적인 재화를 사용해야 한다는 태도이다. 이 태도는 하나님의 말씀이 허용하는 것 이상으로 양심을 얽어매는 위험한 태도이다. 물질적 재화의 목적은 우리를 파괴시키기 위해서가 아니라 우리의 유익을 위하여 주어진 것이며, 우리의 필요를 위해서 뿐만 아니라 우리의 즐거움과 향락을 위해서도 주어진 것이다. 다른 또 하나의 극단은 자유라는 미명하에 온갖 유형의 방종을 허용하는 태도이다. 재화를 주신 목적은 하나님께 감사하는 데 있는 것인데, 잔치와 술로 스스로를 우둔하게 만들면서 어떻게 하나님께 감사할 수가 있는가? 아내를 가진 자는 없는 자처럼, 세상 물건을 쓰는 자들은 다 쓰지 못하는 자 같이 살아야 하며(고전 7:29,30), 풍부를 적절하게 즐기는 법뿐만 아니라 가난을 참는 법을 배워야 한다(Ⅲ.10.1-3).

4. 나가는 말

이상에서 논술한 칼빈의 윤리는 고대 희랍철학의 낙관적인 주지주의적 입장과 스토아학파의 금욕주의와의 대결이라는 사상적 지평 안에서 전개되었다. 이와 같은 대결은 그의 윤리학 논의의 지평이 되고 있는 인간론에서부터 노정되기 시작했다. 곧 칼빈은 도덕의 좌소를 인간의 이성에 두면서 이성에 대한 절대적 신념하에 도덕적 실천의 가능성에 대하여 낙관적인 입장을 취했던 희랍의 고전철학의 비현실성을 바르게 비판하면서,

인간의 이성은 본성의 타락으로 인하여 선과 악을 제대로 분별할 수 있는 위치에 있지 못하며, 설혹 이성이 선과 악을 분별했다 하더라도 인간의 의지는 선을 행할 능력을 상실했다는 점을 지적함으로써 인간의 총체적 부패와 타락이라는 지평 안에서 논의를 전개한다. 칼빈은 도덕은 이성의 문제가 아니라 의지의 문제임을 분명히 함으로써 주의주의적 입장을 취하지만 그렇다고 해서 타락한 의지 그 자체의 실천 가능성을 인정하는 것은 아니다. 의지의 실천은 오직 하나님의 은총에 의하여 본성이 회복된 이후에야 완전한 정도가 아닌 상당한 정도로 가능한 것일 뿐이다.

철학적 윤리학과의 대결은 규범론에 이르러서 더욱 심화되는데, 칼빈에게 있어서 윤리적 판단과 실천을 위한 규범은 인간 안에 있는 어떤 구성요소로부터 발견되는 것이 아니라 철저하게 하나님이 계시한 율법에서 발견된다. 물론 인간 안에도 자연법이라는 것이 있어서 율법의 내용을 반영하고 있기는 하지만 그것은 너무나 손상되어 있고 불투명해서 규범으로 기능하기는 역부족이다. 명료하게 계시되는 율법이 불투명한 자연법이 의도했던 내용을 선명히 밝혀 주면서 규범으로서 기능을 발휘하는 것이다. 하나님이 없는 인간의 무절제한 욕망을 어느 정도라도 절제시킴으로써 사회의 질서와 평화를 유지하는 기능을 하는 율법은 인간으로 하여금 자기 자신의 죄악성과 이 죄악성에 대하여 내리는 정죄를 발견하고 자아에 대하여 절망하게 만듦으로써 하나님의 은총을 향하게 한 후에는, 하나님의 은총 안에 있는 신자들의 생활규범으로써 작용한다. 이 규범은 철저하게 하나님과 이웃을 향한 사랑과 정의의 실천에로 신자의 마음과 행동을 이끌어 간다. 이것은 자아 안에서 규범을 도출할 뿐만 아니라 자아의 요청과 자아의 완성을 목표로 하는 철학적 윤리학과는 궤를 달리하는 윤리인 것이다.

이처럼 철학적 윤리학의 근원적인 핵심을 바르게 비평하면서 기독교윤리학의 정체성을 뚜렷하게 드러낸 칼빈의 노고는 오늘날 우리가 기독교윤리학의 체계를 세우고 또한 기독교윤리적 실천운동을 전개할 때 범할 수 있는 오류에 대하여 중요한 경고를 준다. 기독교윤리학은 윤리체계를 세우기 위한 반성작업을 전개함에 있어서나 아니면 윤리실천운동을 전개함에 있어서 철학적 윤리학과의 형식적인 유사성에 매력을 느끼면서 또는 시민전체와의 연대성과 공감대의 확보에 지나치게 주력한 나머지 양대 윤리학의 근본적인 지평(예컨대 인간관의 지평으로서 낙관적 인간관인가, 아니면 부패한 인간관인가)과 규범(자아로부터 도출된 규범인가, 아니면 계시로부터 도출된 규범인가), 동기와 목적(자기애인가, 아니면 하나님과 이웃에 대한 사랑인가)에 있어서의 근원적인 차이를 너무나 가볍게 넘겨 버릴 수 있는 것이다. 사회전체에까지 영향력을 확산시키는 것을 목표로 하는 연대적인 공동작업을 하기 이전에 철학적 윤리학과 기독교윤리학의 근원적 차이를 인식하는 것은 기독교윤리학의 정체성을 잃지 않는 가운데 사회적 실천에 참여하기 위해서 반드시 필요한 작업인 것이다.

칼빈의 규범론은 한국의 복음주의적인 성향을 가진 교회들의 약점도 아울러 바르게 지적해 준다. 이신칭의의 복음이 주도적으로 강조되어 온 한국의 복음주의적 성향을 가진 교회들에서는 율법의 제1용법이 강조된 반면 제3용법은 소홀히 취급되어 왔던 것이 사실이다. 그러나 이것은 결코 칼빈에게서 시작된 개혁주의의 전통은 아니다. 한국의 복음주의 교회들이 칼빈의 개혁주의의 전통을 소중하고 생각하고 그 전통을 잇는다면, 율법의 제1용법에 근거한 복음의 선포와 더불어 제3의 용법도 동일한 정도와 방식으로 강조되어야 할 것이다.

뿐만 아니라 칼빈의 율법해석은 하나님 계명과 사람 계명의 상관성을 강조함으로써 종교와 윤리의 긴밀한 상관성을 밝힘으로써 윤리란 종교의 지평을 떠나서는 성립될 수 없음을 바르게 강조하고 있을 뿐만 아니라 윤리에 있어서도 외적이고 사회적인 실천과 내적인 깊은 성찰을 동시에 중시함으로써 기독교인들이 한편으로는 의식주의나 율법주의에 빠지지 않으면서 또 다른 한편으로는 내면적 영성의 차원으로 퇴각하지 않도록 주의를 환기시켜 준다.

그리스도인의 구체적인 실천의 삶에 대한 칼빈의 견해는 철저한 금욕과 십자가를 지는 삶을 강조하면서도 수도원적인 이원론으로 퇴각해 들어가지 않고, 금욕과 십자가를 지는 삶을 현실속에서 이웃과 하나님에 대한 사랑을 실천하는 삶으로 해석함으로써 현세에서의 적극적인 삶에 접목시키고 있으며, 스토아학파의 부사무욕 개념에 반대하면서 생생하고 역동적으로 살아있는 인간의 감정이 희생되지 않는 현실 속에서의 인내와 절제를 강조하고 있으며, 나아가서는 물질적인 재화에 대해서도 탄력 있는 용도를 강조함으로써 매우 탄력 있고 균형잡힌 삶의 모습을 제시하고 있다. 이와 같은 칼빈의 윤리관은 – 적어도 개인윤리적인 차원에서는 – 오늘 한국의 기독교인들과 교회들에게 한편으로는 물질적인 방종에 노예가 되지 말도록 경고하면서도 또한 다른 한편으로는 현실 속에서 제기되는 윤리적이고 사회적인 문제를 외면하지 말라는 주의를 준다는 점에서 매우 의미 있는 것이라고 할 수 있을 것이다. 칼빈은 현실을 외면하지 않고 현실 속에 적극적으로 참여하는 금욕과 절제의 삶을 제시하고 있는 것이다.

제3부 칼빈과 사회참여

11장 칼빈과 민주주의 _ 손봉호 12장 칼빈의 교회와 국가의 관계 _ 이은선 13장 칼빈에서의 문화 _ 이수영 14장 칼빈주의가 한국사회와 문화에 미친 영향 _ 신국원 15장 칼빈주의와 자본주의의 발전 _ 김성봉 16장 칼빈의 경제공동체 사상과 새로운 사회건설의 의미 _ 양창삼 17장 칼빈의 제네바 교회의 사회복지 _ 안인섭 18장 칼빈신학에 있어서 교회의 사회 정치적 책임 _ 신현수 19장 칼빈의 사회복지 사상 고찰 _ 박영호

11장
칼빈과 민주주의

손봉호(서울대 명예교수, 고신대 석좌교수)

1. 들어가는 말

 2009년 3월 23일에 발행된 *TIME*지는 세계를 변화시키는 10개의 흐름 가운데 하나로 신 칼빈주의(New Calvinism)를 꼽았다. 즉 하나님의 절대주권과 인간의 전적부패를 가르치는 칼빈주의가 지금의 세계에 영향을 미치고 있다는 것이다. 과거에는 상상도 못했던 정보기술(IT), 나노기술(NT), 생명공학(BT) 등의 발달로 이제 이 세상에서 해결되지 않을 문제는 거의 없다고, 또 세련된 법과 제도가 마련됨에 따라 개인의 윤리에 호소하지 않고도 사회의 질서를 충분히 유지할 수 있다고 믿을 만큼 현대인은 교만해졌다. 또한 하나님을 무식한 사람들의 환상으로 취급하는 도킨스를 중심으로 다윈의 『종의 기원』 출간 150주년을 축하하는 분위기가 무르익고 있다. 그런데 이러한 때에 느닷없이 칼빈주의가 부활하고 있다는 것은 참으로 역설적이지 않을 수 없다. 그러나 한편으로 전 세계 수많은 사람들에게 고통을 안겨 주는 금융위기, 인류의 생존을 위협하는 지구 온난화, 걸잡을 수 없이 확산되는 신종 독감, 테러와 핵무기 개발 등이 전 인류의 생존을 불안하게 하는 상황을 고려할 경우, 흔들리지 않는 하나님의 절대 주권을 강조하는 칼빈주의가 관심을 끄는 것은 충분히 이해할 만하다. 왜냐하면 성경의 가르침이 역시 옳고, 칼빈은 그 가르침을 올바르게 이해했기 때문이다.

사실 칼빈이 최근에야 새삼스럽게 중요해진 것은 아니다. 이미 상당 기간 인류는 직접 혹은 간접으로 칼빈의 영향을 받고 있다 해도 과언이 아니다. 오늘날 세계에서 가장 광범위하게 채택되고 있는 제도는 민주주의와 자본주의이다. 아무도 오늘날 직접 혹은 간접으로 이 두 제도의 영향을 받지 않고 생활할 수는 없다. 물론 이들 제도는 온갖 결점들을 다 가지고 있고, 때문에 그것들을 무력화하려는 수많은 시도가 있었다. 그러나 수많은 사람들이 온갖 근거와 이유로 이들 제도를 비판해 왔지만 아직도 인류는 이보다 더 현실적이고 효율적인 정치제도와 경제제도를 개발하지 못하고 있다. 한 때 마르크스주의가 전 세계를 휩쓸 것 같이 보였고 지금도 독재의 유령이 도처에 도사리고 있지만, 이제는 공산주의를 표방하는 중국에서조차 자본주의 물결이 넘실거리고 쿠바와 북한도 자본주의 제도를 조금씩 도입하고 있는 실정이다. 뿐만 아니라 세계에서 가장 심각한 독재를 행사하고 있는 북한도 나라 이름을 '민주인민공화국' 이라 부를 만큼 민주주의는 오늘 날 전 세계에서 하나의 당위로 인정받고 있다.

그런데 이 두 제도의 형성에 결정적인 역할을 한 것이 칼빈이라는 견해가 일반적이다[1]. 물론 칼빈이 없었더라면 자본주의도 민주주의도 불가능했을 것이라고 단언할 수는 없겠지만, 적어도 역사적으로 이 두 제도의 형성에 칼빈주의가 중요한 역할을 했다는 사실은 부인할 수 없다. 그런 점에서 기독교 역사상 어느 신학자나 사상가도 칼빈만큼 현대인에게 큰 영향력을 행사하지 못했다 할 수 있다.

자본주의 발달에 칼빈주의가 작용했다는 주장은 이미 막스 베버(Max Weber) 등에 의하여 제시되었다. 물론 베버가 칼빈주의를 올바로 이해했는지, 그의 분석이 정확했는지에 대해서는 이론이 있을 수 있다. 그러나 칼빈주의가 자본주의 발달에 영향을 끼쳤다는 사실에는 별다른 이의가 없는 것 같다. 한편 칼빈주의가 민주주의 발전에 공헌했다는 것에 대해서는 자본주의의 경우처럼 그렇게 많은 동의를 얻고 있지는 않다. 모든 권위가 하나님으로부터 나온다는 것을 그렇게 강조한 칼빈이 어떻게 국가의 권력이 시민들의 합의에 의하여 정당화된다는 민주주의 발전에 공헌할 수 있었겠는가 하는 의문이 제기될 수도 있고, 또 민주주의가 자본주의보다 역사가 깊고 그 형성과 발달에 공헌한 요소들 역시 매우 많기 때문에 칼빈주의의 영향이 그렇게 두드러지지 않는 것도 사실이다.

이런 점에서 본 논문은 칼빈의 가르침이 민주주의 발달에 긍정적인 역할을 끼쳤다는 사실을 역사적으로 증명하는 것을 목적으로 하지 않는다. 다만 그의 가르침 가운데 민주주의 발전에 공헌했을 가능성이 충분한 부분을 찾아 분석해 보려 한다. 그가 활동했던 시대 상황을 고려하면 민주주의와 관계된 그의 발언들은 가히 혁명적이었다 할 수 있고, 그 사실만으로도 우리는 민주주의 발달에 대한 그의 공헌을 인정해야 할 것이다. 여기서는 민주주의에 대한 칼빈의 공헌에 대해서 대부분의 학자들이 맞추는 초점과는 좀 다른 관점으로 논의할 것이다.

2. 하나님의 절대주권과 인간의 전적부패

칼빈의 가르침과 활동은 어느 다른 신학자의 것보다 더 다양하고 풍부하였다. 예정설처럼 지극히 추상적이고 논란거리가 된 교리로부터 가장 효과적인 소방법이나 난방문제 같이 지극히 구체적이고 실용적인 문제에 이르기까지 그의 관심사는 광범위했으며, 그의 대책은 적절했고 효과적이었다. 중세까지 금지했던 이자를 상업에서 허락한 것만 해도 그의 판단이 얼마나 과감했으며, 인간의 이기심과 사회의 역동성에 대한 그의 통찰력이 얼마나 깊었는가를 알 수 있다.

그의 모든 사상과 활동을 꿰뚫고 있는 가장 기본적인 사상은 말할 것도 없이 하나님의 절대주권과 인간의 전적부패이다. 물론 그 외에도 성경의 절대적 권위, 무조건적 선택, 한정된 대속, 거역할 수 없는 은혜, 성도의 보존 등 중요한 교리와 사상들이 있었지만, 그 모든 것을 결정하는 기본적인 출발점은 바로 그 두 가지라 해도 과언이 아니다: "비 한 방울도 하나님의 확실한 명령 없이는 떨어지지 않는다는 것이 확실하다."[2] "우리 것이라고는 죄밖에 없다."[3] 물론 이 둘에 대한 이해는 상관관계에 있다. 즉 인간의 부패에 대해서 올바르게 이해하면 할수록 하나님의 절대주권에 대한 인식이 그만큼 더 깊어지고, 그 역도 사실이란 것이다.[4] 하나님의 절대주권과 인간의 전적부패를 수용하는 신학자는 많았겠지만, 칼빈만큼 그 신조에 일관성 있게 가르치고 행동한 신학자는 없었다.

한편 하나님의 절대주권 사상은 신칼빈주의자로 알려진 카이퍼(Abraham Kuyper)에 의하여 좀 더 부각된 것이 사실이다. "온 우주에 그리스도께서 '내 것이다'라고 주장하지 못할 곳은 한 뼘도 없다"란 말로 대표되는 하나님의 절대주권 사상은 카이퍼를 비롯한 신칼빈주의(Neo-Calvinism)의 가장 중요한 특징이라 할 수 있다. 하지만 이에 비해 인간의 전적부패 사상은 신칼빈주의에서는 상대적으로 소홀하게 취급되고 있다. 때문에 어떤 독일 신학자는 신칼빈주의를 사회복음주의와 비슷한 것으로 오해하기까지

하였다. 하지만 사실 칼빈은 하나님의 절대주권과 인간의 전적부패를 균형 있게 다 같이 강조하였다.

칼빈이 신학자이며 교회지도자로서 다른 신학자들이나 루터보다 자본주의와 민주주의의 발전에 더 많이 공헌했다면,[5] 그 역시 그가 중요시한 하나님의 절대주권과 인간의 전적부패 사상과 무관하지 않을 것이다. 하나님의 주권은 교회나 기독교인들에게만 국한될 수 없고 정치, 경제, 문화 등 인간 사회의 모든 영역에 미치는 것은 너무나 당연하다. 물론 그가 제네바 시정에 많이 관계함으로 그의 시야가 주로 신학과 교회에만 관심을 둔 다른 신학자들보다 훨씬 넓었다는 상황도 작용했겠지만, 그의 상황에 대한 이해도 온 우주와 인간 사회를 다 주관하시는 하나님의 절대주권 사상과 무관하지 않았을 것이 분명하다. 하나님은 교회의 주인이실 뿐 아니라 온 세상의 주인이시며 정치와 경제의 주관자이시기도 하기 때문에 그리스도인의 관심은 교회에 한정될 수 없는 것이다.

그런데 특이하게도 민주주의와 자본주의가 공동으로 가지고 있는 전제는 인간의 불완전성이다. 사유재산이 없으면 모든 인간은 천사같이 선하게 되어 "능력에 따라 생산하고 수요에 따라 소비"(From each according to his ability, to each according to his need) 할 것이라고 믿은 마르크스(Marx)와 레닌(Lenin)에 비해서 자본주의는 이익이 생기지 않으면 일하지 않는 인간의 약점을 인정하고 전제하는 제도이다. 이 논문에서도 민주주의를 무엇보다도 인간의 부패를 심각하게 고려하는 제도란 사실에 초점을 맞춘다. 모든 인간이 고상하고 책임 있게 행동한다면 구태여 민주주의를 정치제도로 고집할 이유가 없어질 것이다. 모든 주권이 시민들로부터 나온다고 하면서 또 인간의 기본권을 강조하면서 동시에 인간의 불완전성을 전제하는 것은 역설적일지도 모르지만, 이것을 전재하지 않으면 민주주의를 충분히 정당화하기 힘들 것이다.

3. 민주주의에 대한 다른 이해

민주주의에 대한 이해가 모든 사회에 동일하지는 않지만 적어도 다음 두 가지 원칙, 즉 사회의 모든 구성원이 동일하게 권력형성과 사용에 참여할 수 있는 권리를 향유한다는 것과 모든 시민들이 보편적으로 인정되는 자유를 누릴 수 있다는 것은 기본적으로 존중되어야 하는 것으로 알려져 있다. 이 두 가지 기본 권리를 보장하기 위하여 여러 가지 제도가 마련되고, 그런 제도를 우리는 민주주의 제도라 한다.

그런데 왜 모든 사람이 사회를 지배하는 권력에 동등하게 참여해야 하며, 또 왜 모든 사람이 기본적인 자유와 인권을 누려야 하는가? 물론 단순히 그것이 옳고 좋기 때문이라고 주장할 수도 있다. 그러나 영원불변의 원칙, 본질, 본성 등의 존재와 그런 것들에 대한 이해의 가능성에 대한 믿음이 점점 약해지고 있는 오늘 단순히 그것이 옳고 좋기 때문이란 설명만으로는 별로 설득력이 없다. 그것이 좋고 옳다는 근거를 제시해야만 한다.

밀(John S. Mill)은 정의에 대한 우리의 이해는 부정의(injustice)에 대한 이해로부터 시작된다고 하였다. 곧 정의에 어긋나는 상황이나 행동이 없었다면 우리는 구태여 정의를 인식하지도 추구하지도 않았을 것이란 생각이다. 그런데 이것은 정의에만 국한된 것이 아니다. 인권, 자유, 평등 같이 중요한 개념들도 모두 마찬가지이다. 인권 유린, 자유제한, 불평등 상황이 없었다면, 인류는 인권, 자유, 평등을 이상으로 추구하지 않았을 것이다. 마찬가지로 민주주의는 단순히 그것이 옳고 좋기 때문이 아니라 민주주의 제도가 시행되지 않았을 때 일어나거나 일어날 수 있는 온갖 부정적인 상황 때문에 우리가 선호하는 것이라 할 수 있다. 만약 사람이 다른 사람의 인권을 유리한고, 자유를 제한하고, 평등하게 대우하지 않았다면 그런 것들의 중요성을 강조할 이유가 없었을 것이다. 그러므로 민주주의가 추구하는 긍정적 가치는 오히려 인간의 부패 때문에 생기는 부정적인 경향으로 인해 중요하게 되었다고 할 수 있다.

그런데 사실 민주주의는 그렇게 효율적이지 못하다. 너무 많은 시간, 비용, 인력을 요구하고 너무 복잡한 과정이 필요하다. 그래서 경제가 발전하기 위해서는 독재가 필요하다는 주장까지 나오고 있고, 실제로 철저히 민주적으로 운영되는 국가, 회사, 교회가 경쟁에서 지는 경우가 적지 않다. 만약 박정희 대통령의 독재가 없었더라면 우리 경제가 이 정도로 발전할 수 없었을 것이라는 주장이 있고, 인도가 중국에 비해 경제발전이 늦어진 것도 인도가 민주주의에 너무 충실했기 때문이란 주장도 있다. 그리고 대중의 판단은 그렇게 현명하지 못해서 인기와 선동에 휩쓸리고 돈과 연고에 매수되며 사소한 것을 과대평가하여 올바른 선택을 하지 못하는 경우가 많다. 그래서 우리나라는 말할 것도 없고 미국 같이 민주주의 역사가 긴 나라에서도 부쉬(George Bush)같이 무능한 후보자를 대통령을 뽑는 것이다. 그리고 최근에는 투표율이 너무 낮아서 당선자가 과연 진정한 대표성이 있는가에 대한 의문도 제기된다.

그렇게 비효율적이고 문제투성인 민주주의를 그래도 인류가 이제까지 개발한 어떤 정치제도보다 훌륭하다고 평가하고 전 세계 인류가 거의 예외 없이 선호하는 이유는, 민주주의가 아닌 다른 제도 하에서 일어날 수 있고 또 실제로 일어나고 있는 온갖 부정적인 상황들 때문이다. 따라서 민주주의는 그것이 좋고 옳기 때문이 아니라 다른 정치 제도들보다 부정적인 것을 더 잘 막을 수 있기 때문이라 할 수 있다. 이는 민주주의에서 실제로 실시되고 있는 제도들에도 잘 반영되어 있다. 권력분립, 주기적인 선거, 정권교체, 법치 등 민주주의에서 가장 핵심적인 제도들은 모두 권력의 남용을 막기 위한 것들이다. 만약 권력의 남용과 오용이 없다면 그런 복잡하고 비효율적인 제도들은 모두 필요하지 않았을 것이다. 액톤(Acton)이 잘 지적한 것처럼 "모든 힘은 부패할 경향을 가지고 있고, 절대적인 힘은 절대적으로 부패한다." 그러므로 모든 권력은 반드시 견제와 감시를 받아야 한다. 인간의 부패성 때문에 그런 제재가 없이는 개인의 권리와 자유가 보장될 수 없기 때문이다. 그러므로 인간의 전적부패와 민주주의는 밀접한 상관관계에 있다 할 수 있다.

4. 민주주의와 칼빈

민주주의에 대한 칼빈의 입장에 대해서 학자들 간에 의견이 갈라져 있다. Cheneviere, Bohatec, Hopel, Leith, Hancock 등 다수의 학자들은 칼빈이 전제군주들의 권력남용을 비판했을 뿐 군주제도 자체를 근본적으로 비판하지는 않았다는 입장을 취한다.[6] 칼빈은 모든 통치권은 궁극적으로 하나님께서 허락하신 것이므로 현존하는 모든 정치권력에 대해서 순종하는 것이 모든 사람의 의무로 보았다고 해석하는 것이다. 그 시대의 권력이란 대부분 군주에 의하여 행사되었고, 그들의 권한은 하나님께서 주신 것인데, 민주주의를 택하려면 그들에 반항하고 그들을 폐위시켜야 하며 새로운 권력자를 하나님이 아니라 시민들이 선택하는 것을 함축하는 것이다. 그런 입장은 하나님의 절대주권을 강조하는 칼빈의 신학과 조화될 수 없다고 해석하는 것이다. 특히 Chenenviere가 바로 이 점을 분명하게 지적한다.[7] 이들은 하나님의 절대주권을 강조한 칼빈의 사상에 주목한 것이라 할 수 있다.

그러나 Weber, Beyerhaus, Doumergue, McNeil, Walzer 등은 칼빈이 민주주의 혹은 민주주의에 가까운 귀족주의를 선호했다고 주장한다.[8] 이들이 주로 관심을 가지고 주목하는 것은 통치자들의 권력 남용 혹은 오용에 대한 칼빈의 냉혹한 비판과 경계라 할 수 있다. 따라서 이들은 인간의 전적부패에 대한 칼빈의 강조에 관심을 둔 것이라 할 수 있다.

이 두 입장 중 어느 것이 더 정확한 것인가를 판별하기는 쉽지 않다. 두 입장 모두 칼빈의 기본 사상과 발언을 토대로 하여 주장하는 것이다. 그러나 칼빈이 살고 활동했던 시대적 배경과 그의 정통적 신앙을 고려하면 실재하는 권력자에게 순종해야 한다는 그의 입장은 너무나 당연하고 그 시대의 어느 지식인으로부터도 기대할 수 있는 것인 반면, 그들에 대한 칼빈의 비판과 민주주의에 관한 칼빈의 발언들은 가히 혁명적인 것이라 하지 않을 수 없다. 물론 국적을 세 번이나 바꿔야 하고 추방당한 경험도 있었기 때문에 정치적인 악이 어떤 것인가를 어느 정도 체험했을 수도 있다. 그러나 정치제도에 대한 그의 혁명적인 입장은 그가 인간의 전적부패에 대한 확신이 없었으면 생각하기 어려운 것이라 하겠다. 인간의 악에 대한 그의 태도와 앞에서 지적한 민주주의의 특성을 고려하면 그런 태도가 결코 자의적인 것도 아니고 우연한 것도 아님을 알 수 있다. 그가 민주주의를 선호하는 것은 인간의 전적 부패에 대한 그의 사상의 논리적 귀결이라고까지 말할 수 있을 것이다.

민주주의에 대해서 가장 잘 알려진 칼빈의 발언은 "나는 귀족주의 혹은 귀족주의와 민주주의가 혼합된 제도가 다른 제도보다 훨씬 낫다는 것을 부정하지 않겠다"[9]란 것이다. 그 발언만 보면 그가 선호한 정치제도는 귀족주의였고 특수한 경우 귀족주의와 민주주의를 혼합한 제도였다고 해석할 수 있다. 그런데 그에 이어지는 다음 말을 보면 그가 왜 군주제도를 싫어하고 귀족주의 혹은 민주주의를 선호하는가가 분명해진다:

> 왕들이 가장 정의롭고 옳은 것으로부터 벗어날 만큼 그들의 의지를 절제하는 일은 매우 드물고 어느 정도가 충분한지를 알만한 예민함과 지혜를 타고 난 왕이 드물기 때문이다. 그러므로 인간의 약점 때문에 여러 사람이 서로 돕고 서로 권면하면서 정권을 행사하는 것이 더 안전하고 견디기가 쉽다. 그래서 한 사람이 불공정하게 자기주장을 내 세우면 몇 사람의 검열관과 지도자들이 그의 고집을 견제할 수 있는 것이다. 이것은 경험에 의해서도 증명되었고 주님께서 그의 권위로 확인하셨다. 주님은 이스라엘 사람들로 가장 좋은 상황에서 살 수 있게 하시려고 그들에게 민주주의에 근접하는 귀족주의를 제정하신 것이다.[10]

이는 이스라엘 백성들이 정권을 창출할 수 있어서가 아니라 집권자들의 독재를 막아 그들을 보호하기 위해서 한 사람보다는 여러 사람이 다스리는 제도를 세우셨다는 것이다. 여기서 우리는 칼빈의 주 관심이 시민들의 권리 행사가 아니라 정치권력이 시민들에게 저지를 수 있는 해악에 있었음을 알 수 있다. 그가 민주주의를 선호한 것은 정치권력이 시민들에게서 나오는 것이 옳기 때문이 아니라 민주주의라야 그 권력의 남용과 오용을 막을 수 있기 때문이란 것이다.

신명기 17:14-18을 본문으로 한 설교에서 칼빈은 왜 하나님이 스스로 이스라엘의 왕을 임명하지 않고 백성들로 하여금 왕을 택하게 했는가에 대해서 언급하고 있다. 거기서도 칼빈은 이스라엘 왕이 될 요건이 첫째 아브라함의 후손이라야 하고 둘째 폭군이 되지 말아야 한다는 것이라 했다.¹¹⁾ 잘 다스리는 것보다 중요한 것은 폭정을 하지 않는 것이다. 민주주의가 좋은 것은 다수의 의견이 소수의 의견보다 더 훌륭해서가 아니라 권력분립과 견제를 통하여 독재를 막을 수 있기 때문이다.

민주주의의 중요한 조건 가운데 하나는 지배를 받는 사람들이 지배하는 자들을 뽑을 수 있다는 것이다. 그런데 그것을 단순히 국가 권력형성에 시민들이 참여할 수 있는 권리행사로만 이해한다면 주기적 선거는 그렇게 큰 의미가 없을 것이다. 지도자를 선택하는 것으로 권리행사의 요구는 충족되었다 할 수 있다. 그러나 민주국가에서 선거가 주기적으로 거행되어야 하는 것은 선거의 가장 중요한 요소이다. 그것은 장기 집권이 가져올 수 있는 권력의 부패 때문이고, 전 정권의 비리를 다음 정권이 드러낼 수 있기 때문이다. 사실 그것은 주기적 선거에만 해당되는 것이 아니라 모든 선거에 다 적용되어야 한다. 즉 모든 선거의 가장 중요한 목적은 시민들의 주권행사 그 자체가 아니라 그 주권행사를 통하여 독재와 부패를 막는 것이다. 칼빈은 "하나님이 자신의 권위로 왕을 세우지 않고 사람들의 선호에 따라 세우도록 하셨다. 만약 그가 왕권통치를 허락하시거나 (그런 통치를) 그가 선호하시는 것이었더라면 왕이 명령하는 것은 무엇이든지 백성들이 순종하도록 제정하시지 않았겠는가?"¹²⁾하고 반문함으로써 왕의 절대권력 행사를 막기 위하여 백성들이 왕을 선택하도록 하셨다고 해석한다.

이로 보건대 칼빈은 자신이 살던 시대에 이미 권력과 특권이 남용되는 것을 목격한 것 같다. 따라서 그 문제를 해결하는 길이 민주주의란 것을 분명히 하였다: "군주가 주권을 가지게 되면 그들 자신의 기분과 선호에 따라 판관들을 임명하고 야심이 모든 것을 지배하게 된다. 아니, 그 보다 더 심각하고 부끄러운 부패가 있다. 최근에는 공직이 다른 상품들처럼 팔리고 있다. 우리가 그런 예를 목격하면 하나님께서 한 민족이나 국가로 하여금 그들 자신의 판관이나 지배자를 선택하도록 허락하신 것은 감히 계산할 수 없을 만큼 고귀한 선물이란 것을 알 필요가 있다."[13]

칼빈은 민주주의와 함께 법치주의를 중요시한다. 이것도 역시 인간의 부패 때문이다: "법률은 인간 속에 있는 부패를 막는 하나의 치유방법이다."[14] 그것은 물론 일반 시민들의 부패 때문에 필요한 것이기도 하지만, 그보다 절대군주가 자의적으로 시민들을 다스리는 것을 막기 위해서 더욱 필요하다: "선택 혹은 선거에 의하여 뽑힌 통치자들을 갖는 것이 군주(a Prince)를 갖는 것보다 훨씬 더 용인될 수 있다. 그래서 그는 그의 임무를 수행함에 있어 그가 법률의 지배를 받아야 함을 알 수 있도록 하는 것이다."[15] 심지어 통치자가 독재를 하더라도 아무 때나 자의적으로 통치하는 것보다는 법을 만들어 그 법에 따라 하는 것이 시민들에게 훨씬 더 큰 안전과 안정감을 제공한다. 통치자가 그 때 그 때 마음 내키는 대로 변덕을 부리는 것만큼 피통치자들에게 불안하고 위험한 것은 많지 않다.

칼빈이 독재자를 얼마나 싫어했는가는 그들에 대한 시민불복종은 물론 심지어 적극적인 저항까지 인정한 것을 보면 알 수 있다: "때대로 그는 자기 종들 중에서 공공현한 보복자를 일으켜서 사악한 정부를 벌하고 불의에 억눌린 자기 백성을 비참한 재난에서 구조하라고 명령하신다." 또한 칼빈은 그런 보복의 행위를 하는 사람들로 하여금 "그런 일을 하도록 하나님께서 합법적으로 보냈을 때는 왕들에 대해서 무기를 드는 것이 하나님의 임명을 받은 왕들의 권위에 침해가 되지 않는다"[16]고 단언하였다. 그가 활동했던 시대에 일반적으로 수용되던 왕권신수설과 모든 권력은 근본적으로 하나님이 주신 것을 거듭 강조한 칼빈의 신념에도 불구하고 그는 소극적인 시민불복종을 인정하였고, 말년에는 잘못된 왕권에 대한 적극적인 저항까지 용인하였다.[17] 실로 놀랍다 하지 않을 수 없다.

칼빈은 상당한 기간 왕권에 대한 적극적 저항을 반대하였다. 그러나 그의 말년에 여러 가지 정치적 상황과 Knox, Beze 등의 동료 종교개혁자들의 영향을 받아 적극적 저항도 허용하는 쪽으로 기울었다.[18] "나는 왕들의 사나운 방종에 대하여 그들이 의무를 좇아 항거하는 것을 금하지 않으며, 오히려 미천한 일반대중에 대한 군주들의 폭정을 눈감아 준다면 나는 그들의 위선을 극악한 배신행위라고 선포할 것이다"[19]라고 하여 오히려 사나운 군주들의 방종에 항거하지 않는 것이 위선적이고 극악한 배신행위라고 할 정도로 그의 생각은 급진적이었다. 그는 또한 "만일 세상의 군주가 하나님을 거역하여 자신을 높인다면 그는 자신의 권력을 스스로 잃게 되고 그 명예를 상실하게 될 것이다. 만일 그가 하나님을 경멸함으로 하나님의 권리를 가로채고, 그와 같은 왕좌에 앉으려 한다면 사람들은 그들에게 순종하기 보다는 얼굴에 침을 뱉어야 할 것이다"[20]라고 함으로 백성들을 올바로 보호하고 하나님을 두려워해야 진정한 군주의 자격이 있는 것이지 실재하는 권력은 모두 하나님이 부여하신 것이 아니란 입장을 분명히 하였다. 물론 이는 다리오 왕에 대한 다니엘의 불복종과 관계해서 한 발언이지만 그의 다른 발언과 같이 고려하면 충분히 보편적인 것으로 이해할 수 있다.

이스라엘 백성의 재판관 선정에 관한 신명기 16:18-19에 근거해서 설교하면서 그가 '독재'(tyranny), '독재자'(tyrant)란 단어를 여러 번 반복한 것을 보면 칼빈은 공권력의 필요성 못지 않게 공권력의 오남용과 부패에 많은 관심을 두고 있음을 알 수 있다. 물론 인간 사회에 국가와 공권력이 반드시 필요하다. 홉스(Hobbes)가 지적한 것처럼 국가의 공권력이 없으면 "만인의 만인에 대한 전쟁"(bellum omnium contra omnes)이 일어나고 "인간이 인간에게 늑대"(*homo homini lupus*)가 되어 개인의 안전과 생존이 보장될 수 없을 것이기 때문이다. 그러므로 국가가 필요한 것도 인간의 부패 때문이다. 비록 죄의 결과이지만 하나님께서 국가에 권한을 허락하셔서 땅위에 사는 사람들의 안전과 생존을 가능하게 하신 것이다.

그러나 집권자도 역시 부패한 인간이므로 권력과 권한을 소유하면 그것을 오남용 할 유혹을 받고, 그 유혹의 크기는 그가 행사하는 권력에 비례한다 할 수 있다. 칼빈은 민주주의가 그런 유혹을 줄일 수 있는 것으로 본 것 같고, 그의 생각은 역사를 통하여 옳은 것으로 증명되었다. 민주주의 외에 국가 권력의 부패를 막는 다른 방법을 인류는 아직도 찾아내지 못했기 때문이다. 물론 민주주의도 많은 약점을 가지고 있다. 선동, 피상적인 인기, 거짓 선전 등이 대중들의 판단을 흐리게 하여 잘못된 지도자와 정책을 생산해서 시민들이 큰 해를 입기도 한다. 칼빈이 민주주의와 함께 귀족주의를 선호한 것은 아마도 민주주의의 이런 약점을 인식했기 때문일 것이다. 그러나 국가권력의 부패가 너무 심각할 수 있기 때문에 그것을 어느 정도라도 막을 수 있다면 비록 많은 약점을 가졌더라도 역시 민주주의가 유리하다는 것이 칼빈의 판단이었다고 해석할 수 있다.

5. 나가는 말

인간의 전적부패에 대한 칼빈의 신념은 장로교 정치제도에도 반영되어 있다. 교회의 모든 치리와 중요한 결정을 목사 혼자서 결정하지 못하도록 당회를 두고, 개별 목사를 징계하기 위하여 노회를 두며, 총회에는 회의 사회자만 있을 뿐 총회를 대표하는 장을 두지 않고 총무로 하여금 총회의 결정 사항을 집행하도록 하는 것은 교회의 중요한 권한이 한 사람에게 집중되는 것을 막기 위함이다. 아무런 세속적인 이해관계가 있을 수도 없고 있어서도 안 되는 교회에서라도 견제 받지 않는 권한은 부해할 수 있기 때문이다. 그런 제도가 민주적이고 합리적이기 때문에 국제연합 (UN)도 총회장을 두지 않고 사무총장이 업무를 수행하도록 하고 공산당에서도 서기장이 당의 업무를 총괄하도록 하고 있다. 한 사람이 모든 것을 결정하고 집행하면 매우 효율적인데도 불구하고 그렇게 하지 못하도록 한 것은 부패를 막기 위함일 것이다.

그런데 최근 한국 장로교는 칼빈주의를 표방하면서도 인간의 전적부패에 대한 칼빈의 주장을 무시하고 장로교의 전통을 파괴하고 있다. 효율성을 높이기 위해서 당회를 두지 않는 목사가 모든 중요한 결정을 하는 교회가 있는가 하면, 총회 때 사회하는 것으로 임무가 끝나야 할 총회장이 1년 동안 문자 그대로 총회의 장 노릇을 하고 있다. 칼빈은 장로의 임기를 1년으로 제한했고 네덜란드 개혁교회에서도 2년으로 제한할 뿐 아니라 연임이 불가능하도록 해 놓았는데 한국 장로교에서는 장로가 70세까지 계속해서 시무하도록 해 놓았다. 칼빈의 신념과 장로교의 전통에 충실해서 장로의 임기를 제한하고 총회장은 총회 때 사회하는 것으로 그 임무를 제한했더라면 지금처럼 장로가 되고 총회장이 되려고 돈을 쓰고 선거운동을 하는 추태는 일어나지 않았을 것이다.

세속적 이해관계가 그렇게 크지 않은 교회에서도 권한의 독점이 이런 부패를 생산하는데 하물며 천문학적 액수의 세금을 거두고, 사람을 투옥, 벌금, 사형까지 할 수 있는 처벌권을 독점하며, 젊은 사람을 강제로 전쟁터에 나가게 할 수 있는 막강한 권한을 가진 국가의 권한이 철저한 제재장치 없이 허용된다면 그 부패의 정도가 얼마나 심각하겠는가? 모든 독재가가 예외 없이 부패했다는 사실이 이것을 웅변적으로 보여준다. '선한 독재'는 '둥근 삼각형'과 같이 불가능한 것이다. 그러므로 인간의 전적부패를 심각하게 인식한 칼빈이 민주주의 제도의 형성에 공헌한 것은 매우 논리적이다. 민주주의는 인간의 전적부패의 논리적 결과라 해야 할 것이다.

12장
칼빈의 교회와 국가의 관계

이은선(안양대학교 기독교문화학과 교수)

1. 들어가는 말

　지금까지 칼빈의 교회와 국가의 관계에 대해서는 많은 논의들이 이루어졌다. 그런데 이러한 연구들은 주로 칼빈의 저술들의 분석에 의존하여 이루어졌다. 즉 『기독교 강요』 4권 20장을 중심으로 그의 주석과 설교를 비롯한 다양한 저술들의 내용을 종합하여 논의가 이루어졌다는 것이다. 물론 칼빈의 사상을 논하는 관점에서 볼 때 이러한 논의는 상당히 타당성을 가진다. 하지만 이러한 논의는 칼빈의 시각에서만 그의 사상을 논하는 한계를 가진다고도 볼 수 있다. 이런 점에서 칼빈의 저술들을 통해 그의 교회와 국가의 관계를 연구하는 한계를 극복하기 위해서는 제네바 시에서 칼빈의 목회활동의 실상을 파악하는 것이 중요하다. 교회와 국가의 관계에 대한 칼빈의 사상들은 주로 성경연구를 토대로 형성되었지만, 동시에 제네바에서 진행되었던 목회현장과 유리되어 형성될 수 없었을 것이기 때문이다.

칼빈의 교회와 국가와의 관계에서 가장 중요한 특성은 다른 스위스 도시들과 달리 제네바에서 교회의 독립된 치리권을 확보하고자 지속적으로 노력했다는 것이다. 이것은 국가로부터 교회의 자유를 확보하려는 활동이었다. 동시에 그는 기독교인의 자유에 근거하여 양심의 자유를 주장하였을 뿐만 아니라 장로치리회(consistory)를 설치하여 제네바 교인들의 삶을 거룩하게 성화된 모습으로 개혁하고자 하였다. 이 과정에서 제네바 시 관리들과 시민들, 그리고 칼빈을 중심으로 한 목사회 사이에 크고 작은 갈등이 계속하여 발생하였다. 그러나 칼빈은 궁극적으로 자신의 지지자들이 제네바 시의 권력을 장악함으로써 자신의 꿈을 실현하게 되었다. 때문에 이러한 과정에서 칼빈이 교회와 국가와의 관계를 어떻게 정립해 나갔는지를 분석할 때, 칼빈의 저술들에만 의존해서 분석하는 것보다 더욱 생동감 있는 정확한 모습이 드러나게 될 것이다.[1]

따라서 본 논문에서는 칼빈이 제네바에서 어떤 과정을 거쳐서 국가로부터 독립된 교회의 치리권을 확보하였으며, 그러한 과정에서 제네바 관리들과 어떠한 대립과 갈등의 과정을 겪었는지를 분석해 보고자 한다.

2. 칼빈의 교회와 국가의 관계 개념의 형성

칼빈의 교회와 국가의 관계 개념이 형성되는 데는 당시 종교개혁의 정황이 중요한 영향을 미쳤던 것으로 보인다. 당시 가장 중요한 과제는 종교개혁의 원리에 따른 새로운 교회를 세우고, 그 교회와 국가의 관계를 올바르게 설정하는 것이었다. 당시 종교개혁은 로마 가톨릭교회의 지배에서 벗어나면서 새롭게 의존해야할 권력을 필요로 했다. 왜냐하면 로마 가톨릭 세력은 신성로마제국과 연결된 정치권력으로서 종교개혁을 추진하는 세력들을 박해하고 있었으므로, 새롭게 탄생하는 종교개혁 진영의 교회들은 의지해야할 보호세력이 필요했기 때문이다. 이러한 상황에서 새롭게 탄생하는 교회들이 자신들을 후원하는 세속권력과의 관계 설정을 어떻게 해야 할 것인지는 대단히 어렵고도 중요한 문제였다. 루터는 1517년에 갈라디아서를 강해하면서 두 왕국 사상을 주장함으로써 로마교회로부터 국가의 독자성을 확립하려고 하였으나, 1525년 농민전쟁이 끝난 이후에 루터 개혁을 따르는 교회들은 제후들의 세력에 의존하여 종교개혁을 진행하였다.[2] 취리히에서 쯔빙글리는 시의회의 후원에 의존하여 종교개혁을 진행하면서 교회의 치리권을 시관리들의 감독 하에 두었다.[3] 한편 이러한 쯔빙글리의 개혁을 비난하고 나갔던 재세례파들은 교회와 국가의 분리를 주장하였다. 반면에 바젤에서 종교개혁을 하였던 외콜람파디우스와 스트라스부르그의 마틴 부처는 시의회로부터 독립된 교회의 치리권을 주장하였으나 현실적인 제도로 구현하지는 못하였다.[4]

이러한 상황에서 칼빈은 『기독교 강요』 초판에서 교회와 국가의 관계에 대한 자신의 이해를 제시하고 있다. 여기서 칼빈은 교회와 국가의 문제를 기독교인의 자유를 논한 후에 다룬다. 우리가 믿음으로 구원을 얻는다면 우리는 지금까지 우리를 속박하고 있던 모든 것들로부터 자유롭게 된다. 그런데 이러한 자유는 잘못하면 기존의 질서를 전면적으로 부인하고 방종으로 흘러갈 위험성이 있다. 그러므로 기독교인의 자유의 올바른 이해와 정립은 종교개혁이 진행되는 혼란스러운 상황에서 대단히 중요한 과제였다. 기독교인의 자유가 잘못 이해되면, 재세례파와 같이 교회와 국가의 분리를 주장하거나, 토마스 뮌처 같은 신령주의자들과 같이 기존의 질서를 부인하고 종말론적인 새로운 시대의 도래를 주장할 수도 있다.

또 한편에서는 칼빈 자신이 로마 교황 세력과 갈등하면서 절대왕권을 가지고 종교개혁을 탄압하는 프랑소와 1세의 박해를 직접 체험하고 있었을 뿐만 아니라, 전반적으로 교황이 세속권력까지 장악하여 일원적인 통치 권력을 행사하려는 로마 가톨릭교회가 강력한 세력으로 자리잡고 있었다. 이러한 시대적인 상황 속에서 교회와 국가의 관계를 정립하면서 종교개혁을 추진해야할 사명이 칼빈에게 주어져 있었던 것이다.

칼빈은 『기독교 강요』 초판에서 기독교인의 자유 그리고 교회와 국가의 관계에 대해 다음과 같이 주장한다. 먼저 기독교인의 자유는 율법의 저주, 율법의 멍에, 아디아포라의 의무로부터의 자유이다. 이 자유는 율법의 저주로부터 해방되어 자발적으로 율법을 준수하는 내면적인 자유와 아디아포라에서 벗어나는 외면적인 자유를 포함한다.[5] 그런데 칼빈은 기독교인의 자유를 강조하면서도 자유개념이 내포한 위험을 인식하여 1530년대에 이르러서는 세 가지 점에서 루터와 이해를 달리하였다. 첫째로, 루터가 율법의 행위로부터의 자유를 주장한데 반해, 칼빈은 율법의 제3용도를 내세우면서 율법을 구원받은 자의 행위와 성화의 표준이자 자극제로 보았다.[6] 둘째로, 칼빈은 교회 직제를 논의할 때, 루터가 만인제사장직에 의거하여 신분상의 차이가 아닌 직분상의 차이를 주장한 것을 수용하면서도, 직분상의 차이의 중요성을 루터보다 훨씬 강조했다. 즉 루터는 만인제사장직을 주장할 때 로마 가톨릭에 대항하여 신분의 동일성을 강조했다면, 칼빈은 신분의 동일성을 인정하면서도 하나님이 주신 소명에 근거한 직분의 중요성을 강조한 것이었다. 이러한 면에서 기본적으로 루터와 칼빈이 동일하게 만인제사장직을 수용하고 있으나, 강조점에 있어서는 다소 차이가 엿보인다. 셋째로, 루터의 기독교인의 자유가 사랑과의 관계 속에서 개인 윤리의 차원에 머물렀다면, 쯔빙글리와 칼빈은 교회와 국가의 조직과 관련하여 어떻게 행사할 것인가 하는 문제와 관련시켰다.[7]

칼빈은 기독교인의 자유를 내세워 로마 가톨릭이 성경과 상관없이 제정하여 인간의 양심을 얽매도록 한 법에서 그리스도인들을 해방시켰다. 동시에 재세례파와 리베르틴파와 같은 율법 폐기론자들은 교회의 정당한 법의 제정 자체를 부인하나, 칼빈은 교회의 질서 유지와 선한 일치를 위해 성경에 근거한 법률 제정의 권한이 있다고 주장했다.[8] 교회에서 법이 필요한 것은 교회도 기본적으로 조직의 성격을 가지고 있기 때문이다.[9] 즉 교회법은 혼란을 방지하여 질서를 유지한다는 차원에서 율법의 정치적 용도를 가짐과 동시에 그들 사이에 건덕을 도모하고 경건의 형성을 돕는다는 측면에서 율법의 제3의 용도를 겸하여 가지고 있는 것이다.[10]

칼빈은 "세속적 정의와 외면적 도덕의 확립에 관계되는" 세상 정치를 다루었다. 그는 여기서 기독교인의 자유가 가져다주는 영적인 자유와 국가 질서의 올바른 관계를 밝히면서 재세례파를 비판하는 한편, 기독교의 올바른 국가 윤리에 대해 제시하였다. 그는 로마교회에 의한 교회의 국가 지배를 비판하면서 동시에 재세례파들이 국가권력의 합법성을 부인하는 것에 대해 비판함으로써 영적 정부와 세속적 정부를 구분하였다. 그리고 이러한 양자의 관계를 영혼과 육신의 관계와 비교했다. 기독교인들은 영적인 자유를 누리면서도 인간의 마음에 새겨진 자연법에 따라 국가 권력에 순종하게 된다. 즉 구원과 관련하여 율법에서 해방되었으나, 이제 자발적으로 하나님의 뜻인 율법에 순종하게 된다는 것이다.[11] 한편 칼빈은 국가의 기능이 국가의 질서를 유지하고 생명을 보호하며 이단을 방지하는데 있다고 했다. 사실 칼빈은 이때까지 영적 자유를 누리는 기독교 개인의 자격에서 이러한 문제들을 논의함으로써 교회와 국가 사이의 영적 통치와 세속 통치의 구분을 넘어선 관계에 대해서는 구체적인 언급을 하지 않았다.

3. 제네바 1차 종교개혁

　1536년 9월에 파렐의 강권으로 제네바 1차 종교개혁에 참여하면서 교회와 국가의 관계에 대해 드러난 칼빈의 사상에는 두 가지 특징이 있다. 당시 제네바는 시민들의 찬성으로 종교개혁을 수용한 상태였으나 여전히 개혁을 위해서는 여러 가지 일들이 산적해 있었다. 무엇보다 당시 개혁의 추진의 최종적인 결정권은 시의회에 있었고, 파렐과 칼빈은 단지 시의회에 고용된 목회자들이었을 뿐이다. 그럼에도 불구하고 칼빈은 파렐과 함께 자신의 개혁활동을 추진하는 과정에서 당연히 시의회의 협력 하에 제네바 시민들의 신앙생활을 전면적으로 개혁하고자 하였다. 맨 먼저 그는 제네바 시민 전체가 개신교의 신앙원리에 따라 작성된 신앙고백서에 서명하도록 시도하였다. 그래서 신앙고백서 제일 앞에는 제네바의 모든 시민들과 거주자들과 시골의 주민들이 이것을 지키고 준수하겠다고 약속해야만 하는 신앙고백서라는 부제가 붙어 있었다.[12] 그러나 이러한 제안은 검토를 위해 연기되었다.[13]

　둘째로 칼빈은 제네바 교회 성도들의 삶의 개혁을 구체적으로 시행할 제도와 원리에 큰 관심을 기울였다. 그러한 개혁을 시행할 제도에 대한 윤곽은 1537년에 1월에 제출된 "제네바 교회와 예배의 조직에 관한 규정"(Articles concerning the Organization of the Church and of Worship at Geneva)에 나타나 있다. 여기서 칼빈이 가장 관심을 기울인 것이 성찬의 시행으로, 최소한 한 달에 한 번씩 실시하자고 제안하였다. 그런데 이러한 성찬의 잦은 시행을 제안한 것과 동시에, 칼빈은 바울이 합당하지 못하게 성찬에 참여하는 사람들에게 했던 경고에도 깊은 관심을 기울였다. 그래서 그는 합당하지 못한 사람들의 참여를 막기 위해 성도들의 생활에 대한 감독 및 권징을 시행하고자 하였다. 그는 이러한 권징의 목적을 예수 그리스도께서 모욕당하지 않고, 당사자들로 하여금 잘못에서 돌이키도록 하며, 다른 사람들도 나쁜 영향을 받지 않도록 방지함으로써 교회 전체의 거룩성을 유지하는 것에 두었다.[14]

한편 칼빈은 이러한 치리를 위한 방안도 강구하였는데, 먼저 평신도들 가운데 덕망있는 사람들을 각 행정구역에 따라 선출하여 그들로 하여금 성도들의 신앙생활을 감독하도록 하는 것이었다. 권징 절차는 제일 먼저 목사가 책망과 권면을 하고, 이를 듣지 않으면 교회에 알리고, 그 후에 총회에 공포하며, 그래도 완강하게 고치지 않으면 출교시키는 것이었다. 출교 당한 사람은 수찬을 정지당하고, 다른 성도들과 교제할 수 없었으나, 자신의 교정을 위해 설교를 들으러 교회에 와야 했다.[15]

칼빈은 여기서 다시 신앙고백에 전체 시민이 서명해야 할 필요성을 분명하게 설명했다. 신앙에서 우리와 결합한 사람들이 다만 그들의 악 때문에 파문되어야 한다면, 신앙의 구별보다 더 중요한 구별이 없으므로 이와 관련된 모든 것에서 우리에게 반대되는 사람들이 교회 안에서 관용되어서는 안 되는 강력한 이유가 여기에 있었다. 그러므로 칼빈은 "여러분의 도시의 모든 거주자들이 그들의 신앙을 고백하여 신앙에 대한 이유를 제시해야만 한다는 것을 여러분들에게 제안한다"고 선언했다. 그리고 이러한 서명의 목적은 "복음과 조화되는 사람들과 예수 그리스도의 왕국보다 교황의 왕국에 속하는 것을 사랑하는 사람들을 구별하려는 것"이었다. 칼빈은 시의회 의원들이 시모임에서 신앙을 고백하는 것이 "이제 기독교 관리들의 행동이 될 것이다"라고 지적했다. 먼저 시의회 의원들이 고백한 후에 목사와 협력하여 모두 서명하게 만들 시의원을 지명하여 "이것이 이 한 번만 시행되게 하자"고 제안했다.[16] 그는 관리들이 먼저 신앙고백에 서명을 하고, 모든 시민들에게 서명을 하도록 추진하고자 하였다.

칼빈의 이러한 개혁방안은 어디에서 온 것일까? 칼빈은 교회와 국가를 구분하는 루터의 두 왕국 사상을 받아들인다. 그러나 그는 국가에 예속되어 개혁되는 교회 형태에 대해서는 거부하였다. 오히려 국가와 협력하여 모든 성도들이 신앙고백서에 서명하도록 한 것에서나 그들의 자녀들로 하여금 유아세례를 받도록 한 것에서는 쯔빙글리와 비슷한 면이 있다. 그렇지만 루터의 두 왕국 사상을 비판하면서 교회와 국가를 분명하게 구분하지 않았던 쯔빙글리의 사상은 받아들이지 않았다. 따라서 칼빈은 교회와 국가를 분명하게 구분하되, 상호간에 협력을 통해 교회와 사회를 철저하게 개혁하고자 하였다. 여기서 칼빈의 가장 중요한 특징은 국가의 재판권과 구별되는 교회의 권징의 권리를 확보하려는 것이었다. 이러한 모델은 외콜람파디우스가 1530년에 바젤에서 시도하였고, 그 후에 부처가 이어받은 것이었다. 칼빈이 외콜람파디우스에게서 직접적으로 영향을 받았는지는 확인할 수 없으나, 그가 개혁했던 바젤에서 칼빈이 1535-6년에 거주했는데, 이 무렵에는 외콜람파디우스의 주장을 담고 있는 저술들이 출판되었으므로 간접적으로 영향을 받았을 가능성이 있다.[17] 칼빈이 이미 1537년에 국가와 구분되는 교회의 권징권을 분명하게 주장하는 것을 볼 때 외콜람파디우스의 모델을 이미 알고 있었던 것으로 보인다. 물론 칼빈은 제네바에서 1차 개혁이 실패한 후에 스트라스부르그에 가서 3년간 부처의 개혁활동을 보면서 치리와 장로제도에 대해 더욱 분명한 지식을 얻게 되었다.[18]

칼빈이 교회의 독립된 치리권을 적용하고자 했던 분야는 성찬식이었다. 그는 성찬식을 고린도전서 11장에 따라 하나님의 중요한 은혜의 수단으로 거룩하게 시행되어야 한다고 보았기 때문에, 여기에 합당하지 않은 사람들의 참여를 막고자 하였다. 그러나 이러한 요구는 당시 시의회에서 수용되지 않았다. 칼빈은 "성찬이 자주 시행되고 합당하지 않거나 성찬에 대한 존경심을 가지고 있지 않은 사람들이 감히 참여할 생각을 할 수 없을 정도로 좋은 감독이 이루어지지 않으면 교회가 훌륭하게 질서가 잡혀 운영된다고 말할 수 없다"고 하였다.[19] 그래서 그는 교회를 온전하게 유지하기 위하여 출교의 치리가 필수적이라고 주장하였다. 이에 반해 쯔빙글리는 성찬과 권징을 연결시키는 것을 반대하였다. 그는 성찬을 믿음으로 받는 사람은 효력이 있으나 믿음으로 받지 않으면 아무런 효과가 없기 때문에 굳이 그들을 징계할 필요가 없다고 하였다.[20] 하지만 칼빈은 성찬의 효력은 믿음으로 받는 것일지라도 합당하게 받지 않으면 오히려 죄가 된다는 바울의 입장을 그대로 인정하면서 권징을 강조하였다.

칼빈은 베른 방식에 따라 부활절에 성찬식을 행하라는 명령을 거부했고, 그 결과 제네바를 떠나라는 명령을 받고 스트라스부르그로 가게 되었다. 이러한 사태가 발생한 것은 파렐을 지지하던 기욤파가 베른과의 밀접한 동맹을 주장하던 조항파(Articulant)에게 패배하였기 때문이었다. 나피는 이들 사이에서 도덕적인 문제에 대한 견해 차이보다는 베른과의 관계 설정이 더 중요했던 것으로 보인다고 하였다. 왜냐하면 양자 모두 도덕적인 개혁을 원하고 있었고, 칼빈이 추방된 후에 집권한 사람들도 도덕 개혁을 강화하였으며 베른의 모형에 따라 치리기구를 설치하고자 시도하였기 때문이라는 것이다. 그러므로 이 때 칼빈의 요구가 수용되지 않은 것은 도덕개혁의 찬반보다는 베른과의 관계 설정에 기인한 것이었다고 한다. 물론 베른은 칼빈이 요구하던 교회의 독립된 치리권에 대하여 반대하였다. 여하튼 이러한 나피의 분석은 당시 양파의 대립의 핵심이 베른과의 관계 설정이었지, 칼빈의 요구의 수용 여부가 아니라는 면에서 일면 타당성이 있다.[21] 그러나 기욤파든 조항파든 칼빈의 독립된 치리권의 요청을 수용하지 않으려 했다는 점에서는 똑같다. 그러므로 제네바 관리들과 칼빈과 파렐 사이에는 교회와 국가의 관계에 대해 근본적인 인식 차이가 있었던 것으로 보인다. 제네바 관리들은 그들이 주도하여 종교개혁을 추진하면서 목사들을 통제하는 베른의 모형을 따르고자 하였던 반면,[22] 칼빈은 교회가 주도적인 위치에서 국가의 지원을 받아 종교개혁을 추진하는 모형을 추구하였다. 칼빈은 『기독교 강요』 초판에서부터 교회와 국가의 관계를 영혼과 육체의 관계로 설정함으로써 국가에 대한 교회의 중요성을 강조하였다.

4. 제네바 2차 개혁

1541년 9월에 제네바로 귀환한 칼빈은 즉시 교회법을 제정하고 그 후에 목사, 장로, 집사, 교사의 4중 직제를 설치하였다. 그리고 권징을 위해 목사와 장로로 구성된 장로치리회를 설치하였다. 그런데 이 때부터 칼빈은 국가로부터 독립된 교회의 치리권을 확보하기 위해 계속해서 시의회와 힘겨운 싸움을 해야만 했다. 1541년 선거에서 기욤파가 승리하자 그들은 칼빈에게 제네바로 귀환할 것을 요청하였고, 그의 교회법 제정을 적극적으로 후원하였다. 하지만 교회의 독립된 치리권에 대해서는 관리들과 목사들 사이에 근본적인 견해 차이가 있었다. 제네바 관리들과 시민들은 1535년의 독립전쟁과 1538-41년 사이에 조항파와 기욤파의 싸움의 과정을 거치면서 제네바의 독립을 유지하는 것이 그들의 정책의 첫 번째 목표였다. 1538-41년 사이의 전투에서도 가장 중요한 문제는 제네바의 독립을 확실하게 유지하는 것이었다. 그러므로 칼빈이 귀환한 후에도 제네바 관리들은 자신들이 제네바의 독립을 쟁취한 독립 유공자들이고, 그러므로 자신들이 제네바 통치의 핵심이 되어야 한다고 생각하였다. 따라서 목사들은 자신들이 월급을 주고 고용한 사람들이므로 자신들의 통제 하에 있고 회중들에 대한 치리권은 베른의 모델에 따라 당연히 관리들의 수중에 있어야 한다고 믿었다. 반면에 칼빈은 처음부터 국가로부터 독립된 교회의 치리권을 확보하는 것을 자신의 개혁활동의 가장 중요한 목표로 삼았을 뿐만 아니라 나아가 제네바의 정치와 사회 또한 거룩한 모습으로 바꾸고자 하였다. 그러므로 칼빈을 중심으로 한 목사들의 시각과 제네바 관리들의 시각은 근본적으로 달랐고, 결국 양자는 충돌할 수밖에 없었다.

그러면 이러한 상황에서 칼빈은 어떠한 과정을 거쳐 교회의 독립된 치리권을 확보하였을 뿐만 아니라 그 치리권의 행사를 통해 제네바를 거룩한 도시로 만들었을까? 칼빈의 제네바 2차 개혁 작업은 ① 세력기반 구축기(1541-1546) ② 관리들과의 대립-갈등기(1546-1555) ③ 리베르틴파의 붕괴(1555) ④ 개혁완성기(1555-1564)라는 4시기로 나누어 볼 수 있다.

1) 세력 기반 구축기

칼빈은 제네바로 귀환하면서 교인들의 삶의 실질적인 개혁을 추진하고자 했다. 그리고 이를 위해 교회의 직제를 마련할 뿐만 아니라 목사들의 모임인 목사회와 장로치리회도 설립했다. 이러한 제도들은 시의회로부터 독립된 교회의 치리권을 확보하려는 칼빈 개혁의 핵심적인 것들이었다. 칼빈이 1541년 9월에 제네바로 귀환한 후 가장 중요하게 했던 일이 바로 교회법의 제정이었다. 이 교회법에서 목사를 세우는 과정은 목사들의 후보자 선택, 시의회의 승인, 그리고 신자들의 공동의 동의였다.[23] 그런데 킹던의 연구에 따르면 목사들이 선택한 후보자들이 거부된 경우는 거의 없다고 한다.[24] 그러므로 이러한 목사들의 선택과정에서 칼빈의 영향력은 상당했을 것이다.

칼빈은 제네바로 돌아온 후 5년여에 걸쳐 자신의 동료 목사들을 새롭게 영입하여 통일된 행동을 할 수 있는 강력한 목사회를 구성하였다. 1546년에 이르면 칼빈은 자신과 견해를 달리했던 이전의 목회자들을 정리하고 실력을 갖춘 프랑스 출신의 목회자들을 새로 충원함으로써 자신의 견해에 따라 조직적이고 체계적으로 일할 수 있는 목사회를 조직하게 된다. 예를 들면 칼빈이 제네바를 떠나 있을 때 목사로 왔던 Mornad와 Marcourt는 1540년에 사임하고, P. Denie도 1538년에 시골 목사로 왔다가 1539년에 사임한다. Fr. du Fons 역시 시골 목사로 왔다가 1541년에 사임한다. 반면 제네바 출신인 Bernard는 칼빈 이전에 있었으면서 그의 귀환 후에도 계속 남아 칼빈을 절대적으로 추종하였다. 칼빈이 추방될 때 의견을 달리해서 남았던 Mare는 칼빈이 온 뒤에 1543년 시골 목사로 옮긴 뒤에 어렵게 생활하다가 결국 1544년에 사임한다. 칼빈이 온 뒤에 몇 사람이 충원되었지만 정착하지 못하고 2-3년 만에 떠났다. 목사들의 숫자는 1538-40년 사이에는 6명에 불과했으나, 1541년에 8명에서 1544년에 17명으로 늘어난 후 16-18명선이 유지되었다. 그리고 1546년에 17명의 목사 가운데 1550년까지 단 10명만 사임하고 거의 그대로 재직하였다.[25]

그런데 이 시기에 도착한 목회자들 가운데 주목되는 인물들로는 Chauver, Cop, des Gallas, Poupin 등이 있는데, 이들은 모두 프랑스 출신으로서 상당한 학문적인 훈련도 받았고 좋은 가문 출신들이었다. 여기서 목사회의 성격, 능력, 특성이 완전히 바뀌게 된다. 1544년 제네바에 온 Des Gallas는 프랑스 귀족출신으로서 나바르 여왕의 목사직을 포함한 중요한 직책을 수행하게 된다. Chauver는 프랑스에서 신앙 때문에 수감된

적이 있는 유명한 개신교 지도자이자 강력한 설교자였다. Cop의 아버지 기욤 콥(Guillaume Cop)은 루이 12세와 프랑소와 1세의 주치의였고 그의 형제인 니콜라스 콥은 파리대학 총장이었던 명문 가문 출신으로 격렬한 설교자였다. Bourgoing도 귀족 집안 출신이었다. 이들은 모두 유명한 신앙 서적들을 출판하였다.[26] 그리고 이들 가운데 Bourgoing, Cop, St. Andre는 1550년 이후 프랑스 기금에 기부할 정도로 경제적인 여유가 있는 목사들이었다. 실력 있는 목사들이 강단을 통하여 통일된 메시지를 전파하면서 이들은 제네바 의사결정과 의견형성의 구심점 역할을 할 수 있었다.

칼빈이 이렇게 목사들의 조직을 완비한 것과 함께 또 한 가지 주목할 만한 변화는 장로치리회의 구성원의 안정이었다. 장로치리회는 칼빈이 귀환한 1541년 12월 9일에 첫 번째 회의가 열리면서 출발하였는데, 여기에는 12명의 장로들이 참여하였다. 1541년의 교회법에 따르면 이들 가운데 2명은 소의회에서, 4명은 60인회에서, 6명은 20인회에서 선출하는 것이 좋다고 규정하고 있다.[27] 따라서 장로들은 관리들의 대표자들이었다. 그런데 실제로 장로치리회의 구성원들은 1명의 사회 보는 행정장관, 다른 2명의 소의회의 의원, 60인회와 200인회에서 선출하는 9명으로 구성되었다.[28] 한편 1543년부터는 장로명단을 확인할 수 있는데, 행정장관과 소의회 출신의 장로직은 길어야 3년이고 대부분 그 이하 기간 동안 재직하였다. 그런데 그 이하의 의회에서 나온 장로들은 1543년부터 45년까지는 변동이 심하나, 1546년부터는 적어도 7명의 장로가 1552년까지 지속적으로 장로직을 보유하였다. 그리고 한 명은 1547년부터 1552년까지 장로직을 보유하였다.[29] 8명의 장로는 장로치리회의 12명 가운데 2/3를 차지하는 숫자이다. 따라서 이렇게 지속적인 장로직들의 안정적인 구조는 칼빈을 비롯한 목사들의 역할을 강화시켜 주었을 것이다.

당시 장로들은 명문가문 출신이 많지 않았고, 1538년에 베른과의 협상에서 패배했던 조항파(Articulant)의 후손들이 많았다.[30] 8명 가운데 Dorsiere, Chappius, Chiccand, Genod 등 4명은 그들과 관련되어 있었고, Bertillion은 그 당파의 구성원이었다. 흥미로운 것은 1552년 칼빈의 반대파들이 집권하자 이 8명의 장로들 가운데 4명을 교체했는데, 조항파와 관련된 인물들 가운데 Dorsiere를 제외한 나머지 인물들은 1552년 이후에도 계속해서 장로직에 머물렀다. 이들은 1555년 칼빈이 승리한 이후 그의 지역적 지지자들의 핵심 실질적인 부분이 된다. M. Blandin을 제외하고 모든 사람들이 어느 시점에 제네바의 시민 법정(civil court)에서 봉사하였다. 이것은 민사사항을 재판하는 어떤 전문가 혹은 성향을 암시하는 것 같다. 그러한 분쟁들이 장로법정의 사건들의 다수를 차지하였다. 그러므로 처음에 이들은 그들의 특별한 자격 혹은 개인적인 관심사들 때문에 장로가 되었던 것 같고, 후에는 목사들의 강한 영향력 아래 들어가게 되었던 것 같다.[31] 여하튼 이들의 연합은 1546년 이후 제네바 교회 구조에 안정적인 요소로 작용하였다.

2) 제네바 관리들과 목사들의 대립과 갈등기(1546-1553)

칼빈이 목사회와 장로치리회의 안정적인 구조를 구축한 후인 1546년부터 1550년까지 칼빈을 비롯한 목사들과 제네바 관리들 사이에 여러 가지 갈등들이 발생하였는데, 이러한 충돌에 관한 인식에 있어서 칼빈과 관리들 사이에 견해 차이가 있었다. 첫째로, 칼빈은 이 시기 동안에 제네바 관리들의 부도덕과 성적 타락이 증가하여 하나님의 말씀에 대한 불순종이 만연되어 있다고 판단하였고, 그리하여 이들을 방종파(libertine)라고 불렀다. 그러므로 칼빈을 비롯한 목사들은 이들에 대하여 강력한 비판의 입장을 견지하였다. 반면에 관리들은 외국인들이 자신들의 생활에 침해하는 것을 못마땅해 했다. 이들은 자신들이 사보이와의 전쟁을 통해 도시의 자유를 얻었고, 기욤파들은 베른과의 전쟁의 위험도 무릅쓰고 독립과 자유를 지켰는데, 이제 와서 외국인인 프랑스 목사들이 자신들의 자유에 간섭하려 드는 것에 대하여 민족적인 이질감과 함께 많은 거부감을 느꼈다.

이 시기에 성적인 타락이나 방종의 증가 여부를 1542년과 46년, 50년 장로치리회에서 다룬 사건들, 그리고 1541년부터 1550년까지 형사재판소(Criminal court)에서 다룬 사건들을 분석한 후, 나피는 성적인 범죄나 도덕적인 해이가 발생했다는 결론을 내리기 어렵다고 말했다. 오히려 전체 사건 가운데 그러한 범죄 발생률은 전체 범죄 발생률보다 하락하였다고 한다. 이러한 결과는 어쩌면 장로치리회가 제대로 작동하면서 도덕적인 상태가 개선된 것으로 볼 수도 있을 것이다. 하지만 비록 전체 발생률로 따지면 줄어들었으나 사건 자체의 건수는 오히려 증가하였다. 그러므로 목사들은 이러한 발생 사건의 확대에서 도덕적인 타락이 증가했다고 판단했을 가능성도 있다.[32]

그리고 장로치리회가 처음에 다룬 사건들에서는 여성들이 많았다. 여성들은 자녀 양육 때문에 예배 참석이 어려운 측면이 있었고, 그와 함께 새로운 개신교의 교리를 제대로 이해하지 못하는 경우가 많았기 때문이다. 그러나 뒤로 갈수록 남성들의 비율이 올라간다. 이는 장로치리회와 충돌하는 사람들 가운데 남성들이 많았기 때문이고, 이러한 가운데 성적인 문제의 건수가 증가하는 것은 장로치리회의 기능이 강화되었기 때문일 가능성이 높다. 또한 남성들이 많아지는 것은 결국 목사들과 제네바의 엘리트 지배 계층 사이에 여러 가지 갈등들이 발생하면서 이들에 대한 치리가 장로치리회에서 많아졌을 가능성도 있다. 그러므로 이 시기에 발생했던 여러 가지 갈등들과 대립들은 단순한 도덕적인 타락의 문제라기보다는 결국 제네바 사회의 지배권에 대한 갈등에서 나왔을 수도 있다.[33] 더구나 재판 법정이나 장로치리회에서 다룬 사건들 가운데 압도적인 비율을 차지하는 것은 도덕적인 것들보다 개인들 사이의 논쟁과 관련된 것들이었다. 이는 장로치리회가 아주 극단적인 공적 방식으로 그들의 생활에 간섭했음을 보여준다. 그러므로 1550년경에 발생하는 목사들과 관리들 사이의 위기의 원인은 장로치리회가 정상적으로 작동하면서 남성들을 중심으로 한 성적인 문제나 도덕적 해이와 관련된 사건들의 숫자가 많아졌기 때문이다. 그래서 칼빈은 이들은 방종파라고 불렀으나, 나피는 오히려 실질적으로는 전체 범죄 발생 건수에서 그 비율이 줄었다고 지적한다.

둘째로 제네바에서 관리들과 목사들의 충돌의 직접적인 원인들 가운데 하나는 외국인들, 특히 프랑스의 종교적 피난민의 도착이었다. 특히 1546년 이후에 외국인들의 성장하는 권력의 문제는 제네바 지배 계층의 중요한 관심사가 되었다. 특히 1549년 이후에 영향력 있는 프랑스 난민들의 도착이 제네바에서 심한 정치적, 사회적인 문제들을 일으켰다.[34] 1546년까지 제네바를 통과하는 가난한 외국인 피난민들에 대한 정책은 그들의 기본적인 필요를 채워주고 그들의 길을 가도록 도와주는 것을 중심으로 진행되었다.[35] 그런데 1546년 이후에 제네바에 종교적 박해를 피해 정착하려는 사람들의 숫자가 많아지자, 이제 쟁점은 제네바를 통과하는 피난민들을 도와주는 것이 아니라 그들이 머물러 권력을 잡고 영향력을 행사하려는 성향을 제어하는 것이 되었다.

이를 위해 두 가지 외국인 통제 정책이 시행되었는데, 첫째는 토착적인 제네바 사업가들의 세력을 약화시키는 외국 상인들의 능력을 제한하는 것이었다. 1544년 7월, 제네바 시는 크게 압박을 받는 지역 상인들을 위해 도시로부터 모든 외국 상인들을 금지하려고 시도하였다. 상인들의 업종과 겹칠 경우 경쟁이 격화되고 민족적인 반발을 일으킬 가능성이 높았기 때문이다. 반면에 출판업과 같이 제네바의 업종과 겹치지 않을 경우에는 제네바 시의 통제 아래 있기만 한다면 오히려 환영받았다.[36] 둘째는 제네바 시에 대해 충성을 맹세하는 재력 있는 외국인들에게 부르주아의 자격을 판매함으로써 그들을 시에 통합하는 것이었다. 물론 부르주아의 권리를 팔아 그들을 동화시키려는 정책은 그 이전에도 있었다. 통계로 보면 1535년에 50명이 넘었는데, 이는 독립전쟁으로 줄어든 선거권자들을 보충하려는 것이었고, 1547년에 138명이 들어온 것은 1542-5년에 걸쳐 창궐했던 전염병으로 줄어든 인원을 보충하려는 것으로 90명이 제네바 지방 출신이었다.[37]

이것이 1546년 이후에는 모든 거주자들을 개별적으로 통제하고 그들을 도시에 연계시키려는 시도로 강조점이 이동하였다. 이렇게 해서 1546년 7월과 1548년 초 사이에 시의회는 모든 거주하는 외국인들로 하여금 제네바 시에 대해 충성을 맹세하도록 하는 포고령을 발표하였다. 1549년에는 부유하고, 심지어 귀족 출신 피난민들까지 들어오기 시작하는데, 이들 가운데 많은 교육을 받고 신분 좋은 프랑스인들과 이탈리아인들에 대해서는 주목할 만하다. 1549년 5월에 하나님의 말씀 때문에 피난민이 된 10명의 프랑스 신사들(gentlemen)이 거주자로서 첫 번째 등록자들이 되었다. 1551년에는 정착하는 사람들에게 부르주아의 자격을 사도록 하여 제네바 시에 동화되도록 하였다. 그러나 이러한 동화정책은 프랑스인들의 정치권력을 증가시킬 것이 우려되어 그들의 권한을 제한하고자 하는 논의를 촉발시켰다. 그래서 1551년에 소의회는 부르주아들에게 25년 동안 투표권을 제한하는 시도를 했으나, 기존의 부르주아들의 반대로 시민총회에서 승인받지 못하였다. 왜냐하면 부르주아 영입을 제한하려는 계획은 제네바의 현 상태에 대한 정치적 위협을 일으킬 수 있다는 두려움이 증가했기 때문이다.

1551년에 일부 지방 제네바인들은 부유한 프랑스 피난민들의 정착이 그들의 권위에 제기했던 미묘한 정치적 위협을 감지했던 것같다. 일반적으로 정치권력이 균형 상태에 있을 때는 소수의 변동으로도 권력의 변화를 가져올 수 있는데, 이런 점에서 이들은 칼빈과 그의 지지자들로 하여금 제네바의 정치적 균형을 흔드는데 사용될 수 있는 커다란 인재풀을 선물하였다. 더구나 이들은 제네바 인들과 거의 섞이지 않았다. 1557년 이전에 제네바에서 결혼했던 440명의 프랑스 피난민들 가운데 16명만이 지역주민들과 결혼하였다.[38] 당시 피난민 공동체들은 결혼과 사업관계를 통해 결속되었다. 이들은 종교적 박해를 피해 추방당하거나 피난 온 공통의 경험이 있었다. 때문에 그들은 사회적 민족적 유대감을 가지고 있어 지역주민들과 유리되어 있었다.[39] 그래서 1551-2년 사이에 부르주아의 권리를 제한하자는 제안에 대해 논의가 확산되었다. 그러나 결국 부르주아의 권리를 제한하려는 사람들은 동료 시민들을 확신시키는데 실패하였다.[40] 그들은 부르주아 목사들이 시민총회에서 발언하는 것을 금지하는 데만 성공하였다. 특히 관리들은 새로운 부르주아의 영입을 심하게 제한하였다. 그리하여 칼빈 지지파가 승리한 1555년까지는 거의 부르주아 영입이 이루어지지 않았다.

셋째는 많은 제네바인들은 전통적으로 주어진 이름들을 금지하려는 목사들의 시도에 대해 분노하면서 충돌하였다. 칼빈을 중심으로 한 목사들은 제네바에서 가톨릭과 관련된 이름을 제거하고자 하였는데, 첫째는 신성과 관련되는 이름들을 제거하려고 하였다(예를 들어 예수). 둘째는 Claude,

Martin, Ayme, Mama 등과 같은 가톨릭 성인과 관련된 이름을 제거하고자 하였는데, Claude라는 이름은 완전히 사라졌다.[41] 세례명을 둘러싼 논쟁이 1557년 2월과 3월에 이르면 Martin de Molard을 비롯한 많은 저명한 시민들이 이런 정책과 연루되었는데, 이는 프랑스 목사들에 대한 외국인 혐오의 분노와 연결되었을 뿐만 아니라 출교권 논쟁까지 일으키는 결과를 낳았다. 그러나 관리들은 시민 총회의 자문을 받아 출교권은 인정하지 않고, 세례에서 성경적인 이름만 적용하도록 목사들에게 허용하였다. 하지만 1548년 여름이 되면 관리들조차 이러한 정책에 항의하기 시작한다. 일례로 Cop 목사가 Balthazar라는 이름으로 세례 주는 것을 거부하자 그의 아버지는 목사를 도둑놈이라고 불렀다. 또한 지방 관리 중 하나인 Nicolas Gentil은 더 이상 외국인들이 모든 것을 지배하는 상황을 참지 않을 것이라고 말했다. 여기에 소의회 서기(secretary)인 Philibert Berthelier와 그의 장인인 Jean Blanc도 가담하였다. 한편 이들에 반대하는 증인들은 모두 프랑스 피난민들이었는데, 칼빈 역시 소의회에 항의하는 그룹에 가담하였다.[42] 이와 같이 세례를 둘러싸고 갈등이 고조되어 갔다.

1550년 3월, 제네바 가문 출신인 Louis Bandiere가 세례 논쟁에서 반 프랑스 감정을 폭발시켜 체포되었다. 이는 많은 제네바인들이 세례 정책에 있어 자신들에게 외국의 관습을 강요하려는 시도로 인식하고 있었음을 보여주는 것이다. 1550년 9월, 페렝의 처남인 Gaspard Favre와 Baltazar Sept가 다른 세례에서 논쟁을 일으켜 체포되었고, 1551년 12월, Jean Baptiste Sept는 세례명을 제안했다 거절당했고, Philibert Bona는 이 예배 후에 일어나 소동에 참가한 것에 대해 책망을 받았다. 1552년 10월, Balthazar Sept는 칼빈이 세례주는 것을 거절했던 아들을 데려왔다. 그 이후에 Sept를 지지하는 무리들과 목사들 사이에 충돌이 일어나 Sept

와 Berthelier와 다른 시민들이 3일간 투옥되었다.[43] 많은 제네바 사람들은 목사들이 자신들을 모욕하고 있고, 자신들은 더 이상 이것들을 참을 수 없다는 견해를 공유하고 있었다. 그런데도 목사들이 이러한 제네바 시민들과 지배계층의 반발을 무시한 채 계속해서 성경적인 세례명을 사용하자 제네바 시민들은 공개적인 반항으로 항거하기 시작했다.

세례를 둘러싸고 일어나는 이와 같은 논쟁의 원인은 동일한 문제를 전혀 다른 시각에서 보고 있는 목사들과 제네바 시민 및 지배계층간의 충돌이었다. 칼빈은 제네바의 귀족들이 로마 가톨릭의 습관을 고수하려는 것으로 보고 강력하게 비판하였던 반면, 제네바 지도자들과 시민들은 외국인 목사들이 자신들의 전통과 삶에 부당하게 간섭하고 있다고 보면서 민족적인 감정에 근거하여 비판하였던 것이다. 급기야 1550년대 초반에 이르러 양측 간의 대립은 거의 화해가 불가능한 수준으로 치닫게 되었다.

3) 페렝파의 붕괴

1551년 9월, 신성로마제국 황제가 사망하면서 외부의 압력이 줄어들자 제네바 시 내부에 당파주의가 되살아나기 시작했다. 결국 1552년 선거에서 칼빈의 비판자들이 세력을 잡게 되었다. 그 때 목사들이 인정하지 않는 행동을 제어하려는 칙령이 제안되자 제네바의 지배층 가문들이 격렬하게 반대하면서 마침내 폭동으로 번졌다. 이와 함께 장로치리회의 권위의 올바른 범위에 대한 논쟁이 일어났다. Bonna는 장로치리회의 통치는 항고되어 전복될 수도 있다고 주장하였다. 이러한 가운데 개인적인 여러 가지 논쟁들이 당파적인 대립으로 번져나갔다.[44] 그리고 1553년 선거에서 4명의 소의회 대표들은 한 명의 칼빈주의자, 두 명의 온건한 지지자, 한 명의 반대자였고, 소의회는 반대파가 더 많았다. 목사들은 시민총회에서 발언하거나 투표하는 것을 금지당하고, 부르주아의 권리를 제한하려는 성향을 가진 사람들이 다수 선거에서 선출되었다.[45]

제네바에서 소수의 지배층 가문들은 자신들이 1535년 제네바 독립의 중심인물들로서 제네바의 독립과 자유를 지키는 사람들이라고 주장하였다. 그리고 주변의 취리히, 베른 등을 중심으로 다른 개혁도시들에서는 시의회가 출교권을 가지고 있었으므로 제네바에서도 이러한 형태가 유지되기를 바랐다. 그러나 칼빈을 중심으로 한 목사들은 제네바의 도덕적 상태가 하나님의 말씀에서 벗어나 타락한 상태이고 무질서하며, 따라서 철저한 개혁이 필요한 상태라고 보았다. 그리고 이들은 프랑스 피난민들의 후원을 얻으면서 제네바의 철저한 도덕적 개혁을 부르짖었다. 이러한 상황에서 대립구조가 점차 당파적 구조로 고착되어 1553년에서 1555년 사이에는 지속적인 충돌이 일어났다. 일례로 1553년 소의회가 1551년 장로치리회에서 출교당한 Berthelier의 항의를 받아들여 목사들의 반대에도 불구하고 해벌을 하게 되었다. 이에 목사들이 출교권은 장로치리회의 고유권한이라고 항의하자 소의회는 스위스 여러 도시들에게 자문을 구하는 편지들을 보냈다. 여기서 가장 결정적인 역할을 한 것이 취리히의 답장이었다. 당시 취리히의 지도자인 불링거는 취리히는 시관리들이 치리권을 가지고 있음에도 불구하고, 새로운 변화가 단합보다는 무질서를 가져올 것이라고 하면서 장로치리회가 치리의 주도권을 가져야 한다는 주장을 지지하였다.[46]

이러한 구조 속에서 페렝파는 1554년 선거에서도 우세를 유지하였으나 1555년에 이르면 칼빈파의 약간의 우세가 가능하게 되었다. 이러한 실질적인 우세가 가능하게 된 것은 페렝을 중심으로 한 인물들은 가문적인 폐쇄성을 벗어나지 못하였기 때문이었다. 그들은 부르주아들의 권리를 제한하려고 하였고, 제네바 총회에서 목사 부르주아들의 발언권을 봉쇄하였다. 이들의 이러한 자기 집단의 특권을 보호하려는 움직임은 결국 다른 사람들의 의심을 사게 되었고, 그들의 권력기반은 점차로 약화되어 갔다. 반면에 제네바 시민들은 목사들의 도덕적 개혁을 외치는 설교를 계속해서 들으면서, 대립이 지속되는 가운데 무질서와 혼란보다는 칼빈파의 점진적인 우세 속에 개혁의 길을 선택했던 것으로 보인다.[47] 그리고 프랑스 피난민들이 제네바 경제에 유익을 주면서 이들에 대한 반감도 줄어들게 되었다.

  소의회는 2월에 200인회에서 선출되고, 200인회는 다시 소의회에서 선출했다.[48] 1555년에 칼빈의 지지자들이 한 사람의 우세로 선거에서 승리하자 그들은 자신들의 지위를 강화하는데 신속하게 행동하였다. 무엇보다 프랑스 피난민들을 부르주아로 영입하였고, 한편으로 의심을 잠재우기 위해 조달된 돈은 제네바 부채를 갚는데 쓰겠다고 공언하였다. 이러한 부르주아의 영입에 대해 페렝파들은 부르주아에게 선거권을 주는 것에 반대하여 10년간 그 권한을 제한하려고 하였으나 소의회가 이를 거절하였다. 이에 칼빈의 반대자들이 1555년 5월 13일에 항의하자 그 문제는 200인회에게 이첩되었다. 하지만 결국 5월 16일에 폭동이 일어났다. 여기서 많은 사람들이 체포되거나 도망쳤다. 5월 27일에 소집된 200인회는 소의회의 제안에 찬성하여 새로운 사람들을 부르주아로 영입하는 한편 그들의 시민권까지 확정시키는 계획에 찬성하였다. 이 후 7월에 13명으로 축소된 소의회는 칼빈의 정적인 페렝을 정죄하였다.[49] 1556년, 130명 정도의 피난민들이 부르조아로 영입되었고 페렝파는 50여명 정도가 경고, 공민권박탈, 추방, 혹은 사형을 당했다. 당시 12,000명 정도의 인구에서 거의 동등하게 나누어진 선거권을 가진 양파에서 이러한 정도의 선거권 변화는 권력 구도의 변화를 가져오기에 충분하였다.

결국 페렝파는 몰락하였고 칼빈파들이 정권을 잡았다. 페렝파의 몰락의 가장 중요한 원인은 그들의 가족적인 폐쇄성과 권력독점에 따른 오만에 있었다. 66명의 페렝주의자들 혹은 조력자들 가운데 26명이 Balard, Berthelier, Favre, Hughes, Sept 그리고 Vandel 등의 저명하고 상호연결된 6가정과 관련되어 있었다. 칼빈주의자들은 승리한 후에 페렝파의 귀국을 완전히 차단했고 프랑스 피난민들의 유능한 인재들을 부르주아로 영입하는 한편 장로치리회를 통해 구축된 제네바 출신의 지지세력들로 제네바 의회들을 장악하여 칼빈의 지배를 확고하게 하였다. 그리하여 이후 칼빈이 원하던 도덕적인 개혁이 강력하게 추진될 수 있었다.

5. 나가는 말

칼빈은 1541년에 제네바로 귀환한 후 1555년에 지배권을 확보할 때까지 제네바의 정치세력들과 계속해서 충돌하였다. 칼빈을 비롯한 지지세력들은 반대 세력들에 대해 도덕적인 개혁을 반대한다고 하여 방종파(libertine)라고 명명하였다.[50] 하지만 앙드레 비엘러는 이들의 세력이 민족주의적인 성격을 가지고 칼빈에 반대하였다고 지적하며, 1555년의 반란의 성격을 민족주의적인 반란이라고 규정한다.[51] 물론 비엘러의 지적처럼 칼빈의 개혁에 반대하는 세력들이 민족주의적인 성격을 가진 측면도 있지만, 도덕적 개혁에 반대하는 측면도 어느 정도 가지고 있었다. 여하튼 그들은 취리히와 베른을 비롯한 스위스의 다른 도시들에서 진행되던 형태의 개혁, 즉 시의회가 치리권을 가지고 종교개혁을 추진하려던 성격이 강했던 것으로 보인다.

이러한 정치세력에 맞서 칼빈은 교회의 독립적인 치리권의 확보 및 설교와 치리를 통한 제네바의 전반적인 도덕적인 개혁을 추진하고자 하였다. 그리고 이를 위해서 칼빈은 1546년, 자신을 지지하는 안정적인 목사회와 장로치리회를 구성하였고, 그 이후 1549년부터 들어오는 프랑스의 영향력있는 피난민들의 지지를 받으면서 1555년의 선거에서 승리하였고 5월 16일에 일어난 반란을 계기로 페렝파를 제거함으로써 안정적인 지배체제를 구축할 수 있었다. 여기서 드러나는 것은 칼빈의 뛰어난 영적 지도력과 조직력이다. 그는 자신의 도덕적 개혁을 이루겠다는 목표를 향하여 강력한 설교와 권징 체제를 갖추었을 뿐만 아니라 이를 뒷받침할 수 있는 목사회와 장로치리회를 조직하였고 프랑스에서 박해를 피해 들어오는 영향력있는 인물들을 부르주아로 영입함으로서 자신의 세력기반을 구축하였다. 이로써 교회를 중심으로 한 개혁을 주장한 칼빈이 시의회와 관리를 중심으로 한 개혁을 주장하던 세력에 승리하여 루터나 쯔빙글리와는 다른 유형의 종교개혁을 추진하게 되었던 것이다.

13장
칼빈에서의 문화

이수영(새문안교회 담임목사)

1. 문화의 의미

칼빈이 문화를 어떻게 이해하였는가를 논하기 전에 먼저 '문화' 라는 말로 우리가 무엇을 가리키는지를 분명히 밝힐 필요가 있다. 만일 칼빈 자신이 '문화' 를 어떻게 정의했는지를 우리가 안다면 문제는 간단하지만, 우리가 그 정의를 갖고 있지 못할 때는 일반적으로 인정되는 문화에 대한 정의를 따라 칼빈의 사고가 무엇인지를 알아볼 수밖에 없다. 그런데 문화의 의미에 대한 이해가 사람마다 제각기 다르다. 따라서 문화에 대한 어느 정의가 옳으냐를 논하는 것은 긴 시간을 요하는 또 다른 문제가 될 것이다. 그러므로 여기서는 우리가 생각하는 문화에 대한 이해를 설정해놓고 이에 대한 칼빈의 이해를 살펴보려고 한다. 우리는 문화를 어떤 특정 사회나 공동체 혹은 인류가 그 이성, 감성, 의지 등의 능력을 통해 이룩한 종교적, 학문적, 윤리적, 사회적, 기술적 발전과 그 결과 및 특성을 총체적으로 일컫는 말로 이해한다.

먼저, 칼빈은 인류가 창출하고 발전시켜온 문화를 인식할 줄 알았고 그 문화를 만들어내는 인간의 능력을 과소평가하지 않았다. 그는 철학, 수사학, 의학, 정치학, 윤리학, 예술, 인문과학, 온갖 제조기술의 개발과 개선 등 인류가 이루어 놓은 놀라운 결과들을 있는 그대로 인정했고, 또 타 피조물과 비교해서 인간이 지닌 탁월한 능력들을 긍정적으로 관찰했다. 그러나 자연적 인간과 그 문화에 대한 칼빈의 이해와 평가에는 분명한 한계가 있다. 그는 인간이 가진 능력을 무한정 예찬하지 않았을 뿐만 아니라 그 한정적이나 긍정적인 능력 자체도 자연적 인간 스스로에게서 말미암은 것으로 보지 않았다.

2. 인간과 문화에 대한 칼빈의 기본적 입장

여기서 우리는 칼빈의 인간이해를 살펴보지 않으면 안 된다. 그의 인간이해는 죄와 하나님의 형상이해를 중심으로 한다. 그는 죄로 말미암아 인간에게서 하나님의 형상이 심하게 손상되었다고는 하나 완전히 소멸되었다고는 말하지 않는다. 오히려 여전히 하나님의 형상의 불티가 남아있다고 보는데, 그것은 모든 인간에게 심겨져 있는 종교의 씨와 양심과 그 밖의 여러 가지 능력들 때문이다. 하나님께서는 비록 죄를 범한 인간이기는 하지만 그 인간을 단숨에 악마나 짐승 같은 존재로 만드시거나 인간사회를 도저히 살 수 없는 혼란과 무법천지의 세상으로 만들지 않으셨다. 그래서 하나님께서 특별한 은혜로 남겨주신 그 '자연적 은사들'을 통해서 인간은 가정과 사회, 국가를 이루고 그 질서를 유지하며 공공의 복지를 도모하고 삶의 편리를 위한 발명과 개발을 거듭하며 보다 유쾌한 삶을 향유하기 위해 예술을 발전시키고 온갖 학문의 발달을 이루게 된 것이다.

이것이 바로 하나님의 보편적 은혜이며, 문화는 이 하나님의 보편적 은혜로 인해 가능한 것이라는 사실이, 따라서 문화는 하나님과 결코 무관하지 않다는 사실이 분명해진다.

그러나 "세상적이고 인간적인 일들"에 관한 이러한 인간의 능력들은 결코 온전한 것이 아니라 상당한 정도 죄로 말미암아 손상되고 오염되었음을 칼빈은 간과하지 않는다. 우리에게 남겨진 얼마만큼의 지각과 판단력과 의지는 많은 어두움에 싸여 있어 온전할 수 없다고 그는 말한다. 따라서 비록 세상적이고 인간적인 일들에 관한 것이라 하더라도 인간이 사고하고 판단하고 행하고 이루어 놓은 것들을 모두 옳고 좋고 완벽한 것이라 할 수 없다. 따라서 문화는 비판적 검토의 대상임이 분명하다.

다른 한편, "천상적이고 영적인 일들"에 관해서는 죄로 말미암아 인간의 능력이 전적으로 무력해졌다는 것이 칼빈의 생각이다. 하나님을 알고 그의 뜻과 그의 나라의 진리, 구원의 비밀, 영적 삶 등에 관한 한 인간은 완전히 눈이 멀고 길을 잃은 상태에 있다. 하나님께서 남겨두신 종교의 씨도 하나님의 존재를 부인할 수 없을 만큼 막연하게 느낄 수 있는 정도에 그치며, 양심도 지극히 상식적인 선을 알고 행하는 근거는 되나 하나님의 뜻을 온전히 행케 할 수 있는 기능을 갖지는 못한다. 그러므로 자연적 인간이 그들에게 남겨진 자연적 능력을 가지고 만들어 놓은 문화는 근본적으로 비신앙적이며 반신적(反神的)이고 하나님의 나라와는 무관한 요소들을 내포하고 있으며, 따라서 그리스도인들에게는 무조건 수용될 것이 아니라 신앙적 비판의 대상이 되어야 함이 분명해진다.

이상과 같은 인간과 문화에 대한 칼빈의 기본적 입장은 다음과 같은 그의 짤막한 한마디 문장 속에서도 충분히 드러난다: "그림을 그리거나 조각을 하는 기술은 하나님의 선물이기에 나는 하나님께서 그의 영광과 사람들의 행복을 위하여 사람들에게 주신 것이 무질서한 오용에 의해 타락하고 오염되지 않도록, 또 그것뿐만 아니라 우리들의 황폐로 돌아서지 않도록 그 사용이 순수하고 적법하게 지켜질 것을 요구한다." 이 문장 속에는 그리스도인들이 문화를 어떻게 대할 것인가에 관계된 거의 모든 주요사항이 간결하게 요약, 함축되어 있다. 그것들을 다음과 같이 몇 가지로 정리할 수 있다. 첫째, 문화를 일으키는 인간의 능력들은 하나님의 은혜의 선물이다. 둘째, 그 능력들은 하나님의 영광과 사람들의 행복을 위하여 주어졌다. 셋째, 따라서 그 능력들은 하나님의 뜻에 따라 질서 있고 바르고 순수하게 사용되어야 한다. 넷째, 만일 그렇지 못할 경우 문화는 인간의 번영이 아니라 오히려 인간의 황폐화를 의미하는 것이 된다.

3. 문화비판의 기준

이러한 칼빈의 사고에 입각해 볼 때, 하나님의 나라를 위하여 인간과 우주만물을 창조하시고 예수 그리스도를 통하여 인류를 구원하시며 성령으로 날마다 성화시키시는 삼위일체 하나님을 믿고 고백하는 그리스도인들에게 있어서는 진정한 문화, 즉 이 세상과 인간이 본래대로 바르게 질서 잡힌 문화는 오직 기독교적 문화일 수밖에 없음이 자명해진다. 따라서 우리는 모든 문화를 기독교 신앙의 입장에서 비판적으로 분석하고 이해할 수 있으며, 나아가 기독교적 문화를 적극적으로 창출해 나가야 하리라 본다. 이 세상의 문화들을 비판하는 기준이 되는 주된 물음들은 크게 첫째, 창조주 하나님의 존귀와 영광이 가려지지 않고 드러나는 문화인가 하는 것, 둘째, 예수 그리스도를 통한 구원의 진리와 그에 대한 신앙고백이 담겨진 문화인가 하는 것, 셋째, 하나님의 나라에 대한 갈망과 그 도래에 대한 확신적 기대가 상징적으로 나타나는 문화인가 하는 것이다. 또 문화가 참된 문화, 즉 기독교 문화가 되기 위해서는 첫째, 자연적 인간의 이성이나 감정으로부터 나온 것이 아니라 하나님의 말씀과 성령의 감동으로 조명되고 변화된 이성과 감정, 양심과 의지의 산물로서의 문화여야 할 것이고, 둘째, 하나님의 영광과 하나님의 뜻에 따른 인간의 행복을 추구하는 문화, 즉 하나님의 나라를 지향하는 문화이어야 할 것이며, 셋째, 예수 그리스도의 마음을 품고 하나님, 사람, 그리고 자연과의 화해와 삶을 추구하며 실현하는 문화여야 할 것이다.

이로써 세속문화나 다양한 전통문화 혹은 토속문화와 기독교 신앙이 어떤 관계 속에 있어야 할 것인가 하는 해묵은 문제에 관한 칼빈적 답변은 명쾌하게 주어졌다고 본다. 모든 문화는 죄를 범한 인간에게 하나님께서 그의 자비와 깊은 섭리 속에서 남겨주신 능력들의 산물이다. 따라서 모든 문화는 인간들이 하나님의 자연적 은혜의 선물들을 어떻게 사용(또는 어떻게 오용)하고 어떻게 발전(혹은 부패)시켜 왔는가를 더듬어 살펴볼 수 있는 자기성찰의 자료로서의 가치를 지닌다. 그러나 하나님의 말씀과 성령에 의해 조명되지 않은, 즉 믿음으로 변화되지 않은 인간의 능력들로 말미암은 문화는 결코 하나님을 기쁘시게 할 수 없고 모든 사람들에게 진정한 행복을 줄 수 없으며, 결국 하나님의 진노와 심판의 대상이 될 뿐이다. 따라서 신학적 검토와 신앙적 여과 없이 우리 민족의 고유 전통문화라고 하여 무조건 모든 것을 수용하고 예배나 교회의식 속에 무분별하게 도입, 혼합하려는 시도는 하나님께 대한 영적 간음을 행하는 결과를 낳을 가능성이 많음을 주의해야 할 것이다.

전통문화 속에서도 참된 종교성이나 기독교적 신앙의 표현을 발견할 수 있다는 주장도 칼빈의 사고에 따르면 용납될 수 없다. 앞서도 언급했지만 인간에게 심겨진 종교의 씨는 하나님의 존재에 대하여 부인할 수 없는, 그래서 나중에 스스로의 불신에 대하여 핑계할 수 없게 하는, 어렴풋한 느낌을 갖게 하는 것뿐이며, 참된 하나님 인식에 이르게 하는 힘은 전혀 없는 것이기 때문에 이 종교의 씨에 근거해서 나온 문화 속의 종교현상들은 참된 구원의 진리를 표현하지 못하기 때문이다.

그러므로 문화를 하나님 인식의 원리로 삼고 신학의 출발점으로 삼으려는 모든 시도 또한 칼빈에게서는 거부될 수밖에 없다. 인간의 의지를 하나님 인식의 원리(principium cognoscendi)로 삼으려한 칸트(Kant)의 신학방법론이나, 이성을 하나님의 인식의 원리로 삼은 헤겔(Hegel)의 방법론이나, 종교적 체험이나 감정을 하나님 인식의 원리로 삼은 슐라이에르마허(Schleiermacher)의 방법론은 죄로 말미암아 이성, 감정, 의지 등 영육간의 모든 부분이 부패하고 오염되었으며 더군다나 하나님을 아는 일에 있어서는 전적으로 무력해지고 눈멀고 길을 잃었다는 칼빈의 사고에 의해 원천적으로 차단되는 것이다. 부패한 인간의 자연적 이성, 감정, 의지의 산물로서의 문화는 따라서 하나님 인식의 근거도 신학의 출발점도 될 수 없다. 문화는 신앙과 신학의 출발점이 아니라 그 변화를 향하여 신앙과 신학이 나아가야 할 목표물이다.

14장
칼빈주의가 한국사회와 문화에 미친 영향[1]

신국원(총신대학교 교수)

1. 들어가는 말

한국 교회는 세계가 주목하는 성장을 이루었으나 사회-문화적 영향력은 여전히 미약하다는 비판과 자성이 자주 제기되고 있다. 이는 장로교가 주류인 한국 교회 현실에 비춰 볼 때 매우 뼈아픈 지적이다. 왜냐하면 장로교 즉 칼빈주의 전통은 가는 곳마다 사회-문화적 변혁을 이루어낸 바 있기 때문이다. 따라서 이런 비판과 자성은 칼빈주의가 한국 사회와 문화에 과연 어떤 영향을 얼마나 미쳤는지 살펴볼 계기를 제공한다. 이 글은 그 영향력의 실제를 분석하여 미진함을 극복하는 단초를 발견함은 물론 앞으로 나아가야 할 방향을 가늠해보려 한다.

2. 칼빈주의의 사회-문화관과 영향력

칼빈주의의 특성은 다른 개신교 전통에 비해 시야가 넓다는데 있다. 우선 칼빈 자신이 좁은 의미의 신학자가 아니었다. 그는 신학을 넘어 사회-문화에도 많은 영향을 미쳤다. 스위스의 칼빈주의 학자인 에드워드 돔멘은 그 이유를 칼빈의 배경에서 찾는다. 우선 칼빈이 도시 출신으로 평생을 16세기 당시 막 발생하던 자본주의 환경 속에서 살았다는 사실에 주목한다. 부모가 노용의 교회 행정직에 종사하던 부르주아 계층 출신인 칼빈은 신학자로서 출발하기보다 법과 문학공부로 출발했다는 점도 중요시한다. 또한 칼빈이 사역했던 스위스의 제네바와 스트라스부르그가 상공업과 경제, 그리고 국제금융의 중심지였음도 주목한다.

이렇듯 평생을 경제와 문화활동의 중심지에서 사역했던 칼빈은 다른 개혁자들보다 사회-문화적 주제들에 대해서 더 많이 사고할 수 밖에 없었다는 것이다. 그 예로 칼빈이 자본주의에 수반되는 도덕적인 문제와 씨름한 것, 특히 이자를 받는 대부 행위(usury)의 적법성에 관해 상세히 논의한 사실에 대해 지적했다.[2] 돔멘만 이런 주장을 펴는 것은 아니다. 에른스트 트뢸취나 막스 베버 등도 같은 주장을 한다. 특히 베버는 자본주의뿐 아니라 근대적 민주 정치사상의 발전에 칼빈이 미친 영향이 매우 큰 것으로 평가하고 있다.[3]

물론 트뢸취나 베버가 칼빈 자신의 사상을 근거로 해서 이런 주장을 폈는지 아니면 그의 사상에 영향을 입었던 이들 중 특히 영국의 청교도와 같은 소위 '칼빈주의자'(Calvinists)들의 생활양식을 염두에 두고 그랬는지는 주의를 기울일 필요가 있다.[4] 하지만 칼빈 자신과 그의 가르침을 따르는 개혁교회가 사회-문화적 관심과 실천에 있어서 다른 전통보다 훨씬 강했던 것은 사실이다. 칼빈주의의 이러한 특징은 칼빈 자신이 『기독교강요』나 주석 그리고 많은 서신들에서 수없이 사회-문화적 주제들을 다루고 있는 것에서 비롯된다. 근래에 나온 경제와 사회사상에 관한 연구서들도 이 점에 대해 잘 밝힌 바 있다.[5] 아울러 스위스, 네덜란드, 영국, 미국, 독일 등 서구 여러 나라에 미친 칼빈의 문화적 영향에 관한 연구들도 한결같이 이런 사실을 가리킨다.[6]

한국 교회와 사회-문화에 미친 칼빈주의의 영향을 진단하기 위해서는 과연 그 사상의 어떤 내용이 이런 힘을 발휘해왔는지를 살펴보는 것에서 출발해야 한다. 여기에는 칼빈주의에 대한 전반적인 이해가 필요하다. 칼빈주의 사회-문화관은 그 신학체계 전반과 뗄 수 없는 것이기 때문이다. 이는 칼빈주의가 신학에 국한되지는 않으나 성경과 신학적 작업 위에 기초를 두고 있기 때문이다.[7] 뿐만 아니라 칼빈주의가 신학과 교회를 넘어서 사회와 문화 영역에 미친 영향력의 내용을 실제로 분리해내는 일도 간단하지 않다. 이는 하나의 사상이 사회와 문화에 미친 영향을 다른 영향력과 구별해 집어내는 일이 사실상 어렵기 때문이다. 또 칼빈과 그의 뒤를 이은 '칼빈주의자들'의 사상을 구별하는 것도 간단하지는 않다. 따라서 여기서는 칼빈의 사상이 역사 속에서 여러 사회-문화 환경 가운데 구체화되고 실천된 결과인 칼빈주의를 주목하고자 한다. 특히 한국 사회와 문화에 미친 칼빈주의의 영향을 논할 때 칼빈 자신의 사상뿐 아니라 유럽과 이를 우리나라에 전해준 주된 통로였던 미국에서 발전된 내용을 배제한다면 실질적인 논의가 불가능해진다.

칼빈주의의 유산을 생각할 때 가장 먼저 주목할 부분은 그 문화관의 핵심에 있는 하나님 주권사상이다. 칼빈의 사상은 신본주의 또는 하나님 중심사상에 기초해 있다. 이는 흔히 칼빈주의의 특징으로 생각하는 예정론이나 엄격주의보다 훨씬 근본적인 것이다. 하나님의 주권사상은 창조주이자 구원자로서 그의 주권이 창세로부터 종말적 완성에 이르기까지 모든 것에 미친다는 신앙이다. 칼빈의 제네바 신앙고백(1542)은 인간의 목적이 하나님을 알고 그에게만 영광을 돌리는데 있다고 선언한다. 칼빈은 하나님 주권사상에 기초하여 문화의 기원을 인간이 문화를 이룰 수 있도록 주신 자연적 은사에서 찾는다. 아울러 창세기 1:26-28 주석에 밝히듯이 문화를 인간이 세상을 맡아 다스리는 자로 만들어진 사실과 연관짓는다. 바로 여기서 개혁주의의 표지(標識) 중 하나인 인간을 세계를 가꾸고 다스릴 사명을 받은 문화의 청지기로 파악하는 '문화명령'(cultural mandate) 교리가 나온다. 또 카이퍼의 말처럼 "우주 전 영역에 단 한 인치도 하나님의 것이 아닌 곳은 없다"[8]는 고백도 나온다. 칼빈주의는 이런 고백 아래 영혼만이 아니라 사회–문화 전반에 대한 하나님의 주권을 선포하고 그것을 구현하는 삶을 추구해왔다.

칼빈주의 문화관의 또 다른 특징은 사회와 문화를 창조–타락–구속의 성경 전체 역사적 조망에서 바라본다는 점이다. 특히 '구속론'의 틀에서 문화를 바라보는 관점은 그것의 변혁주의적 성격을 결정한다. 그 변혁주의적 특성은 구속사적 관점에서 바라보지 않으면 살아나지 않는다. 물론 구속론적 관점만을 강조하면 자칫 문화의 의미를 축소시킬 위험이 있다. 예를 들어 칼빈이 문화를 추방당한 아담에게 삶을 영위토록 베푸신 자비, 곧 "하나님의 강력한 심판을 완화시키신" 자비의 결과로 국한시키는 것은 잘못이다.[9] 오히려 칼빈의 문화관은 창조와 섭리 또는 만물에 대한 하나님의 포괄적 경륜에 대한 이해라는 보다 넓은 지평 속에서 이해되어야 한다. 칼빈은 일차적으로 문화를 구속사보다는 오히려 하나님의 창조와 종말(완성)이라는 섭리의 맥락에서 바라보고 있기 때문이다.

칼빈주의 문화관은 문화 속에 나타나는 모든 선한 것을 하나님의 선물이요 성령께서 역사하신 결과로 돌린다는 점에서도 그 독특성을 찾을 수 있다. 따라서 소위 '자연적 은사'도 하나님의 선물이며 성령의 역사로부터 온 것이라고 주장한다. 칼빈은 때로 불신자에게서 더 두드러지게 나타나는 학문과 문화예술 능력이 하나님의 선물임을 강조했다.[10] 그의 의도는 예술과 학문이 하나님의 선물임을 밝힘으로써 신자들로 하여금 거부나 멸시가 아니라 누리고 활용하도록 격려하려는 것이었다. 이런 사상이 카이퍼가 확대시킨 '일반은총' 교리의 출발점이다.[11]

한편 칼빈은 예술이나 학문을 하나님의 나라의 구현을 위한 도구로써 활용하도록 가르치는데 주안점을 두었다. 그는 문화를 중립적인 것으로 보지 않았다. 또한 그 가치 역시 무조건적으로 인정하지 않고 매우 조심스럽게 접근했다. 이는 반(反)문화론자나 문화예찬론의 양극을 넘어서는 비판적 문화관의 출발점이다. 칼빈은 하나님의 은혜로 인해 타락한 세계가 유지 보존되고 인간이 여전히 문화를 창조할 수 있게 된다고 말했다. 비록 문화는 타락의 결과로 부패했으나 구속을 통해 새로운 관계, 즉 '변혁' 되어 하나님의 영광과 인간의 행복을 위해 사용될 수 있다고 보았다. 이와 같이 칼빈은 문화의 이중적 성격을 잘 인식하기에 단순한 낙관론에 빠지지 않는다. 칼빈은 특별은총, 즉 구속사뿐 아니라 문화의 성취 역시 하나님을 찬양하는 원인이며 조건이지, 르네상스적 이상처럼 인간 찬양과 숭배로 나아가서는 안 된다고 생각했다. 칼빈주의는 이런 전통에 따라 문화에 대한 비판적 접근과 변혁적 자세를 그 특징으로 한다.

이런 칼빈의 문화론은 19세기의 네덜란드에서 일어난 신칼빈주의를 통해서 프랑스 혁명에 담긴 자유주의 인본사상과 맞서는 가운데 기독교 세계관 운동을 낳게 된다. 그 운동은 네덜란드 사회와 문화에 큰 영향을 미쳤고 한 때는 직접 정권을 잡기도 했다. 한편 미국에서는 칼빈주의가 자유주의 신학에 대항해 일어난 근본주의 운동으로도 표출되었다. 이 운동은 흔히 알려진 것과는 달리 단지 방어적이며 폐쇄적인 보수신앙운동만은 아니었다. 근본주의 연구의 권위자인 조지 마스던의 주장처럼 그 운동은 복음에 입각한 삶의 비전을 미국 특유의 상식주의와 합리적 실용주의에 결합시킨 적극적 사회-문화운동이었다.[12]

이 두 운동은 다른 사회-문화 여건으로 인해 초점은 달랐지만 신본주의에 기초해 인본주의와 맞섰다는 점에서는 일치한다. 또 현대 사회사상과 문화를 지배해온 혁명적 사고와 진보적 자유주의에 맞섰다는 점에서도 공통점이 있다. 이 때문에 칼빈주의는 보수주의라고 파악되기도 한다. 특히 칼빈주의가 한국에서 보수주의와 동일시되는 것은 근본주의의 영향이 크다. 하지만 신칼빈주의 운동은 오히려 일부 보수적 기독교인이 경계심을 갖게 될 정도로 역동적이며 사회참여적 성격이 강하다. 실제로 그 운동은 신앙적으로 보수이지만 활발한 사회활동과 변혁운동을 전개했던 사실을 잊어서는 안 된다.

칼빈의 사상은 이처럼 시대와 장소에 따라 다양한 모습을 갖추어 발전해 왔다. 그런 모습은 살아있는 전통의 공통된 특징이다. 참된 신앙의 전통은 시대와 상황에 따라 적절한 대응력을 보여주기 마련이다.[13] 따라서 칼빈주의의 사회-문화적 기여의 역사를 살핌에 있어서도 그것의 역사적 형태들이 가진 다양성 이면에 있는 공통분모를 주목하는 것이 중요하다. 앞서 살펴본 바와 같이, 하나님 주권사상과 성경적 복음주의 신앙 그리고 적극적이며 넓은 사회문화적 비전이라는 공통분모가 칼빈주의 전통의 특성이다.[14] 칼빈주의를 논의할 때 이 공통분모를 주목하지 않을 경우 그 전통을 편협한 보수주의나 과격한 문화변혁론자로 잘못 이해하게 된다.

칼빈주의가 한국 사회와 문화에 미친 영향을 평가할 때도 바로 이 점을 주의해야 한다. 칼빈주의는 이 공통분모, 즉 분명한 성경적 신앙과 폭 넓은 실천적 원리에 있어서 구교와 신교 모두를 통틀어 비교해도 지극히 우수한 전통인 것은 교회 역사에서 확인할 수 있다. 칼빈주의는 역사적 기독교 전통을 바로 잇는 정통주의 입장에 서있다. 이 때문에 칼빈주의보다 어거스틴주의라고 불려야 한다는 주장이 있을 정도이다. 어거스틴을 거슬러 올라가 바울과 예수 그리스도로 이어지는 성경의 전통이라는 말이다. 이 전통이 네덜란드의 신칼빈주의 운동과 영국과 미국의 청교도 운동을 거쳐 한국에 도달하여 장로교 교회에 자리를 잡은 것이다.

3. 칼빈주의와 한국 교회

초창기 한국 교회의 주류는 미국 장로교 선교사의 신앙을 따르는 칼빈주의 전통이었다. 물론 선교 초부터 감리교를 비롯해 다른 신학도 소개되었고 한국 교회의 신학적 다양성은 서구의 기독교 국가들에 못지 않았다.[15] 하지만 그 가운데서도 칼빈주의가 지금까지 확고한 주도적 위치를 지키고 있다. 이미 1919년에 나온 극동지역에 대한 한 보고서는 당시 한국의 상황을 이렇게 그렸다: "한국 선교의 처음 25년간의 전형적 선교사들은 퓨리턴형의 사람들이었다. … 신학은 보수주의여서 성서에 대한 고등비판이나 자유주의 신학은 이단으로 생각했다."[16] 이 말은 한국 교회가 성경에 대한 확고한 믿음을 견지하고 있었다는 것과, 이는 청교도 즉 칼빈주의의 영향이라는 사실을 보여주는 것이다. 칼빈주의가 하나님 중심일뿐 아니라 성경 중심적임은 성경이 신앙과 삶의 기준이 된다는 웨스트민스터 신앙고백이 잘 표현하고 있다. 뿐만 아니라 칼빈주의는 청교도적 경건을 강조하는 전통이다. 이는 다른 종교개혁자들보다 성화를 훨씬 강조했던 칼빈으로부터 내려온 것이다.[17] 이처럼 칼빈주의의 성경적 경건 신앙이 인본주의 자유신학 사상에 응전했던 근본주의 신학의 배경을 가진 선교사들에 의해 한국에 들어왔던 것이다.

유럽의 경우 칼빈주의는 로마 가톨릭교회를 바로 잡는 일을 통해 개혁주의라는 이름을 갖게 되었다. 특히 칼빈 자신이 이끈 스위스나 낙스의 스코틀랜드 종교개혁은 교회에 국한되지 않고 사회 전반에 걸친 폭 넓은 개혁이었다. 더욱이 칼빈주의는 19세기 말 네덜란드에서 계몽사상에 기초한 프랑스 혁명 정신에 맞서면서 적극적인 성경적 사회-문화 비전과 활동의 기초를 제시했다. 이와 달리 미국의 경우 자유주의 신학사상에 맞서 정통신앙을 지키려는 근본주의 운동과 보조를 함께 하며 복음적 신앙을 지키는 일에 주로 기여했다. 이 운동은 마스던의 주장처럼 신학에만 국한되지는 않았다 하더라도 유럽의 개혁주의에 비하면 사회-문화적 관심이 약했다. 한국에 소개된 칼빈주의가 근본주의의 보수적 색채를 가진 것은 이 두 전통 중 후자였기 때문이다.

이 근본주의적 칼빈주의 전통은 한국 교회에서 1930년대 자유주의와의 신학논쟁을 거치면서 주류의 입지를 확보하게 되었다. 여기에는 칼빈주의의 특성인 성경적 신앙에 기초하여 탄탄한 교리적 '단일성'(單一性)을 갖춘 장로교의 역할이 컸다.[18] 실제로 지금도 한국 교회는 교단에 따라 다양한 신학이 표방되고 있음에도 불구하고 어느 교파에서건 보수 신앙이 압도적 주류를 이루고 있는 특징을 보이는데, 이는 칼빈주의가 일찍이 복음적 신앙의 기초를 확립한 결과라고 할 수 있다. 이를 놓고 자유주의 신학자인 김경재는 "신학 따로, 교회운동 따로라는 분리현상"이라며 한탄하기도 했다.[19]

한국의 칼빈주의가 근본주의 보수적 성향에 기울어진 이유는 상황적 요인도 컸다. 그것은 우선 일제와의 충돌을 피하고자 선교사들이 채택한 정교분리 원칙에서 비롯했다. 이는 사회-문화적 행동보다는 전도와 영혼

구원에 주된 관심을 기울였던 근본주의 정신과도 맞물려 있다. 뿐만 아니라 교회가 급성장하던 시기의 군사독재의 억압적 상황도 사회적 활동 전반과 특히 정치에 대한 소극적 자세를 더욱 강화하는 원인이 되었다.

이렇듯 대부분의 한국 교회가 그러했고 칼빈주의 교회마저 정치적 상황에 대해 소극적인 자세를 보인 것은 교회의 생존을 우선시할 수밖에 없던 상황에서 비롯되었다고 볼 수 있다. 그리고 이는 서구와 같이 오랜 기독교적 전통이 부패해서 개혁하던 상황과는 달리 선교적 상황이었던 점과 세계적으로 주목 받는 교회성장을 이루었다곤 하지만 여전히 국민의 20% 정도만이 교인인 상황을 감안해서 평가해야 한다. 더욱이 지난 반세기의 한국사회는 급진적 변화의 연속이었다. 이러한 사회와 문화의 변화 속에서 칼빈주의 교회조차도 생존과 성장에 초점을 맞추다 보니 보수적인 면모만 강하게 부각되었다고 할 수 있다. 여기에는 동족상잔의 비극을 겪고 남북 분단으로 좌우 이념 대립이 계속되는 상황과 군사독재 하에서 정치적으로 예민한 문제를 피하려 했던 현실적 고려가 강하게 작용했음도 부인할 수 없다.

한편 진보적 자유주의 편에서는 해방신학이나 민중신학과 같이 이데올로기에 함몰된 신학을 통해 반독재 민주운동을 펼쳤다. 이들 중에는 한국기독교장로회와 한국신학대학의 교수들처럼 장로교인도 있었던 것이 사실이다. 하지만 이들의 신학은 칼빈주의 전통과는 거리가 있었다. 보수적인 입장에 선 칼빈주의 교회는 오히려 이들과의 신학적 대립의 구도에서 정치 사회적 문제에 개입하기를 꺼리게 되었다. 한국의 복음적이고 보수적인 칼빈주의는 특히 정치에 관여하는 일에 매우 소극적이었다. 그런 자세는 오늘날 정치적 무관심과 무책임한 자세로 비판을 받는 빌미가 되고 있다. 특히 정치가 사회 전반을 좌우하는 상황에서는 옳지 못한 기회주

적 태도였다는 비판이 제기되고 있다.[20]

물론 그토록 정치가 혼란한 상황 속에서 교회가 정치 이데올로기에 편향됨을 보이지 않은 것에 대해 비판만 할 수 있는 것은 아니라는 관점도 있다. 예를 들어 "기독교적이라고 믿는 이상을 실현하기 위하여 교회가 정치적인 힘을 행사하는 것은 교회의 본래의 사명도 아닐 뿐 아니라 사회에 큰 해독을 끼칠 수 있어 무책임한 행위"가 될 수 있다는 지적도 있다.[21] 사실 역사적으로 볼 때 혁명적이며 진보적인 교회의 사회참여가 반드시 바람직했다는 결과를 낳았던 것도 아니다. 오히려 설교와 전도 그리고 도덕적 감화에 힘쓰는 교회의 본연을 지키는 것이 대체로 옳았다.

하지만 한국 장로교회 역사에서 개혁주의의 적극적인 사회적 행동이나 문화적 관심의 전통이 지닌 장점이 결여된 것은 아쉬운 부분이다. 특히 민주화를 둘러싸고 다양한 의견이 대립하던 1980년대 상황 속에서 소극적 태도를 취한 것, 즉 민중신학이 이끄는 급진적 자유주의 신학과 실천이 1970년대 후반 이후 교계의 사회-문화 활동을 주도하는 동안 바른 대안을 제시하지 못한 것은 잘못이다. 오히려 급진 자유주의 신학 운동이 활발할수록 칼빈주의 교회는 보수적인 면모가 더욱 견고해져 갔다. 그 이유가 어쨌던 독재와 싸운 민주화 운동이 한창이던 1980년대 칼빈주의 교회들과 지도자들이 보여준 자세는 부끄러울 정도이다. 정교분리의 원칙은 일관성 없이 작용하여 독재 정권에 대한 비판에 참여하는 일에 어려움을 주었던 것도 사실이다. 교회는 정치적인 행위를 할 수 있는 것은 아니더라도 선지자적 자세를 지녔어야 하는데 정교분리의 원칙을 내세워 이를 회피한 것은 칼빈주의가 교회 내 교리적인 면에 국한되고 제한되는 일을 자처한 모양새가 되었다. 더욱이 최근에는 반기독교적인 정서가 사회에 확산되면서 방어적이 된 상태에서 보수적 이데올로기에 동참하여 스스로의 입지를 더욱 좁히고 있는 것이 아니냐는 우려를 낳고 있기도 한다. 이런 가운데서 교회 성장은 정체되고 반기독교적 세력이 점점 힘을 더해가는 어려운 상황 속에 처하게 되었다.

돌이켜 볼 때 이런 소극적인 자세가 교회의 사회-문화적 영향력 상실의 원인이 된 것은 분명하다. 이로부터 칼빈주의 교회도 신앙과 삶이 분리된 이원론적인 모습에 빠지는 현상이 야기되었다. 신앙지상주의와 현실도피적이고 내세적이며 종말론적이고 신비적인 개인주의적 성향이 여기에서 비롯되었다는 반성도 있다.[22] 실제로 한국 교회는 전반적으로 역사의식이 부족하고 상황성에 대한 인식이 약해서 현실 대응능력이 떨어진다는 반성이 개혁주의 학자와 지도자들도 사이에서도 제기되고 있다.[23] 예를 들어 정성구는 한국 교회는 사회적 관심을 뒤로하고 교회 성장을 목회의 주된 목표로 하는 물량주의에 빠져들었던 점을 비판한다. 비록 교회 성장은 이룩했으나 그에 걸 맞는 성숙한 책임의식을 갖추지 못한 채 "사회적 관심과 사회복음에 대항하는 보수성"에 빠졌다고 했다. 이로 인해 윤리적으로 타락하여 빛과 소금의 역할을 잃고 탈현세적이며 기복주의적이고 이기주의 신앙을 충족시키는 인간중심적 교회가 되기 시작했다는 것이다.[24]

특히 교회가 사회-문화적 책임을 소홀히 하는 가운데 모든 능력을 성장에 쏟아 부음으로써 경쟁이 유발되어 개교회주의에 빠졌고 이로 인해 보편성과 연합정신을 잃은 점은 큰 문제로 지적되고 있다. 특히 보수적인 교회는 사회-문화로부터 고립되었을 뿐 아니라 교회 간 협력과 소통을 통한 유익도 상실한 상태이다. 이로 인해 사회-문화적 지체만 아니라 심지어는 세계적인 교회의 변화와 흐름에도 능동적인 모습을 보이지 못했다. 예를 들어 1960년 이래 개신교는 물론이고 가톨릭에까지 불어 닥친

양대 흐름인 성령운동이나 예배갱신운동에 대해서도 뒤늦게 깊은 반성이 없이 졸속으로 대처하는 모습을 보여왔다.[25] 이처럼 한국 교회는 보수성으로 인해 시대적 문화의 흐름에 대한 충분하고 비판적인 사고 가운데서 효과적으로 대처하는 일에 취약성을 드러냈다.

상황이 이렇게 진전된 것은 한국 교회 전반과 특히 장로교가 근본주의 색채를 띤 보수적 칼빈주의에 서있었기 때문이다. 개혁주의 신앙 전통을 아는 신학자와 목회자들이 없던 것은 아니었으나 사회–문화에 미친 영향은 미약했다. 그런데 또 다른 측면에서는 한국 교회가 근본주의적 칼빈주의의 영향으로 인해 세계적으로 자유주의 신앙이 휩쓰는 시기에도 매우 탄탄한 성경적 신앙과 교리 위에 서는 은총을 누렸다고도 할 수 있다. 사실 이로 인해 한국 교회는 서구에서 기독교가 쇠퇴하는 가운데서도 경이적인 성장을 이루었다. 하지만 이제 비록 소수이기는 하지만 유럽의 개혁주의적 칼빈주의 정신을 가진 운동이 일어나고 있다. 이를 통해서 한국의 개혁주의는 미국의 근본주의적 청교도 정신과 네덜란드의 신칼빈주의의 문화적 사고가 균형을 이루어야 할 과제를 가지게 되었다. 관건은 이 둘이 성경적이며 하나님 중심적 신앙의 공통분모적 신앙에 기초하고 있다는 사실에 근거하여 서로 배타적이지 않음을 알고 신앙의 건전성과 행동의 실천성의 조화를 이루어내는 일이다. 이는 특히 이념 갈등과 다원주의적 상황에서 칼빈주의적 신앙을 가진 교회와 그리스도인이 한국사회에서 다음 세대에 융성을 이어가는 일에 가장 핵심적 과제가 될 것이다.

4. 칼빈주의가 한국 사회–문화에 미친 영향과 한계

앞에서 본 것처럼 칼빈주의가 한국 사회와 문화에 미친 영향은 대체로

미흡한 것으로 평가된다. 그 영향의 미약함은 한국 교회의 외형적 규모를 보거나 현재 세계에서 둘째로 많은 선교사를 보낸 나라라는 사실에 비추어 볼 때 그리고 무엇보다도 장로교가 주류를 이루고 있음을 생각할 때에 깊이 반성해야 할 부분이다. 하지만 또 한편에서 이러한 주장은 기독교가 한국 사회와 문화의 변화에 미친 영향이 적지 않다는 일반적인 평가에 배치되는 것처럼 보인다. 사실 기독교가 그러한 기여를 했다는 점을 부인할 사람은 없다. 문제는 기독교가 얼마나 그리고 어떻게 영향을 미쳤는지를 정확히 적시하려 할 때 일어난다. 마찬가지로 기독교의 기여 가운데서도 칼빈주의의 독특한 기여를 엄격히 가려서 따짐으로써 그 실제 영향력을 밝히는 일이 생각처럼 간단치만은 않다.

그러므로 일반적으로 기독교가 한국 사회와 문화 발전에 기여한 것으로 거론되는 것들 가운데 칼빈주의의 독특한 기여로 꼽을 수 있는 것이 있는지를 검토해보자. 먼저 선교 초기 근대화 과정에서 일어났던 개혁운동을 생각할 수 있다.[26] 기독교는 서양 의술이나 교육을 도입하는 통로 역할을 한 것으로 인정된다. 아울러 한글의 재발견과 일상생활의 개혁, 술과 담배, 아편 금지, 미신타파, 혼례와 장례의 변화, 여권신장과 여성교육, 반봉건의식의 고취를 통해 구한말 한국 사회를 개혁하는 일에 기여한 것도 인정된다. 그리고 이러한 활동의 이면에는 청교도적 윤리의식과 사회-문화적 정신이 크게 작용했을 것은 쉽게 짐작할 수 있다. 하지만 이는 한국 교회의 다른 교파들도 기여한 바이기에 특별히 칼빈주의만의 독특한 공이라고는 할 수 없다. 더군다나 감리교와 같은 교단은 학교나 사회활동에 있어 매우 활발한 모습을 보이기도 했다.

아울러 민족주의와 독립운동에 대한 기여를 생각해볼 수 있다. 나라 안과 밖에서 수행된 이런 운동들에 기독교인들이 지도적이며 중심적인 역할을 많이 한 것 역시 사실이다. 예를 들어 기미독립선언 33인의 대표 중 많은 수가 기독교인이며 특히 장로교인이 많았던 것으로 확인된다. 하지만 이 점 또한 김영재의 지적처럼 반드시 기독교 신앙 때문이라고 단정하기에는 어려운 점이 있다.[27] 오히려 이미 민족주의적인 지사와 활동가가 교회에 들어왔기에 생긴 것이 아닌지를 돌아볼 필요가 있다.

이와 함께 보수적 장로교인들이 주가 된 신사참배반대운동도 생각해볼 필요가 있다. 신사참배반대운동은 우상숭배를 철저히 배격한 강직한 칼빈주의적 신앙에 입각한 것임이 분명하다. 그리고 거기에는 민족주의적 요소와 독립운동의 요소가 섞여 있다. 예를 들어 손양원 목사의 언급은 이 두 요소를 잘 보여준다. 그는 비록 무력 항쟁의 의도가 없음에도 불구하고 복음전도와 신사참배반대운동이 "결과적으로는 일본의 신도 국가체제를 변혁하는 방법으로 생각"할 것이라는 점을 인정한 바 있다. 즉 그것의 정치적 함축을 의식하고 있었던 것이다.[28] 박관준 장로의 활동도 마찬가지이다. 그는 위험을 무릅쓰고 조선총독과 일본 국회에까지 가서 신도 군국주의화가 한국만이 아니라 일본에 국가적 위험을 초래하는 일이라고 경고하다가 순교했다. 하지만 이런 활동에서 칼빈주의자들의 사회 문화적 영향의 뚜렷한 예를 찾는 것은 한계가 있다. 물론 그것이 자연히 정치적 함의와 그들의 용기를 통해 다양한 삶의 지평에 용기를 불어 넣었을 것은 사실이다. 또 그로 인해 교회의 위상을 높여준 것도 사실이다. 비록 이들의 활동이 민족주의운동과 동등한 선상에서 다루어지고 있기는 하나 엄격한 의미에서 칼빈주의 신앙에 기초하여 민족과 사회를 변혁하는 운동이었다고 하기는 어렵기 때문이다.

이런 예들과 달리 비교적 칼빈주의의 사회-문화적 기여를 명백히 가늠해 볼 수 있는 분야가 있다. 그것은 소위 "기독교 세계관 운동"과 관련된 것이다. 이 운동과 뗄 수 없는 것이 기독교 학문과 학교 운동 그리고 기독교 문화 운동이다. 물론 기독교 학교는 선교 초기부터 시작된 것이며 다른 교파들도 많은 학교를 세웠다. 하지만 전도를 위한 미션 스쿨이나 성직자 양성을 위한 신학교가 아니라 기독교 학문을 개발하고 교육하기 위한 기독교 학교, 특히 대학의 경우는 기독교 세계관 운동의 영향이 압도적이다. 이 운동은 특히 신칼빈주의의 전통에서 비롯된 의식적인 칼빈주의 운동이다.

기독교 세계관 운동은 1970년대 말 복음적이며 보수적인 장로교 신앙을 가진 총신대학교 학생들이 주축이 된 연구모임에서 비롯되었다. 초기 기독교 세계관 논의는 당시 한국의 정치적 상황과 직접적인 연관이 있었다. 이 운동은 사실 보수적인 면이 강조되어온 칼빈주의 신앙인이 부딪칠 수밖에 없었던 현실적인 고민에서 비롯되었다. 즉 군사독재와 민주화 운동이 치열하게 대립하는 현실과 사회-문화적 참여에 대해 매우 소극적인 가르침 사이에 낀 이들의 고민에서 비롯된 갈등이었다. 보수적인 기독교인들도 사회정의의 구현과 민주화의 대의에는 공감하지만 급진적 정치 이데올로기에 대해서는 동의할 수 없는 한계와 갈등을 느끼지 않을 수 없었던 것이다. 특히 진보적이며 자유주의적인 교회들에서 제시하는 해방신학의 마르크스주의에 입각한 유물론적 변증법의 역사관과 사회정치적 관점에 동의할 수 없었다.[29]

개혁주의적 관점은 이런 현실 속에서 갈등하던 이들의 눈을 열어 주었다. 미국의 장로교 신앙이 근본주의적 색채를 강하게 가진 것과 달리 개혁주의 관점은 사회-문화적 관점이 훨씬 넓었다. 이는 주로 미국에서만 아니라 개혁주의 신앙과 세계관의 본고장인 네덜란드에서 공부를 마치고 칼빈주의의 폭넓은 시야와 그것의 실천적 능력을 잘 알고 있던 학자들에 의해 소개되었다.[30] 거기에는 복음적 교회가 취약했던 삶과 세계에 대한 실제적 가르침이 있었다. 정치 현실에 대한 고민을 통해서 신앙이 구체적으로 삶과 어떻게 연관되어야 하는지에 대한 실마리도 주어졌다. 말로만 들던 이원론을 넘어서는 신앙과 삶의 통합으로 나가는 길에 대한 비전도 열렸다.[31]

무엇보다도 이들은 칼빈주의는 교회생활뿐 아니라 정치와 사회는 물론 학문과 예술 등 문화 전반에 대한 가르침을 가지고 있다는 사실을 깨닫게 되었다. 또한 성경과 기독교 신앙이 세계와 삶에 대한 조망을 제시한다는 사실에 자신감을 갖게 되었다. 즉 칼빈주의 세계관에서 당시 대학가를 휩쓸던 사회주의나 마르크시즘 유물적 변증법, 해방신학이나 민중신학의 비전뿐 아니라 자연주의, 인본주의, 무신론보다 더 신빙성 있고 설득력 있는 대안을 발견했던 것이다. 그들은 스스로 모여 관련 서적들을 찾아 읽고 토론했고 연구모임을 조직해서 후배들을 가르치기도 했다. 그것에 입각한 실천을 할 수 있다는 믿음 속에 전진했다. 그것은 운동권과는 다른 방식으로 행한 현실참여였다.

기독교 세계관 운동을 통해 길러진 이들이 지금은 여러 대학과 연구기관에서 활동하고 있다. 그들에 의해 세계관에 관한 많은 책들이 번역되었고 또 쓰여졌다. 그들이 만들었던 연구모임은 연구소와 학회, 그리고 교육기관으로 발전했다. 이를 통해 다양한 형태의 세미나 강좌가 열려 많은 사람들이 세계관 교육을 받고 있다. 공인된 학술지도 정기적으로 발행되고 있다.[32] 또 이 운동의 영향으로 각종 기독교 대학생 모임엔 세계관이 기본 강좌로 자리하고 있다. 이들이 번역하거나 쓴 세계관 책은 기독교 대학생들의 모임의 필독서가 되었다.[33] 주일학교 교사나 기독 교사와 교수 모임에서도 세계관 교육이 기초과정으로 여겨지고 있다. 이러한 내용들은 미미한 학생들의 연구모임에서 비롯된 칼빈주의 세계관 운동이 이제는 운동을 넘어 하나의 전통으로 자리 잡았다고 볼 수 있을 정도이다.

칼빈주의가 한국 사회에 기여한 또 하나 중요한 예로 1980년대 말에 시작된 기독교윤리실천운동(기윤실)을 꼽지 않을 수 없다.[34] 이 운동 역시 그 배경에는 자유주의 신학의 진보적인 사회참여와 보수적인 대다수 교회의 사회적 무관심 사이에 끼여 고민하는 신앙인들의 한계를 넘어서려는 노력이 있었다. 하지만 기독교 세계관 운동이 학문과 이론적인 운동이었던 반면에 이 운동은 글자 그대로 '실천'을 위한 '운동'이었다. 기윤실은 그 이름대로 실제적으로 다차원적 활동과 다른 시민단체들과의 적극적인 연대를 통해 한국사회의 변혁운동을 주도했다.

우선 기윤실은 청교도적 정신에 입각한 절제와 근면성 운동을 펼쳤다. 이는 한국 교회가 선교 초기의 근대화와 관련하여 기여한 내용이기도 하지만 당시 기윤실의 상황은 달랐다. 즉 번영 속에서 청빈 정직 그리고 절제를 통해 도덕적 우위를 갖추자는 운동이었다. 이 운동은 점차 범위를 넓혀서 공명선거를 감시하는 운동과 대중문화의 음란 폭력에 맞서 이를 개혁하는 운동으로 전개되었다. 아울러 건강가정운동이나 정직운동, 그리고 교회개혁운동 같은 사회문화 전반에 걸친 통합적이며 포괄적 운동으로 펼쳐졌다. 현재 기윤실은 국내의 가장 오랜 비정부기구(NGO) 중 하나로서 지속적인 시민운동을 해온 몇 안 되는 중요한 위치를 가지고 있다.

기윤실의 활동 가운데 특히 문화소비자운동은 매우 활발한 운동을 전개한 대표적인 시민운동 사례로 꼽힌다. 그 운동은 1980년대 후반부터 계속되어온 스포츠신문에 대한 비판 같이 시민적 상식에 호소하여 도덕을 세우기 위한 캠페인의 연장선에서 발전했다. 그 결과 이 운동은 수백 건에 달하는 음란폭력성 기사와 만화 등의 중단과 사과를 이끌어냈다. 하지만 근본적으로 달라지는 것은 없고 오히려 문화산업의 반발이 심해지는 상황에 대해 대응책을 찾기 위한 '문화전략위원회'가 만들어졌다. 현장 운동가를 돕기 위해 자원봉사 전문가들이 구성한 이 모임은 대중문화의 음란폭력성 비판의 이론적 근거를 지원하는 정도의 활동이었지만, 점차 전문가들 참가자의 범위를 확대하면서 연구모임의 성격도 갖추어 운동권 쇠퇴 이후 문화운동으로 옮겨가는 움직임에 대해서 이론적으로 대처하는 활동을 전개했다. 이를 통해서 길러진 인력이 지금도 사회 곳곳에서 대중문화를 분석하고 미디어 교육을 담당하면서 문화시민 의식의 증진에 기여하고 있다.[35]

이런 사례들은 한국 기독교적 상황에 비추어 볼 때 미미한 결실들이라고 할 수 있다. 사실 서구의 경우에도 칼빈주의 사상이 사회와 문화에 많은 영향을 미쳤다는 일반적인 주장과는 달리 실제로 꼭 집어내기가 어렵다는 것이 보다 현실적인 평가일 것이다. 마찬가지로 한국사회와 문화에 미친 칼빈주의의 영향은 더욱 제한적이라고 봐야 한다. 우선 역사적으로 짧기 때문만이 아니라 우리 문화의 본래적 바탕이 샤머니즘과 불교 그리고 유교에 의해서 형성되어온 다원적 요소가 강한 사회이기 때문이다. 더욱이 근래에는 서구의 철학과 이데올로기까지 강하게 영향을 미침으로써 더욱 다원주의 사회와 문화의 면모를 갖추어 가고 있기 때문이다.

이렇듯 한국 교회가 처한 상황이 달라졌고 그에 따른 도전도 달라졌다. 앞서 살핀 기독교 세계관 운동이나 기윤실 운동을 통해서 칼빈주의의 영향과 감화를 느낀 이들은 많지만 여전히 한국 교회의 대부분, 특히 장로교회에서조차 신앙을 삶과 통합시킨 실천으로 나가는 일에는 많은 한계를 보여주고 있다. 다시 말해 이 운동들을 통해 새로운 안목을 갖게 된 이들이 적지 않으나 여전히 그런 비전은 '잠복'해 있는 정도로 평가해야 할 것이다. 아직도 드러난 결실을 보이지 못한 것으로 판단해 '잠복'이라는 말이 적합하다고 생각한다. 그 비전은 반드시 삶과 문화 속에 분명히 드러나야 한다. 그것이 오늘의 한국 칼빈주의 교회의 과제요 사명이다.

5. 칼빈주의가 한국 사회와 문화 개선을 위해 기여할 수 있는 점

지금 한국 교회는 전반적으로 변화된 환경 속에서 새로운 도전과 위기에 직면해 있다. 물론 상황이 변했다고 해서 하나님의 말씀과 진리가 변하는 것은 아니다. 다만 말씀을 순종하는 방식이 변할 뿐이다. 아니 사실 그것은 당연히 변해야만 한다. 칼빈주의 교회는 지금 새로이 직면한 문제와 씨름하는 수고를 통해 바른 대안을 제시해야 한다. 그렇지 못할 경우 능력을 상실한 채 교조적으로 굳어진 '죽은 정통'이 되고 말 것이다.

이런 도전과 위기를 넘어서기 위해 지금 한국의 칼빈주의자들이 주목해야 할 가장 큰 문제 중 하나는 마크 놀이 북미의 기독교 사회의 약점으로 지적한 '복음주의 지성의 스캔들'이라고 부른 것이다.[36] 이 '스캔들'이란 복음주의 지성의 부재, 즉 현실에 대해 깊이 있게 사고하고 연구하는 안목과 실천의 결핍이다. 앞서 언급한 기독교 세계관 운동은 바로 이 약점을 극복하는 일에 기여해왔다고 할 수 있다. 칼빈주의는 항상 '이해를 추구하는 신앙'을 추구해온 전통이기에 이 과제를 수행할 유리한 위치에 있다.[37] 초대교회 이래 그리스도인들은 각 시대에 주어진 신앙적 과제를 수행하기 위해 학문 활동을 해왔다. 사도 바울은 비기독교적 사상과 이론을 격파함과 동시에 그것을 그리스도께 복종하도록 가져오게 해야 한다는 일견 상충하는 두 과제를 함께 수행해야 할 것으로 말했다. 터툴리안, 클레멘트, 오리겐부터 현대 신학자에 이르기까지 기독교 지성인들은 모두 "기독교 신앙의 지적 함축과 결과"에 대해 고민해왔다.[38] 하지만 칼빈과 카이퍼를 이은 개혁주의 기독교 세계관 운동만큼 기독교 신앙과 학문의 통합을 잘 정립해 제시한 전통은 드물다.

그리스도인들은 문화의 흐름 속에서 성경적 신앙을 삶 가운데 분명한 절대적 진리로 드러내 증거할 수 있을지를 모색해왔다. 기독교 학문이나 그 기초가 되는 세계관에 대한 질문은 지금 "우리 자신이 관여된 질문이고 피할 수 없는 질문"이다.[39] 오늘날 가장 중요한 것은 '어떤 세계관' 이던 '되찾을 방법이 무엇인지'를 논의해야 할 상황이다.[40] 기독교 세계관은 기독교 지성을 양성하기 위한 기본 조건이다. 오늘날 기독교가 상실한 문화적 영향력을 회복하기 위한 조건인 지성의 회복을 위해서는 세계와 삶을 넓고 포괄적으로 이해하고 보편적인 진리를 추구하는 훈련이 필요하기 때문이다. 또 앞으로도 힘을 기울여 연구해야 할 사회 문화적 과제를 발견하고 그것과 더불어 씨름하는 일에 중요한 기초를 제공할 수 있기 때문이다. 이를 위해 기독교 세계관은 성경의 계시에 바탕을 둔 삶의 안목이 생명과 평화와 삶의 안정을 준다는 사실을 보여주어야 한다. 나아가 선교 대국으로서의 한국이 세계 기독교 역사의 현 시점에서 해야 할 지적 과제를 발견하는 일에도 도움이 되어야 할 것이다.

또 다른 중요한 전략적 분야가 문화 개혁에 대한 기여이다. 개혁주의는 문화가 근본적으로 종교적 뿌리를 가지고 있다고 주장한다.[41] 문화는 단지 물질적 조건에 의해 형성되는 것이 아니다. 모든 문화는 그 구성원의 집단적 삶의 양식이며 의식적 활동과 그 결과 전체를 포함한다. 문화의 변혁은 전도와 마찬가지로 포기될 수 없는 그리스도인의 사명이다. 특히 분열과 대립이 있는 곳일수록 복음의 초월적 관점에 선 화해자의 모습을 가져야 한다. 특히 사회적으로나 경제적으로 불리한 여건에 있는 계층들에 대한 돌봄의 태도를 고취하는 일에 기여해야 한다. 왜냐하면 그들은 문화적으로도 빈곤을 면치 못할 것이기 때문이다. 문화적 소외는 사회적 소외를 더욱 심화시킨다.

특히 주류문화에 의해 주변으로 밀려났던 하위문화인 언더컬쳐, 서브컬쳐가 중앙으로 진입하는 것이 정치적 함축을 가진다는 것에 주목해 이런 운동이 활기를 띄고 있다. 이런 문화운동은 지난 날 미처 보지 못하던 문제점들을 부각시킴은 물론, 외면되거나 가려서 보지 못하던 도움이 필요한 사람들의 존재를 부각시켰다. 바른 문화를 만들기 위한 운동이란 고전적이며 귀족적 취향을 회복하고 선전하며 억지로 강요하는 것을 의미하지 않는다. 건전한 문화의 회복이란 결국 건전한 삶의 회복을 의미한다. 하나님의 나라를 현실에서 구현하는 기독교 문화는 고급스럽고 화려한 문화이기보다 치유하고 화해를 가져오는 문화여야 한다. 기독교의 깃발 아래 모든 문화를 지배하는 승리주의적 이상보다 성육신에서 보여진 겸손한 섬김의 정신이 필요하다. 아울러 그 섬김을 통해 죄로 파괴된 부분을 감싸고 변화시키는 부활의 정신이 구현되는 것도 필요하다.

한국 교회도 보수와 진보의 양극화 상황에서 균형 잡힌 시각을 갖기 위해서는 공적 현안들에 민감한 관심을 가지고 각종 중대 담론에 참여하는 것이 우선적으로 필요하다. 다원주의 사회일수록 분명한 지식과 확고한 입지를 가진 목소리가 사회적 담론과 대화에서 힘을 발휘하게 마련이다. 아울러 다원주의 사회를 사는 그리스도인의 시민교양을 익히는 것은 변혁적 실천에 힘을 더하는 일에 매우 유익하다.[42] 다원주의 민주사회의 대중문화의 이상은 대중성에 뿌리를 둔 다양성 속의 질서와 조화일 것이다. 따라서 대중의 활발한 참여와 공적 토론을 위한 언어의 재발견 그리고 토론의 기술 개발이 중요하다.

사실 칼빈주의의 사회 문화적 실천과 결과를 검토한 학자들의 의견은 원리에 대한 부분에서만큼은 자신에 차 있지 않다. 그 전통을 면밀히 검토한 이들일수록 조심스러운 견해를 피력한다. 예를 들어 뉴잉글랜드의 퓨리턴의 칼빈주의적 문화와 사회적 영향력이 기껏해야 '제한적'이며 모호하다고 인정한 조지 마스던의 경우가 그렇다. 그는 그 이유를 미국과 같이 신대륙의 새로운 문화가 개척되는 환경에서조차도 칼빈주의는 다른 많은 영향력이나 문화들과 함께 존재할 수밖에 없어 대립되거나 경쟁적인 세계관이나 문화들과 상쇄되거나 중화되는 일이 불가피하기 때문이라고 했다.[43]

하물며 지금과 같은 이데올로기적 긴장과 갈등의 시대에서는 더 더욱 화해를 일구어낼 기초를 갖춘 다원적이지만 다원주의적이지는 않은 자세가 요청된다. 이를 위해 하나님의 전 역사 속에서 타 기독교 전통에 대한 인정과 공조를 위한 연대의 기초를 정립해나가는 이론적 자세가 칼빈주의 사회 문화 운동에서 중요하다. 다시 말해 성경적이고 복음적인 원리를 고수하더라도 타 전통을 이해하고 인정하며 각 공동체와 전통에 주신 특별한 은사들을 하나님 나라 확장에 공유하는 일이 필요한 것이다. 이런 점에서는 지배적 전략보다는 공조할 수 있는 다른 문화적 힘과 연대하는 전략을 구사한 신칼빈주의의 '기둥화' 전략이 오히려 미국의 청교도적 이상과 비현실적 기대보다 훨씬 더 현실적인 면을 갖추었다고 할 수 있다. 특히 세계관에 입각한 교육과 사회적 행동을 통해서 다원적인 사회에서 일정한 영향력을 발휘하려 했던 접근 방식은 현실적으로 유용하고 효과적인 것으로 판단할 수 있다.[44] 이는 이미 오래 전에 어거스틴이 『신의 도성』에서 말한 바와 같이, 두 왕국에 대한 이론에서 두 개의 사랑과 두 개의 결과적인 문화와 사회에 대한 논의에서 밝혀진 바와 같다.

이러한 제안은 신칼빈주의자들이 지금 한국의 현실과 여러 모로 흡사한 유럽의 상황에서 효과를 거둔 바 있는 것이기에 주목할 필요가 있다. 또 지금 다원주의 상황에서 주의해야 할 점과도 맞물리는 내용이기에 관심을 기울여야 한다. 특히 문화전쟁 상황에서 이를 더욱 면밀히 검토해야 할 필요가 있다. 더욱이 최근 같은 경제 위기와 양극화 시대에 청교도적 절제와 근면 정직의 의식개혁운동은 중요하다. 결국 이런 종류의 왜곡된 담론에 대한 바른 대안은, 세상이 그토록 바라는 평화와 공의를 이루는 가장 확실한 길이 기독교 신앙임을 실천으로 보여주는 것이다. 지금 한국의 사회-문화적 환경에서 중요시되고 있는 남북 긴장해소와 돕기, 장애인 환경문제 등에 대한 의식의 개선이 필요한데, 이에 필요한 칼빈주의적 기초를 문화철학과 디아코니아 전통에서 끌어낼 수 있다.

우리 사회에도 크고 작은 문화적 충돌이 계속 일어나고 있다. 세대 차이나 다양한 문화의 존재를 깊이 의식해야 할 때가 온 것은 틀림없다. 다양성에 대해 넓은 마음을 갖는 동시에 '상대주의'에 빠지지 않는 것이 중요하다. 이를 위해 무엇보다 기독교 진리와 가치에 대한 확고한 자신감이 있어야 한다. 한편 그 자신감은 다른 것에 대한 공평하고도 예의 바른 자세를 갖추어 나타나야 한다. 문화에 모든 것이 달린 것은 아니지만 거기서 주도권을 잃는 것은 교회와 하나님 나라 확장에 결정적인 악영향을 미칠 수 있다. 문화 충돌은 단지 예술, 연예, 오락에 관한 국지적인 문제가 아니다. 오히려 문화 충돌은 세계관의 충돌이다. 그리스도인은 깨어 현실에 대해 적극적인 태도로 목소리를 내는 것이 필요하다.

그러나 헛된 승리주의나 비현실적 회피주의는 넘어서야 한다. 초기 칼빈주의는 사회적 세계를 하나님의 주권 아래 놓이도록 재구성하려는 열정으로 인해 때로는 이 비전에 동의하지 않는 이들과의 조화로운 관계를 세우지 못하고 승리주의(triumphalism) 또는 지배신학(dominion theology)의 위험에 노출되곤 했다는 지적을 기억할 필요가 있다. 또한 현실 참여에 있어 그리스도인다운 자세를 갖는 것이 중요하다. 메시지도 중요하지만 그것을 전달하는 방법 역시 메시지의 일부이기 때문이다. 불가피해서 충돌할 수밖에 없는 상황에서라도 샬롬을 이루려는 자세를 견지해야 한다. 구약성경의 이상인 샬롬은 단지 전쟁이 그친 평화만을 의미하지 않고 궁극적으로 공의와 화평이 이루어짐을 말한다. 샬롬의 태도는 충돌이나 대립의 부재를 말하거나 타협과 굴종을 말하지 않는다. 사랑과 이해의 자세를 갖추고 나아감을 의미한다. 그것이 진정한 변증의 정신이다. 항상 우리의 신앙에 대해 대답할 말을 준비하되 온유함과 선한 양심에 입각해서 설사적이라도 함부로 입을 열지 못하게 하는 자세이다.[45]

기독교 문화는 의와 화평과 희락을 구현하는 문화, 즉 샬롬의 문화를 지향해야 한다. 사랑과 소망과 믿음에 기초한 문화, 분열을 극복하고 소외를 넘어서는 문화여야 한다. 재미나 오락보다는 참된 기쁨이 넘치는 문화를 만들어야 한다. 오늘날과 같은 경제 위주의 세상에서 이러한 일을 누가 하려고 할지를 생각하면 그 대안은 오직 하나이다. 기독교 공동체와 기독교적 문화산업과 문화사역자들만이라도 이런 일에 사명감을 가지고 또는 구제와 돌봄의 정신으로 사역하는 일이 필요하다. 복음이 선포하는 구원은 전인적인 회복이요, 삶의 깨어진 모든 부분의 치유를 포함한다. 소위 '문화시대'인 오늘날 참된 경건은 문화창조와 향유에서 소외된 사람들을 돌아보는 일을 반드시 포함해야 할 이유가 바로 여기에 있다. 소외계층이 문화 창조와 향유에 있어 다시금 능동적이 되도록 돕는 일은 분명이 시대를 위한 복음의 실천이다. 앞서 살펴본 역사적 교훈은 오늘날 한국 기독교가 문화변혁을 위해 어떤 방향을 모색해야 할지를 보여준다.

15장
칼빈주의와 자본주의의 발전[1]

김성봉(대신총회신학연구원 교수, 신반포중앙교회 담임목사)

1. 들어가는 말

헬무트 골비처는 "자본주의는 인류의 역사가 지금까지 경험했던 가장 큰 혁명이며 또 가장 혁명적인 힘"[2]이라고 했다. 따라서 만일 이것을 통제하는 데 성공하지 못한다면 인류는 파멸하고 말 것이고, 하여 이 혁명은 모든 사람들, 특히 그리스도인들과 교회를 향한 강한 도전이라고 했다. 그런데 지금 우리는 골비처가 예언한 그러한 현실에 직면해 있다. 이러한 시점에서 자본주의의 발전에 끼친 칼빈주의의 영향을 살펴보면서 우리가 당면한 문제를 풀어갈 신앙적 실마리를 찾고자 한다.

아르네 다니엘스에 의하면 단기간에 인류를 지배한 자본주의의 역동적인 역사는 대략 250년 가량 되었다.[3] 그렇다면 자본주의의 등장은 대략 1750년경으로, 종교개혁이 일어난 지 넉넉잡아 2세기가 지난 후가 된다. 경제사에 종교가 끼친 영향을 살피는 것은 새로운 관점이다. 더욱이 현대의 경제체제를 대표하는 자본주의의 발전과 관련하여 기독교의 영향을 긍정적으로 고려한 관점은 그리 흔한 일이 아니다. 이런 작업을 한 세기 전에 독일의 사회학자인 막스 베버가 수행하였고, 이후 그의 주장에 대한 찬반의 논의가 지금까지 계속되고 있다. 베버는 자신의 논문을 통하여 "일정한 종교적 관념이 경제적 정신 혹은 경제체계의 에토스의 발전에 영향을 미친다"는 점을 입증하려고 하였다.[4] 즉 근대적 경제생활의 정신과 금욕적인 프로테스탄티즘의 합리적 윤리 사이의 연관성을 다루는 것이 그의 논문의 목적이었다.[5]

이 글에서는 베버의 논지를 살펴보고 그 논지에 대한 찬반의 논란을 중심으로 자본주의 발전에 끼친 칼빈주의의 긍정적인 영향에 대하여 논의하고 당면한 경제 위기에 대한 신앙적 해결책을 모색해 보고자 한다.

2. 막스 베버의 논지

베버는 그의 역작 『프로테스탄트 윤리와 자본주의의 정신』(1904-5)에서 프로테스탄트 윤리 특히 칼빈주의 윤리가 자본주의의 발전에 큰 공헌을 했다고 주장하였다.[6] 베버에 의하면, "종교란 문화의 경제적 사회적 정신의 근거가 된다."[7] 이렇게 주장함으로써 그는 경제적 사고와 행위가 종교 및 기타 이론적 사유의 근거가 된다는 마르크스의 생각을 반대하였다. 그는 베르너 좀바르트가 말한 "자본주의 정신이 존재한다"는 가설을 발전시켜 이 특이한 정신의 기원 혹은 원천에 대하여 이것이 칼빈주의적 종교 윤리의 일종의 부산물로서 나타난 것이라는 가설적 명제를 발표하였다.

1) 자본주의 발전에 영향을 미친 칼빈주의 윤리와 사상

베버는 그의 논문에서 칼빈주의 윤리와 사상이 자본주의의 발전에 영향을 미쳤다는 이론을 제시하며, 근대적 자본주의 정신 또는 근대 문화의 구성요소의 하나인 직업사상에 입각한 합리적 생활방식이 기독교적 금욕정신에서 탄생한 것임을 증명하려고 했다. 그러나 이 측면은 개신교 종교사상의 목표가 아니라 부산물임을 강조한다. 즉 개신교 교리의 내재적인 논리와 교훈이 직접 또는 간접적으로 경제적 이윤 추구에 있어 계획의 수립과 자기부인을 장려한다는 것이다. 더욱이 종교개혁적 입장은 '소명'을 세속적인 직업에까지 확장시킴으로써 공공선의 추가가 덧붙여져 세속직업도 신의 축복을 받은 신성한 것이 되게 했다고 본다. 그리고 결국 삶의 모든 측면이 하나님께 바쳐지는 거룩한 것이라는 이 견해는 직업윤리에도 영향을 미치게 되었다고 한다. 또한 베버는 자유로운 노동의 합리적인 자본주의적 조직화가 근래 서양에서 가능했던 이유로 가사와 사업의 분리 및 합리적 부기제도를 든다. 합리화 과정은 법률과 행정의 합리적 조직을 필요로 했는데, 이는 고정자본과 계산의 확실성만으로는 합리적 기업이 불가능했기 때문이다.

2) 역설적인 질문

한편 이 주제를 다루면서 베버는 역설적인 질문을 던졌다. 즉 "개혁기의 제네바, 네덜란드, 영국 등에서 구 도시귀족들이 받아들이기 어려울 정도의 엄격한 칼빈주의를 어떻게 부르주아적 중산계층이 수용했을 뿐만 아니라 그것을 영웅적인 태도로 실천할 수 있었는가?"라는 것이다. 베버는 이 질문에 대한 답을 기독교 종교의 내적 특성에서 찾아야 한다고 강조하였다. 즉 그는 초기 프로테스탄트 정신의 일정한 특징과 근대 자본주의적 문화 사이에 내적인 친화성을 찾으려면 순수한 종교적 성격에서 찾아야만 한다고 주장한 것이었다.

3) 근대 자본주의의 독특한 에토스

베버에 의하면 근대 자본주의에는 독특한 에토스가 있는데, 그것은 노동이 신성하면 그 대가인 돈도 신성하다는 것이다. 이렇게 노동과 자본이 신성해지면, 그것을 철저하게 합리적인 목적을 위해 사용해야 하는 책임감도 발생하게 된다. 이런 식으로 해서 칼빈주의는 노동에 종교적 성격을 부여한 최초의 기독교 윤리학이 되었다는 것이다.[8] 자본주의 정신이란 직업을 통해 체계적이고 합리적인 정당한 이윤을 추구하려는 정신적인 태도이다.[9] 베버는 자본주의적 경제행위를 교환기회의 사용에 의한 즉 평화적인 이윤기회의 이윤기대에 의존하는 행위라고 정의하는데, 한성진에 의하면 이 부분에서 베버의 마르크스주의에 대한 비판이 나타난다고 한다. 즉 직업에 대한 소명의식이 물적 토대의 관계에서 사상의 상부구조로 반영되었다는 말은 전혀 무의미하다는 것인데, 이는 경제적 토대라는 하부구조가 사상이라는 상부구조를 형성한다는 마르크스주의의 핵심이론을 완전히 뒤엎은 것이다.[10] 이처럼 베버는 근대 서구 경제의 기원을 해석하는데 종교와 자본주의를 적용함으로써 당대의 거의 모든 마르크스주의자들로부터 비판을 받았다. 그들의 입장에서 보면 베버의 이론은 경제결정론에 대한 관념론의 도전이었던 셈이다. 하지만 그는 경제결정론을 관념론적 역사해설로 대체하려 했던 것은 아니었다고 한다.[11]

4) 특수한 소명의식

칼빈주의에서는 노동이 하나님으로부터 부여받은 소명으로서 곧 종교적인 행위가 된다. 그렇다면 이 특수한 소명 의식은 어디서 생긴 것일까? 직업에 신으로부터 받은 임무라는 의무가 정확하게 포함된 것은 개신교를 받아들인 모든 민족에서 뚜렷이 드러나는 특징이다. 따라서 세속적 직업에서의 의무이행을 도덕적 자기증명이 할 수 있는 최고의 내용으로 평가한다. 그러므로 직업 개념이야말로 프로테스탄트의 중심교리의 표현이라 할 수 있다.[12] 또한 세속적인 직업노동은 이웃사랑의 외적 표현이기도 하다. 따라서 세속적인 의무를 다하는 것은 하나님의 뜻이며, 허용된 모든 직업은 하나님 앞에서 동등한 가치를 지닌다. 베버에 의하면 루터의 직업관은 중세적인 믿음을 버렸음에도 불구하고 주어진 처지에서 당국과 운명에 복종하라는 한계를 지녔는데 반해, 이 후 등장한 다양한 청교도 분파들 즉 칼빈주의 , 메소디즘, 경건주의, 침례파 등은 루터의 직업소명 개념을 보다 엄격하게 발전시켰다.

5) 예정론

칼빈주의에서 노동을 소명으로 그리고 종교적 행위로 이해하게 된 것은 예정교리 때문이라 할 수 있다. 예정교리는 중세의 금욕주의를 행동의 윤리로 변형시켰다. 인간의 신앙은 세속활동에 의해 입증되고 시험받는다는 생각은 자본주의 사회의 발달과 관련된 두 가지 특징을 낳았다. 곧 한편으로 열심히 일하면서 다른 한편으로 낭비를 하지 않는 것이다. 이렇게 부지런히 일하고 적게 소비함으로써 저축을 하게 되고 이 저축을 통해 새로운 투자가 있게 된다. 결국 칼빈은 세상 한 가운데서의 금욕주의를 소개한 셈이 된다. 베버는 16세기와 17세기에 자본주의가 가장 발달했던 문화국가로 네덜란드, 영국, 프랑스를 꼽으며, 이 나라들에서 칼빈주의가 위대한 정치투쟁과 문화투쟁을 수행했다고 본다. 그리고 가장 특징적인 칼빈주의 교리로 예정론을 든다. 개혁자들은 선행을 구원의 수단에서는 배제하는 대신 선택의 표지로 사용했다고 한다. 그리하여 칼빈주의는 정열적인 진지함을 내면에 갖춘 사람들로 하여금 세속적 직업생활 안에서 금욕적 이상을 추구하도록 만들었다. 이처럼 칼빈주의를 가톨릭과도 그리고 루터교와도 다른 행도를 걷도록 만든 신학적 동인이 바로 예정론이라는 것이다.

6) 앤서니 기든스의 베버 해석[3]

베버의 논문이 나온 지 70년이 지나 앤서니 기든스가 그에 대한 해설을 내놓았는데, 여기서는 베버의 논문에 대한 이해를 돕고자 그의 해설을 참고하고자 한다. 기든스가 보기에 베버의 논문은 다분히 논쟁적인 의도에서 쓰인 것이었다. 이 점은 베버가 관념론과 유물론에 대하여 행한 언급들을 보면 명백하다. 베버는 이 연구가 "사상이 역사에서 동인이 되는 방식을 이해하기 위한 기여"이며, 경제결정론을 논박하기 위한 것이라고 말하였다. 또한 그는 자신이 당시에 유행하던 조야한 형태의 마르크스주의적 역사분석이라 할 수 있는 결정론적 유물론을 마찬가지 방식의 일원론적인 관념론적 역사설명으로 대체하려는 것이 아님을 강조한다. 오히려 이 저작은 '역사의 법칙'이란 존재하지 않는다는 그의 신념을 표현하고자 한 것이었다. 즉 서구에서 근대 자본주의의 출현은 역사적으로 특수한 여러 사건들의 결합의 산물이었다는 것이다. 베버는 이 논문을 통하여 '종교'와 '자본주의'가 근대적 서구 경제의 기원을 해석하는 데에 적용될 경우 모두 잠재적으로 폭발적 성격을 가진다는 것을 유감없이 보여주었을 뿐 아니라 일정한 종교적 관념의 변형력을 지지하는 논증을 하였는데, 이것은 당대의 거의 모든 마르크스주의자로부터 반대를 불러일으켰다고 한다. 아니 그가 이 논문에서 사용한 '자본주의'라는 용어 자체가 이미 논쟁적이었다. 왜냐하면 많은 사람들은 그 개념이 경제사에 별로 중요하지 않다고 여기는 경향이 있었기 때문이다.

한편 기든스에 의하면, 베버의 논문은 청교도주의와 근대 자본주의간의 인과고리 중 한 측면만을 추적한 것이다. 베버는 역사가 사회과학에 핵심적인 중요성을 가진다는 점을 받아들였기 때문에 의미의 이해가 인간행위의 해명에 본질적이라고 생각하였다. 그러나 많은 사람들이 행위의 해석적 이해에 필연적으로 결부되어 있다고 간주했던 직관, 감정이입 등의 개념에 대해서는 비판적이었다. 무엇보다도 중요한 것은 그가 "인간행위의 유의미성에 대해 인정하는 것은 인과적 설명이 사회과학에서는 시도될 수 없음을 함축한다"는 견해를 거부했다는 사실이다. 오직 서구에서만 그것도 비교적 최근의 시기에 자본주의적 활동은 '형식적으로 자유로운 노동의 합리적 조직화'와 결부되었다.

합리화된 자본주의적 기업이란 훈련된 노동력, 자본의 규칙적인 투자라는 사실을 함축한다. 경제적 효율성을 위한 지속적인 투자와 재투자를 포함하는 자본의 규칙적인 재생산은 전통적인 유형의 경영에서는 낯선 것이었다. 이는 매우 특수한 종류의 관점과 결부되어 있다. 즉 부의 축적이 제공해 줄 물질적 보상보다는 부 그 자체를 위한 지속적인 축적이라는 관점이다. 베버에 따르면, 이것이 근대 자본주의 정신의 요체이다.[14] 부를 통해 구입할 수 있는 세속적인 쾌락에 전혀 관심을 두지 않으면서 부의 축적을 위한 충동을 낳은 역사적으로 독특한 상황을 설명하는 것은 무엇일까? 베버는 그 대답을 '소명' 개념에서 비롯된 청교도주의의 '현세적 금욕주의'에서 찾았다. 이것은 기본적으로 개인의 도덕적 의무의 최고 형태는 현세적 일에서 자신의 의무를 다하는 것이라는 생각을 지칭한다.[15]

베버가 특별한 관심을 가지고 추출해 낸 칼빈주의의 요소들 중에 가장 중요한 것은 예정설이다.[16] 그러므로 소명(직업)에서의 성공은 선택받은 자들 중의 하나라는 '신호'가 되었다. 베버에 따르면, 칼빈주의는 자본주의 기업가의 도덕적 에너지와 추진력을 제공한다. 또한 베버에 의하면, 칼빈주의는 구원의 성취에 대한 능동적 실행으로부터 나오는 도덕적 충동을 극대화하는 동시에 그 충동을 경제활동에 쏟도록 하였다.[17]

3. 베버의 논지에 대한 찬반의 논란들

베버의 논지는 그 당시에도 논란을 불러 일으켰으며, 이후 지금까지도 그에 대한 찬반의 논의가 끊이지 않고 있다. 한성진에 의하면, 1930년대에 영역판이 출판된 이후 전 세계적으로 베버에 대한 비판이 현재까지 지속되고 있다.[18] 한편 프라이에 의하면, 베버에 대한 비판은 다음 세 가지 범주로 나뉘어질 수 있다.[19] 첫째로, 베버가 사실에 대하여 틀렸을 수 있다는 것이다. 즉 근대 자본주의가 개혁 개신교 이전이나 개혁교회의 영향이 (베버가 믿었던 것보다) 훨씬 작은 곳들에서 일어났을 수도 있다는 것이다. 둘째로, 베버가 칼빈주의나 혹은 보다 좁게는 청교도주의를 잘못 해석했을 수도 있다는 것이다. 만약에 개혁교회의 가르침이 베버가 예상한 것이 아니라면, 그렇다면 논리적으로 개혁교회의 가르침이 자본주의를 지지하지 않았을 수도 있다는 것이다. 셋째로, 베버가 개혁주의적 가르침에 의하여 생성된 금욕주의적 실천에 대한 자본주의의 요구를 지나치게 강조했을 수도 있다는 것이다. 이제 이와 같은 분류를 참고하면서 가능하면 연대순으로 베버에 대한 다양한 찬반의 논란들을 살펴보자.[20]

1) 트뢸치, 『기독교의 교회 및 교단의 사회 이념』(Tuebingen, 1912)[21]
트뢸치는 베버의 기본전제들에 동의하면서도 많은 수정을 가하였다.[22] 베버의 주장을 받아들여 칼빈주의의 직업관과 예정의 확증을 위한 금욕적 노동, 그리고 이와 결부되어 나태를 금기시하고 소득 획득을 하나님의 축복으로 보는 가르침이 자본주의의 발달에 공헌했다고 주장하였다. 그리고 그는 칼빈주의에 기독교 사회주의적 요소가 있음도 지적하였다.[23] 칼빈이 부보다는 가난함이 경건을 배양시키는 데 도움이 된다고 믿고 있었다고 주장하였으며, 칼빈주의자들은 정치참여를 거부했고 따라서 상업이나 산업에 관심을 기울이게 되었다고 주장했다. 칼빈주의적이고 청교도적인 윤리에서 배태된 자본주의는 수많은 자본주의의 모델들 가운데 하나에 불과하지만, 그럼에도 칼빈은 청교도적이고 기독교적인 금욕주의 개념을 가지고 현대자본주의의 토대를 놓았다고 보았다. 그는 기독교의 발생, 성장, 변모 그리고 근대에 이르러 나타난 그 성장의 정지가 어느 정도까지 사회적으로 결정되었는가를 규명하는 것을 목표로 하였다. 또한 그는 모든 종교적, 교조적, 신학적 인자를 그것이 발생한 사회적 조건의 반영적 기능으로 파악하였다.

칼빈주의 경제윤리는 근대적 경제 정신의 발전에 큰 영향을 미쳤다. 칼빈은 교역과 산업에 의해 지배되는 사회영역 내에서 기독교의 정신이 표현될 수 있고 그 존재를 유지할 수 있다고 여겼다. 그는 화폐 경제 체제와 직업적 노동의 형태에 기초를 둔 산업적 생산을 인정하였다. 이런 생각은 제네바라는 도시의 특수한 경제적 상황, 즉 부르주아적이면서도 매우 소규모적인 경제적 조건 속에서 가능하였다.[24] 즉 루터파나 가톨릭 윤리에서와 달리 자본주의가 칼빈주의의 윤리 속으로 침투해 들어올 수 있었던 것은 제네바의 당시 상황 덕분이었다고 한다. 프로테스탄티즘은 기독교의 사회적 교리 가운데서 근대의 경제적 상황의 기초를 아무런 유보조건 없이 받아들인 유일한 형태였다. 따라서 자본주의와 칼빈주의는 양자간에 '친연성'을 지니고 있다. 칼빈주의 윤리학은 재부의 축적에 대해 지적

윤리적 뒷받침을 마련해 줄 수 있을 뿐만 아니라 배금주의를 거부하는 한도 내에서는 그 활동을 조직화하고 강력하게 발전할 수 있도록 내적으로 지원해 줄 수도 있었다.

트뢸취에 의하면, "기존의 조건들과 이상의 도전을 그대로 병존하게 내버려두는 이런 원칙, 또는 기독교에서 보수적인 요소와 급진적인 요소들을 결부시키는 방법은 칼빈 때에 와서야 무너졌다."[25] 왜냐하면 그 때에는 현대의 경제적 공업 형태와 현대적 정치 생활이 '거룩한 공동체', 다시 말해서 기독교적 사회질서를 발전시키는 데 도움을 줄 것이라는 생각에서 이를 지지했기 때문이다. 뿐만 아니라 칼빈주의는 영적 가치들이 그 환경이 되는 물질적 외부적 현실에 의해서 제약을 받는다는 사실을 알았기 때문이다. 그래서 칼빈주의는 급진주의 정책을 발전시켜 정치적 경제적 생활과 관련된 전반적인 조건들에 변화를 일으켰다. 그리고 낡고 수동적인 기독교의 보수적인 태도를 극복했다.

트뢸취에 의하면, 현대 교회들의 사회 이론과 사회 정책들은 칼빈이 개척한 길을 따르게 되었다. 왜냐하면 현대적 조건들에 관한 연구와 이론적 사회과학과 정치학과 경제학에 있어서 현대적 견해에 관한 연구는 그들(교회)로 하여금 인격과 사랑에 관한 기독교적 개념이 윤리적 종교적 가치는 다른 모든 일반적인 정신적 윤리적 가치들과 마찬가지로 경제적 법적 정치적 하부 구조에 관한 일반적 관념과 밀접하게 얽혀 있다는 사실을 인정하지 않을 수 없게 만들었기 때문이다.

2) R. H. 토니(Towney), 『종교와 자본주의의 발흥』(London, 1926)

영국노동당의 정책 입안자이자 가난한 이들을 위한 행동가인 동시에 영국 근대사에 우뚝 솟은 석학인 토니는 이 책에서 중세의 사회 경제적 배경 속에서 신학(주로 스콜라 철학)이 경제문제를 어떻게 다루었으며, 유럽대륙의 종교개혁가들과 영국교회에서 그것이 어떻게 발전되었는가, 그리고 청교도운동은 그러한 경제사상을 바탕으로 발흥한 자본주의에 어떤 영향을 미쳤는가를 중점적으로 고찰하였다.[26] 토니 역시 베버의 기본적인 견해를 받아들이면서도 약간의 수정을 가하였다.[27] 즉 프로테스탄티즘의 종교개혁과 자본주의의 발흥 사이에 인과관계가 존재하긴 하지만, 베버가 자본주의 정신의 창출에 있어서 칼빈주의의 역할을 유일한 것으로 강조한 것은 프로테스탄티즘과 자본주의간의 광범위한 관계를 설명하는 데 적절하지 못하다는 것이다. 다시 말해 베버는 그 둘의 관계를 실제 역사적으로 그러했던 것보다 더 유일하고 절대적인 것처럼 다루려고 하였다는 것이다.

토니에 의하면, '자본주의 정신'과 '프로테스탄트의 윤리'는 모두 베버가 생각한 것보다 훨씬 더 복잡했다. 토니가 보기에 베버의 에세이에서 진실하고도 가치 있는 것은 다음과 같은 그의 주장이다. 즉 17세기 영국의 상업 계급은 사회의 보다 보수적인 요소들 – 농민, 수공업자, 다수의 토지소유 신사계급 – 의 개념과는 현저하게 다른, 사회적 편의에 대한 특수한 개념의 기수들이었다는 것, 그리고 그 개념은 종교와 정치에 표현된 데 못지않게 사회경제적 행위와 정책에도 표현되었다는 것이다.[28] 토니는 '자본주의 정신'은 역사 자체만큼이나 오래된 것으로서, 비록 종종 이야기되는 청교도주의의 소산은 아니었다 하더라도, 그것은 후기 청교도주의의 어떤 면에서 자체의 에너지를 북돋우고 이미 강력해진 기질을 더욱 강하게 만드는 강장제를 발견했다고 말한다.[29]

한편 토니에 의하면, 칼빈은 이자를 취득하는 것을 정당하다고 하는 사고의 문을 열어놓음으로써 중세시대에는 상상조차 할 수 없었던 방법으로 재정적 자본주의의 발전이 유도되었다.[30] 토니는 베버의 논거가 일방적이고 무리하다고 하면서 베버에 대하여 다분히 비판적이었던 브렌타노를 긍정적으로 수용하기도 하였다.[31]

김종철은 그의 역자 후기에서 토니는 베버와는 다음 두 가지 점에서 다른 사관을 지닌다고 지적한다. 즉 첫째, 베버가 자본주의 정신의 원동력으로 보고 있는 소명에 대한 해석에서 서로 다르다. 토니는 "종교적 변화들이 자본주의 정신을 만들어 내기 전에는 자본제 기업이 나타날 수 없다는 듯이 이야기하는" 베버의 작위적 태도에 대해 지적한다. 동시에 그는 베버가 "기업의 발달과 경제관계에 대한 개인주의적 태도에는 유의했으나 종교와는 거의 관계가 없던 지적 운동들을 무시하거나 최소한 너무 가볍게 다루고 있다"고 날카롭게 지적한다.[32] 둘째, 앵글로 색슨 문명을 보는 관점에서 서로 다르다. 베버의 에세이는 그 문명을 보다 넓은 시야에서 비판하고 있는데 반해, 토니는 그 문명을 담당하고 있는 주체로서의 깊은 내성을 반영한다.

3) A. 비엘러(Bieler), 『칼빈의 경제 사회적 사상』(Geneva, 1959)

레이드에 의하면, 비엘러의 비평이야말로 베버에 대한 '가장 포괄적이면서 철저한 비평'으로 여길 수 있다.[33] 베버의 논제를 비판적으로 검토하면서 비엘러는 베버가 언급한 칼빈주의는 칼빈의 칼빈주의가 아니라 칼빈의 사상과는 다른 후 세대의 칼빈주의자들의 사상이었다고 주장한다. 그와 동시에 칼빈의 경제사상은 "각자로부터 그의 능력에 따라, 각자에게 그의 필요에 따라"로 요약할 수 있다고 보았다. 그리고 이런 칼빈의 사상을 인격주의적 사회주의로 명명할 수 있다고 말했다.

4) A. 기든스(Giddens), *Capitalism and Modern Sociology*(London, 1971)

앞에서 기든스의 베버 해설을 언급한 바 있는데, 여기서는 베버에 대한 그의 비판에 대해 언급하고자 한다. 기든스가 보기에 베버의 연구는 단편적이며, 다른 연구들에 비해 훨씬 짧고 덜 상세하다.[34] 기든스는 청교도주의가 산업 자본주의를 낳은 일련의 변화를 강력하게 점화시켰다면, 산업 자본주의는 일단 성립되자 자신을 낳는 데 일조한 윤리 안에서 특별히 종교적인 요소들을 지워버렸다고 한다.[35] 또한 청교도주의는 근대인이 그 안에서 살아갈 수밖에 없는 '강철 감옥'을 만드는 데 일정한 역할을 하였다고 한다. 즉 '자발적인 삶의 향유'를 무자비하게 배제해 버린 점증하는 관료적 질서를 만들었다는 것이다. 이 점에서 기든스는 다음과 같은 베버의 말을 인용한다: "청교도적 소명 안에서 일하기를 원하였다. 그런데 우리는 그렇게 하도록 강제되고 있다."

기든스는 베버에 대한 다양한 비판들 가운데 베버가 칼빈주의만을 근대 자본주의 발전의 유일한 원인으로 간주했다고 보는 비판이나 일본과 같은 근대 국가들은 '프로테스탄트 윤리'와 같은 것 없이도 급속한 경제 발전을 경험했음을 지적하는 비판은 거의 무가치한 평가로 단정한다.[36] 베버에게 있어서 금욕적 생활방식은 자신의 전 존재를 하나님의 뜻에 맞추어 합리적으로 구성하는 것을 의미한다.[37] 베버에 의하면, 청교도주의야말로 합리적인 부르주아 경영과 노동의 합리적 조직화를 수행할 수 있었다. 기든스는 베버에 대한 다양한 비판들 중에서 몇 가지를 선별해 건전한 비판으로 열거하기도 했다.[38]

5) 부스마, 『존 칼빈: 하나의 16세기 초상화?』(1988)

부스마는 하나의 칼빈이 아니라 두 개의 칼빈을 상정함으로써 칼빈 안에는 이 두 면이 공존해 있다고 주장했다. 그에 의하면, 칼빈은 한편으로는 사유재산제도를 옹호하고, 상업과 이자를 인정하고, 빈부격차를 용인하고, 빈부의 차이에 따라 풍부한 생활과 빈핍한 생활을 하는 것을 받아들이며, 노동을 존중하고, 게으름과 시간의 낭비를 비판하고, 검약을 주장하는 등 자본주의의 발달에 공헌한 면을 가지고 있으면서, 다른 한편으로는 개인에 대한 공동체의 우위성을 주장하고, 집사들에 의한 사회사업 활동을 장려할 뿐 아니라, 모든 인간은 이웃을 돕는 청지기로 임명되었다고 보는 등 인간의 공동체성을 주장하는 면도 있었다. 이양호 교수는 이처럼 부스마가 하나의 칼빈이 아니라 두 개의 칼빈, 즉 칼빈 안에는 두 면이 있다고 해석한 것은 뛰어난 통찰이라고 하였다.[39]

6) 이양호, "칼빈의 경제사상"(1992)[40]

이양호는 칼빈 안에 "하나의 칼빈이 아니라 두 개의 칼빈, 즉 칼빈 안에는 두 면이 있다"는 부스마의 통찰을 긍정적으로 받아들이면서도, "스콜라 철학자 칼빈과 인문주의적 수사학자 칼빈이 불안하게 공존해 있다"는 부스마의 표현에 대해서는 비판한다. 오히려 그는 "복음주의자 칼빈과 인문주의자 칼빈이 중심과 주변의 관계로 공존해 있다고 보는 것이 타당할 것이다"라고 한다. 즉 칼빈주의에는 자본주의적인 면과 기독교 사회주의적인 면이 공존한다는 것이다. 그에 의하면, 부스마는 칼빈의 인문주의를 지나치게 강조하고 칼빈사상의 중심에 있는 복음주의를 간과함으로써 사랑의 사회성에 대한 칼빈의 가르침을 바르게 강조하지 못했다. 즉 칼빈의 경제사상에는 개인의 자유성을 강조하는 인문주의적 요소와 복음에 근거하여 사랑의 사회성을 강조하는 복음주의적 요소가 공존해 있다는 것이다.

칼빈이 사유재산제도를 인정하고, 상공업과 상업상의 이윤과 사업자금의 이자를 긍정적으로 평가하고, 근면하고 검소한 삶을 강조한 것은 베버가 말한 칼빈주의자들의 가르침과 다르지 않으며, 이런 요소들은 자본주의의 발달에 큰 공헌을 했다고 할 수 있다. 이와 동시에 칼빈은 사유재산제는 신적 제도이긴 하지만, 기금을 형성하여 곤란에 처한 사람들을 도움으로써 풍부한 사람도 없고 결핍한 사람도 없는 공동체를 만드는 것이 주님의 뜻이라고 가르쳤으며, 또한 빈부의 격차를 인정하면서도 우리의 재물을 가난한 사람들을 위해 사용해야 한다고 주장했다. 이양호에 의하면, 칼빈은 뮌스터의 공산주의적 재세례파 공동체가 1535년 광란적인 종말을 맺고, 역시 재세례파의 공산주의적 후터 공동체의 지도자인 야콥 후터가 1536년 2월에 처형되고 난 후인 1536년 7월에 제네바에서 종교개혁운동을 시작했기 때문에 공산주의적 사상에 대한 혐오감을 가지고 있었다. 이양호는 칼빈은 그의 시대에서 도래해 오는 산업사회를 적극적으로 인정하고, 그 산업사회에서 그리스도인의 바른 삶을 제시하였다고 평가하였다. 이양호에 의하면, "칼빈주의는 자본주의도 기독교사회주의도 아니라 그 나름의 독자적 경제윤리를 가진 독자적 사상체계이며, 그 둘에 대한 이상적 대안이다."

7) 한성진, "베버 연구가 한국 신학에 주는 적용 가능성 모색"(2008)
베버는 근대 서구 경제의 기원을 해석하는데 '종교'와 '자본주의'를 적용함으로써 당대의 거의 모든 마르크스주의자들의 비판을 받았다.[41] 예를 들어 마르크스주의의 입장에서 보면, 베버의 이론은 '경제결정론'에 대한 '관념론'의 도전이었다. 그러나 베버는 경제결정론을 관념론적 역사해설로 대체하려 했던 것이 아니었다. 베버가 스스로 밝히듯이, 이 저작은 오히려 "역사에는 역사의 법칙이 존재하지 않는다"는 그의 신념의 표현이며, 일원론적 해설이 아니라 서구에서 근대 자본주의의 출현은 역사적으로 특수한 여러 사건들의 결합의 산물임을 드러낸 다원론적 해설이었다. 한성진은 베버에 대한 비판에 대해 베버를 옹호하는 편이다. 예를 들어 베버가 칼빈주의만을 근대 자본주의 발전의 유일한 원인으로 간주하는 것 같다는 비판에 대하여 그는, 기든스의 말을 빌어, 이들이 베버가 자기 저서의 부분적인 성격을 강조한 것을 보지 못했거나 고의로 무시했다고 비판한다.[42] 그리고 루터가 이전의 성경해석에서는 찾아볼 수 없는 '소명' 개념을 도입했다는 잘못된 가설 위에 베버가 그의 전제를 전개해 나갔다는 비판에 대해서도 이것은 베버의 논문 전체를 읽지 않을 때 생기는 전형적인 실수라고 일축하였다.[43]

이상에서 베버의 논문에 대한 찬반 양론의 다양한 견해들 가운데 몇 가지를 선별해 요약하였는데, 이제 이런 안목을 가지고 자본주의 발전에 끼친 칼빈주의의 긍정적인 영향을 살펴보고자 한다.

4. 자본주의의 발전에 끼친 칼빈주의의 긍정적인 영향

역사적으로 보면 오늘날의 자본주의는 근대 자본주의에 뿌리를 두고 있으며, 그것은 합리적인 종교생활과 깊게 연관되어 있다. 초기 프로테스탄트들은 효력 있는 신앙을 가질려면 사회생활 전반에 있어서 특히 경제생활에서도 하나님의 영광을 드러내야 한다고 생각했다. 즉 경제생활 속에서도 하나님이 기뻐하시는 합리적인 질서를 세워야 한다고 생각한 것이다. 그리하여 직업과 노동은 이 생활을 끊임없이 반성하고 합리화할 수 있는 하나님의 도구로 간주되었다.[44] 이러한 자세의 기반과 근거를 형성한 칼빈의 가르침과 칼빈주의가 근대 자본주의의 발전에 미쳤을 긍정적인 영향에 대하여 다음 몇 가지로 살펴볼 수 있다.

1) 신앙에 근거한 금욕주의

양창삼은 칼빈의 경제생활윤리로 자기부정과 십자가를 지는 삶, 내세의 소망을 가지고 살되 현세를 경멸하지 말아야 할 것, 그리고 극단을 피하는 생활을 언급하고 있는데,[45] 이러한 삶의 자세가 근대자본주의 발전에 긍정적인 기여를 하였다고 볼 수 있다.

① 자기부정의 삶과 십자가를 지는 삶

양창삼에 의하면, 칼빈이 말하는 기독교적 삶의 전체는 자기부정에 있다. 우리는 우리의 것이 아니라 주님의 것이기 때문이다. 그리스도인은 매 순간마다 하나님과 함께 생각하고 근면함과 의로움과 경건함과 미덕을 갖추어야 하며, 교만, 허영, 탐욕, 방탕, 쾌락, 방종 등으로 인해 발생하는 모든 죄에 대한 여지를 남겨두지 않아야 한다. 또한 그리스도인은 십자가를 지는 삶을 살아야 하는데, 이는 자기부정보다 더 어렵다. 십자가는 우리를 겸손케 하고 순종을 가르치며 결국 구원의 영적 기쁨과 소망을 얻게 한다. 부와 명예를 얻을 때 교만해지지 않도록, 또 형통하는 복과 건강의 복을 누릴 때 오만해지지 않도록 주님께서는 마땅하다고 생각하실 때 십자가를 허용하셔서 우리 육신의 오만을 방해하고 진압하신다.

② 내세의 소망을 가지고 살되 현세를 경멸하지 않음

칼빈은 우리가 현세를 과대평가하여 마음이 부와 권력과 명예의 외적

광채에 눈이 어두워지게 되는 어리석음에서 벗어나야 한다고 주장한다. 미래의 삶에 대하여 깊이 묵상하기 위해서는 현세의 것들에 대하여 어느 정도 초연한 자세를 가져야 한다. 그럼에도 그 때문에 세상살이를 싫어한다든가 하나님께 대한 감사를 경멸해서는 안 된다.

③ 극단을 피하는 생활

세상을 정죄하거나 버려서도 안 되고, 세상에 살되 세상에 빠져서도 안 된다. 오히려 세상에 살면서 성경의 교훈을 좇아 세상을 규모 있게 사용해야 한다. 세상 만물은 하나님의 선물이므로 그것들을 하나님의 목적에 부합되도록 사용하여야 하며, 진정한 감사로 남용을 억제하여야 하며, 절제하며 살아야 하며, 궁핍한 가운데서도 인내하고 자족할 줄 알아야 하며, 하나님의 소명에 충실하여야 한다.

2) 돈과 노동과 임금의 기능을 긍정적으로 되살림

비엘러에 의하면, 칼빈은 최초로 물질생활을 구속의 그리스도를 믿는 인간이 자신의 신앙을 구체적 행위를 통하여 표현할 수 있는 객관적 자리로 이해하였다.[46] 칼빈은 신앙과 세상을 두 개의 분리된 영역으로 간주하지 않았다. 칼빈에게 있어서는 세속도시에 대한 관심이 그의 기독교신앙의 직접적인 표현이었다. 신앙생활은 중세적인 태도로 재산을 멀리하는 것을 의미하는 것이 아니라, 오히려 신자가 하나님 앞에서 자기 자신과 사회 전체의 물질생활에 대해 전적인 책임을 지는 것을 의미한다. 이로써 돈은 신앙의 지평으로부터 배제되기는커녕 오히려 신앙생활의 종이 된다. 이처럼 물질생활을 신학적으로 정당화시킴으로써 정신과 물질을 대립되는 것으로 이해했던 고대 기독교 전통을 깨뜨렸다.

물질생활을 신학적으로 정당화시킨 칼빈의 입장은 청교도 사회의 경제생활에 큰 충격을 주었다. 사람들 사이에서의 경제관계는 만물을 영적으로 새롭게 하시는 하나님의 능력을 통해 죄로 말미암아 부패했던 상황으로부터 되살아날 수 있는 것이었다. 따라서 복음화와 선교는 경제생활에 직접적인 영향을 끼치게 되었다. 이 두 가지는 경제생활을 회복시키고 조화로운 사회를 형성하는 조건이 되었다. 이처럼 한 때 교회의 멸시를 받았던 경제생활을 칼빈이 회복시킴에 따라 청교도 사회의 발전에 주목할 만한 변수가 생겼다는 사실은 분명하다.[47]

① 하나님의 도구로서의 돈

칼빈은 물질적인 재산을 하나님께서 자신의 섭리를 완성시키는 데 사용하는 도구들로 가르쳤다. 돈은 이러한 재산을 대표하는 것이고 따라서 인간과 그의 동료들의 생존을 지원하기 위해 필요한 것을 인간에게 공급해 주시기 위해서 하나님께서 사용하시는 수단이다. 즉 돈은 단순히 공리주의적인 기능만을 가지고 있는 것이 아니라 영적 사명도 아울러 가지고 있다. 또한 돈은 하나님의 자녀들을 생존케 하는 하나님의 은총의 표시이며 동시에 하나님 나라의 상징이기도 하다. 이처럼 돈은 이중적 의미를 가지는데, 곧 은총의 표시인 동시에 저주의 표시이다. 즉 믿음을 통하여 자신의 모든 소유물이 하나님으로부터 왔음을 인정하는 자에게는 은총의 표시이지만, 그것이 하나님의 선물임을 분별하지 못하고 사용하는 자들에겐 저주의 표시라는 것이다.[48]

한편 이 돈을 통하여 하나님께서는 성도를 양면적으로 시험하시기도 한다. 하나님께서는 사람들이 그를 진실로 믿는가를 시험하시기 위해 그들을 일부러 돈이 부족한 상황 속에 빠뜨리시기도 하며, 반대로 풍요, 번영, 단순한 위로를 통해서도 자기 백성의 믿음을 시험하시기도 한다.[49] 하나님께서는 인간이 어떤 용도로 돈을 사용하느냐에 따라 이 문제에 대한 답변을 읽어내신다.

② 노동과 임금

노동의 원리에 대한 칼빈의 입장은 그의 선조들에 비하면 혁신적인 것이었다. 중세 신학자들은 중세의 기독교 교리에 부응하여 노동을 신앙생활과는 무관한 세속적 의무로 생각했다. 그러나 칼빈은 노동을 기독교인의 삶과 엄격히 연관시켰다. 그는 복음이 노동을 하나님의 일에 참여하는 것으로 이해하고 있음을 강조했다. 이렇게 해서 칼빈은 인간의 활동에다 이전에는 전혀 없었던 정신적 존엄성과 가치를 부여했다. 그 결과 칼빈주의적 이념을 계승한 사회가 발흥하여 발전되기에 이르렀다.[50] 노동에 비하여 임금은 칼빈이 직접 성경적인 관점에서 도출하였다. 즉 대부분의 신학자들이 적정한 봉급의 문제에 대해 논의할 때 가설적인 자연법에서 출발한 하나의 규범을 확립시키려고 노력한 것과는 대조적으로 칼빈은 임금이 예수 그리스도를 통해 용서와 생명을 인간에게 주시는 하나님의 무상의 보수라는 점을 보여줌으로써 그 문제를 직접 성경적인 관점에서 도출하였다. 따라서 봉급은 어디까지나 하나님의 자녀로서 새로운 권위를 부여받은 노동자들의 실제적인 필요를 감안해서 책정되어야만 한다고 하였다.[51]

이처럼 칼빈이 돈과 노동의 기능을 되살려 준 것은 틀림없는 사실이지만, 그렇다고 해서 그 이후 인간들이 노동을 통해 돈 버는 일을 우상화한 것까지 칼빈이 책임질 필요는 없다. 오히려 칼빈은 돈과 노동을 하나님께 복종시켜야 한다는 사실을 그 누구보다 더 강조하였다.

3) 개인주의적 사회주의 경제관

비엘러에 의하면, 칼빈의 경제관은 '개인주의적 사회주의' 혹은 '사회적 개인주의'이다.[52] 칼빈은 개인과 사회를 함께 보는 경제관을 제시함으로써 어느 한쪽으로 치우치지 않도록 균형을 잡아주었다. 즉 칼빈은 개인의 경제적 책임과 국가의 통제가 균형을 이룰 때에라야 사회 질서가 유지된다고 주장했는데, 이것이 천재적인 통찰이었다. 복음에 근거하여 살펴볼 때, 인간의 개인생활을 완전히 꽃피도록 보장해 주는 것이 칼빈의 주요 관심사였다. 그럼에도 그는 개인과 국가의 경제적 유대성을 강조하고 국가가 경제생활에 적극 간섭해야 한다고 주장하였다. 또한 칼빈은 개인의 책임을 강조함으로써 국가만이 경제활동에 활력을 불어넣는 존재라는 사실을 배격하였다. 그러나 비록 그가 인간의 본성이 지닌 애매모호함을 인식하긴 했지만 그렇다고 해서 개인의 권익만을 보호하면 조화로운 경제활동이 이루어질 수 있다고 믿지는 않았다.

이처럼 칼빈은 한편으로는 개인의 권익을 보호하고 다른 한편으로는 사회 전체의 필요를 존중하는 두 극 사이에서 항상 새로운 균형을 이룩하기 위해 힘썼다. 그는 부에 관한 국가의 기능을 말하면서 질서가 상실되지 않기 위해 국가는 사유재산을 보호해야 한다고 하였다. 동시에 국가는 일방이 희생되면서 다른 일방이 재산을 획득하는 일이 없도록 해야 하며 재산이 사회 전체의 공익을 위해 사용되도록 주의해야 한다고 하였다.[53]

① 개인과 사회에 대한 균형 있는 관심

다음의 인용문들은 칼빈의 경제 및 사회사상을 요약한 것으로, 개인과 사회 모두에 관심을 기울이는 그의 균형 잡힌 경제사상을 잘 나타낸다:

"우리는 우리가 지상의 물품을 어떻게 취급하는가를 주님께서 예의주시하고 계시다는 사실을 염두에 두어야 한다. 그것들을 합법적으로 획득하는 방법은 무엇인가? 그것들의 권리는 무엇이며, 그것들을 어떻게 하면 합법적으로 사용할 수 있는가?"

"무엇보다도 먼저 우리가 염두에 두어야 할 것은 우리가 물품을 탐내기 때문에 그것들을 추구하면 안 된다는 것이다. 우리가 가난하다면 우리는 인내함으로써 그것을 견디어 내야 한다. 우리가 부유하다 하더라도 그것을 사랑하거나 신뢰해서는 안 된다. 우리는 하나님이 원하실 때 언제든지 포기할 수 있어야 한다. 우리가 물품을 소유하고 있거나 소유하고 있지 않거나를 막론하고 그것이 덧없는 것임을 인식해야 한다. 우리는 하나님의 축복을 다른 어느 것보다도 중요하게 여겨야 한다. 우리는 악한 욕망에 휩쓸려 들어가지 않으면서 그리스도의 영적인 나라를 추구해야 한다."[54]

"두 번째, 우리는 우리의 생계를 유지하기 위해 정직하게 일해야 하며, 우리에게 찾아오는 이익을 하나님이 주신 것으로 여겨야 한다."[55]

이와 관련해서는 앞서 언급한 이양호 교수의 관점이 함께 고려되는 것이 좋을 것이라고 생각한다.

② 인간들 사이의 재산의 불균형 현상에 대한 이해

하나님께서 어떤 사람을 희생시키면서 다른 사람을 더 사랑한다는 것은 있을 수 없다. 따라서 불균형은 끊임없는 재산의 재분배를 촉발시키는 것으로 이해되어야 한다. 또한 재분배는 더 부유한 자들로부터 더 가난한 자들에게로 향한 것이 되어야 한다.[56] 이런 생각에 따르면, 하나님 뜻대로 사는 삶, 특히 사회적 삶은 부단한 상품의 교환이요 인간의 상호보완적

삶과 의무적 연대성을 표현하는 것이어야 한다.[57]

하나님의 목적에 따르면, 부의 순환에는 또 하나의 동기가 있다. 그것은 사랑이다. 사랑은 부유한 자로부터 가난한 자에게로 사심 없는 선물이 전달될 것을 유발시킨다.[58] "하나님은 우리 인간들이 서로 균등하게 나누어 갖고 또 평등한 태도를 서로 갖춤으로써 지나치게 많이 소유한 자나 지나치게 적게 소유한 자가 없기를 원하신다."[59] 이처럼 모든 회원들 사이에서 물품을 상호 교환하는 일을 구체화시키기 위해 칼빈은 집사제도를 새롭게 설립하였다.[60] 따라서 집사들의 의무는 공동체의 회원들 사이에서 재산이 상통되도록 함으로써 그리스도의 지체들 사이에 영적 단결력이 더욱 공고해지도록 하는 일이다.

4) 상업 그리고 은행

칼빈은 교역과 상업이 사회 안에서 인류의 보존을 위해 차지하는 섭리적 역할을 명확하게 규명해 낸 최초의 신학자이다.[61] 그는 사회 활동에 내포된 몇 가지 위험들을 결코 간과하지 않았다. 즉 그것을 남용하거나 과용할 가능성이 있음을 무시하지 않았던 것이다. 그러면서 그는 상업이 지닌 하나님의 섭리로서의 역할과 본래적 권위를 강조하는 것에도 게으르지 않았다. 정직한 계약, 계량기구의 정확성, 상업윤리, 독과점에 대한 경고 등은 오늘날도 현대 경제학에 의해 강조되고 있는 것들이다.[62] 화폐경제에 대한 칼빈의 경제사상은 가장 명료하며 또한 가장 혁명적인 것임이 입증되었다.[63] 칼빈은 이자대부의 원리를 구체화시켰는데, 이 원리는 신학사에 있어서 하나의 혁명이며 경제생활을 크게 촉진시킨 것이었다.[64] 또한 칼빈이 성경 안에서 발견한 경제의 원리들은 현대 경제학의 효시가 되었다. 그 중에서 특히 중요한 것은 이윤을 추구하는 것이 인류의 현실적인 모습이라는 것이다.

칼빈은 경제적 현실을 매우 명료한 안목으로 파악하고 있다. 그에 의하면, 성경이 이자 또는 고리대금업에 관해 말할 때에는 산업대부를 대상으로 말하는 것이 아니다.[65] 또한 칼빈은 돈이 다른 생산수단과 마찬가지로 생산적이라고 확언한다.[66] 그러면서도 그는 죄로 인하여 오염된 인간성의 참된 모습을 항상 인식하였다.[67] 칼빈은 당대의 경제학의 차원을 훨씬 뛰어넘어 이자율이 생계비에 영향을 미친다는 것과 모든 이자는 궁극적으로 소비자들에 의해 지불된다는 사실에 주목했다.[68] 이처럼 칼빈이 신앙세계에서 이자대부를 허용한 것은 역사상 큰 전환점을 형성했다. 칼빈이 이 제도를 시행함에 있어서 여러 가지 제한과 통제를 가했던 것과 더불어 그의 후계자들은 몇 가지 유보조항을 더 마련했는데, 이 조항들이 그들의 정신을 보여준다.[69]

5. 병든 자본주의에 대한 치료책으로서의 칼빈주의 정신

많은 사람들이 종교와 경제를 분리하여 생각하는 경향이 많다. 하지만 경제생활에 있어서 개인적인 선택이나 의사결정은 도덕적 및 종교적인 가치판단에 의해 영향을 받기 때문에 사실상 종교와 경제는 결코 분리될 수 있는 것이 아니다.[70] 이제 와서 오늘날의 병든 자본주의에 대하여 어떤 치료책이나 해결책을 칼빈주의로부터 기대한다는 것은 문제를 지나치게 단순화하는 감이 없지 않으나, 우리 기독교인들로서는 그런 시도를 하지 않을 수 없다. 따라서 여기서는 먼저 병을 진단하고 다음 그 병에 대한 치료책을 제시하고자 한다.

1) 일련의 병들

우리 속에 있는 일련의 병들로는 무절제한 과도한 이기적인 욕심과 부정직을 들 수 있으며, 그 결과 제한된 물자에 대한 매점매석과 그로 인한 부의 축적과 기회의 상실, 그리고 빈익빈 부익부의 병폐를 들 수 있겠다. 일찍이 칼빈은 인간 본성에 도사리고 있는 이러한 죄성을 예리하게 지적하였다.[71]

2) 병들에 대한 치료책

① 병의 원인 규명과 근본적인 치료책

병의 원인은 범죄하여 타락한 인생의 죄성이다. 이러한 병에 대한 근본적인 치료책은 거듭남뿐이다. 이것들은 사죄, 칭의, 새생명으로 인한 거듭남이 없이는 도무지 치료될 수 없는 고질적인 질병이다. 영적인 변화가 미치지 못할 때 죄성을 억제하는 수단으로서 법과 규칙을 정하여 그 공동체에 속한 구성원이 스스로 제재를 받도록 하여야 한다. 칼빈은 인간의 죄성에 대한 통찰을 가지고 죄성을 억제하고 선한 심성을 격려하는 다양한 조언을 주고 있다.

② 치료를 위한 생활 훈련

병의 원인을 진단하고 근본적인 치료책인 거듭남이 있을지라도 생활훈련이 없으면 그 병과 병의 결과로부터 자유롭지 못할 것이다. 이에 몇 가지 생활훈련을 제안하고자 한다.

첫째, 신앙에 근거한 금욕이다. 초기 프로테스탄트들은 끊임없는 생활의 반성을 통해 합리적인 생활을 건설해 갔는데, 특히 금욕생활을 강조했다.[72] 금욕은 과거 수도원의 계율에서 발전된 것인데, 이것이 수도원 안에서만 기도하고 근로하는 금욕적 생활에 한정되지 않고 일반시민의 생활을 통해 나타났다는 점이 독특했다. 이런 유의 금욕을 가리켜 '세속적 금욕'이라 하는데, 그들은 끊임없는 자기 억제와 도덕적 반성을 통해 비합리적 충동으로부터 해방되고, 보다 계획적이고 합리적인 생활로 개선되어 나아갔다. 이러한 합리적 금욕은 인간의 자유로운 쾌락을 극복하는 동시에 생활에 질서와 규율을 가져다 주었다. 따라서 오늘날 병든 자본주의의 폐해로부터 벗어나기 위해서는 신앙에 근거한 이러한 금욕이 새롭게 제창되어야 한다. 금욕은 자신이 가진 힘을 절제하게 하는 한편, 자신과 사회가 가진 재화의 남용을 막아 건강하고 부유한 삶을 가능하게 할 것이다.

둘째, 신앙에 근거한 근면이다. 초기 프로테스탄트들은 금욕에만 몰두한 것이 아니다. 자신의 직업을 천직으로 여기며 하나님의 영광을 위하여 힘써 수고하였다. 베버가 인용한 리처드 박스터의 『성도의 영원한 휴식』, 『그리스도 지침서』 등에 의하면, 무위의 명상, 무익한 사고, 다변, 사치 등을 배척하도록 하고 끊임없는 노동을 강조하는데, 이처럼 끊임없이 직업활동에 충실하는 것이 하나님의 은총을 받는 것이고, 그러한 활동을 통한 수익을 당연한 것으로 간주하였다. 박스터는 영리추구를 용인하였는데, 심지어 그는 더 많은 수익을 얻을 수 있는 방법이 있음에도 이를 따르지 않고 도리어 적은 수익을 택했다면 그것은 소명의 목적을 저버리는 것으로까지 간주하였다.[73)]

일과 직업에 대하여 매우 적극적인 인식을 가지고 있었던 칼빈주의자들의 경우 삶의 목적은 하나님의 뜻을 이 세상에 널리 이루고 오직 하나님의 영광을 위하는 데 있었다. 그러므로 무슨 일이든 열중해서 좋은 열매를 맺어야 했다. 모든 일은 하나님의 영광을 위하여 계획되고 방향 지워져야 하기 때문에 시간을 헛되이 낭비할 수도 없고 사치스럽게 살아서도 안 되며 게을러서도 안 되었다. 가능한 최대로 생산성을 높이기 위해 일해야 하고 여기서 나온 이익은 재투자하고 그리하여 규모 있고 짜임새 있는 경제생활을 가꾸어 나아가야 했다. 따라서 오늘날 병든 자본주의의 폐해로부터 벗어나기 위해서는 신앙에 근거한 이러한 근면이 새삼 제창되어야 하겠다.

셋째, 신앙에 근거한 돌아봄이다. 구약은 하나님이 맡겨주신 재물을 고아와 과부 그리고 나그네 등 필요한 사람에게 필요에 따라 분배할 것을 가르친다(신 8:17-19, 10:17-18). 청지기인 우리가 그 말씀에 따라 분배하지 않는다면 계약을 파기하는 것이고 그 결과 하나님께서는 그 재물을 거두어 가실 것이다. 신약에서는 여기에 하나님 나라의 관점이 추가되는데, 하나님 나라의 삶은 소유하는 삶이 아니라 분배하는 삶이다. 그러한 삶을 살지 않을 경우 그것은 자기를 위하여 재물을 쌓아 두고 하나님에 대하여 부요하지 못한 자가 될 뿐이다. 따라서 오늘날 병든 자본주의의 폐해로부터 벗어나기 위해서는 신앙에 근거한 이러한 돌아봄이 새삼 제창되어야 하겠다. 이러한 돌아봄의 대상이 이웃뿐만 아니라 다른 민족 다른 나라에게까지 미쳐야 한다.

③ 치료를 위한 강제 규칙

위에 언급한 일련의 생활훈련은 신앙적 공동기반이 없이는 전혀 설득력이 없게 된다. 이 경우에 필요한 것이 사회적 합의에 의한 규칙과 법률의 제정이다.

첫째, 어느 정도 금욕을 강제할 수 있는 규칙과 법률의 제정이다.

둘째, 어느 정도 근면을 강제할 수 있는 규칙과 법률의 제정이다.

셋째, 정의로운 분배를 위한 규칙과 법률의 제정이다.

일반적으로 분배의 정의에는 평등의 원칙과 공평의 원칙이 적용되어야 한다.[74] 여기에다 개인의 기본권인 자유를 손상하지 않으면서도 정의로운 협동과 공동의 참여가 일어날 수 있도록 해야 하는데, 이 일을 위하여 국가는 법으로 분배가 균형 있게 이뤄질 수 있도록 하고 수시로 현실을 파악하여 개선 보완하며, 가진 자는 가지지 못한 자들의 복리에 대해 책임을 느끼고 조건들을 개선하고 복리가 균형 있게 이루어지도록 해야 할 것이다. 정의로운 분배가 다른 나라 민족에게까지 미치려면 그에 따르는 적절한 국제 협약과 규약도 있어야 할 것이다.

6. 나가는 말

현대 자본주의의 몰락을 예고하는 전조와도 같은 전 세계적인 경제위기의 때에 근대 자본주의의 발전과 관계하여 긍정적인 영향을 미쳤던 칼빈주의에 대하여 다시 한 번 살펴보며 나름대로 문제 해결의 신앙적인 실마리를 찾아보고자 하였다. 이를 위해 이러한 논의를 정신사 속에서 처음으로 개진했던 베버의 논문을 살펴보고, 그의 논지에 대한 다양한 찬반의 논란들을 살펴보았다. 칼빈주의로 말미암아 힘을 받았던 근대 자본주의가 영향력을 극대화하면서 그 신앙적인 근거를 외면하게 되었을 때에 억제되어 있던 인간의 온갖 악성들이 드러나면서 현대 자본주의의 추악한 모습이 오늘날 극에 달하게 되었다. 아무도 귀를 기울이지 않더라도 교회에 속한 성도들은 오늘의 형편에서 다시금 성경의 교훈에 마음을 모아야 한다. 신앙인에게는 신앙 양심에 호소하며, 그렇지 않은 사람들에게는 법과 규칙으로 억제하여서라도 치료와 회복의 길을 걸어가게 될 때에 인류 사회는 다시금 희망을 가질 수 있게 될 것이다.

16장
칼빈의 경제공동체 사상과 새로운 사회건설의 의미

양창삼(한양대학교 경영학부 명예교수)

1. 들어가는 말

칼빈은 신학, 법학, 인문학 등 여러 분야에 관심을 가졌다. 제네바를 거룩한 도시로 만들려는 노력도 했다. 그의 학문성과 실제적인 노력은 이에 국한되지 않는다. 특히 경제적인 것과 깊은 관계가 있다. 이 글은 그의 신학과 공동체 사상 속에 경제적인 면을 적지 않게 찾을 수 있고, 그가 경제공동체를 통해서도 새로운 사회건설에 대한 비전을 가지고 있었음을 밝히고자 한다. 이러한 비전은 자신뿐 아니라 그를 따르는 많은 칼빈주의자들을 통해서도 많은 영향을 미쳤다.

칼빈 탄생 500주년을 맞아 그의 개혁적 신학의 정체성과 그 전통성 회복, 그리고 한국 교회가 이 개혁정신을 어떻게 구현할 것이냐에 우리의 관심이 집중되어 있다. 여기에는 성경을 통해서 드러난 하나님의 말씀을 당시 사회 속에서 구현하고자 했던 칼빈의 사상과 삶의 거울을 통해 현

시대를 살아가는 우리도 보다 복음적인 메시지를 분명히 얻고, 다가오는 미래를 말씀으로 준비하기 위한 마음이 크다. 지금 우리는 경제적으로 매우 어려운 시기를 지나고 있다. 따라서 칼빈의 노동이나 경제관에 우리의 모습을 비춰보면서 영적으로나 물질적으로 새로운 돌파구를 모색하는 것도 의미가 있을 것이다.

　제네바는 칼빈의 지도 아래 교육과 교역을 증진시켰다. 칼빈은 제네바를 완전한 기독교인 공동체로 만들고자 했다. 그의 복음주의는 특히 많은 난민들에게 인기를 끌었다. 당시 그곳에는 프랑스, 이태리, 네덜란드. 스코틀랜드. 잉글랜드에서 온 난민들이 많았다. 난민이기는 하지만 그들 중 상당수가 지위나 학식, 그리고 재산 정도가 높았다. 이것은 제네바 시민 생활에 매우 중요한 요소가 되었다. 칼빈 자신과 그의 모든 동료 사역자들 역시 외국인이었기 때문에 제네바의 경제를 건전하게 풀어가는 것은 매우 중요한 관심사항이 아닐 수 없었다. 이에 반해 제네바 토착민들은 도시가 외국인에게 점령당할 것을 두려워했다. 기득권 세력의 자기방어는 언제나 있기 마련이다. 토착세력의 방해로 칼빈 자신도 한 때 제네바를 떠나 스트라스부르그에 머물기도 했다. 하지만 그는 3년 만에 다시 청빙을 받았다. 그런 과정에서도 칼빈의 지위는 결코 흔들리지 않았다(Dickens, 354-55)[1].

　사회관계 측면에서 볼 때 칼빈은 매우 조직적인 인물이었다. 삶의 규율을 바로 세우고자 했고, 방종에 맞서 사회윤리를 제시했다. 그가 이런 면에서 시대를 이끈 아버지로 평가되는 것은 결코 우연이 아니다. 경제관련 사항도 그의 강한 기독교적 사회윤리에 기반하고 있다. 칼빈에게는 '근대문명의 창시자'라는 별명이 붙어있다. 물론 여기서 말하는 근대문명은 우리가 흔히 생각하고 말하는 것과는 성격이 다르다. 그 속에는 혼돈에서 질서를 창조하는 하나님의 뜻이 반영되어 있기 때문이다. 칼빈이 제네바에 왔을 때 그 도시는 한 마디로 소란함, 곧 혼돈 그 자체였다. 그가 꿈 꾼 것은 혼돈의 도시를 질서의 도시로 바꾸는 것, 곧 도시변혁 작업이었다. 이것은 새로운 사회의 창조요 성경적 질서의 회복이었다(박건택, 1990)[2].

그리스도인은 언제나 자신의 신앙이 세상의 현실 속에서 어떻게 영향을 미칠 수 있을까를 생각하고 고민한다. 그러나 아무리 고상한 생각이라 할지라도 그것이 현실에서 어떤 의미를 전달하지 못한다면 그 가치와 존재성은 의심받을 수밖에 없다. 이런 측면에서 볼 때 칼빈주의는 성공을 거둔 셈이다. 왜냐하면 사회에 대한 영향력이 컸고, 과거뿐 아니라 현재, 그리고 앞으로도 높이 평가를 받을 것이기 때문이다.

하지만 칼빈주의에 대한 평가는 항상 따뜻하지만은 않다. 오히려 차갑다. 사회문제에 대한 해결에서 적극적이긴 했지만 상당히 과격한 것으로 평가받고 있다. 칼빈과 그를 따랐던 사람들은 개인을 정화할 뿐 아니라 교회와 국가를 재구성하고자 했다. 공사를 막론하고 삶의 모든 영역에 종교의 영역을 침투시킴으로써 사회를 개혁하고자 했다(Tawney, 91)[3]. 이런 과정에서 반감과 충돌이 없을 리 없다. 어느 사회든 개혁의 성향이 과격하다 인정될 때 반대세력은 언제나 있기 마련이다. 그러나 그 과격성은 칼빈을 비롯한 그의 추종자들이 얼마나 당시 사회상황을 성경적으로 바르게 고쳐놓고자 했는가, 즉 새로운 사회를 만들고자 했는가를 알 수 있다. 이런 점에서 칼빈의 사회개혁은 혼돈의 시대를 살아가는 우리들에게 의미하는 바가 크다.

2. 인간의 타락과 새로운 사회 건설의 필요성

어느 시대나 그 사회의 새로운 탄생을 기대한다. 완전하고 만족한 사회는 없기 때문이다. 더욱이 그 사회가 물질주의와 이기주의, 비 윤리가 팽배해 있다면 사회개혁에 대한 의지는 상대적으로 더욱 높아진다.

타락한 인간이 새로운 사회를 건설할 수 있을까? 칼빈에 따르면 모든 인간은 죄의 힘 아래 있고 죄의 주요 자리는 인간의 의지이다(Calvin, Ⅱ. 1. 4)[4]. 타락은 인간으로부터 초자연적 은사, 곧 믿음, 하나님의 사랑, 이웃을 향한 동정, 거룩한 것과 의로운 것을 향한 열심을 박탈했다. 아울러 정신의 건전성과 마음의 정직성과 같은 자연적 은사도 부패되었다. 그러나 선악을 구별하는 이성은 완전히 제거되지 않았다. 이로써 인간은 동물과 대조적으로 과학에 관한 연구를 할 수 있고, 질서 있는 사회생활을 영위해 나갈 수 있게 되었다(Calvin, Ⅱ. 2. 12 아래).

하나님은 타락한 인간에게 의지기능을 보유할 수 있게 하셨다. 의지는 인성의 파괴할 수 없는 기본재산이다. 우리가 이 땅에서 가정을 다스리고 정치를 하며 경제활동을 하기 위해서는 지성과 의지가 필요하다. 하나님은 인간이 영적으로 부패가운데 있다 해도 그것을 다스릴 지혜를 허락하셨다. 이것은 하나님의 전적인 은혜이다. 그러나 의지의 내용은 타락되어 있다. 병적인 의지는 타락한 성격을 가지고 있고 좋은 의지는 은혜에 속한다(Calvin, Ⅱ. 3. 5). 병적인 의지는 부패로 나타나지만 좋은 의지는 인간의 삶을 새롭게 하는 데 도움을 준다. 타락했음에도 불구하고 인간에게 지성과 의지의 활동을 허락한 것은 전적으로 하나님의 은혜요 보다 나은 사회를 위한 인간의 헌신은 그 은혜에 대한 보답이다.

인간이 보다 나은 삶을 유지하기 위해서는 그리스도 안에서의 거듭남이 필요하다. 인간은 스스로 의로워질 수 없기 때문에 그리스도의 중보가 요구된다. 예수님의 중생작업은 새로운 사회의 탄생을 가능하게 만든다. 그 사회의 모범은 하나님의 나라이다. 교회는 그 나라의 질서를 이 땅에 세우기 위해 모범이 되어야 한다. 교회의 모범이 거듭난 그리스도인에 의해 사회 속으로 스며든다. 칼빈에 따르면, 새로운 사회에서는 모든 차별과 분리가 종식되고 부의 올바른 분배 시스템이 확립된다.

기독교적 관점에서 볼 때 인간의 역사는 하나님 나라 도래의 관점에서만 의미가 있다. 이런 점에서 모든 사회질서는 일시적이다. 영원한 나라가 도래하기 때문이다. 그렇다고 우리 사회에 어떤 변혁도 필요 없는 것은 아니다. 변혁을 모색하지 않는다면 이 세상은 우리 생각보다 더 나쁘게 변할 가능성이 높다. 따라서 우리 사회에서도 전적인 재창조와 혁신이 필요하다. 새로운 사회가 끊임없이 요구되는 것은 이 때문이다. 사회변혁을 취하지 않는다면 우리의 삶의 가치는 상대적으로 낮아질 수밖에 없다.

칼빈은 새로운 사회를 건설함에 있어서도 하나님 중심이 되어야 함을 강조했다. 칼빈의 신학은 인간중심의 신학이 아니라 하나님 중심의 신학이다. 하나님 중심은 하나님의 주권사상으로 요약된다. 칼빈주의 사상과 삶의 원리는 출발에서 종결까지 하나님의 주권을 기초로 하고 있다. 칼빈은 하나님의 주권 사상을 다음과 같이 피력하였다(Calvin, I.I.1):

> 우리가 소유하고 있는 모든 지혜는 두 부분으로 나뉜다. 하나는 하나님에 대한 진리에 속하고, 다른 하나는 인간의 진리에 속한다. 그런데 우리 주변에 있는 수많은 사실들이 어느 편에 속하는지 식별하기 어렵다. 그러나 이것을 분명하게 밝힐 수 있는 것은 누구를 막론하고 자기 생활 속에서 하나님의 계획에 순응하는 사상으로 무장되지 않고서는 자기 자신의 자아상을 바로 식별할 수 있는 사람은 아무도 없다. 때문에 우리가 부여받은 가장 큰 선물인 우리 자신의 존재가 우리에게서 온 것이 아니라 하나님에게서 온 것임을 분명히 규명할 수 있다.

하나님 중심의 삶은 매순간 하나님의 주권을 인정하는 삶이다. 그렇다고 해서 인간을 결코 경멸하지 않는다. 그는 인간의 참되고 온전한 지혜를 인정한다. 그러나 그 지혜는 하나님과의 관계에서만 온전하다. 인간의 존재 자체가 하나님께 예속되어 있고 인간의 모든 활동과 사상도 하나님께 속해 있다. 하나님의 창조사역과 섭리와 보존과 통치의 사상은 그 모든 영역에서 하나님의 뜻을 나타내며 결국 하나님의 뜻대로 모든 것이 귀결된다. 따라서 그 지혜는 하나님을 알면서 우리 스스로를 아는 것이다. 하나님 없는 인간의 지혜는 무질서를 낳기 쉽다. 나 자신의 개인적인 삶에서 그리고 역사 속에서 하나님의 주권을 인정하는 삶이야말로 가장 행복한 삶이다. 이것이 새로운 사회에서 나타나야 한다.

칼빈은 인간을 원초적 인간, 하나님으로부터 소외된 인간, 그리고 회복된 인간으로 나눈다. 타락하기 전 인간은 하나님으로부터 모든 능력을 받아야 했다. 타락한 인간도 예외가 아니다. 소외된 인간은 더 이상 영적으로는 살 수 없지만 사회질서를 조직할 수 있다. 비록 죄가 인간 전체에 미치기는 했지만 그의 능력 모두를 파괴시킨 것은 아니기 때문이다.

소외된 인간의 종말은 비극적이다. 겉으로는 발전 지향적으로 가는 것처럼 보인다. 하지만 그 종말은 비극이다. 인간은 하나님을 향해 계속 반항할 것이다. 때문에 하나님의 은총을 얻기에 합당치 못한 행동들이 벌어진다. 그렇다 해도 인간을 향해 세우신 그분의 계획과 약속들은 차질 없이 진행된다. 칼빈은 인간의 역사를 결정적 숙명론으로 끌고 가지 않는다. 하나님의 섭리와 인간의 자율이 조화를 이루는 방향으로 갈 것이라 믿기 때문이다. 하나님은 인간의 책임과 자유를 말살하지 않고 그것을 행사하도록 하신다. 이것은 창조질서와 사회질서를 우리 안에 회복해야 하는 이유와 우리를 향한 하나님의 선하신 뜻을 보여준다(박 건택, 1990).

그리스도 안에서 하나님의 형상을 회복한 인간은 공동체 안에서 그 책임을 다할 필요가 있다. 그리스도인의 삶은 그가 속한 사회공동체든 교회공동체든 책임 있는 존재로 다시 서야 한다. 예수 그리스도를 통해 거듭난 인간들이 새로운 사회를 만들어가는 데 주도적인 역할을 해야 하기 때문이다. 이 사회의 원초적 질서가 회복되어야 할 곳이 바로 교회이다. 교회가 바로 서면 사회도 새로워질 수 있다.

3. 구원, 착한 행실, 그리고 부의 관계

칼빈에게 있어서 구원은 신학적 명제로서만 존재하지 않는다. 그것은 우리 삶의 모든 영역에서 구현되어야 한다. 구원받은 자로서의 삶은 경제에서도 나타난다. 칼빈주의에 있어서 구원은 하나님만 아는 일이다. 그러나 인간은 구원받았음을 확증하기 원한다. 그 방법가운데 하나가 이 세상에서 착한 행실(good works), 곧 하나님의 선하시고 기뻐하시는 일을 적극적으로 이뤄내는 것이다. 이로써 하나님께 영광을 돌리게 된다(마 5:16). 하나님 편에 서서 일하는 것과 그렇지 않은 것은 그 방향, 목적, 그리고 내용이 다르다. 이런 점에서 착한 행실은 우리 삶에서 더욱 드러나야 할 요소가 된다. 이 착한 행실이 구원을 이루게 하는 것은 물론 아니다. 하지만 구원의 결과는 경제적 삶의 구석에서 긍정적으로 나타난다.

칼빈의 하나님 주권 사상 속에 예정론이 있다. 혹자는 예정교리가 일부 고대 예정론자들이 그랬던 것처럼 칼빈주의자들도 운명주의와 도덕적 무책임을 장려한 것으로 생각할지 모른다. 하지만 그것과는 아주 다르다. 칼빈에 따르면, 인간은 성경에 기록된 대로 하나님의 명령에 따라 매일 순종하는 삶을 살아야 한다. 겸손, 겸손한 생활, 육체적 욕망에 대한 억압, 정규적인 교회출석, 그리고 성찬참여는 그가 내세운 삶의 이상적인 모습이었다. 그는 『기독교 강요』에서 "인간은 아무 선한 것을 가진 것이 없지만 그가 가지지 못한 선, 그리고 그에게서 박탈된 자유를 열망하도록 가르쳐야 한다"고 했다. 이렇게 해서 인간은 하나님의 영광에 대한 증인이 된다.

하나님의 선하심은 그의 백성의 착한 행실에서 나타나기 때문에 그리스도인은 택함 받은 자라는 증거를 삶에서 보여주어야 한다. 택함을 받았다는 것에 대한 적극적인 증거는 얻기 어렵다. 인간의 제한된 능력으로는 하나님의 뜻을 완전히 이해할 수 없기 때문이다. 훗날 칼빈주의에 따르면, 화란-영국-미국의 청교도의 경우 착한 행실은 근검한 삶의 태도를 강조함으로써 얻은 사업의 성공과 부의 축적으로 설명되었다. 그러나 이러한 해석이 바른가 하는 것에 대해서는 논쟁의 여지가 있다. 칼빈은 자기 교리에 대한 이러한 해석을 단호히 거부할 것이라 주장하는 학자도 있다(Clough et al., 403)[5]. 이 세상에서의 성공을 하나님이 그를 선호하는 증거라 말한다면 그것은 칼빈이든 그의 후계자든 칼빈주의자가 아니다. 포도밭과 무화과나무가 풍성하다고 해서 의의 보상이요 신적 애호를 받은 것으로 해석한다면 그러한 칼빈주의는 더 이상 칼빈주의가 아니고 청교도는 더 이상 청교도가 아니다(Bainton, 253)[6].

초기 뉴잉글랜드에서 칼빈주의자들은 산업혁명을 도입하는 대신 황무지를 개척하는 일에 몰두했다. 그들의 경제는 원시적이었지만 나름대로 황무지와 돌이 많은 해안에서 신성한 공동체를 세우는데 전념하여 성공을 거두었다. 세속적인 역사가들도 이것은 하나님의 손이 그곳에 함께 했음에 틀림없으며 믿음이 생존에 가장 능력 있는 요소임에 틀림없다고 치하했다(Bainton, 254).

신앙은 경제영역에서 모든 경제적 덕, 근면, 절제, 정직, 그리고 절약을 낳는다. 중세 수도사들이 "규율이 풍요를 낳았다"고 말하듯 칼빈주의의 규율은 믿음에서 나온 것이다. 그 신앙은 하나님이 역사 과정 속에서 위대하신 일을 한다는 것이며 인간은 그 목적의 수단으로 봉사함으로써 하나님을 영화롭게 하는 것 이외에 다른 임무가 없다. 삶에서 하나님을 영화롭게 하는 열매를 맺는 것이다. 그러나 칼빈주의가 사회 속에서 지속적으로 단 열매를 맺은 것은 아니다. 칼빈주의가 훗날 방법론적 습관과 신중한 금언으로 그 지위가 낮아졌다(Bainton, 254)는 평가를 받은 것은 이것을 보여준다.

칼빈이 농업보다 산업에 치중한 것은 상황이 큰 작용을 했다. 루터의 색소니(Saxony)는 곡창지대였지만 칼빈의 제네바는 론(Rhone)에 있는 항구로, 북쪽으로는 스위스와 남쪽으로는 리용(Lyons)을 통해 프랑스와 교역을 했다. 더욱이 수천의 난민들이 제네바로 들어와 자본주의적 조직이 발달하게 되었다. 경제발전의 과정에서 종교적 난민들의 역할이 컸다. 그들은 생존을 위해서도 기업 활동을 해야 했다. 이 과정에서 경제적 개인주의가 명백하게 조장되었음은 물론이다. 칼빈주의가 칼빈주의자들이 들어오고자 한 모든 영역에 생명력과 동인을 주입됨으로써 자본주의 정신에 기여했다고 말할 수도 있다. 그들은 대륙을 정복하든, 군주를 전복시키든, 기업을 경영하든 악의 세력을 개혁하든 끊임없는 노력을 보여주었다. 칼빈주의자들은 한 마디로 열심을 다하는 사람이었다(Bainton, 255).

구원은 인간 자신의 일이 아니다. 인간이 그것에 어찌할 수 없는 신적인 영역이다. 인간의 노력, 사회제도, 문화는 사실 구원과 상관은 없다. 인간의 삶의 목적은 단지 개인구원으로 끝나는 것이 아니라 기도로, 행동(노력 또는 노동)으로 하나님을 영화롭게 하는 것이다. 착한 행실은 구원을 얻는 길은 아니나 구원을 얻었음을 입증하는데 필수적이다. 세계는 하나님의 위엄을 보여주기 위해 만들어진 것이며 그리스도인의 의무는 이 목적을 위해 사는 것이다. 그 임무는 자신의 삶을 훈련시켜 신성한 사회를 창조하는 것이다. 그가 살고 있는 교회, 국가, 사회는 그리스도의 왕국이어야 한다(Tawney, 96-97). 경제공동체에서도 선한 의지와 착한 경제 행실을 통해 구원의 힘이 반영되어야 한다. 부는 단지 그에 대한 부산물일 뿐이다.

4. 소명과 직업의식

개인이 영원히 택함을 받았다는 것은 소명(vocation)을 통해 효과를 더욱 발휘하게 된다. 그리스도 안에서 접붙임 된, 즉 택함 받은 자는 그가 구원으로부터 결코 단절되지 않을 것이라는 확신에 거한다. 칭의는 택함의 징표이다(Calvin, Ⅲ. 21. 7). 하나님은 택함 받은 자에게 유종의 은혜(perseverance)라는 선물을 주신다(Calvin, Ⅲ. 21. 7; Ⅲ. 25. 6-7; Ⅱ. 3. 11). 그리스도를 참으로 믿는 자는 끊어질 수 없으며, 직업을 통해서도 그 관계성이 두드러지게 나타난다.

소명이라는 단어는 사실 루터에 의해 수도원(cloister)에서 작업장(workshop)으로 옮겨졌다. 현대의 직업적 의미는 그로부터 직접 온 것이다. 그의 눈에 목사, 관리, 주부, 하인 등은 모두 종교적 소명에서 온 것으로 소명은 단순히 지상의 주인뿐 아니라 하늘의 주인에게도 열심히 봉사하는 것이다. 이 봉사는 결코 입에 발린 봉사가 아니다. 그 열심이 산업을 통해 드러나고, 정직한 하루의 수고와 직업에 대한 의무감을 갖게 된다. 이러한 태도는 농장에서 생산 공장으로 옮겨지고 기업가는 생산적인 임금수익자를 갖게 되었다.

칼빈은 게으름과 걸식행위를 비난했다. 하나님의 부르심을 받은 자가 게으름의 대상으로 지목될 수 없다. 일할 수 있는 사람은 일해야 하고, 일할 수 없는 사람은 보호를 받도록 하되 누구나 구걸의 존재로 전락해서는 안 된다. 중세기를 통해 수도원 규칙은 수도승의 매뉴얼 노동을 자랑스럽게 만들었다. 특히 베네딕트 교단은 노동을 고무해왔는데, 루터는 이것을 전 생애의 일로 바꾸어놓았다(Bainton, 246-47).

칼빈주의자에게 있어서 직업은 소명이다. 이것은 자신이 택함 받은 자임을 확신하는 중요한 방법이다. 일에 대한 충동은 이것에 대한 심리적 확신(assurance)이 된다. 일은 번영에 대한 축복으로 나타나고, 이것은 하나님이 기뻐하신다는 증거가 된다(Bainton, 250). 칼빈은 자본을 축적하게 하고 그것을 사업에 재투자하도록 했다. 그는 끊임없는 수고, 결과에 대한 책임, 그리고 시간과 돈을 낭비하지 않는 에토스에 철저했다. 이것은 소명에 대한 철저함을 의미한다. 자본주의 정신은 노동의 신성함, 소명에 입각한 헌신, 산업을 일으킴에 주력했으며 금욕적 소명윤리가 강조되었다(Dunstan, 162)[7]. 칼빈의 근면과 절약, 시간과 재물에 대한 낭비 줄이기, 엄격한 공정성과 자비의 한계아래 금전에 대한 이자 허용, 직업변경에 대한 유사한 보장허가 등은 자본주의 산업과 기업발전에 기여했다(McNeil, 221)[8].

5. 새로운 사회, 이웃과 함께 하는 경제 공동체

칼빈은 제네바를 변혁시킨 인물로 널리 알려져 있다. 도시를 새로운 사회로 만든 것이다. 이것은 종교적 변혁이기도 하지만 이 일은 종교적인 것에 한정되지 않는다. 새로운 사회는 경제적 변혁과 함께 가야 하기 때문이다.

칼빈은 새로운 사회에서 우리가 이뤄야 할 여러 조건들을 제시했다. 그는 부자와 가난한 자, 남자와 여자, 나라와 인종에 따른 차별과 분리의 종식을 선언했다. 그는 제네바에서 종교적 민족주의와 오랫동안 투쟁해왔다. 그러나 빈부문제를 해결하기 위한 혁명적 조치는 용납하지 않았다. 노동과 경제 문제에 있어서 그는 기존의 계급 관계에 그리스도의 중생이 일어나 억압 없는 권위, 비판 없는 순종으로 정의로운 관계가 설정되기를 바랐다.

새로운 사회에서 교회는 예수님께서 하신 것처럼 먼저 부의 재분배에 관심을 두고 이 문제 해결에 앞장서도록 했다. 그는 이것이 경제질서를 회복하는 중요한 도구가 된다고 보았다. 그는 부의 재분배의 근거를 예수님의 말씀에 두었다. 이런 점에서 현대 사회주의적 발상과는 차이가 있다. 그가 먼저 교회를 내세운 것은 먼저 교회가 부분적으로나마 사회질서를 회복하는 일에 나설 필요가 있다고 보았기 때문이다. 그는 이러한 새로운 경제공동체가 사회 전반으로 확산되기에는 한계가 있다고 보았음에 틀림없다. 하지만 교회의 모범이 사회로 이어질 가능성을 보았다. 사회질서의 회복은 하나님 나라 안에서만 온전히 이뤄질 수 있기 때문이다.

칼빈에 따르면, 교회는 영적이든 물질적이든 모든 재화가 서로의 사랑 가운데 그리스도인 사이에 소통되어야 한다. 각자는 각자가 가진 것을 다른 사람과 함께 나눠야 한다. 이것이 보편(catholic)교회요 그리스도의 신비한 몸이다(Parker, 41)[9].

교인은 경제적이고 절도가 있어야 한다. 근면하고 절약해야 하며 기업을 아주 진지하게 운영해야 한다. 그 자체가 일종의 종교적일만큼 진지해야 한다. 경제적 에너지나 훈련된 사회적 힘은 얼마만큼 진지한가에 따라 달라진다. 경제거래 행위에 있어서 인간적 문제와 하나님께 영광을 돌리는가 하는 점을 고려한다. 인간적인 문제를 고려한다는 것은 휴머니즘적 요인을 고려한다는 의미를 담고 있다(Tawney, 96-98).

칼빈주의자들은 귀족주의적이어서 초기에는 사회적 문제에는 무관심한 것으로 평가되고 있다. 그러나 여러 나라가 정치발전을 하는 과정에서 부르주아가 발생하게 되고 사회개혁을 위해 정신적 요소가 필요하게 되었다. 이 과정에서 근대경제행위와 기독교 사상이 결합하고, 여기에서 근대 전체 발전을 위한 새로운 칼빈주의 사상이 탄생하게 된다. 이것이 개신교정신이다. 이 사상은 보다 큰 통찰력을 얻는데 기여했다. 칼빈의 윤리는 경제발전의 원동력이 되었다. 베버는 이 점에 주목하였다.

그러나 자본주의에 대한 칼빈주의적 정당화는 잘못 이해된 부분이 있다. 노동은 금욕주의로, 이익은 소명에 대한 충실한 이행으로 얻은 하나님 축복의 징표로 간주된다. 이것은 개인의 사적 이익을 위한 것이 아니다. 자본주의자는 하나님이 자신에게 부여한 달란트를 청지기처럼 수행하는 사람이다. 자본을 증가시키되 사회유익을 위해 자본을 사용한다. 그렇다고 결코 자기의 필요를 생각하지 않는 것은 아니다. 자기의 필요한 양만큼만 남겨두고 모두를 내놓는 것이다. 모든 잉여재산은 공익사업, 특히 교회적인 구제봉사를 위해 사용해야 한다. 따라서 제네바 사람들은 자기들이 스스로 필요한 양을 평가하고 나머지는 가난한 사람, 수많은 난민들을 지원하는데 사용했다. 교회의 집사회는 자선 행위에 많은 시간을 바쳤다. 이것은 교회의 질서유지에도 필요했다. 빌린 돈에 대한 이자는 박애정신에 의해 결정되었다(Dunstan, 163-164). 오늘날 영국의 기독교적 사회주의는 본질적으로 칼빈주의 전통을 이어받은 것이다. 미국교회의 행위는 자본주의 남용에 반대하는 일종의 기독교사회주의이다. 스위스, 네덜란드, 영국, 미국에는 오늘날도 사회주의적 목사가 있다.

칼빈주의는 루터주의나 가톨릭주의보다 근대 사회생활에 더욱 근접했다. 칼빈주의는 근대생활에 대해 깊은 자아의식을 가지고 있다. 이 의식은 근대경제생산을 합리화했고, 기독교의 현대화(modern Christianity)에 기여했다. 이것은 현대화가 기독교사상과 접합한 것을 의미하지 않는다. 오히려 기독교가 정치 및 경제적 삶의 방향과 조화를 이루었음을 의미한다. 그들은 신앙적으로는 보수성을 유지하면서 일상생활 문제에 있어서는 실제적으로 접근했다. 이에 반해 루터주의는 철학적으로 병들고 비실제적이며 일상생활의 문제와 먼 것으로 간주되었다(Troeltsch, 575, 646-650)[10].

모든 선한 일은 믿음으로부터 나온다. 하지만 기독교인의 생활은 신앙과 하나님에 대한 지식에 의해서만 기쁘게 되는 것이 아니다. 그것은 그리스도인으로서 책임과 연관되어 있으며 모든 직무와 모든 시간에 확장된다. 하나님과 인간에 대한 봉사의무로부터 제외된 삶의 영역이란 없다. 우리 전체의 삶이 하나님과 연관되어 있다(negotium cum Deo). 그리스도인은 선악 간에, 잘생겼든 못생겼든 간에 하나님의 형상을 가진 이웃을 사랑하고 봉사해야 한다. 우리가 즐기는 축복은 우리 이웃을 위해 사용해야 할 거룩한 저장물이다.

칼빈은 우리 자신을 위해 물질적 번영을 추구하려는 모든 생각을 버리도록 한다. 우리가 가진 세상재물은 무엇이든 그것으로서 우리가 할 일은 청지기 역할이다. 우리와 우리가 가진 모든 것은 하나님께 속한 것이다. 이러한 관점은 각자의 소명을 신성하게 하는 것이다. 그것은 믿음을 따라 일하도록 그리스도인에게 주어진 위치다. 그것은 하나님의 영광을 위해서만 다른 것으로 바뀔 수 있다. 모든 임무는 하나님의 눈에 귀하지 않은 것이 없다.[11]

6. 경건한 자에게도 찾아올 수 있는 불행

칼빈은 소명을 강조했다. 베버에 따르면, 칼빈의 예정교리는 전례 없는 내적 고독감을 불러일으키지만 이것은 소명에 대한 헌신으로 이어진다. 이것은 칼빈의 주장이라기보다 그 후계자들이 직업적 성공을 장려하면서 불안을 신적인 호의로 엮어 만든 것이다. 각 영혼이 하나님과의 관계를 가져야 하는 것은 사실이다. 그러나 칼빈에게 있어서 그것은 근면한 이타주의의 기본이지 비사회적 경제적 개인주의에 대한 것이 아니다. 이런 점에서 맥닐은 알미니안주의자인 박스터와 자연신교 신봉자인 프랭클린을 연관시켜 칼빈의 가르침을 내세우는 베버를 안전하게 따라갈 수 없다고 말한다(McNeil, 222).

칼빈이 신자들의 번영을 택함 받은 증거로 여겼다는 것은 베버의 곡해이며 칼빈의 생각과는 다르다. 베버는 "칼빈에게 있어서 이것은 문제가 아니었다"고(Weber, 110)[12] 한다. 그러나 다음의 글을 보면 칼빈은 얼마나 이러한 관점을 반박하고자 했는가를 알 수 있다:

> 언제나 번영이 중단 없이 흐를 때마다 그 기쁨은 점차 우리마저 부패하게 한다. 이스라엘사람들은 하나님이 자비로운 분으로 보이기 때문에 모든 책망을 비웃었다. 비록 하나님이 자신의 호의를 번영으로 나타낸다 할지라도 이것은 일반적으로 악이다(칼빈의 신 8:12 주석).
>
> 성도의 번영은 이슬이나 녹과 같다. 우리는 처음부터 끝까지 하나님의 채찍에 복종할 필요가 있다. 왜냐하면 우리의 마음은 번영해짐으로써 연약해져 기도하려는 노력도 할 수 없기 때문이다(칼빈의 슥 13:9 주석).
>
> 고로 인간의 현재 재산으로서 하나님의 심판을 평가하려는 사람은 누구

나 그는 결국 믿음으로부터 멀어져 하나님에 대한 에피쿠르스적 경멸(Epicurish contempt[13])로 떨어지지 않을 수 없다(칼빈의 행 23:8 주석).

칼빈의 주해는 사실상 이 같은 진술로 홍수를 이루고 있다. 성공, 풍부, 그리고 번영은 영혼 상태에 대한 불안의 치료라기보다 우연이며 다른 방향으로 생각하는 경건치 못한 사람들의 생각이다(McNeil, 223). 선과 세속적 번영 사이에 등식이 용인되는 것으로 보이는 것은 칼빈의 적응(accommodation)이론을 사용했기 때문이다. 자손, 소, 생명의 길이는 예수님이 낙원의 문을 연 것으로 아직 인식하지 않은 사람들을 돕기 위해 준 것이다. 만약 하나님이 세상의 방법으로 우리를 부요하게 하지 않았다면 우리는 근심하지 않아야 한다. 시편 25:13, "그의 영혼은 선에 살 것이다"에 대한 주석에서 칼빈은 디모데전서 4:8, "경건(godliness)이 유익이 된다(profitable)"는 것을 인용했다. 이 땅에서의 축복(terrena benedictio)이 약속된 것이다. 그러나 가끔 신앙인은 고통과 난제로 어려움에 처한다. 반대로 경건치 못한 사람은 기쁨을 누린다. 그럼에도 불구하고 신자는 하나님이 버린 자보다 더 행복하다. 그들은 극단적인 가난(extrema paupertas)에서도 하나님이 함께 하심을 확신하기 때문이다. 성도는 더 나은 조건에 있다. 비록 재산에 있어서 부요하지 않다 하더라도 그들은 계속 하나님 아버지의 사랑을 맛보고 있기 때문이다.

이러한 일반적인 잘못이 있고, 또 이름이 있는 일부 신학자들이 그것을 높이 평가하고 있음에도 불구하고 이것은 칼빈의 변함없이 반복되는 주장이다. 맥닐에 따르면 이 일부 신학자가운데 라인홀드 니버가 있다. 그는 "부자는 사악한 자보다 경건한 자의 몫이어야 한다. 경건은 이생과 저생의 약속을 가졌기 때문이다"라고 주장했다(Niebuhr, 51)[14]. 그러나 칼빈은 명쾌하게 말한다. "경건한 자에게도 불행이 찾아올 수 있다"(Calvin, I. 17. 8).

7. 베버 주장에 대한 반론

칼빈주의가 새로운 헌신된 자본주의자의 모습, 현대기업의 세속적 금욕주의를 창조했다는 베버의 주장은 항상 바른 것이 아니다. 토니의 그럴듯한 이론으로도 설명하기 어렵다. 여러 반론도 제기되었다. 예를 들어 상업의 발전이 개신교 차지만은 아니다. 복식부기를 비롯하여 16세기 기업계의 거의 모든 특징은 이미 중세 유럽에서 이미 존재했다. 푹가(the Fuggers)와 대부분의 아우구스부르그(Augsburg) 은행가들은 종교개혁기에 가톨릭 신자로 남아있었고 유럽의 주요 금융도시인 안트베르프(Antwerp), 리용(Lyons), 제노아(Genoa), 베니스(Venice) 등은 가톨릭 국가에 속해있었다(Dickens, 178).

열심히 일하고 규칙적인 생활을 하는 삶의 이상은 17세기 예수회와 얀센주의자들, 그리고 당시 청교도들에 의해서 다시 설파되었다. 전체적으로 보아 칼빈주의는 어떤 다른 기독교회들보다 고삐 풀린 자본주의 실행에 대해 아주 일관성 있게 도전했다. 칼빈 자신은 심지어 은행가들로 하여금 산상설교의 요구에 따르도록 했고, 그리스도인에게 있어서 이식행위는 의심할만한 행위로 간주했다. 그의 관점에서 볼 때 이자는 가난한 자로부터 결코 취해서는 안 되는 것이었다. 대금업자는 부자로부터 적절한 이자를 받을 수 있다. 그러나 빌린 사람이 자기 자신 아무런 잘못이 없는 데도 자본이나 이자를 잃었을 경우 기독교인 대금업자는 이자를 달라 해서는 안 된다. 잃은 자본에 대해 빨리 갚도록 압력을 가해서도 안 된다. 후세대 칼빈주의 신학자들은 이러한 원칙들을 엄격하게 유지하고자 했다. 더욱이 여러 개혁교회들은 교인들의 매일 생활에서 이 원칙들을 적용하고자 했다. 영국 청교도들은 특히 라티마(Latimar)와 다른 초기 개신교 도덕주의자들로부터 전수된 엄격하고 비세속적인 원칙들을 고수했다. 왕정복고 때 이러한 원칙들은 리처드 박스터에 의해서 아주 엄격하게 선포되었다(Dickens, 178).

베버의 글에 대한 반론은 반드시 이 시대의 종교사 그리고 경제사 사이의 완전한 단절을 의미하지는 않는다. 트레보-로퍼(Trevor-Roper) 교수는 17세기 위대한 개신교도 금융가들의 배경, 방법, 변모 등을 보다 정교하게 분석했다. 드 기어(de Geer), 람부이레(Rambouillet), 데워스(d'Herwarth), 그리고 드 위트(de Witte)와 같은 학자들의 주장은 여러 모로 지지를 받고 있다. 그들의 역사적 자취가 베버의 명예를 회복하지 않은 것은 아니다. 그러나 이 금융가들은 경건한 칼빈주의자가 아니라 명목적인 칼빈주의자라는 점에 문제가 있다. 그들의 생활양식을 보면 금욕주의의 어떤 정신과는 거리가 있다. 그들의 배경에는 칼빈주의라는 공통요소보다는 안트베르프의 큰 사업, 그리고 좀 더 낮게는 리지(Liege) 지역의 사업에 관심이 컸다.

나아가 트레보-로퍼 교수는 만약 우리가 기업에 대한 종교의 영향을 규명하고자 한다면 사람들을 쫓아낸 가톨릭 권력 형태를 검토해야 한다고 주장한다. 가톨릭은 비판적이고 사제를 반대하는 도회지 사람들을 끊임없이 이교도로 몰고 다른 곳에서 그들의 행운을 찾도록 만들었다. 종교개혁을 반대하는 군주들은 도시민, 유럽 상, 공, 금융업계의 사람들에게 여유를 주지 않았다. 몇몇 궁정금융가들과 독점가들에게 호의를 베풀기는 했지만 스페인, 남부 네덜란드, 베니스를 제외한 이태리 통치자들은 기업계층을 축출하고 이민을 하도록 할 만큼 냉소적이었다. 경제적 관점에서 볼 때 가톨릭적인 유럽은 스스로 거세되는 경향을 보였고, 북쪽의 개신교에 그 권한이 이양되었다. 베버와 그 학파의 주장에 앞서 이런 점들을 심도 있게 연구하면 보다 의미 있는 결과를 얻을 수 있을 것이다 (Dickens, 180).

8. 새로운 경제 공동체의 현대적 의미

칼빈이나 칼빈주의에 대한 여러 잘못된 이해도 있고 베버의 주장에 대한 반론도 만만치 않지만, 여기서 우리가 관심을 가져야 할 것은 칼빈의 새로운 사회에 대한 열망이다. 그는 정치공동체뿐 아니라 경제공동체에서도 이 열망이 드러나기를 바랐다.

이 열망은 운동으로 나타난다. 칼빈주의는 일종의 도시변혁운동(urban movement)으로 평가된다. 이민 온 무역 상인들과 노동자들이 제네바를 중심으로 활동했고 그곳에 자본과 신용, 기업과 은행, 대규모 상업과 금융이 전개되었다. 칼빈은 기업 활동을 인정했고, 이 활동을 통해 기업에 부르신 하나님의 뜻을 이루도록 했다. 노동에 있어서도 참을성과 하나님이 받으실만한 서비스인가가 중요한 잣대가 되었다. 이자는 공식적 최고 율만 초과하지 않으면 법적으로 용인되었다. 하지만 가난한 자에 대한 대부는 무료로 하도록 했다. 돈 빌린 자의 땀으로 부자가 되는 것은 잘못된 것으로 간주했기 때문이다(Tawney, 94). 이런 점으로 보아 칼빈은 우리 현재의 경제적인 삶에서 하나님의 주권이 어떻게 실현되고, 우리는 그 주권에 어떻게 부응해야 하는가를 잘 보여주었다.

칼빈주의는 대기업 이익에 의해 주도된 운동은 아니다. 오히려 소상인과 기능인들에게 호소력이 있었고, 참여의 폭도 컸다. 기업 활동이기 때문에 교회가 제외되는 것도 아니다. 도시의 경제공동체 운동은 일종의 새로운 사회건설의 일환이다. 사회건설은 정치공동체, 경제공동체, 신앙공동체가 함께 하는 일이다. 칼빈에 따르면 교회는 새로운 사회건설의 주도적인 역할을 담당해야 한다. 교회가 사회건설에 전적인 책임을 질 수 없다 해도 부분적으로나마 보다 나은 사회로 만드는데 기여하기 때문이다. 하나님의 말씀을 중심으로 한 사회개혁의 역동성을 칼빈에서 읽을 수 있다.

칼빈의 사회건설은 구체제, 곧 가톨릭 질서로의 회귀가 아니다. 그가 목표로 삼고 있는 것은 혼란한 이 세상이 아니라 하나님의 나라이다. 따라서 그 어떤 사회건설도 하나님 나라의 도래와 관계를 가지지 않을 경우 어떤 의미를 가지지 못한다. 그는 그 나라의 대망 속에서 새로운 사회건설을 꿈꿔왔다. 그 나라는 아직 완전히 도래한 상태는 아니다. 현재 우리가 속한 사회는, 그것이 새로운 사회라 할지라도 이미(already)와 아직은 아닌(not yet) 사이에 있다. 그 사이의 사회는 완전한 하나님의 나라에 비해 아직은 턱없이 불완전하다. 칼빈도 우리가 그 사이에 있음을 인정한다. 그 사이에서도 교회는 그 나라의 모델을 현실에서 이뤄내야 하며, 경제공동체든 정치공동체든 각 공동체가 처한 상황에서 복음적으로 최선의 삶을 살 때 우리 사회도 그리스도 안에서 새롭게 태어날 수 있다. 사회회복, 사회질서의 참다운 회복이다. 교회와 사회가 이 점에서 하나 될 때 하나님께 영광 돌리는 삶을 살 수 있다.

9. 나가는 말

타락한 인간의 측면을 볼 때 우리는 인간의 미래를 비관할 수밖에 없다. 그러나 칼빈은 이러한 인간상에 머무르지 않았다. 하나님으로부터 소외된 인간이 점차 그리스도를 통해 회복되면서 새로운 사회를 만들어나 간다. 이런 점에서 칼빈의 인간관은 부정적이라기보다 긍정적이다.

칼빈은 새로운 사회공동체에 대한 비전을 가졌다. 그것이 정치 공동체든, 경제 공동체든, 신앙 공동체든 이 땅에서 하나님 나라를 이루는 것이다. 그는 이 땅에서 그 나라를 소망하며 살았다. 인간의 만들어내는 새로운 사회 모습이 완전할 수는 없다. 그렇다 할지라도 그 나라의 도래와 함께 완벽하게 이뤄질 것을 믿는다. 하나님은 결국 승리한다는 확신을 그는 가졌다. 복음은 세상과는 다르지만 그러나 세상을 향해 있다. 세상을 변혁시키고자 하기 때문이다. 칼빈은 이 점을 놓치지 않고 있다. 오늘을 살아가는 그리스도인들에게 각자의 영역에서 하나님의 말씀에 입각해 새로운 나라 세우기를 게을리 하지 않기를 그는 기대하고 있다.

경제공동체를 통한 새로운 사회 구축도 이 나라의 삶과 깊게 연관되어 있다. 칼빈과 그의 추종자들은 사회경제 면에서 크게 영향을 주었다. 무역과 산업은 하나님의 영광을 위해 사용되도록 했다. 여기서 그들은 루터파가 결코 가지지 못한 성공적인 요인도 가지고 있었다. 이에 대한 설명은 홀란드, 프랑스, 영국과 같은 해양 지향 국가들이 독일이나 중부 유럽 국가들보다 상업적으로 더욱 발전했다는 사실이다. 부는 문화적 관심이 높은 지역에 더욱 쉽게 접합되었다. 시버그(R. Seeberg) 등은 칼빈주의가 폴란드, 헝가리, 독일과 같은 중부 유럽 조건에서 이와 같은 성공을 거두지 못했는가를 주목하였다(Seeberg, IV, part II, 276쪽 아래; Heick, 440; Mueller, 1954; Forell, 1954)[15].

이 글에서는 칼빈이 꿈꾼 경제공동체 사상을 중심으로 논의가 가능한 여러 측면을 살펴보았다. 부의 증산을 구원의 증거로만 보려는 것은 오히려 칼빈적이 아니라는 주장, 경제공동체의 주역이었던 인물들이 과연 신앙적으로 충실했는가에 대한 비판, 자본주의 정신과 개신교 윤리에 대한 베버 논제에 대한 재검토와 당시 가톨릭의 이민정책도 더 심도 있게 따져 볼 필요가 있다.

  그러나 우리가 빼놓지 않아야 할 것은 칼빈의 사회공동체는 하나님 중심이었다는 것이다. 구원의 확증과 지속적인 착한 행실, 소명에 따른 직업의식, 부만 아니라 고난도 불사하는 신앙 등은 하나님을 빼고 생각할 수 없다. 따라서 "칼빈에게 순종하지 말고 칼빈의 주인 되시는 하나님께 순종하라."며 칼빈을 따르는 사람들에게 준 뮌스터 대학 교수 헬무트 에서의 말을 다시금 상고할 필요가 있다. 지금 세계는 경제적으로 어려움에 처해있고, 경제회복이 중요한 기도제목이 되고 있다. 그 원인이 여러 가지가 있지만 경제윤리의 실종에서 찾아볼 수 있다. 이런 때에 칼빈의 신앙을 통한 경제공동체 사상, 특히 복음에 입각한 경제사회윤리의 회복은 여러 모로 도움을 줄 수 있다. 종교개혁자 칼빈이 복음을 현재적 의미로 재해석하고 적용한 것과 같이 우리도 복음을 현대적 입장에서 재해석함으로써 복음으로 재무장하고 우리의 삶의 가치를 하나님 나라의 삶의 가치로 드높여야 할 것이다.

17장
칼빈의 제네바교회의 사회복지[1]

안인섭(총신대학교 신학대학원 교회사 교수)

1. 들어가는 말

칼빈 탄생 500주년을 맞이하는 2009년은 한국 교회에 최초로 개신교를 선교했던 언더우드 선교사가 태어난 지(1859년) 150년 되는 해이기도 하다. 언더우드는 영국 출신으로 미국에 이민간 후, 12세부터 화란개혁교회에서 신앙 교육을 받으며 성장했다. 한 개인의 인생의 가치관과 신앙관이 형성되는 중요한 시기 전체를 화란개혁교회에서 교육을 받으며 자랐다는 것은 그의 신앙 내면에 개혁주의 신학, 즉 칼빈의 사상이 자리 잡게 되었다는 것을 암시한다. 그 뿐 아니라 언더우드는 뉴 부른스위크에 있는 화란개혁신학교(the Dutch Reformed Theological Seminary)에서 신학을 열정적으로 공부한 학생이었으며, 1884년 봄에 이 신학교를 졸업하고 그 해 11월에 화란개혁교회의 뉴 브른스위크 노회에서 목사 안수를 받았다.[2] 언더우드는 청소년 시기부터 12년 동안 지속적으로 개혁교회 안에서 칼빈의 신학으로 자양분을 공급받으며 성장했기 때문에, 비록 그가 미국 북장로교회에서 파송 받은 선교사였지만, 그의 배후에는 개혁교회에서 금과옥조처럼 중시하는 칼빈의 신학이 존재하고 있었다고 말할 수 있을 것이다.

이처럼 한국 교회는 그 출발부터 칼빈의 전통을 이어받은 신학 위에 서게 되었기 때문에, 가난하고 병든 자들을 돌보는 정신 자세는 물론 실제로 그런 사역이 그 기초부터 자리잡을 수 있었다. 이 후 한국 교회는 한국 사회의 발전과 더불어 큰 성장을 이룩할 수 있었다. 그러나 한국 사회의 세속화는 한국 교회로 하여금 점차 교회의 사회 복지적인 사역을 간과하게 만들었다. 그 결과는 한국 교회에 치명적인 것으로, 결국 한국 교회로 하여금 사회 속에서 신뢰도를 얻지 못하게 만들었다.

그러므로 본 연구에서는 한국 교회의 초기 선교사인 언더우드로부터 기초가 놓였으나 지금은 많이 상실하고 있는 교회의 사회복지 사역에 대한 본질적인 이해를 도모하고자 한다. 이를 위해서 16세기 칼빈이 사역했던 상황(Context)과 그의 실제 사역에 대해서 고찰할 것이다. 그리고 이러한 고찰을 통해서 한국 교회가 그 동안 다소 미진했던 교회의 사회 복지 사역을 다시 돌아보고 회복할 수 있기를 기대한다.

2. 교회의 사회 복지 사역에 대한 16세기 종교개혁자들의 다양한 해석

16세기 문맥에서 종교개혁주의자들의 신학을 살펴볼 때 교회가 사회복지 사역을 어떻게 이해하고 있는지 다양한 견해들을 발견할 수 있다. 하지만 크게 보아서는 두 가지로 정리할 수 있는데, 곧 하나는 사회 복지를 교회와 국가가 함께 감당해야 하는 사역으로 해석하는 것이고, 다른 하나는 사회 복지를 국가에 완전히 위임하고 교회는 말씀과 성찬에만 전념해야 하는 것으로 이해하는 것이다.

1) 사회 복지를 국가에 위임하고, 교회는 말씀과 성찬에만 집중하는 유형

독일의 루터(Luther)와 스위스 쮜리히의 쯔빙글리(Zwingli), 그리고 영국의 성공회 등은 교회는 말씀 선포와 성례 집전만 해야 한다고 보면서 종교적 권위를 갖는 국가에게 교회가 할 실천적이고 행정적인 일까지도 위임했다.[3]

2) 교회와 국가가 함께 사회 복지를 담당하는 유형

그러나 스위스 바젤의 외콜람파디우스(John Oecolampadius)와 스트라스부르그의 마틴 부처(M. Bucer) 그리고 스위스 제네바의 존 칼빈(J. Calvin)과 스코틀랜드의 존 낙스(J. Knox)등은 다소 다른 입장에 서 있었다. 개혁주의자들인 이들은 무엇보다 교회는 국가의 권위로부터 자유로워야 한다고 강조했다. 동시에 교회는 교인들을 도덕적으로 훈계하며 가난하고 병든 자들을 돌보는 사역도 자율적으로 감당하되, 이 중 일부는 사회 안에서 국가와 함께 그 책임을 수행하여야 한다고 믿었다. 말하자면 칼빈주의는 국가가 수행하는 사회 복지를 그리스도인의 사역의 한 측면으로 본 것이다. 또한 교회의 디아코니아(*diakonia*) 활동도 국가의 복지 활동과 구별되는 교회의 사역으로 보았다.

3. 칼빈과 사회 복지

1) 칼빈 당시 제네바의 상황

16세기 사회복지 사업의 발전과 관련하여 중요한 구체적 사례로서 제네바 도시국가를 들 수 있다. 왜냐하면 이곳의 개혁은 매우 급진적인 측면을 가지고 있기 때문이다. 16세기에 프랑스에서는 국가가 대대적으로,

또 합법적으로 '복음주의자들'을 박해하기 시작했다. 그리고 이때 수 많은 난민이 발생했는데, 이들은 프랑스와 국경을 맞대고 있는 제네바로 신앙의 자유를 찾아 모여들게 되었다. 당시 제네바는 가톨릭을 후원하는 이탈리아의 사보이로부터 개신교를 주창하는 도시국가로서 이제 막 정치적인 독립을 획득했기 때문에, 박해 받던 개신교도들이 난민이 되어 이 제네바로 모여들었던 것이다. 이것이 칼빈이 제네바의 부름을 받을 당시 제네바의 사회적 환경이었다. 따라서 위와 같은 배경을 가지고 있던 제네바에서 개혁교회가 그 목회적 활동을 한다는 것은 다음과 같은 몇 가지 의미를 갖는 것이었다.

첫째, 대거 발생한 프랑스 난민들이 인접한 제네바로 몰려왔고 그로 인한 사회적 문제가 대두되었는데, 이것은 칼빈의 목회 환경의 중요한 변수가 되었다. 즉 가난한 자들과 병든 자들이 많이 발생하게 되면서, 이것을 목회적으로 풀어야 하는 상황이 주어진 것이다. 칼빈은 '오직 성경으로'라는 그의 신념에 따라 성경으로부터 통찰력을 얻어 구체적인 목회적 적용을 하게 되었다.

둘째, 제네바 도시국가 안에서 교회가 종교개혁의 신학적 정체성을 세우는 일은 국가의 문제이기도 했는데, 때문에 사회복지의 문제에 있어서도 이 두 기관은 서로 밀접하게 관련을 갖게 되었다. 즉 사회복지 활동은 교회의 문제이면서 동시에 국가의 의제이기도 했다는 것이다. 제네바의 자선은 국가의 법에 의해 성립되었다. 신학적으로 보면 개혁주의의 자선 사업은 필연적으로 교회론적인 문맥에서 찾아진다.[4] 이 점은 사회복지 문제에 있어서 제네바의 모델이 다른 지역과 차별되는 이유 중 하나이다.

칼빈의 이상은 좀 더 넓게 교회의 역할을 강조한 것이다. 그는 제네바에서 최고의 설교적 영향력과 함께 콘시스토리의 기능을 통해 사회적 윤리적 기능을 형성하였다.[5] 게다가 칼빈과 시 당국은 가난한 자들을 살피는 것과 함께 의무교육의 필요를 느끼게 되었다. 가난한 사람들의 구제는 옛 교회의 물건들을 종합 구빈원(Hopital General)에 조달하고, 프랑스 구호기금(Bourse Francaise)을 수립함으로써 대부분 해결할 수 있었다. 이처럼 제네바에서는 목회에 있어서 종합적이고 의미있는 변화를 보게 되었다. 이 체계는 개혁된 사회가 현실을 만든다는 칼빈의 비전을 보여준 것이다.[6]

요약하자면, 16세기 칼빈이 목회를 감당할 때의 유럽 사회는 사회적 불안과 가난과 질병이 큰 문제로 대두되어 있었다. 이것이 새로운 신학으로 무장하면서 등장하고 있었던 개신교회가 실제로 활동을 펼쳐야 하는 삶의 환경이었다. 칼빈 역시도 이런 제네바의 상황 속에서 그 목회적 사역을 감당해야 했다. 따라서 칼빈 당시의 제네바에서 사회 복지는 교회와 국가 모두에게 매우 중요한 문제로 발전하게 되었으며, 여기서 칼빈은 양과 질에서 큰 목회적 변화를 주도했던 것이다.

2) 칼빈의 제네바 교회 사회복지 사역의 신학적 근거

이상과 같은 목회적 환경 속에서 칼빈은 어떤 신학을 가지고 목회적 활동을 펼쳤는지 궁금하지 않을 수 없다. 여기서는 먼저 『기독교 강요』의 초판(1536년)과 최종판(1559년)을 중심으로 그의 신학적 전망을 고려하고, 그 후 그의 성경해석을 통해 그의 목회와 사회 복지의 관계를 조명할 것이다.

① 구제 : 교회의 본질적 사역

칼빈은 사도행전 2장에 등장하는 초대교회로부터 교회의 4대 사역을 주장한다.[7] 즉 칼빈에 의하면, 교회의 집회 때마다 반드시 시행되어야 하는 것이 4가지가 있는데, 그것은 첫째, 말씀을 가르치고, 둘째, 기도를 드리며, 셋째, 성찬에 참여하며, 넷째, 구제하는 것이다. 따라서 칼빈에 의하면, 이 네 가지, 즉 말씀과 기도와 성찬과 구제 없이는(sine verbo, orationibus, participatione coenae et eleemosynis) 어떤 교회의 모임도 없다는 것이 교회론적인 변함없는 규칙이다. 그런데 여기서 우리는 칼빈이 교회의 예배를 구제와 구별하여 말하지 않았다는 것을 확실히 알 수 있다. 즉 칼빈은 말씀을 듣고 공적인 기도를 하며 성찬을 하기 위해서 교회로 모이는 공동체는 동시에 반드시 구제를 시행하는 것이 초대교회의 규칙이며, 이것은 변경되지 않고 내려오는 규정이라고 본 것이다.

한편 『기독교 강요』 초판에 나타나는 칼빈의 이런 사상은 그의 『기독교 강요』 최종판까지 지속되고 있는 것을 발견할 수 있다.[8] 이와 같은 칼빈의 『기독교 강요』 내용에 근거한다면, 교회의 목회적 활동에는 반드시 구제 및 자선 사업이 포함되어야 한다.

② 집사 : 교회의 사회 복지의 담지자

칼빈은 또한 그리스도인의 삶의 가르침을 제시하고 있는 로마서 12장을 주석할 때, 교회의 자선 사업을 교회론의 차원에서 접근하여 해석하고 있다. 즉 집사를 2개의 직으로 나누어서 각각 자선의 사역을 감당하도록 한 것이다.[9] 집사는 칼빈에게 있어서 교회의 사회 복지 사역을 실제로 담당하는 담지자가 된다. 그는 『기독교 강요』 최종판에서 교회 안의 직분을 설명하면서, 다스리는 직과 구제하는 일의 두 가지를 지적한다.[10] 또한 "다스리는 일과 구제하는 일 두 가지는 영구적인 것이다"[11]라고 기술하면서 교회 안에서 구제하는 직분의 영속성을 부여한다. 그리고 본격적으로 교회의 집사 직분을 설명하는 부분에서는 보다 명확하게 집사의 사역을 사회 복지적인 측면으로 강력하게 부각시킨다.

칼빈은 집사의 직분을 우선적으로 구제하는 사역으로 정의내린다.[12] 그러면서 그는 로마서 12:8에 등장하는 두 종류의 구제에 대해서 언급한다:

> 그러나 로마서에는 "구제하는 자는 성실함으로 … 긍휼을 베푸는 자는 즐거움으로 할 것이니라"고(롬12:8) 두 가지 종류에 관해 언급하였다. 여기서 바울은 교회 안에 있는 공적인 직분에 대해서 말하는 것이 분명하며, 따라서 집사직에는 두 가지 다른 등급이 있었을 것이다.[13]

『기독교 강요』에서도 칼빈은 집사를 "구제 물자를 나누어 주는 집사"와 "가난한 자와 병자들을 돌보는 사람들"을 모두 지칭한다고 보았다:

> 만일 내 생각이 틀리지 않는다면, 바울은 처음 문장에서 구제 물자를 나누어 주는 집사들을 가리킨다. 그러나 둘째 문장은 빈민과 병자들을 돌보는 사람들을 말한다. 바울이 디모데에게 말한 과부들도 두번째에 속하였다(딤전 5: 9-10).[14]

칼빈은 계속해서 이 두 종류의 집사들의 역할을 명확하게 지적하면서 우리 또한 이와 같은 두 종류의 집사들의 사역을 본받는 것이 마땅하다고 강조한다:

> 이 해석을 인정한다면(또 인정해야 한다), 집사에는 두 종류가 있는데, 교회를 위해서 구제 사업을 관리하는 집사들과 직접 빈민들을 돌보는 집사들이다. *Diakonia*라는 말에는 더 넓은 뜻이 있지만, 성경에서 집사라고 부르는 사람들은 교회가 구제물자를 분배하며, 빈민을 돌보고 빈민 구제금을

관리하는 일을 맡긴 사람들이다. 그들의 기원 및 임명과 직분에 대해서는 누가가 사도행전에 기록했다(행 6:3). … 그러므로 사도들의 교회에는 이런 종류의 집사들이 있었고, 우리도 그것을 본받는 것이 마땅하다.[15]

이상에서 보듯이, 칼빈은 교회에 영속적으로 존재하는 직분으로서 집사를 위치시켰을 뿐만 아니라, 그 역할 또한 구제 행정을 감당하는 자들과 실제로 가난하고 병든 자들을 찾아가 구제금을 전달하고 위로하는 자들이라는 2중 구조를 가지게 했다.

3) 칼빈의 성경 해석으로 조명하는 교회의 사회 복지
① 사회 복지 : 교회의 본질적 사역 중 하나(행 4: 42)

칼빈은 사도행전 2:42에 나타나는 초대 교회의 사건에 대한 요약적인 기록을 주석하면서, 교회의 본질적인 정체성을 자선과 분명하게 연결시킨다. 물론 칼빈은 먼저 교회의 본질적인 특징 중에서 '사도들의 가르침'과 '기도'는 그 의미가 분명하다는 것을 인정한다.[16] 하지만 교제하는 일과 떡을 떼는 일에 대해서는 당시의 해석들에 대해서 반대한다. 즉 떡을 떼는 것을 주의 만찬 또는 자선으로 이해하거나 성도들의 음식 교제로 해석하는 것에 반대한 것이다.[17] 또한 칼빈은 코이노니아를 성찬의 집행이라고 하는 것에 대해서도 반대하는데, 왜냐하면 칼빈이 볼 때 코이노니아는 특별한 설명이 없는 한 성찬의 의미로 사용되지 않기 때문이다.[18] 그보다 칼빈은 교제함, 즉 코이노니아를 상호 교제, 자선, 또는 기타 형제 간의 사귐으로 해석한다.[19] 때문에 칼빈이 사도행전 2:42의 주석에서 강력하게 주장하는 것은 교회의 참되고 성실한 모습을 판단할 수 있는 네 가지의 특성이다.[20] 칼빈에게 있어 사도행전 2:42은 그리스도의 참된 교회

의 모습을 생생하게 보여주는 것이다.[21]

따라서 칼빈의 사도행전 2장의 주석에서 우리가 얻을 수 있는 것은 사도행전 2:42에 나타나는 교회의 모습, 즉 말씀과 기도와 성찬과 자선이 잘 행해지는 교회야말로 질서가 잘 세워져 있는 참된 교회라는 점이다.[22] 그러므로 만약 교회가 하나님과 천사들 앞에서 참된 교회로 인정받기를 원하고 또 다른 사람들 앞에서 그 헛된 교회의 이름을 자만하지 않으려고 한다면, 반드시 위에 언급한 네 가지의 질서를 지키도록 노력해야 한다는 것이다.[23] 그것은 곧 사도들의 설교 말씀과 기도와 성찬, 그리고 자선으로서 이 네 가지가 균형 있게 실시되는 목회가 칼빈이 지향하는 이상적인 목회였다.

② 이중 집사직과 사회 복지(롬 12: 8)

칼빈은 로마서 12:8을 주석할 때 집사의 2중 직책에 대해 설명한다.[24] 그에 의하면, 바울은 주는 자들이라는 단어를 사용하는데, 이것은 교회의 공적인 재물을 분배할 책임을 맡고 있는 집사들을 지칭한다.[25] 하지만 동시에 칼빈은 이와 대칭적으로 자비를 가지고 고대 교회의 전통에 따라서 병자들을 방문하여 간호하는 책임을 맡았던 과부들에 대해서도 언급한다. 이는 칼빈이 명확하게 이 두 종류의 직책, 즉 가난한 자들에게 필요한 물자를 공급하는 책무와 그들을 위로하고 보살피는 책무를 구별하여 별개의 직책으로 보고 있었음을 알게 해준다.[26] 한편 칼빈은 행정적으로 사회 복지 사역을 감당하는 자들은 기만이나 사람에 대한 차별없이 성실하게 맡은 임무를 감당할 것을 권면한다.[27] 또한 빈민들과 병자들을 찾아가서 위로하는 책임을 맡은 자는 즐거운 마음으로 감당해야 한다고 말한다.[28]

4. 칼빈의 사회복지 목회의 실제

1) 칼빈과 제네바 종합 구빈원

복지 개혁을 위한 움직임의 확산은 거의 정확하게 종교개혁의 확산과 함께 일어났다. 종교개혁자들은 많은 정통 가톨릭에게 도전을 주었다. 칼빈의 리더십 아래에서 제네바는 교회 조직 안에서 가장 철저하고 완고한 개혁을 개발하였다. 그것은 또한 초기 개신교가 어떻게 사회복지에 대한 행정을 개혁했는지에 대한 모델이 되기도 한다.

제네바의 복지 개혁은 당시의 다른 도시의 일반적 형태를 그대로 따랐다. 곧 교회와 목회자가 아닌 평신도가 빈민과 병자를 치료할 목적으로 운영하는 종합 구빈원이 그것인데, 이는 빈민구제 집중화라고 할 수 있다. 따라서 이 제네바 종합 구빈원(Hôpital Général)은 개혁에 의한 설립이었지 칼빈의 의한 설립은 아니었다.

당시 제네바 종합 구빈원은 자신의 필요를 채우지 못하고 있는 여러 종류의 사람들에게 환대를 제공하는 다목적 기관으로서, 대부분 전쟁으로 인한 고아와 스스로를 돌볼 수 없는 너무 늙어 아프거나 심한 장애를 가진 소수의 노인들에게 집을 제공하였다. 뿐만 아니라 가난한 가정에게 빵을 매주 나눠주기도 했고, 자신들의 숙박료를 지불할 수 없거나 제네바에 막 도착한 방문객에게 매일 저녁 쉼터와 음식을 제공하기도 했다.[29]

이러한 구빈원 안팎에서는 재정과 행정적인 책임을 맡는 집사(procureur)와 직접 빈민과 환자를 방문하여 돌보는 구제 도우미(hospitallier)의 주관 하에 자선행사가 열렸으며 구걸은 엄격하게 금지되어 있었다.[30] 하지만 시민들의 자발적 기부를 기대하고 장려했음에도 불구하고, 결국 세속화된 교회 재산을 통해서 이루어져야만 했다. 비록 칼빈은 직접 이 구빈원에 관여하지는 않았으나, 서신을 통해 적극적인 관심을 가지고 사역 지원을 했다. 뿐만 아니라 그가 제시한 집사 제도를 통해서 사상적으로 간접적인 영향을 주었다.

이 후 새로운 종합 구빈원(Hôpital Général)의 방향은 평신도에게 넘겨졌으며, 전임 구제 도우미(hospitallier)가 임용되었다. 도우미는 그의 가족과 함께 본부로 거처를 옮기도록 요구되었고 식사가 포함된 하숙도 제공되었다. 때문에 이 자리가 많은 인기를 얻기도 했다.

칼빈이 1541년 교회조직 구축의 총 책임을 맡기 위해 제네바에 돌아왔을 때에는 복지 행정사(procureur)의 역할이 이미 정해져 있었다. 복지 행정사들은 이 외에도 다른 특별한 임무가 많이 있었는데, 그 중 하나가 구빈원에 할당된 상당한 자산을 관리하는 책임이었다.

칼빈은 그의 글 여기저기서 구제 도우미들과 구빈원 복지 행정사들에 대해 언급한다. 특히 1541년 스트라스부르그에서 돌아온 직후 개혁교회를 위한 정관으로 제네바 시에 제출한 교회의 법령(ecclesiastical ordinances)에 많이 언급되어 있다. 여기서는 교회 안의 사역을 네 종류로 구분하는데, 그 중 네 번째가 집사에 관한 것이다. 나아가 칼빈은 집사를 두 가지로 구분하는데, 첫째, 가난한 자를 위해 구호금을 모으는 자들과 둘째, 이러한 구호금을 나누어주는 자들이다. 이 외에도 칼빈은 다양한 글들에서 집사와 관련한 원리를 전개하는데, 이는 칼빈이 집사 직분을 오로지 가난한 자를 도와주는 일에 헌신하는 사역으로 생각했음을 증거한다.

한편 킹던 교수는 칼빈이 제네바에 영향을 준 것이 아니라 제네바가 칼빈에게 영향을 주어, 가난한 사람들에 대한 관심을 갖게 했다고 말한다. 그러나 칼빈의 『기독교 강요』 초판을 보면, 칼빈은 이미 제네바 사역을 시작하기 전부터 교회의 본질적인 4중 사역, 즉 말씀과 기도와 성찬, 그리고

구제를 중요한 요소로 간주하고 있었음을 알 수 있다.³¹⁾

2) 칼빈과 프랑스 구호 기금

그런데 종합 구빈원은 다른 나라로부터 이주해 온 많은 종교적 난민들을 돕는 것이 불가능했다. 왜냐하면 구빈원은 제네바 시민과 제네바에서 단기 체류할 계획을 가진 사람들의 문제만 대처하도록 의도되었기 때문이다. 따라서 제네바에 장기간 거주하기를 원하는 난민들의 경우는 문제가 제기되었다. 그러다가 국제무대를 배경으로 한 종교 위기를 대비하려는 특별헌금이 1545년 칼빈의 촉구에 의해 최초로 시작되었다. 이는 그 해 프랑스의 프로방스에서 대대적인 개신교 박해 사건이 일어났기 때문이다. 칼빈은 시민들의 각성을 촉구했고 원조를 구했으며 탄원을 위해 여러 다른 도시들을 순회하면서 제네바에서 멀리 떨어진 외부 지역에까지 영향을 미쳤다.

이런 문제 의식 속에서 현금 기금이었던 프랑스 구호 기금(Bourse française)이 칼빈에 의해 세워졌다. 이 기금은 프랑스에서 제네바로 피난온 난민들, 즉 질병이나 가족의 문제나 자산을 모두 상실한 이유 등으로 더 이상 자신을 부양할 수 없는 가난한 프랑스 피난민에게 나누어 주기 위한 것이었다. 구빈원과는 달리 프랑스 구호 기금은 사적인 기관이었다.³²⁾ 이와 같이 종교개혁 동안 제네바에 창립되었던 프랑스 구호 기금은 칼빈의 목회와 사회 복지와의 관계 속에서 매우 중요하다.

이 기관은 기증한 사람들에 의해 선출된 집사의 직책을 가진 평신도들이 운영하였는데, 그들은 돈을 걷고 분배하는 등 수입 지출 모두를 기록하였다.³³⁾ 이런 점에서 프랑스 구호 기금은 구빈원과 유사했으나 처음부터 칼빈의 관심과 강력한 지지를 얻었다는 점에서 다소 차이가 있다. 칼빈의 광범위한 프랑스 구호 기금 활동을 볼 때, 그가 얼마나 가난한 자들의 필요에 관심이 특심했는지, 그리고 그가 가치를 두는 사항을 진전시키기 위해 얼마나 국가와의 관계에서 긴밀하게 활동했는 지를 알 수 있다.

기부제로 운영되는 망명자 단체는 정기적인 헌금을 후원받았는데, 이 단체는 제네바 빈민층을 위한 종합 구빈원과 같은 선상에 놓여 있었다. 망명가 사회는 그들 사회 속의 빈민과 불우한 사람들을 돌보고자 자신들 스스로 조직화하였다. 최대 규모의 망명자 단체는 프랑스어를 사용하는 집단으로, 가난한 구성원과 여행자를 후원하고자 정규 기금을 마련한 첫 번째 공동체였다. 집사는 기금 기부자들이 선출한 사람으로서 자금을 배분하고 빈곤층과 병자들에게 각별히 신경을 쓰고 돌볼 책임이 있었다. 망명자 단체의 회합에서 성직자의 참석은 관례였으며 유서 깊은 기업과 교회는 서로 밀접한 관계를 유지했다. 올슨에 의하면, 많은 헌금 기부자들이 일정한 시간 간격으로 정해진 금액을 기부했다.[34]

이러한 구제헌금은 제네바의 망명자들을 위한 다양한 원조 물자와 함께 프랑스 및 다른 지역 교회에 대한 개혁가들의 관심사를 한데 모으면서, 비록 여기저기 흩어져 활동하고 있지만 서로 결속된 개혁 단체들 사이를 묶어주는 끈이 되었다.

5. 칼빈에 근거한 한국 교회 사회 복지의 한 방향: 통일

칼빈이 그의 『기독교 강요』 헌정사에서도 명확하게 밝혔듯이, 칼빈의 전 신학적 체계는 경건(pietas)을 지향하면서 세워져 있기 때문에 경건과 신학은 서로 별개로 존재하지 않고 통합되어야만 한다. 남북 평화통일을 위한 칼빈의 사상도 그의 경건의 신학과 직접적으로 관련되어 있다.

1) 사랑(caritas)

칼빈의 경건은 일차적으로 하나님에 대한 그리스도인들의 태도와 관련된다. 동시에 이것은 넓은 의미로 하나님에 대한 신앙에 기초해 이 세상을 살아가는 인간들의 상호 관계에까지 나아간다. 물론 칼빈은 타자를 위한 사랑이 구원을 위한 원인은 아니라고 분명하게 말한다. 하지만 이웃을 위하는 사랑은 '중생의 확실한 상징'이자 '성령의 특별한 열매'가 된다. 결국 그리스도인의 경건한 삶이란 타자를 위한 사랑으로 구체적으로 표현된다. 칼빈은 "자신의 이기심을 포기하고 타자를 유익하게 할 때" 비로소 자아의 중생이 "증명된다"고 말하며,[35] 또한 이웃을 돌아보는 것은 "자기의 허물을 돌아보며, 겸손한 마음을 회복하는 것"이라고도 말한다.[36]

한편 이것을 오늘날 남북의 통일문제로 끌어와 보자. 그리스도인들이 북한의 형제자매들을 사랑하고 통일을 위해 활동하는 것이 구원을 위한 전제 조건은 아니다. 그러나 북한의 동포들을 사랑하며 그들의 유익을 구하면서 남북한의 평화적 통일을 지향하는 것은 자기의 이기심을 버려야만 가능한 일이다. 칼빈에 의하면, 이런 사랑의 헌신은 자신의 중생을 증명해 주는 한 요소가 될 수 있다.

2) 청지기 사상

칼빈은 여기에서 한걸음 더 나아가 인간의 신체 기관들이 그 기관 자체를 위해서 능력을 가지고 있는 것이 아니라 다른 기관들을 위해서 존재하고 있듯이, "경건한 사람도 … 교우들을 위해서" 일해야 한다고 말한다.[37] 즉 칼빈은 그리스도인들이 소유하고 있는 모든 은사를 타자의 이익을 위해서 나누어 주라고 하나님께서 위탁하신 것으로 보는 것이다. 칼빈은 "우리는 하나님께서 우리의 이웃을 도울 수 있도록 우리에게 주신 모든 것을 관리하는 청지기이며, 우리의 청지기 직책에 관해 보고할 의무가 있다"고 주장한다. 그런데 칼빈은 이 청지기의 유일한 자격 조건을 '사랑'이라고 했다. 그는 이 사랑이 타자와 자아의 유익이 일치되는 것이기도 하지만, 더 중요시해야 할 것은 '타자'의 유익이라고 말한다.

이와 같은 칼빈의 청지기 사상은 통일을 향한 기독교인의 동력을 제공한다. 칼빈의 가르침에 근거할 경우, 남한의 시민들이 가지고 있는 능력과 은사들은 우리 개인의 이기적인 욕심을 위해서 하나님께서 주신 것이 아니다. 우리가 소유하고 있는 모든 것은 이웃을 돕고 북한의 형제자매들을 섬기라고 하나님께서 우리에게 잠시 맡겨 놓으신 것이다.

3) 하나님의 형상(Imago Dei)

칼빈에 의하면, 타자 안에 존재하는 하나님의 형상(Imago Dei)이 우리가 '전심을 다해서' 타자를 사랑하고 존중해야 할 이유이다. 그래서 칼빈은 경건한 그리스도인들은 타자를 바라볼 때, 비록 그 안에 비천함이 존재한다 하더라도, 그보다 그 안에 존재하는 하나님의 형상을 주시할 것을 요청한다. 그리고 그 아름다운 형상에 마음이 이끌려서 타자를 동정(compassion)하라고 한다.[38] 다시 말해 칼빈이 말하는 경건은 타자의 환경 여부에 관계없이 그를 동정하고 존귀하게 여기는 것이다.

위의 언급은 왜 우리가 북한에 사랑을 베풀고 북한 형제자매들을 존중해야 하는지 그 이유를 설명해 준다. 즉 그들 안에 존재하는 하나님의 형상이 우리로 하여금 이해타산을 넘어서게 하는 것이다. 하나님께서 우리를 너무나 사랑하신 나머지 독생자를 보내 주셨듯이, 우리는 '전심'으로 북한의 형제자매들을 사랑해야 한다.

4) 디아코니아(diakonia)

그런데 여기서 요구되는 정신이 '디아코니아'(diakonia)이다. 이는 거의 평생을 제네바에서 사역했던 칼빈의 모델에서 두드러지는 방법이다. 하나님의 아들이 이 땅에 내려와서 죽기까지 섬기셨듯이, 한국의 그리스도인들 역시 민족을 향해 섬김(diakonia)의 삶을 살아야 한다. 하나님을 사랑하는 성도들이 동시에 이웃을 자신의 몸과 같이 사랑해야 한다면, 마땅히 북한 형제자매들도 사랑하며 섬겨야 할 것이다.

21세기 한국 교회는 칼빈 탄생 500주년을 맞이하여 그의 신학과 그 영적 유산을 적극 수용하고 활용해야 한다. 그리고 루터 탄생 500주년이 동서독 통일의 기폭제가 되었다면, 칼빈 탄생 500주년은 남북한 평화통일의 원년이 되어야 한다. 한국 교회는 남북 평화통일을 위해서 선교적인 역량을 모아야 할 것이다. 현재 한국은 남북으로 분단되어 있으며, 교회는 세속화된 현대 사회 속에 존재하고 있다. 그러나 영적이면서도 포괄적인 칼빈의 교회와 국가사상을 잘 파악하고 그 제언을 경청한다면, 한국 교회는 오늘날 교회가 감당해야 할 평화통일을 위한 귀한 디아코니아의 사명을 감당할 수 있을 것이다.

6. 칼빈의 제네바 교회의 사회 복지와 한국 교회의 집사직

칼빈은 전쟁과 가난과 질병이 풍미하던 종교개혁 시대를 살았다. 따라서 그의 목회는 이러한 현실에 영향을 받을 수밖에 없었다. 뿐만 아니라 그는 자신의 『기독교 강요』와 성경 주석을 통해서도 신학적 근거 위에서 이에 대한 해결책을 제시하고자 했다. 그 가운데서 무엇보다 중요한 것은 '자선'을 '말씀'과 '성찬', 그리고 '기도'와 더불어 교회의 주요한 본질로 보았다는 점이다.

한편 칼빈은 이러한 교회의 본질적인 사회 복지적인 측면을 두 종류의 집사 제도를 통해서 목회적으로 풀어갔는데, 곧 재정적인 행정을 감당하는 복지 행정사와 실제로 가난하고 병든 사람들을 방문하여 위로하고 격려하는 복지도우미였다. 그리고 이것은 실제로 그의 사역지였던 제네바에서 종합 구빈원(Hôpital Général)과 프랑스 구호 기금(Bourse française) 등에 적용되었다. 칼빈의 위대한 점은 이처럼 신학이 이론에만 머문 것이 아니라 늘 교회의 현장에서 실천되었다는 점이다.

오늘날 한국 교회가 칼빈에게서 얻을 수 있는 교훈은 다음과 같다:

첫째, 칼빈은 교회의 예배와 교회가 가난한 사람들을 돌보는 자선 활동을 이분법적으로 보지 않았으며, 오히려 자선을 교회의 본질적인 사역 가운데 하나로 보았다는 점이다. 이런 점에서 오늘날 한국 교회도 신앙과 삶, 예배와 윤리가 불일치하지 않도록, 또한 그럼으로써 사회 속에서 그 영향력을 상실하지 않도록 통전적인 목회관을 가져야 할 것이다.

둘째, 칼빈이 말하는 집사라는 직분은 가난한 사람들과 병자들을 위해서 행정적으로 구호 기금을 모으고 또 실제로 방문하여 위로하는 것이었다. 그렇다면 오늘날 한국 교회의 집사 직책, 나아가 한국 교회의 직분론은 과연 이러한 칼빈의 신학 위에 바르게 서 있는가? 칼빈의 집사직은 단순히 교회 안의 행정 및 회계 관리에 그치는 항존직이 아니었다. 오히려 사회복지 개혁의 중추적인 역할을 감당한 사회개혁자였다. 이런 점에서 오늘날 한국 교회가 칼빈의 집사직에 대해 면밀히 살피고 이를 잘 적용한다면, 사회 복지적인 차원에서 큰 유익을 얻을 수 있을 것이다.

셋째, 그러나 칼빈은 교회의 목회직을 사회 복지적인 차원에만 제한한 것은 절대 아니라는 것을 환기해야만 한다. 칼빈이 그의 『기독교 강요』와 성경 주석에서 계속 강조하듯이, 교회의 목회적 활동은 말씀과 기도와 성찬, 그리고 자선(혹은 사회 복지)이라는 네 가지의 요소가 모두 잘 균형 잡혀야만 한다.

18장
칼빈 신학에 있어서 교회의 사회 정치적 책임

신현수(평택대학교 피어선신학전문대학원 조직신학 교수)

1. 들어가는 말

오늘날 한국 교회는 사회로부터 많은 비판을 받고 있다. 최근 사단법인 기독교윤리실천운동과 CBS가 여론조사기관 글로벌리서치에 의뢰해 실시한 '2008 한국 교회의 사회적 신뢰도 조사'에 따르면, '개신교회를 불신한다'고 응답한 사람이 48.3%가 되어 '신뢰한다'고 답한 사람의 비율인 18.4%에 비해 훨씬 높았다. 호감도 조사에서도 불교가 31.5%, 가톨릭 29.8%인데 반해 개신교는 20.6%밖에 되지 않았다. 선교 초기에 한국사회를 이끌었던 한국 교회가 오늘날 이처럼 사회로부터 신뢰받지 못하는 이유가 무엇인가?

그것은 무엇보다 한국 교회가 사회 정치 영역에서 빛과 소금의 역할을 감당하지 못한데서 찾아볼 수 있다. 사회 정치 문제에 대한 이해에서 한국 교회는 지난 1970년대 이후 보수진영과 진보진영으로 크게 나뉘었다. 이런 이분화 현상이 신학적으로 표명된 것이 '하나님의 선교'(missio Dei) 논쟁이었다.[1] 보수진영이 개인 구원과 교회 확장을 선교로 보고 정교분리의 이름 아래 현실적인 사회 문제에 대해 침묵한 반면, 진보진영은 하나님의 구속 의지의 사회적 실현에 참여하는 것이 선교라고 보고 인권 문제, 정의로운 분배 등의 사회 문제에 적극 개입하였다. 그럼에도 불구하고 오늘날 한국 교회는 일반적으로 볼 때 믿음의 활동이 대부분 개인적 영역이나 믿음의 공동체 안에서의 종교적 의식에 그치고 만다. 사회 정치적 문제는 그다지 관심을 기울이지 않을 뿐만 아니라 책임 있는 사회 구성단위로서 적극적으로 참여하지 않고 있다.

하지만 교회는 사회 정치 문제와 결코 떨어질 수 없다. 믿음이란 하나님을 믿는 것이다. 그런데 하나님은 예수 그리스도 안에서 사람을 구원하실 뿐만 아니라 이 세상의 모든 것들을 창조하시고 또 창조주로서 그것들을 섭리하신다. 따라서 하나님의 창조 질서에 속하는 모든 것들은 믿음의 영역에서 벗어날 수 없다. 사회 정치 영역 또한 하나님의 창조 질서에 속하는 중요한 영역이다. 따라서 이 영역에서 하나님의 뜻을 어떻게 실천해가야 하는가 하는 문제는 오늘날 사회로부터 지탄을 받고 있는 현실에 비추어 볼 때 한국 교회가 풀어야 할 절실한 과제 가운데 하나임에 틀림없다.

이러한 문제의식에서 이 글은 칼빈이 사회 정치 영역에 대한 교회의 사명에 대해 무엇을 말하는지를 밝히는 것이다. 칼빈의 사회 정치 사상은 서양 문명사에 크게 영향을 끼쳤다. 일반적으로 민주주의와 자본주의는 그의 사상에 힘입은 바가 크다고 이해되고 있다. 하지만 사회 정치 문제에 대한 그의 입장이 정확히 무엇인가에 대해서는 지금까지도 많은 논쟁이 있다. 그의 사상이 다양한 개념으로 표현되고 있기 때문이다. 칼빈은 내세 지향적 태도를 가져야 할 것을 가르치면서,[2] 동시에 세상에 대한 적극적 참여를 강조하기도 한다.

  이 글에서 논증하려고 하는 것은 교회가 하나님 나라를 매개하는 방식으로 사회 정치 영역을 새롭게 변혁해 가야 한다는 것이다. 칼빈은 믿음의 본질을 인간이 이 땅에 살아가는 모든 영역에서 하나님의 주권을 받아들이는 것으로 이해한다. 그에게 창조와 구속은 분리되지 않는다. 하나님이 예수 그리스도 안에서 이루신 구원은 창조의 질서를 새로운 하나님의 질서로 변혁하는 것을 목표로 한다. 이는 구원의 주인 예수 그리스도가 이 세상의 모든 존재하는 것들의 주로 드러내기 위함이다. 따라서 하나님의 창조 질서인 사회 정치 영역은 예수 그리스도를 구원의 주로 믿는 사람들이 믿음의 삶을 살아가는 중요한 영역이 된다. 그리고 이런 점에서 믿음의 공동체인 교회는 이 영역에 적극적으로 참여하되 그리스도 사건에서 이미 실현된 새로운 공동체 질서가 그것에서도 실현되도록 해야 할 책임이 있다.

  위의 논점이 정당하다는 것을 입증하기 위해 먼저 칼빈의 창조주와 구속주로서의 하나님 지식에 대해 분석할 것이다. 교회의 믿음 활동은 하나님에 관한 지식에 따라 그 성격이 규정된다. 따라서 이 분석은 교회의 사명이 사회 정치 영역과 깊은 관계를 가질 수밖에 없음을 드러낼 것이다. 그런 다음, 교회의 사명을 새로운 공동체 질서의 실재(reality)인 하나님 나라와 관련하여 규명하고, 이어서 교회가 감당할 사회 정치적 책임의 구체적인 예로 사회복지와 시민정부에 대해 교회는 어떠한 태도를 가져야 하는지를 다룰 것이다. 그리고 맺는 글에서는 전체의 논의를 요약하고 사회 정치 문제에 대한 칼빈의 가르침이 오늘날 한국 교회에게 주는 시사점을 제시할 것이다.

2. 창조주와 구속주로서의 하나님 지식

　사회 정치 문제에 대한 칼빈의 태도는 전적으로 그의 하나님 지식에 바탕을 둔다. 그의 하나님 지식은 먼저 하나님을 창조자로 아는 것이다. 이 것은 만물에 나타난 보이지 않는 신성과 종교적 씨앗 및 양심을 통해서 아는 것이다. 뿐만 아니라 칼빈에게 하나님을 아는 지식은 구속주 하나님에 관한 것이기도 하다. 이것은 죄 가운데 있는 모든 피조물을 회복시키려는 하나님의 값없이 베푸시는 자비를 믿음으로 받아들이는 것을 뜻한다.[3] 바로 이러한 이유 때문에 칼빈의 『기독교 강요』의 구조는 창조자 하나님과 구속자 하나님을 아는 지식으로 되어 있다.

　하나님의 주권은 칼빈의 하나님 지식에서 핵심이 되는 개념이다. 그는 하나님이 인간의 모든 삶을 전적으로 주관하는 분으로 이해한다. 그에게 하나님은 이 땅에 있는 모든 것을 결정하는 실재이다(all-determining reality). 그런데 이 하나님의 절대 주권은 구원의 영역뿐만 아니라 창조의 영역에서도 나타난다. 하나님은 그의 기쁘신 뜻 가운데 사람을 죄에서 구속할 뿐만 아니라 이 땅에 있는 모든 것을 창조하고 유지 보존하며 다스리신다. 하나님의 창조 질서인 사회 정치 문제 역시 하나님의 주권적 영역에 속하는 것으로 여기서도 하나님은 그의 선한 뜻을 이루어가신다.

　하나님은 예수 그리스도를 주로 믿는 믿음 안에서 모든 것을 새롭게 하신다. 이것은 칼빈에게 만물에 대한 예수 그리스도의 주되심으로 표현된다. 하나님이 예수 그리스도 안에서 성취한 구원은 예수 그리스도의 주되심의 실현이다. 성경이 말하는 구원은 예수 그리스도를 믿는 믿음으로 말미암아 하나님으로부터 받는 유익(benefits)에 그치지 않고 사람이 이 땅에서 살아가는 실제적 삶으로 확대된다. 이 삶은 모든 영역에서 그리스도의 다스림을 받아가는 것이다. 그것은 예수 그리스도가 이 세상에 존재하는 모든 것들의 주로 드러나기 위함이다. 그리스도는 이 세상에 있는 모든 것들의 주시며 그러한 분으로서 모든 영역을 다스린다. 이 다스림은 인간 삶의 모든 분야를 하나님의 구원의 질서로 회복시키는 것을 목표로 한다. 이 질서의 실재(reality)는 하나님 나라이다. 따라서 예수 그리스도의 주되심은 이 땅에 살아가는 모든 분야에서 하나님 나라의 모습을 이루어 가는 것으로 나타난다. 하나님이 구원을 통해 이루는 실제적 현상인 평화(샬롬)는 이 모든 영역에서 기쁨과 생명과 인간다움을 이루어가는 것이다.[4] 구약 선지자들이 앞으로 실현될 구원의 약속과 관련하여 말한 것이 바로 이러한 샬롬이다.[5] 따라서 칼빈에게 있어서 하나님의 구원은 그 본질이 전인적(holistic)이다.

예수 그리스도는 사람이 이 땅에서 살아가는 모든 영역에서 그의 주되심을 실현해 가신다. 그런데 칼빈에게 있어 그리스도의 주되심의 실현은 곧 성령의 사역이다. 칼빈이 이해하는 성령의 사역은 크게 다음과 같은 세 가지 영역으로 나누어 분석할 수 있다. 첫째, 복음을 통해서 사람들이 예수 그리스도를 믿게 하는 좁은 의미에서의 구원 사역이다. 둘째, 사람이 갖는 양심, 도덕, 정의, 시민 정부, 사회 질서 및 역사 등의 영역에서 행하는 사역이다. 셋째, 자연 질서를 보존하고 유지하는 사역이다.[6] 이처럼 성령은 복음 선포를 통해서 사람들이 예수 그리스도를 주로 믿게 하는 것과 더불어 자연의 영역과 인간 사회, 특히 사회 정치적 영역에서 하나님의 선한 뜻을 실현시킨다.

이것은 칼빈의 성례론에서도 찾아볼 수 있다. 그에게 성례란 물질적인 것을 통해 하나님의 영적 진리를 표상하게 하는 것이다. 하나님은 그의 계시인 성경 말씀을 통해 영원한 약속을 하셨다. 하지만 인간은 그 약속을 잘 알지 못한다. 이러한 인간의 연약함을 고려하여 하나님은 눈으로 볼 수 있는 자연물을 통해 하나님의 뜻을 밝히셨다. 이것은 이른바 눈높이 맞추기(accommodation) 원리이다. 자연물은 창조자 하나님을 반영하는 것일 뿐만 아니라 하나님의 영적 진리를 보다 명확히 깨닫게 하는 수단이 된다. 칼빈은 "주의 만찬에 대한 1540 논문"에서 밝히기를,

> 포도주가 피를 상징하는 것으로 진열되는 것을 볼 때, 우리는 포도주가 인간의 몸에 주는 유익을 생각해야 한다. 따라서 우리는 이와 똑같은 유익이 그리스도의 피에 의해서 영적인 방식으로 우리에게 부여되는 것을 깨닫게 된다.[7]

칼빈에게 빵과 포도주는 하나님의 창조 행위뿐만 아니라 그리스도 안에서 세상을 구속하는 하나님의 행위를 가리키는데 사용된다. 또한 그에게 하나님을 아는 것은 하나의 사변에 그치는 것이 아니라 경건(pietas)이다. 그것은 하나님의 본질에 대한 이론적 사색이 아니라 하나님이 하신 일에 대해 합당한 반응을 보이는 것이다. 하나님을 아는 것은 하나님을 인정하는 것이다. 그런데 이 인정은 전체로서의 삶으로 나타난다.[8] 그 삶은 "하나님이 모든 선의 원천"이고 그 하나님의 선에 감사를 나타내는 것이다.[9] 이 감사는 인간이 살아가는 모든 영역에서 표현되어야 한다. 하나님이 그 모든 영역을 주관하고 계시기 때문이다.

이와 같이 칼빈에게 창조의 질서는 하나님의 구원 사역과 떨어질 수 없다. 하나님은 창조의 질서에서 구원을 구체화한다. 사회 정치 영역은 하나님이 죄로 말미암아 부패한 질서에서 하나님의 뜻이 실현되는 새로운 질서로 변혁시켜가는 중요한 영역이다. 교회는 사회의 구성 요소의

하나로서 하나님의 창조 질서에 관계하기 때문에 사회 정치 영역으로부터 분리될 수 없다. 그러면 교회는 사회 정치 문제에 대해 어떠한 책임을 갖는가?

3. 하나님 나라와 교회의 사명

칼빈은 하나님이 예수 그리스도 안에서 이루신 구원의 본질이 포괄적이라고 이해한다. 세상은 이미 예수 그리스도가 이 땅에 오셔서 구속 사역을 완성하심으로써 새로운 질서에 놓이게 되었다. 예수 그리스도를 믿는 믿음을 통해 사람들은 하나님과 새로운 영적 관계를 맺게 되었을 뿐만 아니라 하나님의 다스림을 받게 되었다. 이 다스림은 예수 믿는 사람의 개인적 영역에 그치지 않고 사람이 이 땅에서 살아가는 모든 영역에 미친다. 이러한 주되심의 영역에는 칼빈이 보기에 경멸해야 마땅할 '현재의 삶' 까지도 포함된다.[10]

하나님 나라는 이러한 예수 그리스도의 주되심의 실재(reality)이다. 칼빈에게 있어서 사회 정치 영역에 대한 교회의 사명은 이와 같은 그의 하나님 나라 개념과 떨어져 규명될 수 없다. 칼빈은 교회의 사회 정치적 책임을 하나님 나라의 관점에서 이해한다.

판넨베르크는 하나님 나라가 하나님이 역사의 끝에 실현할 실재로 이해한다. 하나님 나라는 인간 정부나 정치적 혁명으로 이 땅에서 실현되는 것이 아니고 또한 정치적 또는 사회적 질서에서 어떤 일정한 형태를 갖는 것도 아니다. 개인과 사회의 반목의 최종적 해결은 인간 역사의 현재적 조건에서는 찾을 수 없고 오직 종말론적 이상으로 남을 수밖에 없기 때문이다. 판넨베르크에 따르면, 이 미래의 실재는 이스라엘의 전통이 시사하는 바와 일치하고 예수 그리스도가 표상하는 메시지의 출발점으로서 이스라엘이 기대하고 있는 미래의 하나님 나라와도 일치한다.[11] '예수 그리스도'라는 칭호는 역사의 마지막에 실현될 하나님 나라에 불가분하게 연결되어 있으며 이것에 근거할 때 예수 그리스도 사건은 이 '하나님 나라'에서 실현될 인류의 보편적 정치적 이상의 선취(prolepsis)가 된다. 이 미래 실재에 대한 판넨베르크의 강조는 그의 보편 역사 전망에서 비롯된 것으로 그 기원은 19세기 후반 바이스와 슈바이쳐가 주창한 하나님 나라의 종말론적 성격 회복으로 거슬러 올라간다. 판넨베르크에게 있어 이 종말론적 하나님 나라는 오직 상징적인 방식으로만 오늘에 임한다. 교회가 갖는 성례전적 교제는 하나님 나라에서 가질 인류의 보편적 정치 공동체의 삶을 보여주는 선취적(proleptic) 형태이다. 이러한 뜻에서 이 성례전적 사귐은 인류가 역사의 종말에 실현할 공동체적 삶의 표징이 된다.[12]

그러나 칼빈은 하나님 나라가 예수 그리스도 사건에서 이미 실현된 것으로 이해한다. 예수 그리스도의 통치(*Regnum Christi*)와 동일시되는 하나님 나라는 예수 그리스도가 이 땅에 온 것에서부터 이미 시작되었다.[13] 예수 그리스도는 그의 지상 사역을 통해서 하나님의 자기희생의 사랑(agape)을 세상에 계시하였고 이러한 사랑의 공동체의 실재인 '하나님 나라'를 보여주었다. 뿐만 아니라 예수 그리스도는 하나님 나라의 메시지 선포를 통해서 사람들로 하여금 이 하나님 나라에 참여하게 하였다. 예수 그리스도는 십자가에서 자신을 하나님에게 바침으로써 세상을 어두운 죄의 세력에서 하나님 나라로 이끌어 들였다.

> … 죄가 없어지게 되었고, 사람들은 다시 구원을 받게 되었으며, 요컨대 전 세상이 새로워졌고 모든 것들이 회복되어 질서를 잡게 되었다.[14]

이 하나님 나라는 예수 그리스도가 하늘로 올라간 후에[15] 사도들의 복음 선포를 통해 성령 안에서 점진적으로 실현된다.[16] 예수 믿는 사람은 성령을 통하여 이 하나님 나라에 현재적으로 참여한다. 뿐만 아니라 칼빈에게 하나님 나라는 종말에 있을 마지막 심판 때에 최종적으로 완성된다(consummation). 이 때 예수 그리스도는 전 세상을 완전히 '회복시키고', '새롭게 하며', '바른 질서'를 회복시킨다.[17] 이 회복은 그 범위에서 우주적이다. 하나님 나라가 실현되면 우주의 모든 것들이 새롭게 된다. 쿨만(Oscar Cullmann) 역시 하나님 나라는 그의 '성육신'(incarnation)에서 시작되었고 역사의 미래는 이 시작된 하나님 나라의 성취라고 이해한다.

따라서 칼빈에게 그리스도 사건은 역사의 마지막에 실현될 인류의 보편적 정치 질서의 이야기가 아니라 그것 자체가 이미 실현된 하나님 나라의 실재이다. 또한 복음 선포를 통한 하나님 나라의 현재적 진전 역시 미래 실재에 이르기 위한 잠정적 실재가 아니라 – 비록 불완전하지만 – 이미 하나님 나라의 실재이다. 하나님 나라의 미래 실재는 바로 이러한 과거의 시작과 현재적 진전에 기초한다. 이 시작과 진전이 미래의 실재를 보증하기 때문이다.

그러므로 칼빈이 이해하는 교회의 사명은 미래에 실현될 하나님 나라를 상징하는 것이 아니라 예수 그리스도 안에서 이미 실현된 하나님 나라를 매개하는 것이다. 그리고 하나님 나라를 매개하는 교회의 사명은 다음과 같이 분석될 수 있다.

첫째, 복음 선포이다. 칼빈에게 복음 선포는, 칼 바르트가 이해하듯이, 하나님의 구원 사실을 알게 하는 기능(noetic)이 아니라 그 자체가 구원 사건이다. 복음을 선포하면 하나님 나라가 현재적으로 임하게 된다. 인류를 죄에서 구원하기 위해서 십자가에서 죽고 죽은 자 가운데서 다시 살아나

신 예수 그리스도를 선포함으로써 그들이 예수 그리스도를 주로 고백하고 그들의 모든 삶의 영역에서 그의 다스림을 받게 한다.

둘째, 선지자적 사명이다. 이것은 이 땅 모든 사람들이 예수 그리스도가 가르친 삶의 원리를 따라 살아가도록 가르치는 것이다. 이것에는 자유와 정의가 강같이 흐르고 자기희생의 사랑이 실천되며 평화가 실현되는 공동체의 삶이 포함된다.

셋째, 교회 자체가 하나님 나라의 실재를 이루는 것이다. 교회 자체가 그것의 머리인 그리스도가 다스리는 영역이기 때문이다. 교회는 하나님 나라의 모습을 구현하는 공동체가 됨으로써 세상에 새로운 공동체적 삶의 질서를 보여줄 수 있다. 이런 뜻에서 교회는 보이는 교회가 되어야 한다고 칼빈은 강조한다. 하나님은 그의 계시인 성경 말씀을 통해 다스리신다. 따라서 하나님께 대한 순종은 성경 말씀을 따르기 위한 노력으로 나타난다. 교회는 하나님의 말씀이 가르치는 가치관과 삶의 원리를 공동체적으로 추구하고 실천해 가도록 세상으로부터 불러낸 공동체이다.

4. 사회복지

이 땅 모든 사람들에게 예수 그리스도가 가르치신 삶, 곧 하나님 나라의 삶의 원리를 실천하도록 가르치신 선지자적 사명은 칼빈이 교회의 사회복지 책임을 강조하는 기본 동기이다. 그러면 교회가 사회복지를 감당해야 하는 이유는 무엇인가? 칼빈은 그것을 사람이 사람다운 삶을 살아가야 할 존엄성에서 찾고 있다. 칼빈에게 이 존엄성은 인간이 아담의 타락 이후에도 여전히 하나님 형상을 지니고 있기 때문에 갖는 것이다.

창세기 5:1-3에는 '형상'이란 말이 없고 '모양'이라는 말만 있다. 이것에 대해 사람이 타락 후 하나님의 형상은 잃어버렸기 때문이라고 해석하는 이가 있다. 하지만 이 해석은 본문의 뜻과 거리가 멀다. '형상'과 '모양'은 같은 뜻을 가진 말이며 따라서 서로 교차적으로 쓸 수 있기 때문이다.[18] 또한 아담의 최초 타락 사건 이후에도 여전히 아담은 하나님의 '모양'대로 지음 받은 존재로 묘사되고 있다. 아담이 여전히 하나님의 형상을 가지고 있다면 그의 후손 셋 역시 하나님의 형상을 가지고 있다고 보아야 한다.[19]

또한 창세기 9:6은 사람이 하나님의 형상으로 지음 받았기 때문에 누구도 피를 흘리지 말아야 한다고 가르친다. 스킬더(Schilder)가 주장하기를, 본문은 "창조 때 하나님이 그의 형상으로 사람을 지었다는 것을 가르치지 타락 후에도 그의 형상을 갖고 있는 것을 하나님이 허용한 것을 말하는 것이 아니다. 타락한 사람은 더 이상 하나님의 형상을 지니고 있지 않다. 하지만 미래에 그 형상을 다시 가질 수 있다"라고 한다.[20] 벌카우워(Berkouwer) 역시 사람이 한 때 하나님의 형상을 가지고 있었으나 지금은 잃어버렸고 하지만 미래에 회복할 수 있을 것이라 역설한다.[21] 하지만 호크마(Hoekema)가 잘 지적한 바와 같이,[22] 사람이 하나님의 형상을 과거에 가지고 있었거나 앞으로 가지게 될 것이기 때문이 아니라 바로 지금 가지고 있기 때문에 그를 죽이면 죄가 되는 것이다. 시편 8:5-6은 하나님이 타락한 후에도 여전히 사람을 자신보다 조금 못한 최고의 피조물로서 다른 모든 피조물을 다스리게 하셨다고 가르친다. 5절의 אלהים(elohim)을 '천사'(LXX, Vulgate, KJV), '하늘의 존재'(NIV), '신'(NEB, JB) 등으로 번역하나 이는 하나님으로 이해하는 것이 마땅하다(ASV, NASB, Amplified Bible, etc.). 이 말은 흔히 하나님을 뜻하였을 뿐 아니라 천사에게는 하나님이 만드신 것들을 다스릴 수 있는 권한이 없음은 물론 자신의 형상으로 사람을 창조하지도 않았기 때문이다. 야고보서 3:9에는 사람이 하나님의 형상으로 지음을 받았기 때문에 남을 저주하면 그를 지은 하나님을 저주하는 것이라고 기록되어 있다. 여기서 '남'을 믿는 사람이라고 해석해야 한다는 주장이 있다. 하지만 분명히 원문에는 일반 사람을 가리키는 *anthropous*(인간)이 사용되었다. 이 모든 사실을 미루어 볼 때, 타락한 후에도 사람은 여전히 하나님의 형상을 가지고 있다고 보아야 한다.

사람이 죄를 지은 후에도 하나님의 형상을 가지고 있다는 것은, 비록 사람이 죄 때문에 하나님과 사랑의 사귐을 갖지 못하게 되었으나 하나님이 부여한 자연적 은사들은 여전히 가지고 있다는 것을 뜻한다. 물론 그것들이 죄의 영향 때문에 완전하게 기능하는 것은 아니지만 말이다. 이 재능들은 흔히 하나님의 일반 은총의 영역, 곧 이성, 양심, 역사, 자연, 사회 질서 및 제도 등으로 나타난다. 이러한 것들을 아담의 범죄 이후에도 여전히 갖고 있다는 점에서 사람은 다른 동물과 구별되는 존엄성이 있다.

칼빈은 사회복지가 교회의 네 번째 직분인 집사가 맡는 일이라 믿었다. 그의 『기독교 강요』 초판에 보면, 집사는 "가난한 사람을 돌보고 그들을 섬기는 사람"이다. 이것의 근거는 초기 교회가 과부를 구제하는 일을 하기 위해 일곱 집사를 세운 사실(행6장)에 있다. 비록 칼빈이 제네바에서 목회할 때 초기 교회의 전통에 따라 집사가 성찬을 받는 사람들에게 포도주 잔을 돌리는 것을 허용했으나, 그는 집사의 본래의 역할을 가난하고 불쌍한 사람을 돌아보고 돕는 일로 보았다.[23]

칼빈이 제네바에서 일할 때 사회복지 사역은 종합 병원이 중심이 되었다. 그 도시에 사는 가난한 사람들에게 – 개인 집에 살거나 시설에 수용되어 있는 – 매주 병원 오븐에서 구운 적은 양의 빵이 제공되었다. 이 병원은 시의회나 더 큰 시의회가 뽑은 이사회에 의해 운영되었다. 이들은 병원 경영자를 고용해서 일일 업무를 하게 하였다. 고용된 병원 경영자는 자신의 아내와 함께 필요한 물품을 구매했고, 하인, 외래환자, 병원에 수용된 고아와 극빈자, 혹은 장애인들을 돌보았다. 이 병원이 제네바 교회 예식서에서 칼빈이 묘사하고 있는 기관이다.[24]

칼빈은 제네바 시 병원에 대해 지속적으로 깊은 관심을 기울였다. 그리고 이 병원이 바른 방식으로 질서 있게 운영되기를 바랐다. 1545년 그는 제네바 시의회에 이 병원 업무에 대해 몇 가지를 요청하였는데, 곧 회계 장부 정리, 수입 항목 리스트 작성, 수혜자에 대한 지속적 파악 등이었다. 이 병원은 이러한 칼빈의 제안을 들어주었다. 또한 칼빈은 병원에 있는 가난한 사람들에게 일거리를 주어야 한다고 제안하였다. 이것 때문에 비단업이 이 병원에 도입되었다.[25] 칼빈은 로마서 12:6-8의 "우리에게 주신 은혜에 따라 따른 은사"란 가르침에 착안하여 사회복지를 크게 두 가지 형태로 나누었는데, 하나는 가난한 사람들에게 교회의 공적 재산을 나누어 주는 일이었고, 다른 하나는 아픈 사람을 돌보는 일이었다. 이처럼 그는 가난한 사람에게 필요한 것을 제공하는 기능과 남을 돌보는 일에 헌신하는 것이 서로 다르다고 보았다. 제네바 시 병원 경영자는 칼빈이 1541년의 교회 예식서에서 그들에게 집사의 직위를 주기 전에 이미 집사가 하는 일을 하고 있었던 것이다.[26]

칼빈은 집사가 하는 이 두 가지 일에 여성도 참여할 수 있다고 보았다. 여성이 교회에서 하기에 적당한 공적 직무가 가난한 사람을 돌보는 것이라고 판단했기 때문이다, 칼빈의 이런 판단의 근거는 성경과 초기 교회의 전통이었다. 신약성경은 과부의 직무에 대해 기록하고 있다. 또한 초기 교회는 신앙이 성숙한 과부들을 기도와 다른 성도를 심방하는 일에 지명했다. 이 과부들은 교회로부터 자선 금품을 받았다.[27]

칼빈이 교회 예식서에서 서술한 집사는 제네바 시에 있는 집사만을 뜻하지 않았다. 다른 집사들은 그 도시에 있는 극빈 외국인을 도와야 하는 필요에 의해서 후에 임명되었다. 1540년대 중엽 이 병원은 더 이상 그 도시가 필요로 하는 사회복지 문제를 다룰 수 없게 되었다. 가톨릭 나라에서 종교적 표현의 자유를 찾아 제네바 시로 오는 난민이 늘어남으로써 그 도시의 사회 복지 기금이 바닥났기 때문이다. 이 때 제네바 시에 사는 외국인이 그곳으로 몰려드는 극빈 난민들을 위한 기금을 조성했다. 이 기금은 프랑스, 이태리 및 독일 사람들에 의해 조성되었다. 그 첫 기금이 조성된 것은 1540년대 프랑스 난민을 위한 기금이었다. 칼빈은 이 기금 조성에 직접 참여하였고, 계속하여 정기적으로 관여하였다.[28]

이 기금은 가난한 사람들을 위해 주로 사용되었으며, 프랑스에 책을 보내고 목회자를 파송하는데도 사용되었다. 가난한 사람을 돕기 위한 기금을 마련하기 위해 칼빈의 설교를 복사해서 팔기도 하였다. 이 프랑스 기금은 베자의 시편을 파는 판권도 가지고 있었다. 하지만 당시에는 오늘날과 같은 저작권법이 없었기 때문에 기금을 조성하는데 큰 기여를 하지 못했다. 제네바가 아닌 곳에서 출판업을 하는 사람은 원 저자나 프랑스 기금의 집사에게 인세를 전혀 내지 않고서도 원하는 것을 쉽게 출판할 수 있었다. 이러한 어려움에도 불구하고 많은 돈이 성금에 의해 조성되었다. 칼빈은 이 기금에 정기적으로 기부했을 뿐 아니라 성금에 대해서도 많이 강조하였다. 하지만 칼빈은 사적 재산을 포기하지 않았고, 가난한 사람을 돕기 위해 자기가 가진 모든 것을 팔아야 한다고 요구하지도 않았다.[29]

집사들이 하는 일은 다양했다. 예를 들면 사람들이 머물 곳이나 일자리를 찾는 것, 사람들을 고용하여 아픈 사람을 돌보게 하는 것, 간호사들을 두어 아이들이나 고아원을 돌보게 하는 것, 옷과 잠자리를 제공하거나 빌려주는 것, 가난한 사람에게 돈을 주거나 빌려 주는 것 등이었다. 한편 상습적으로 가난한 사람들에게는 한 때 부유했으나 실패하여 부끄러워하는 사람들보다 적은 돈을 주었는데, 이것은 당시의 일반적 관행이었다. 기금이 조성된 초기 몇 년간 집사들은 자기 집에 오는 사람이면 그가 누구든지 거의 도와주었다. 이들 중에는 다른 국적을 가진 사람이나 잉글랜드로 가는 유대인까지도 포함되었다. 이렇듯 당시 지켜지는 한 가지 원칙이 있었는데, 그것은 외국인 난민 공동체가 동족의 극빈자를 구제하기 위한 기금을 마련하라고 권하는 것이었다.[30]

제네바 시의 병원 경영자는 교회가 아니라 시의회에서 책임을 졌다. 하지만 그 세기 말에 이르러서는 집사라는 호칭이 병원에서 일하는 사람을 일컫는 말로 넓게 쓰이게 되었다. 칼빈의 집사직 모델에서 집사는 개교회의 기금을 관리하고 가난한 사람들을 돕는 것이었다. 집사는 일종의 기금 네트워크를 제공했는데, 이 기금은 개혁교회의 신자들이 가톨릭 나라를 떠나 종교적 난민을 추구하는 데에 큰 도움을 주었다. 가톨릭 나라에서 소수인 개혁교회가 이러한 재정적 지원 장치가 없이는 생존할 수 없었을 것이다.[31]

5. 시민정부

교회가 매개해야 할 하나님 나라는 자유와 정의, 그리고 평화가 실천되는 공동체의 삶을 포함한다. 그리고 정치 영역 곧 일반 시민과의 공동체 삶은 믿음을 실천하는 터가 된다. 따라서 칼빈은 교회가 정치 영역에 대해 책임이 있음을, 다시 말해 교회가 시민 정부와 바른 관계를 가질 의무가 있음을 강조한다.

칼빈의 정치사상은 『기독교 강요』 마지막 권 "시민정부에 대하여"라는 장에서 분명하게 나타나며, 그밖에도 교회 정치에 대한 부분이나 "그리스도인의 자유"라는 장에서, 그리고 정치 문제에 대한 성서주석, 소논문, 설교 및 편지 등에서도 찾아볼 수 있다.

칼빈은 시민정부를 "신적으로 설립된 질서"로 이해한다.[32] 즉 시민정부는 인간의 죄로 말미암아 야기되는 악한 결과를 방지하기 위해 하나님이 섭리적으로 제정하신 것이다. 따라서 시민정부가 필요한 것은 근본적으로 인간의 죄 때문이다. 이 시민정부가 없으면 어떠한 건강한 인간관계도 상상하기 어렵다. 칼빈은 로마서 주석에서 인류의 안전이 시민질서에 의해서 보장된다고 역설한다: "사악한 사람들의 격분이 제지당하지 않고, 무고한 사람이 그들의 폭력에서 보호받지 아니하면 모든 것들이 완전히 혼돈 상태에 이르고 말 것이다."[33]

한편 칼빈에게 이 시민정부는 단지 질서를 유지하기 위한 수단에 그치는 것이 아니다. 그것은 영적인 목적도 수행한다. 그는 로마서 13:3의 주석에서 시민정부는 믿는 자들로 하여금 시민정부에 나타난 하나님의 명백한 섭리를 알고 그것에 대해 감사하도록 이끌어야 한다고 강조한다. 비록 시민정부가 불완전하다 하더라도, 그것은 인간 사회를 견고히 하는데 도움을 줄 수밖에 없다. 왜냐하면 통치자는 선하고 무고한 사람을 학대함으로써 권력을 남용하지 않기 때문이다.[34] 따라서 칼빈에게 시민정부는 인간에 대한 하나님의 섭리적 돌봄의 실재를 분명히 나타내는 것이다. 이렇듯 인간이 하나님 앞에 죄를 지음으로써 하나님의 창조질서를 뒤틀어지게 하였음에도, 하나님은 그의 일반은총(generalis gratia)을 통해 이 세상에 위로와 기쁨, 그리고 즐거움이 되는 것들을 계속하여 베풀고 계신다. 예를 들면 인간은 어느 정도 인지 능력을 가지고 있기 때문에[35] 이 땅에서 살아가는 데 필요한 최소한의 조건인 공평한 거래와 질서 같은 것들을 파악할 수 있다. 따라서 모든 종류의 인간 조직은 법의 규율을 받아야 한다는 것을 알 수 있다.[36]

이러한 이유로 통치자는 우선적으로 하나님이 세우신 일꾼이기 때문에 그가 져야 할 바른 책임은 오직 하나님께만 있다: "자신의 영역을 다스림에서 하나님의 영광을 드러내지 않는 왕은 왕다운 통치를 하는 것이 아니라 강탈하는 것이다."[37] 이와 똑같이 관리의 책임도 궁극적으로 하나님께만 있다. 따라서 정부 관리의 일이 하나님의 통치권의 일차적 수단임을 인정해야 한다:[38] "만약 그들이 어떤 잘못을 범한다면 그들이 해를 끼친 그 사람에게만 상해를 주는 것이 아니라 하나님 자신을 모독하는 것이다."[39]

왜 시민정부가 필요한가? 칼빈에게 그것은 일차적으로 사람들에게 "빵, 물, 태양 및 공기"를 주기 위한 것이다.[40] "주께서 시민정부를 제정한 것은 선한 사람이 평정을 누리고 악한 사람이 제멋대로 사는 것을 막기 위함이라"는 것이 성경의 가르침이라고 칼빈은 로마서 13:3의 주석에서 말한다. 인간이 하나님의 창조질서를 어기고 혼란 상태에 빠져 짐승과 같이 사는 것을 하나님은 바라지 않으셨다. 그래서 하나님은 인간의 형편과 처지에 맞는 제도를 통해서 정리되고 질서 있는 삶을 살게 하셨다.

칼빈에게 있어서 시민정부는 신정정치의 한 형태인가? 신정정치를 성직자의 통치로 본다면 이에 대한 답은 부정적이다. 맥니일이 잘 지적한 것과 같이,[41] 칼빈은 제네바에서 관리와 성직자를 구별했을 뿐만 아니라 그와 그의 동료 목사들은 정치적 직책이나 권한을 갖지 않았다. 또한 신정정치를 구약성경에 나타난 율법에 따라 다스린다는 뜻으로 받아들일 경우라도 역시 그 답은 부정적이다. 그러한 성경적 통치는 칼빈의 의도와 거리가 멀다. 칼빈은 각 민족이 그러한 성경적 율법보다는 자신들에게 적합한 법률을 만들 수 있다고 믿었다.

하지만 신정정치를 그리스도의 통치나 하나님의 통치라는 뜻으로 받아들이는 경우라면, 칼빈은 시민정부를 신정정치의 한 형태로 인정했다고 볼 수 있다. 이양호 교수가 잘 지적한 바와 같이, *extra Calvinisticum*에 나타난 칼빈의 사상에는 육체 안에 있는 그리스도가 인류 구원을 위해 십자가에 못 박히는 그 순간에도 육체 밖에 있는 그리스도는 세계를 다스리고 있었음이 드러난다.[42] 하나님은 은총의 영역에서 세상의 모든 질서를 다스리신다. 칼빈은 자기가 교육과 설교를 통해 길러낸 사람들이 하나님의 뜻을 이 땅에 실현하는 정치를 하기를 바랐다. 이것은 하나님이 시민정부를 통해서 세상을 다스리는 신정정치에 칼빈이 헌신하는 한 방식이었다.

칼빈은 시민정부가 하나님이 제정한 것이기 때문에 그것에 저항하는 것은 하나님께 저항하는 것이라고 본다. 시민정부 관리들은 "하나님으로부터 위임을 받으며 신적 권위를 부여받으며 어떤 의미에서 하나님의 직무를 행하는 전적으로 하나님의 인격을 지닌"[43]자들이기 때문이다. 따라서 그들은 하나님의 대리인으로서 자신들을 통해 하나님의 섭리, 보호, 자선 및 공의를 나타내기 위해 주의를 기울이고 진지하게 노력해야 한다:[44] "그들은 자기 자신들의 힘으로가 아니라 주님의 손으로 이 높은 위엄에 오른 것이기 때문이다.[45] 칼빈은 이어서 비록 독재자들에게도 저항해서는 안 된다고 말한다. 왜냐하면 "불의하고 난폭하게 다스리는 자들은 백성의 악함을 벌하기 위해 하나님 자신이 일으킨 자들"이기 때문이다. 그들이 폭정을 행할 때, "먼저 주님의 채찍으로 징계를 당하는 바 우리의 잘못이 무엇인지를 생각해 보아야 한다." 그리고 "왕들의 마음을 장

악하고 왕국들을 교체시키는 주님의 도움을 간청"해야 한다.46) 폭정을 교정하는 것이 주님께 속하는 일이라면, "우리에게는 복종하고 참는 것 이외에 다른 명령이 주어져 있지 않다."47) 그러면 칼빈은 이 관리들에게 절대적 권한이 있다고 인정하는가? 그렇지 않다. 그들 역시 하나님뿐만 아니라 사람들에게도 의무를 갖는다. 그들에게 부여된 권력은 시민들의 복리에 국한된다. 그들은 자신들을 위해서가 아니라 공공의 선을 위해 다스려야 한다.48)

그렇다면 칼빈은 난폭한 폭정에 대해 어떠한 저항도 인정하지 않는가? 칼빈에게 그것은 '사인'(priatis hominibus)의 경우에 적용되는 것이다. 왕들의 방자함을 견제하기 위해 임명된 백성의 관리들(populares magistratus)은 저항할 수 있다. 칼빈은 "만약 그들이 낮은 일반 민중을 난폭하게 습격하고 욕보이는 왕들에 대해 눈을 감아준다면 그들의 가식은 극악한 배신이 아닐 수 없다고 나는 선언한다. 왜냐하면 그들은 자기들이 하나님의 배정에 의해 백성의 보호자들로 임명되었음을 알면서 기만적으로 백성의 자유를 배반하기 때문"49)이라고 말했다. 관리자들이 폭정을 보고도 그것을 저지하지 않는 것은 백성에 대한 배임이자 하나님의 명령을 어기는 것이다.

뿐만 아니라 신앙의 자유가 침해되었을 경우에는 누구든지 시민정부의 권위에 저항할 수 있다고 칼빈은 주장한다. 그 대표적인 경우로 칼빈은 다리오 왕의 명령을 따르지 않은 다니엘을 든다. 다니엘의 경우를 따른다는 것이 정부의 명령에 복종하지 않는 행위일 수는 있으나 노골적인 반역을 도발하거나 참여하는 것은 아니다. 칼빈이 지적하기를, 다니엘의 경우 "하나님과 전쟁을 벌인 왕국들에 의해 깨트려진 돌은 사람의 손에 의해 형성된 것이 아니었다." 구약의 예언자들은 이스라엘 백성들이 사악한 왕의 칙령에 맹종하였다고 신랄하게 책망했다. 하나님은 만왕의 왕이시다.

이 하나님의 명령 때문에 교회는 시민정부의 권위를 받아들이고 그들의 명령을 따른다. 그런데 하나님의 명령에 복종하지 않으면서까지 그들을 기쁘게 할 필요가 없다는 것이 칼빈의 확신에 찬 가르침이다.

6. 나가는 말

1) 요약

지금까지 칼빈의 신학에서 사회 정치 영역에 대한 교회의 책임에 대해 살폈다. 밝혀진 사실은 다음과 같다: 칼빈의 창조주와 구속주로서의 하나님 지식에 대한 분석은 사회 정치 영역이 믿음의 삶을 실천하는 영역이라는 인식에 이르게 하였다. 이러한 인식의 정당성은 다음 사실에서 뒷받침된다. 즉 신앙의 대상인 하나님은 구원과 창조의 하나님이시다. 예수 그리스도는 인류를 죄에서 구원한 주일이면서 동시에 세상의 모든 것들을 다스리는 주시다. 성령은 복음을 통해서 예수 믿게 할 뿐만 아니라 일반 인간 사회의 질서나 자연의 영역에서도 활동하신다. 성례에서 보듯이, 하나님은 자연물을 통해서 영적 진리를 보다 명확히 깨닫게 하신다. 하나님을 아는 것은 그 본질이 경건이며 삶의 모든 영역에서 하나님께 대한 감사가 표현되어야 한다.

그런 다음 하나님 나라와 교회의 사명에 대해 살폈다. 이것은 사회 정치적 영역에 대해 교회가 해야 할 책임이 하나님 나라를 매개하는 것이라는 것을 알게 하였다. 하나님이 예수 그리스도 안에서 이루신 구원은 그 본질이 포괄적이다. 그것은 그리스도의 다스림이 이 땅에서 살아가는 모든 영역에 미치는 것을 뜻한다. 이 주되심의 실재(reality)가 하나님 나라이다. 하나님 나라는 예수 그리스도 사건에서 이미 실현되었고 복음 선포를 통해 확장되며 종말에 최종적으로 완성된다. 이 하나님 나라는 그 범위에서 우주적이기에 사회 정치 영역을 포함한다. 교회는 그리스도 사건에서 이미 실현되었고 복음 사역을 통해 현재적으로 임한 하나님 나라를 매개하는 사명을 갖는다. 이 사명은 복음 선포와 선지자적 역할 및 교회 자체가 하나님 나라의 질서를 구현하는 공동체가 되는 것이다.

이어서 교회가 감당할 사회 정치적 책임의 구체적인 예로서 사회복지와 시민정부에 대해 다루었다. 이 둘은 하나님의 일반은총 영역이나 하나님 나라에서 찾아볼 수 있는 새로운 공동체 질서를 구현하는 중요한 영역이다.

먼저 교회는 경제적으로 가난하고 불쌍한 사람들을 돌보고 돕는 사회복지의 책임이 있다. 그들 역시 하나님의 형상을 지닌 존엄한 존재로서 사람다운 삶을 살 권리가 있기 때문이다. 사회복지의 일은 일반적으로 집사가 맡는데 거기에는 여성도 포함된다. 그것의 두 형태는 가난한 사람에게 필요한 것을 제공하는 일과 남을 돌보는 일이다. 그런데 사회복지의 대상은 외국인까지 포함한다. 시민정부는 인간으로 하여금 이 땅에서 평화로운 삶을 살도록 그 필요에 따라 하나님이 제정하신 것이다.

교회는 시민정부와 바른 관계를 가질 의무가 있다. 이 시민정부는 죄로 인한 악한 결과를 막으려고 하나님이 섭리적으로 제장하신 질서이기 때문이다. 그것은 질서를 유지하기 위한 수단에 그치지 않고 하나님의 명백한 섭리에 감사하게 하는 영적 목적도 수행한다. 따라서 관리는 하나님의 일꾼이며 하나님께만 책임을 진다. 시민정부는 하나님이 일반은총의 영역에서 통치하는 한 형태이다. 시민정부가 하나님이 제정한 것이기 때문에 그것에 저항하는 것은 하나님의 권위에 도전하는 것이다. 비록 독재자가 폭정을 하더라도 말이다. 하지만 백성이 뽑은 관리는 그 폭정에 저항할 수 있고, 신앙의 자유를 침해받았을 경우에는 누구나 시민정부의 권위에 저항할 수 있다.

2) 오늘날 한국 교회에 주는 시사점

지난 1970년대 이래로 한국 교회는 이른바 '하나님의 선교'(missio Dei) 개념으로 진보진영과 보수진영으로 나뉘어졌다. 전자는 하나님의 구속 의지의 사회적 실현을 선교라고 보았기 때문에 인권과 정의로운 분배 등의 사회 문제에 적극 개입한 반면, 후자는 개인 구원과 교회 확장을 선교라고 보았기 때문에 사회 정치 영역에 대해 침묵했는데, 이것은 한편으로 진보진영 교회의 '사회 구원' 주장에 대한 반발이었다.[50] 하지만 성경적 구원은 결코 창조질서와 분리되는 것이 아니다. 구원은 창조질서에서 구체화된다. 이것은 칼빈 전통의 모든 삶의 영역에서 실천되는 구원으로서(holistic), 1974년 스위스 로잔에서 열린 '세계복음화대회'(ICOWE)를 거쳐 1989년 필리핀에서 가진 '마닐라 선언'을 통해 확인된 것이다. 이러한 뜻에서 구원의 공동체인 교회는 사회 정치 영역에 대한 책임을 갖는다.

그렇다면 그 책임은 구체적으로 무엇인가? 그것은 첫째 바람직한 공동체 삶의 원리가 무엇인지를 사회에 제시하고 가르치는 것이다. 이러한 삶의 원리는 공동체 삶의 실재(reality)인 하나님 나라 개념에서 추론할 수 있다. 그것은 하나 되는 공동체, 정의로운 공동체, 사랑의 공동체, 평화의 공동체, 및 서로 섬기는 공동체, 누구에게나 열려 있는 공동체, 늘 새롭게 되는 공동체 등이다. 교회가 이 일을 잘 해가려면, 예수 믿지 않는 사람들과 소통을 잘할 수 있어야 한다. 배타적 권위나 공격적인 자세가 아니라 열린 자세로 이성의 차원에서 대화하고 설득하는 것이 필요하다. 타종교에 대한 배타적 발언이 기독교에 대한 신뢰도를 떨어뜨리는 요인 가운데

25.8%를 차지한다는 사실이 이것의 심각성을 잘 나타내 준다.[51]

둘째, 적극적으로 참여하는 사명이다. 한국 교회는 사회 정치 영역에서 이러한 공동체의 원리가 실천되도록 적극적으로 헌신하고 봉사해야 한다. 교회는 주님이 많은 사람을 위해 존재하고 살았듯이 세상을 섬기는 것이 그 본질적 모습이다. 교회는 이러한 섬김의 사역을 통해서 사회 정치 영역이 하나님 나라의 질서로 변혁되도록 해야 한다. 지금까지 한국 교회는 바른 목회보다는 성장지상주의에 빠져 교회와 교파들이 지나치게 양적 성장에 치중하다보니 사회에 대해서는 관심을 보일 여유가 없었다. 이것은 자연스럽게 한국 교회가 사회로부터 멀어지게 되었고 나아가서는 집단이익을 추구하는 단체로밖에 보이지 않게 되었다. 공적 사역을 보다 효과적으로 해가기 위해서 지역에 있는 여러 교회와 연합하고 시민단체와도 연대할 필요가 있다.[52]

셋째, 교회 자체가 하나님 나라의 가치와 삶을 실천하는 공동체가 됨으로써 사회에 새로운 공동체의 삶의 본을 보여주는 것이다. 일반은총의 차원에서 한국 교회는 스스로를 성찰할 수 있어야 한다. 위에서 말한 '2008 한국 교회의 사회적 신뢰도 조사' 결과에 따르면, 한국 교회가 신뢰도 제고를 위해 바꾸어야 할 것으로 뽑은 것이 교인과 교회지도자들의 언행일치가 42%, 그리고 재정 사용의 투명성이 11.5%였다. 대형교회 지도자들의 교회세습과 도덕적 해이, 교회법을 어기는 행위, 상식에 위배된 행위, 교회와 교파의 분열, 지역 분열, 형식주의, 황금만능주의 등은 기독교의 신뢰도를 떨어트리는 주된 요소들이다.

19장
칼빈의 사회복지 사상 고찰

박영호(성서대학교 교수)

1. 들어가는 말

존 칼빈(John Calvin, 1505-1564)은 종교개혁 운동을 신학적으로 성공시킨 건설적인 혁명가이다. 칼빈은 프랑스가 낳은 걸출한 신학자이며, 스위스 제네바에서 목회와 정치에 관여하면서 사회복지 사상에 대한 새로운 모형을 고안한 사람이다. 그는 하나님의 영적 통치에 근거한 하나님 나라 정신이 다스리는 이상사회를 건설하려고 했다. 그러므로 근대 사회의 경제적, 과학적, 정치적 발전이 어디에서나 칼빈주의자들의 흔적을 찾아 볼 수 있다.

칼빈은 중세 가톨릭의 권위주의적이고 형식주의적인 교리체제와 신앙 및 생활체제에 대하여 성경계시에 의존하여 경건의 능력을 삶 속에서 체험케 하는 신앙 및 생활체제를 신학적으로 체계화시켰다. 칼빈은 창조주요 구속주이신 삼위일체 하나님을 창조, 타락, 구속과 우리 삶의 원천이자 주관자로 알고 전 창조와 사회의 모든 생활영역에 관하여 성경계시에 근거하여 개진한 참되고 바른 진리체계와 생활체계에 대해 말했으며, 나아가 인류의 전반적인 사회생활 속에서 그리스도를 찾고 그리스도에게 복종해야 할 것을 강조했다.

칼빈은 하나님이 자기의 형상대로 인간을 창조하였다는 것에 근거해 동질인간론과 상호소통을 강조한다(창 1:26). 태초에 인간은 사랑과 평등의 관계로 결합되어 있었다. 그러기에 모든 인간은 하나님 보시기에 존귀한 존재이다. 그러나 하나님은 인간을 창조하심에 있어서 획일적으로 만들지 않으시고 다양성을 갖게 하셨다. 남자와 여자, 부자와 가난한 자, 약한 자와 가난한 자, 우둔한 자와 재능이 있는 자 등이 모두 하나님의 피조물이다. 그러나 이 같은 다양성에도 불구하고 인간은 다 같이 하나님의 형상이면서 또한 하나님의 피조물이요 하나님 앞에서 죄인들이기 때문에 하나님 앞에 평등하고 아무도 다른 사람 위에 군림할 수 없다. 따라서 특정의 사람에게 하나님이 은사를 주신 것은 사람 위에 군림토록 하기 위한 것이 아니고 하나님과 이웃을 섬기는 데 사용토록 하기 위함이다.

칼빈은 하나님의 주권과 그의 말씀의 권위를 높이는 개혁신학의 세계관만이 유물론적 마르크스주의 세계관을 극복할 수가 있으며 이 땅에 하나님의 의와 나라를 계속적으로 확장시킬 수 있고 인생으로 하여금 참된 자유와 평화를 누리게 할 수 있다고 생각했다. 하나님에 대한 경배와 감사, 이웃에 대한 진정한 사랑, 자연에 대한 온전한 관리를 주장하는 것이 칼빈의 사회사상의 초석이다.

칼빈은 사회복지를 매우 중요시했다. 그는 말씀과 기도와 성만찬의 나눔이 없고 가난한 자를 구제하는 활동이 없는 어떠한 교회도 참다운 교회가 될 수 없다고 규정했다. 또한 가난한 자를 돌보는 이웃사랑에 대한 계명의 실천은 교회의 직무상의 권리만이 아니라 모든 회중들이 참여해야

하는 하나님의 은총에 대한 응답으로 이해했다.[1)]

칼빈은 비교적 엄격한 신앙생활을 계속했지만 수사는 아니었다. 기독교 인본주의자로 교육받은 그는 종교적인 것을 포함해서 금욕주의적 물질관이나 가난을 최고 모범으로 보는 견해를 거부하였다. 그는 부의 영적 위험을 간과하지 않았지만, 그렇다고 자발적 빈곤을 요구하지도 않았다. 그는 탐심과 허식을 공박하였으며 겸손과 절제의 덕을 극찬하였다. 또한 하나님과의 관계를 단절시키지 않는 한 그리스도인의 재산축적을 죄악시하지 않았다. 오히려 가난이 부요함만큼이나 영성에 해롭다고 했다.

> 사람들은 날카롭고 선해 보이는 사람들의 따가운 시선에 종종 둔감하기도 한 오른편에 있는 사람들, 예를 들면 부자, 권력, 고위관리 같은 사람들에게 다가가 감언이설로 유혹한다. 달콤한 속임수와 술 취함에 빠진 사람들은 하나님을 잊어버린다. 왼편에 있는 사람들은 가난하고 불명예와 멸시를 받으며 고통당하는 사람들이다. 고통과 어려움으로 인해 그들은 마음에 좌절하게 되고 확신과 소망에서 멀어지게 된다. 결국에는 하나님과 완전히 결별하게 된다.[2)]

칼빈은 중세기의 부정적 재물관의 배후에 있는 토마스 아퀴나스의 반물질주의를 반대했다. 금욕운동은 토마스 아퀴나스의 이원론적 자연 은총론이 뒷받침된다. 돈은 영적이지 않은 것으로 생각되었으며 타락한 세상에서 만들어진 것이었다. 생존을 위한 일정량 이상의 재물은 순수한 영혼에 치명적인 것이었으며, 물질적인 빈곤은 영적인 완숙함에 필수적인 것이었다. 아퀴나스는 돈이 타락한 이후의 것이라고 했지만, 칼빈은 돈을 피조된 제도처럼 긍정적으로 보았다. 그것은 인간 공동체를 향상시키는 원동력인 자연법칙의 하나였다. 그러므로 돈의 잘못된 사용은 자연법칙의 혼란이었다. 칼빈은 그리스도인의 돈은 과부의 남편이고 고아의 아버지라고 했다.

2. 하나님의 주권사상

칼빈은 하나님의 절대적인 주권사상을 주장했다. 이것은 하나님이 그가 창조하신 온 세상을 관리하신다는 것을 의미한다. 하나님은 창조주일 뿐만 아니라 다스리는 자요 보존자이시며 지구의 전체적인 움직임뿐만 아니라 각 부분까지도 만드신 분이다. 하나님은 특별한 섭리로 만드신 모든 것, 심지어 참새 한 마리도 보존하시며 귀히 여기시고 관리하시는 섭리자이시다.[3] 하나님의 주권은 개인의 경건한 삶뿐만 아니라 인생의 전 영역에 미친다. 이러한 주권사상에 대한 견해의 한 가지 적용이 종교와 문화가 단일화되어야 한다는 주장에서 나타난다.

헨리 미터(Henry Meeter)는 "하나님의 주권은 하나님의 사랑과 은혜와 정의, 인간의 운명과 자연과 자연의 법칙들을 다스리시는 하나님의 통치와 관련된 것으로 모든 영역과 모든 관계에서 자신의 통치권을 행하시는 하나님을 말한다. 만약 하나님이 그가 창조하신 모든 우주만물을 통치하신다면 종교의 구획(compartmentalization)이 따로 있을 수가 없다"고 말했다.[4] 칼빈은 교회와 국가 사이에는 엄격한 구분이 있다고 말했지만, 둘 다 예수 그리스도의 단일한 왕권 하에 있는 것이기 때문에 교회는 국가와 적극적인 관계를 유지해야 한다고도 했다. 따라서 교회는 신성한 영역에만 관여하고 국가는 세속적인 영역에만 관여해야 한다는 식의 구별은 적절치 않다. 종교는 우리 인생의 다른 것들과 분리시킬 수 있는 사적이고 개인적인 것이 아니다. 인생의 제반 문제와 행동들은 모두 종교적인 특성을 지니고 있다. 왜냐하면 하나님께서 인생의 모든 면을 주관하시기 때문이다.

헨리 반 틸(Henry Van Til)은 다음과 같이 이것을 표현했다: "하나님의 주권은 칼빈주의자들이 사는 분위기이다. 그들은 그 환경에서 문화적인 존재로 활동한다. 이는 종교란 삶과 분리시킬 수 있는 것이 아니라 인생의 되어지는 모든 결국이 해 아래 있는 것과 같다."5)

하나님의 주권에 대한 다른 함의는 그리스도인의 소명 또는 직업과 관련이 있다. 삶의 어느 면도 하나님의 관심과 통치 밖에 있는 것은 없다. 세계가 두 영역, 즉 하나는 종교적이고 다른 하나는 세속적인 영역으로 되어 있지 않기 때문에 우리는 마치 교회에서의 사역을 정부의 일이나 그밖의 세상 일보다 더 높고 거룩한 소명으로 여기거나 행해서는 안 된다. 삶의 모든 소명은 직접적으로 창조를 위한 하나님의 목적과 관련되어 있으며 그것의 성취를 통해 하나님의 뜻이 성취되는 것이다. 그러므로 문화 가운데서 행하는 일은 하나님이 인간에게 세속적인 세상에서 하도록 허용하시는 것이 아니라 반드시 그렇게 해야만 하는 것이다. 그리스도인들에게 모든 일은 하나님의 주권 아래 있는 그의 소명이다. 그러므로 그리스도인은 부패한 사회에서 소명의식을 가지고 정직하고 근면하며 이웃을 위한 봉사로서 노동과 경제활동을 추구해야 한다.

하나님의 주권 아래 있는 우리의 삶이 어떻게 수행될 수 있는가? 인간은 그의 소명을 성경의 권위에 절대적으로 순종하여 수행해야만 한다. 기독교는 삶의 제반문제를 포괄하는 세계관이다. 이런 이유 때문에 성경은 단지 구원의 길을 위한 권위 있는 안내서만이 아니라 그 이상의 책이다. 곧 성경은 전체적인 실제를 권위 있게 해석해 주는 책이다. 이에 대해 반 틸은 다음과 같이 표현한다:

성경 안에는 세상의 기원과 본질, 목적 그리고 인간의 참 모습과 하나님의 형상을 짊어진 자(image-bearer of God)로서 인간에 대한 것이 나타나 있다. 그렇다면 하나님의 말씀은 교정적인 것일 뿐만 아니라 규범적인 것도 된다. 성경의 기본적인 원칙들은 칼빈주의의 문화 철학에 있어서 요소들을 구성해야만 한다.[6]

성경의 핵심을 이해하는 것은 칼빈의 사회사상을 이해하는 열쇠가 되는데, 그 성경의 핵심은 다름 아닌 인간, 죄 그리고 구원에 대한 교리들이다. 인간은 하나님의 형상으로 창조되었고, 하나님의 형상을 짊어진 자로서 창조 때부터 하나님의 뜻을 행하도록 신적인 소명을 받았다. 하나님의 형상을 짊어진 자로서 인간은 사회적 존재이며 다른 사람들과의 상호관계를 통해 특히 결혼, 가족, 노동을 통해 그의 삶에 있어서 사회적 사명을 성취해 나아간다. 이러한 관계 내에 서 인간은 하나님의 뜻을 행할 수 있는 기회를 갖게 되고 창조주께 순종하는 구체적이고 확실한 방법을 표현하게 된다.

3. 칼빈의 사회사상

칼빈의 시대에는 부패한 가톨릭교회를 개혁하는 운동이 활발했다. 가톨릭교회가 부패한 원인은 인본주의적 권위주의였다. 즉 교황이 법(Rex Lex)이었기 때문이다. 성경의 신적 권위를 사실상 거부함으로써 인간적 권위가 득세하게 되었고 이로써 도덕이 부패하고 무질서한 세상이 되었다. 이처럼 부패한 가톨릭교회에 대항한 종교개혁의 원동력은 다름 아닌 성경이었다. 종교개혁자들에게는 교황이 법이 아니라 성경이 왕이었다(Lex

Rex). 하나님의 법인 성경의 신적 권세를 회복시키는 운동, 그 신적 권세에 순복하여 복음이 온 땅에 가득 차게 하는 운동, 복음의 능력이 이 세상을 새롭게 변화시키는 것을 기대하며 확신하는 운동이 바로 종교개혁 운동이었다. 그러기에 칼빈은 하나님의 말씀이요 신적 권위가 있는 성경을 신앙과 윤리의 절대 규범으로 제시함으로써 성경을 통하여 인간성과 도덕을 회복하고, 나아가 회복된 인간성과 도덕을 통해 사회사상을 전개하고자 했다.

현실 사회인 제네바 시를 그렇게 변화시키고자 했던 칼빈의 사회사상은 다름 아닌 하나님 나라 사상이었다. 그는 현실사회와 이상적인 하나님 나라는 구별되지만 분리될 수는 없는 것이기에 하나님 나라 사상을 현실사회에 적극적으로 적용하려고 했다. 그 주체는 예정과 종말의식을 가지고 성화의 과정을 밟아가는데, 이는 사회성화 그 자체를 포함한다. 칼빈 이전의 사회사상은 이데아, 선, 덕, 자연법, 이성 등이 지배하는 사회를 이상적 사회로 상정했다. 그 근거는 인문주의적 두 나라 개념이었다. 곧 현실사회는 부패하고 오염된 사회인데, 이러한 사회를 이데아, 선, 덕, 자연법, 이성 등이 지배원리로 작동되는 이상사회로 바꾸는 것이 그들의 염원이었다. 하지만 그들은 이러한 소망이 불가능한 것임을 직시하고 차선사회를 제시했는데 그것이 곧 법치주의의 실현이었다. 그들은 덕치주의나 서치주의, 자연법과 이성이 다스리는 이상적인 이성국가 사회가 현실사회 내에서 불가능한 것을 알고, 그런 개념을 함축적으로 담고 있는 법을 통해 다스리는 것만이 그런 개념들을 현실사회 속에서 유일하게 실현할 수 있다고 보았으며 이를 '차선사회'라 불렀다. 그러나 그들의 의도는 형평정신이 누락되어 있는 법치에 의해 결코 실현될 수 없었다.[7]

이와 같은 인문주의적 이상사회론과 구별되는 칼빈의 이상사회론은 이상적인 하나님 나라의 사상에 근거한 복지사회이다. 칼빈의 이상사회는 다름 아닌 신국, 즉 하나님 나라가 실현되는 사회였다. 이는 이전의 인문주의자들이 이루려고 했던 사회와 그 형식적 성격에서 동일성이 있으나 그 내용에 있어서는 차이가 있다. 즉 칼빈 역시 두 왕국론적 사회사상을 지니기는 했으나 인문주의자들이 이상사회의 적극적인 실현을 포기하고 차선사회론에 기울었던 반면, 칼빈은 그러한 이상사회를 포기하지 않고 하나님 나라의 사상을 아주 적극적으로 현실사회 속에서 구현시키려고 했다는 점이다. 오히려 칼빈은 인문주의 사회사상이 목표로 했던 법치주의를 자신의 이상사회론에서 하나의 방법론으로 채택한 동시에, 그들의 덕, 선, 자연법, 이성 등의 통치를 모두 종합하여 하나님 나라 통치사상에 담아내었다. 영적지배, 즉 하나님의 통치가 지배 이념이 되는 동시에 형평과 평등주의에 근거한 하나님의 사랑과 정의가 통치이념이 되어 형평 개념을 실현하려는 것이 바로 칼빈의 이상적 사회복지 사상이었다.

4. 칼빈의 경제사상

칼빈의 경제사상은 부, 이자, 사유재산제도, 계급간의 부에 대한 자세 등에 대해 다루고 있다. 칼빈은 물질적 부와 재산은 하나님의 선물과 은사이며 이를 하나님의 사랑과 정의가 드러나는 형평(aequitas)의 정신에 따라 사용함이 마땅하다는 점을 밝혔다. 또한 원활한 상업활동을 통해 시민사회가 부강하고 풍요롭게 되기 위해서는 상업과 관련된 적정 수준의 자본이자를 허용해야 한다고도 역설했다. 이러한 칼빈의 경제사상은 과연 자본주의를 옹호하려는 발상에서 나온 것인가? 여기서는 이에 대해 부정적인 답변을 제시하고자 한다. 왜냐하면 칼빈에게는 신정주의나 자본주의와 연관된 사회사상적 담론이 아니라 오직 하나님의 사랑과 정의가 형평을 통해 실현되는 정의사회가 관건이었기 때문이다. 물질적 부와 자본이 현실사회 곳곳에 계급을 막론하고 골고루 흐르지 않는다면, 즉 부의 소통이 한군데로 쏠려서 막히게 되어 편재와 독점을 유발하게 된다면, 그 사회는 지옥이 되고 말 것이다. 칼빈의 모든 경제개념들은 이런 정의롭고 형평한 사회와 직결되어 있으며 그것은 곧 신국사회라고 하는 이상사회와 연계된 것이었다.[8]

칼빈의 경제사상을 접근하기 위해서는 그의 시대의 경제생활과 사회생활이 격변기에 있었다는 사실을 기억해야 한다. 자본주의의 급속적인 성장은 생계비를 증가시키는데 영향을 끼친 반면, 동시에 인간 노동의 가치를 증가시켰다. 결과적으로 극소수 몇몇 사람들은 막대한 부를 축적한 반면, 대중들은 증가하는 가난으로 짐을 지게 되었다. 칼빈은 이러한 상황에서 사회의 부패를 경제적 활동과 관련하여 비판하면서 올바른 상업 활동을 강조하였다. 악덕 고용주, 부정직한 계약, 불량한 계량기구, 매점매석, 독점, 폭리, 과소비 등은 하나님을 분노케 하는 것이라고 비판하였다. 그는 사치금지법(1558)을 제정하여 과소비를 규제하는 데도 앞장섰다.

칼빈은 세상을 성과 속의 영역으로 분리하지 않았기 때문에 그는 물질도 하나님께 속한다는 태도를 취할 수 있었다. 물질을 소유하는 것에 대한 그의 긍정적인 태도는 돈에 대한 그의 사상에서도 찾아볼 수 있다. 그는 "자기가 가진 사유재산은 우연히 굴러 떨어진 것이 아니라 모든 것을 소유하시는 하나님이 분배하심에 의하여 주어진 것이라"고 하였다.[9] 사유재산은 실상 사적인 것이며 그것을 정당화하는 것은 그것의 사용 용도에 있다. 사유재산은 사회의 공익을 위해 사용되어야 한다. 칼빈은 사유재산으로 무엇이든 할 권리가 있다는 현대적 관념을 거부했다. 비엘러

(Andre Bieler)가 지적한 것처럼, 칼빈에게 있어서 "돈은 두 가지 이중의 의미를 지닌 표였다. 즉 돈은 그의 모든 소유가 하나님으로부터 왔다는 사실을 믿음으로 인정하는 자에게는 은혜의 표이지만, 그의 모든 소유가 하나님의 선물이란 사실을 분별하지 않고 물질을 모으는 자에게는 정죄의 표가 된다."[10]

칼빈은 물질의 상호통용(a mutual communication)을 믿었다. 그는 타인을 비참하게 만들면서 돈을 모으는 독점과 투기를 혹평했다. 그러나 그의 경제윤리는 사유재산의 기반을 무너뜨리지 않았다. 그의 상호통용의 모델은 이스라엘 백성 가운데서 만나를 재분배하던 것, 곧 바울의 진술처럼 "많이 거둔 자도 남지 아니하였고 적게 거둔 자도 모자라지 아니하였느니라"(고후 8:15)에 기초를 두고 있다. 물론 칼빈은 물질의 불평등한 분배 그 자체를 반대하지는 않았다. 오히려 그는 이러한 불평등한 분배의 기능이 부자로 하여금 가난한 자에게 물질을 재분배하게 한다고 옹호하였다. 이렇게 물질을 서로 통용하는 동기는 그리스도인의 사랑이다. 진실로 사랑하는 자는 이기적일 수 없다. 이와 같이 부자는 가난한 자에게 실제적으로 사명을 가지고 있다. 부자는 그의 물질을 서로 나눠 가짐으로써 가난한 자가 더 이상 가난해지지 않으며 부자 또한 더 이상 부해지지 않도록 하는 것이다.

그러나 이와 동일한 표로 가난한 자도 부자에 대해 사명을 가지고 있다. 즉 그가 부자들에게 자신의 부를 나누어주는 기회를 제공하게 함으로써 그 자신이 부에 대해 노예가 되는 것으로부터 자유롭게 해 준다는 것이다. 그러나 불행하게도 인간의 죄성은 탐욕으로 나타나 사회 안에 불평등이 일어나고 지속되며 조장되는 것을 막지 못한다. 죄악 된 인간의 마음 가운데는 돈이 그의 신이 된다. 사단은 하나님이 아니라 돈이 그에게 일용할 양식을 확실히 줄 것이라고 인간을 유혹한다. 더욱이 사단은 두 영역, 즉 세속의 영역과 종교적인 영역이 존재하므로 세속적인 영역에서는 인간으로 하여금 돈을 섬기고, 마음과 헌신적인 삶의 실천 영역에서는 하나님을 섬기라고 유혹한다. 결과적으로 이것은 사회와 교회 모두를 타락하게 한다. 돈을 섬기는 것에 대해 비판적으로 말하지 못함으로써 교회는 사회에서 예언자적 역할을 이루는 데 실패하게 되기 때문이다. 그 결과 돈을 숭배하도록 하는 악들이 자유자제로 날뛰게 된다.

이러한 불행의 상황에 대한 답은 스스로 자원하여 가난하게 되신 예수 그리스도와 하나님의 일반은총에서만 찾을 수 있다. 하나님의 일반은총은 하나님이 창조하신 모든 물질들을 무상으로 모든 사람에게 내리시는 것을 의미한다. 그러나 이러한 것을 실행에 옮겨야 하는 곳은 바로 교회이다. 왜냐하면 교회는 돈을 올바르게 이해하고 사회에서 돈이 어떻게 사용되어야 하는지를 알고 있는 하나님의 백성이기 때문이다. 그렇기에 나누는 행위는 본질적으로 영적인 행위이다. 재분배를 위해 그의 물질을 줌으로써 인간은 재물을 왕좌의 자리에서 내려 앉히고 올바른 곳에 사용되도록 한다.

돈에 대한 바른 사용의 재발견은 즉시 사회적인 반향으로 표현된다. 교회는 재물의 상호통용에 대한 영적인 의미를 재발견한다. 그리고 이 점에 있어서 하나님의 뜻에 순종함으로 교회는 경제적 평형을 향해 나아갈 수 있는 길을 모색하게 한다. 이런 이유 때문에 칼빈은 집사직분을 제정하고 교회에서 빈민에게 주고 함께 나누는 것에 대한 중요성을 역설하였다.

칼빈은 국가가 가난한 자들에게 책임이 있다고 주장하였다. 그는 국가의 의무에 대하여 다음과 같이 말했다: "국가의 의무는 부정한 방법에 의해 사람들의 생활을 착취하여 사업상의 이윤을 얻으려는 사람들로부터 보호하며 또한 시민들에게 경제적인 부담이 되는 것에 대해 스스로 보호하는 것이다."[11] 국가의 간섭은 국민의 선과 행복을 증진시키는 한에서 정당하다. 국가는 국민을 착취하는 기업의 이기적 활동을 감시해야 한다. 따라서 국가 자체도 국민의 경제적 착취의 주체가 될 수 없다. 기업이나 정부 어느 편도 사회에서 생성된 부를 소유할 무제한의 권한을 가지고 있지 않다. 개인 또한 사람들이 한 편에서 굶주리고 있는데도 상품을 매점 하거나 과시적 소비로 방탕한 생활을 할 무제한의 권한을 가지고 있지 않다.

5. 칼빈의 사회복지 실천

루터는 이원론, 즉 세속 현실사회와 영적 왕국을 극명하게 구별하여 현실사회를 부정하고 영적 왕국만을 선호했다. 그러나 칼빈은 현실사회를 부정하지 않고 하나님 나라인 이상사회의 일원론적 사회사상을 개진했다. 루터의 두 왕국론[12]에 의한 국가 책임의 시설 수용 구제사업 견해에 대해서도 칼빈은 그리스도의 왕적 주권론을 강조했다. 즉 교회와 국가는 둘 다 예수 그리스도의 단일한 왕권 하에 있다는 것이다. 세상의 모든 것에 대한 지배권인 그리스도의 주님 되심(Lordship)이다. 루터는 구제사업을 그리스도의 주권 하에서 벗어난 세속 통치자들에게 맡겼지만, 칼빈은 가난한 자에 대한 의무를 교회가 담당해야 한다고 주장했다.[13] 칼빈은 국가가 그리스도의 직접적인 통치가 이루어지는 교회와는 구별되긴 하지만 여전히 그리스도의 왕적 주권이 실현되는 장이 되어야 한다고 주장하는데, 이것이 바로 하나님의 말씀에 따라 사회와 국가를 개혁하려는 노력의 근거가 되는 것이다.

한편 세계가 두 영역, 즉 하나는 종교적이고 다른 하나는 세속적인 영역으로 되어 있지 않기 때문에 교회에서의 사역을 정부의 일이나 그 밖의 세상일보다 더 높고 거룩한 소명으로 여기거나 행해서는 안 된다. 오히려 교회와 국가는 적극적인 관계를 유지해야 한다. 하지만 그렇다고 국가가 교회를 명령으로 다스려서는 안 된다. 시민사회의 지배자들이 교회까지 통치하도록 하는 것은 교회의 사명과 정체성을 혼돈하고 해치게 된다. 세속적인 것이 영적인 것을 지배할 수 없다. 그러나 영적인 것은 영원한 하나님 나라의 질서에 따라 이 세상을 개혁해야 한다.

뮬러(Muller)는 다음과 같이 말했다: "교회와 국가는 둘 다 하나님의 다스림의 영역, 즉 하나님과 그리스도의 영역에 속해 있다. 이 두 영역의 권위는 살아 계신 하나님의 뜻과 목적 안에 존재한다."[14] 칼빈은 이 세계는 하나님의 세계이므로 정치, 경제, 노동 등 각종 문화활동의 목적은 복음전도로 죄악을 억제하면서 삶의 구조를 변혁시켜 이 사회 속에서 하나님을 섬기는 사회적 책임에 있다고 본다. 그리스도의 복음을 믿는 믿음으로 자기를 부인하며 정치적 정의를 실현하고 경제적 균등 재분배를 위하여 검소와 절제의 삶을 살아서 사회가 변화되도록 하는 것이 곧 하나님을 섬기는 길이다. 개인의 삶뿐만 아니라 모든 삶의 구조와 자연 및 문화를 변혁시키는 능력이 복음에 있기 때문에 그리스도인은 복음전도와 성령을 통하여 사회적 책임의 모든 영역에 참여하는 것이다

칼빈의 그리스도 왕적 주권론은 복음전도와 사회봉사를 동시에 강조한다. 그리스도인이 교회와 세상이라는 두 이질적인 사회에서 동시적으로 살아가는 것이 아니라 그리스도 일원주의라는 유일 통치의 세계 아래 살아간다. 그러나 그리스도 왕적 주권론은 하나님의 세계 통치를 교회에 의한 정치적 지배를 가능하게 하는 지배 모형의 위험성과 보수적이고 근본

주의 신학 입장의 구호로 전락할 가능성이 있다. 타락한 세속사회에서 그리스도의 유일한 통치가 강조된다는 점에서 이념적 도구와 낙관주의, 승리주의 관점에 치우칠 수 있는 여지가 있음에 주의해야 한다.

칼빈은 부자와 시민정부가 행해야 할 의무를 규정한 뒤에 교회와 시민정부가 합력하여 사회복지를 시행할 것을 천명하였고, 실제로도 제네바 시에서 엄격한 제도적 장치를 수립한 후에 사회개혁과 성화적 차원에서 사회복지를 실현해나갔다. 그에 앞서 칼빈은 '사치금지법'(1558)을 통과시켜 이를 빈곤 퇴치와 양극화 극복의 중요한 도구로 삼기도 했다. 이는 빈부격차를 두드러지게 만드는 '사람의 눈에 띠는 소비' 종류를 최소한이라도 막기 위한 조치였다. 비록 이 법이 철저하게 시행되지는 못했다 하더라도 그 의의만큼은 자못 큰 것이었다. 이러한 최소한의 통제정책은 제네바 시에 사회복지를 엄격히 시행할 수 있게 만든 동인이었다. 한편 그보다 먼저 행해졌던 집사직의 초치 또한 제네바 사회복지를 실현하는 제도적 장치였다. 제네바 시는 이러한 집사직과 사치금지법을 제도화함으로써 빈곤을 퇴치하고 피난민을 구제하며 사회성화와 개혁을 시도하려고 했다. 이처럼 사회성화와 사회개혁의 가장 큰 원천은 사회복지와 교육개혁이었다. 이는 경제개혁을 통해 이루어질 하나님의 사역이었고 하나님 나라의 잠정적인 구현에 다름 아니었다.

칼빈이 제네바에 처음 왔을 때(1537), 그의 두 눈에는 제네바 시에 있는 두 부류의 사람들이 보였다. 곧 가난과 굶주림에 시달리는 피난민과 노동자들, 그리고 그와 반대로 부정한 이득을 탐하며 허욕과 탐욕, 야망으로 가득 찬 소수의 부유한 사람들이었다. 이를 마음에 깊이 새겨 두었던 칼빈은 추방당한 후 다시 제네바로 돌아 왔을 때(1541), 그 마음에 새겨진 것들을 드러내고 이를 시정하고자 하는 의욕에 넘쳤다. 즉 빈곤퇴치와 사회

복지와 같은 사회개혁과 성화를 통해 자신의 구원론과 실천사상을 실현하려는 힘으로 가득 찼다. 그 결과 칼빈은 가난하고 병든 사람들을 회복시키고 인간답게 살게 하기 위해 사회성화와 개혁적 차원에서 시의회나 로마파가 엄두도 내지 못하던 사회복지에 관한 일들을 착수하기 시작했다. 그것은 그가 새로 창안한 집사직을 통해 시행되었는데, 이는 교회와 시정부의 공동사역이 되었다. 즉 국가가 재정을 대고 교회가 집사들을 시켜 체계적이고 효율적이며 조직적인 복지사역이 되도록 하는 구조를 이루어 놓은 것이었다.

이 시기 프랑스 파리의 빈곤 정책과 칼빈의 복지정책을 비교해 보면 후자가 얼마나 근대적이며 인간적이었는지를 잘 알 수 있다. 16세기 전반기에 프랑스 도시들에는 중세 봉건주의 장원제 붕괴와 초기 자본주의 산업화로 인해 농민들이 도시로 대거 밀려들었다. 프랑스의 도시들마다 이들 빈민 노동자들의 처리문제가 큰 골치거리였다. 때문에 프랑스 정부는 이들을 군대로 내몰기도 하고 때로는 도시 청소와 정비를 하는 공공사업에 강제동원하기도 했다. 이들은 결국 노예와 같은 신세로 전락하여 쇠사슬에 묶인 채 채찍과 수감의 위협 하에서 강제노역에 끌려갔다. 하지만 이런 정책을 취한지 2년도 채 되지 않아 파리 시내는 구걸하는 거지로 들끓게 되었고 프랑스 국왕은 1536년 8월에 이들을 형법으로 다스려 채찍형이나 추방형을 내렸다. 이런 조치로 파리에는 구걸하는 거지가 사라지게 되었으나 그들의 인권은 극도로 유린당하였다. 노동할 힘이 없어 국가의 도움을 받을 수밖에 없는 사람들은 오른편 어깨 위에 적황색 십자가로 된 특별 표식을 달고 다니며 구별되어야 했다.[15]

이에 비해 칼빈이 시행했던 빈자와 소외자를 위한 복지시책은 대단히 인간적이며 동정적이었고 그야말로 하나님의 사랑과 형평을 실현하는 정책이 되었다. 칼빈의 이러한 복지시책은 교회와 국가가 연합하여 이룬 모범적 실례가 되었고 이러한 측면은 역사상 찾아보기 힘든 선례가 되었다.

1) 구빈원 제도

칼빈이 1541년에 작성한 '제네바 교회 헌법'은 신정정치의 출발이었다. 교회와 정치를 완전히 분리하는 것이 아니라 이 둘이 상호관계를 가지며 보완하게 하는 것이다. 이런 엄격한 교회 규칙이 선포되자 제네바 시에는 도박집이 자취를 감추게 되었고 댄스가 금지되었다. 음행을 범하는 자는 감옥 형벌과 벌금형을 받았고 심지어 총회의 결의에 따라서는 사형까지 내려졌다. 그런데 이런 제네바 교회 헌법에 구빈원(제네바 시립병원)에 관한 항목이 있었다. 구빈원은 의료 및 빈민구호 기관으로서 일할 수 없는 병자와 노인들이 이용할 수 있도록 쾌적한 상태로 잘 유지되어야 했고, 또 과부나 고아, 기타 빈민들이 이용할 수 있는 완전히 독립된 공간과 여행자들이 이용할 수 있는 숙박소도 설치해야 했다.

제네바 교회 헌법에는 "제네바 구빈원이 병원 내에 있는 가난한 자들뿐만 아니라 도시에 사는 사람들 중에서 자기 스스로 생계를 유지할 수 없는 자들을 위해서도 필요할 것이며, 의사들에 대한 급료는 특별히 제네바 시가 담당할 것이다"라는 사실도 나타나 있다. 칼빈은 제네바에서 오물처리를 직접 계획하기도 했다. 그는 진정한 구제가 바로 하나님을 예배하는 것이라 보았고, 예배를 위해 과도한 지출을 하는 것에 대해서는 가차없이 책망하였다.[16]

칼빈은 국가와 독립된 기독교적 시설 수용에 의한 구제사업을 이상적으로 보았으며 구제사업이 교회 전도사업의 한 부분으로 시행되어야 한다고 주장했다. 때문에 그는 병자들을 돌보는 병원을 세우는 것과 여행자를 돌보는 숙박소를 세우는데 있어서 국가나 세속세력의 지배를 받지 않으려 했다.

칼빈은 1535년 파렐(Farel)의 영향으로 제네바의 빈민과 병자들을 위한 새로운 구호규정이 만들어졌을 때 구빈원(spital)과 병원 등의 시설에 관해 큰 관심을 나타냈다. 1540년대 전후 가톨릭교회의 박해를 피해 많은 망명자들이 제네바로 옮겨옴에 따라 사회적 상황이 급속히 변화하였다. 곧 사회적으로 빈곤이 발생하기 시작했고 가난한 사람이 속출하기 시작하였다. 칼빈은 이 같이 경제적으로 어려운 상황에 대처하기 위해 일련의 기구와 조직들을 세웠다. 칼빈은 사람들의 사회봉사에 관한 것은 정부가 공익의 보호를 위해 중재의 역할을 해야 한다고 주장했다. 정부가 해야 할 일들 중에 중요한 것 하나는 사람들이 "그들의 재산을 안전하게 그리고 정당하게 보유할 수 있도록" 보살피고 돌보는 일이라고 생각했다. 가난의 신학과 정부의 임무와 과제에 대한 그의 이러한 이해는 그로 하여금 가난한 자들에 대해 관심을 가지고 돌보는 일에 교회나 국가가 적극적인 관심을 기울이도록 힘쓰게 하였을 뿐만 아니라 새로 만들어진 집사직을 통해 이 일이 구체적으로 진행되도록 하였다.

비록 칼빈이 구빈원을 창설한 것은 아니지만, 1537년 제네바에 온 이후로 그는 로마교회의 주교들과 사제들이 버리고 간 구빈원 제도를 괄목하게 발전시켰다. 특히 그는 국가 복지기관과의 연관성을 중요시하였다. 구빈원이 국가에 의해 운영되고 그 운영과 관리를 위해 교회가 목회사역과 봉사차원에서 교회에 속한 집사들의 인적 봉사를 제공해야 한다고 주장했다. 한편 칼빈에 의해 1541년에 입안된 교회법령들 중에서 교회행정의 직책인 집사에 대한 조항들은 집사가 사회복지에 있어서 얼마나 중요하고 핵심적인 사역을 행했는지 잘 알게 한다.[17]

집사직은 복지기금을 다루고 구빈원을 정비하고 감독하며 빈자들을 돕기 위해 설립되었다. 칼빈은 개인이나 교회 단독으로 사회를 성화하고 개혁하는 데는 한계가 있음을 잘 알고 있었고, 따라서 재원과 조직력에 있어서 시정부의 힘을 빌려 공조하는 것이 훨씬 더 효과적임을 알고 있었다. 어쨌든 국가가 매점매석을 통해 독점적인 폭리를 취하지 못하도록 상업의 이윤을 통제하고, 고리대금업을 제어하여 적정한 수준의 이자수립을 제한하며, 사치금지법을 통해 부와 재물의 독점을 없애고, 교회와 국가가 연합하여 구빈원을 설립해서 집사직으로 하여금 사회복지를 실현하게 하는 이 모든 정책은 제네바 교회가 제네바 시를 개혁하고 성화하려는 의도에서 비롯된 것이었다. 칼빈은 물질을 거두고 나누어 주는 관리집사들(procureurs)과 구빈원에서 봉사하는 봉사집사들(hospitaliers)을 교회의 봉사자들로 세우면서, 구빈원을 교회의 사회봉사 사명과 연관시켰다. 뿐만 아니라 칼빈은 가난한 자들을 돕는 일을 구빈원에 국한시키지 않고 각 가정에 있는 가난한 자들에게로 확대하였다. 이러한 방법으로 칼빈은 제네바에서 행정을 담당하는 동안 가난한 사람의 구제를 위한 구빈원을 유지시키고 발전시키는 일에 최선을 다하였다.

구빈원은 교회의 복지시설로서 병자들이 간호와 돌봄을 받거나 노인 과부, 고아, 나그네에게 필요한 것을 제공하는 곳이었다. 이는 현대의 병원과는 달리 그 기능에 있어서 훨씬 많은 부분을 담당하였다. 단지 환자들만 돌보는 것이 아니라 가난한 사람들에게 주거, 의료 진료, 일자리 등을 제공하는 일도 했다. 뿐만 아니라 전 지역의 가난한 사람에게 일주일에 한번씩 식량을 배급함은 물론, 이제 막 제네바에 도착하여 숙박료를 낼 수 없는 방문객들에게 숙박 장소와 매일의 저녁식사를 제공하기도 했다. 심지어 당시 유럽을 공포에 빠지게 했던 전염병으로부터 시민을 보호하기 위해 제네바 성곽 서쪽에 전염병 구빈원까지 세워졌다. 다시 말해 당시의 구빈원은 빈곤에 처해 있는 모든 부류의 사람들을 총체적으로 돕는 종합복지기관이었다고 할 수 있다.

제네바의 구빈원은 종교개혁이 몰고 온 하나의 산물이었다. 종교개혁기 이전의 제네바에는 일곱 개의 작은 병원들이 있었다. 각각의 병원들은 하는 일이 약간씩 달랐다. 즉 환자를 돌보는 병원이 있는가 하면 가난한 자들을 주로 돌보는 병원도 있었다. 그러나 종교개혁이 시작되자 시의회는 모든 병원들을 폐지하기로 결정하고, 이어 1535년에 교회의 재산과 부동산의 수입으로 운영하는 하나의 새로운 포괄적인 병원, 즉 종합 구빈원을 설립하였다. 그 때부터 구빈원은 병자와 노인, 과부들 그리고 고아들을 위한 구제 중심의 사회복지 기관이 되었다.

이러한 구빈원을 유지하기 위해 두 종류의 집사들이 세워졌는데, 그들은 원래의 일곱 병원에서부터 일해 온 사람들로서 모두 평신도들이었다. 칼빈은 그의 『신학논문집』(Theological Treatise)에서 그들의 직무에 대해 "그들의 임무는 공공병원이 잘 운영되도록 부지런히 돌보는 것이고 그리고 그것은 병자나 일할 수 없는 노인, 과부, 고아들에 대해서도 마찬가지로 돌보는 것이다"라고 했다.[18]

그러나 엄밀히 말하면 관리집사들의 일과 봉사집사들의 일은 달랐다. 봉사집사들은 온종일 여러 세대가 모여 사는 가난한 사람들을 돌보았다. 그리고 가난한 자들만 돌보는 것이 아니라 포도원과 농작물, 소떼들, 말들, 그 밖의 다른 가축들까지도 돌보았다. 심지어 방직이나 병원에서의 주물제작까지도 관여했다. 이에 반해 관리집사들은 보호봉사자들이 매주 한 일들에 대해 보고하는 것을 듣고 필요한 물품에 대한 요청이 있으면 자세히 검토하고 그것을 승인하여 그들이 가난한 자들을 효과적으로 잘 도울 수 있도록 하는 일을 하였다. 특히 그들은 구빈원에 관한 모든 법적인 계약 등 법적인 사항들을 처리하는 일을 도맡아 하였다. 달리 말하자면 관리집사들은 가난한 자들을 돕는 구빈원을 운영하고 관리하는 행정직을 맡은 자들이었다. 칼빈은 구빈원의 관리에도 깊은 관심을 보였는데, 그는 시의회에 의해서 운영되는 구빈원을 위해 임명된 다섯 명의 위원 중에 한 사람으로서 현직 구빈원장의 횡령에 대해 시의회에 보고하기도 했다.

> 구빈원 원장도 역시 집사였다는 사실을 잊어서는 안 될 것이다. 그의 일은 적지만 생활은 충분히 되는 봉급을 받는 전 시간 직업이었다. 일주일에 한 번 주일마다 그는 다른 세 명의 집사들인 경리계들에게 구빈원의 현황을 보고해야 했다. 우리는 1553년 5월의 새로운 포고령을 통해 이 구빈원 원장직분이 다양한 지식을 필요로 하며, 여러 직업들에 숙달되고 거의 무한한 인내를 요구하는 직업이었다는 사실을 알 수가 있다. 그는 모든 고아들, 가난한 사람들, 노인들, 환자들 및 하룻밤을 묵어 가는 손님들을 시 예산으로 수용하고 먹이고 교육하고 돌보아 주어야 되는 책임을 맡았을 뿐만 아니라 포도원, 삼밭, 밀밭 및 순무밭을 감독해야 했으며, 많은 소들, 돼지들, 말들 및 다른 가축들을 돌보아야 했으며, 구빈원의 직물업과 도기업의 감독관도 되어야 했다.[19]

2) 집사직무와 봉사

종교개혁기간을 전후하여 교회의 자선적 구제사역은 수도원과 병원 등의 설립을 통한 기구화와 교회의 직무로서가 아닌 국가공직에 의한 국가적 직무로서의 변형과정을 거치면서 근대적 사회복지로 진입하게 된다.

이 과정에서 교회가 사도 교회의 구제 직무였던 집사직무를 어떻게 이해했는지 개관할 필요가 있다.

사도시대로부터 사도 이후 시기에 이르는 이행기에 나타난 사회봉사활동에는 신약성경에 이미 기록된 대로 집사제도가 있었다. 본래 모든 교회의 구성원들에게 부과되었던 봉사활동의 사명은 집사들(diakone)과 여집사들(diakonisse)이 전업으로 혹은 부직으로 맡아 하였다. 집사는 사회봉사적 구제사역의 기능을 담당하였다. 교회 전체가 이 활동에 참여하기보다는 교회의 감독이 봉사활동을 부여하는 자로 부각됨으로써 이런 경향이 더 짙어지게 되었다. 감독이 집사들에 의해서 이루어진 사랑의 현장 활동을 지도하였고, 동방에서는 여집사들까지 지도하였다. 봉사활동을 직제로 만든 것은 바로 초기 교회 봉사활동의 특징이었다.

그러나 집사의 시무기간은 말씀을 가르치는 다른 직책과 달리 일정한 기간으로 제한했다. 불란서의 유그노들(Hegenotten)에게 있어서는 집사들이 교회의 지도관리에까지 참여하였다. 특히 독일에 있는 개혁교회의 구조가 그렇게 되었다. 종교개혁자들은 성경 말씀의 증거에서부터 새롭게 인식되는 과제들을 실천해 보려고 노력하였다. 여기서 가난하고 병든 자들에 대한 사랑의 과제를 어떻게 새롭게 수행할 것이냐 하는 문제도 도외시할 수 없었다. 그러나 점점 크고 많아지는 봉사의 요구에 대해 사회복지사업을 감당할 새로운 힘과 조직의 필요를 느끼게 된 것은 거의 종교개혁의 말기에 와서라고 할 수 있다.

전통적인 가톨릭교회는 집사직을 신부의 예배를 보좌하는 예전적 기능을 담당하는 성직자의 한 서열로 간주함으로써 결국 신부가 되는 예비 과정이 되었다. 가톨릭교회가 집사직을 성직화 시켰다면, 루터교회는 집사직을 철저히 세속화시켰다. 루터는 두 왕국론에 근거하여 교회적 기능이었던 빈민구제사역을 그리스도의 주권에서 벗어난 세속통치자들의 영역에 속한 것으로 간주하여 이를 시의 구호담당 공무원에게 위임하였다. 즉 교회의 집사라는 명칭을 시의 복지담당 관계자에게도 사용함으로써 교회 집사직무를 세속국가의 공직과 동일시하여 이 직무를 국가에로 이전시킨 것이었다. 루터교회는 복음과 말씀과 성례전을 교회의 본질적인 사역으로 제한하고 구제사역은 하나님이 세우신 국가공무원을 통해 이루어지는 것으로 이해하였다. 반면 재세례파는 말씀의 집사와 물질적 필요를 담당하는 집사 제도를 설립하였지만 국가의 구제기관과는 어떤 관련성도 갖지 않았다.

칼빈은 빈민구제를 사도적 의무(apostolic obligation)라고 보고 집사 직분이 세속 사업을 수행하는 것이 아니라 거룩하고도 영적인 사업을 행하는 것이라고 생각했다. 그리고 가난한 자들뿐 아니라 병든 자를 돌보는 일이 집사들의 의무라고 생각했으며 집사 중에는 부인도 끼어 있었다: "믿는 사람들이 다 함께 있어 모든 물건을 서로 통용하고 또 재산과 소유를 팔아 각 사람의 필요를 따라 나누어주었다"(행2:44-45).

칼빈은 개혁교회 안에 네 가지 직책을 제정했는데 목사, 교사, 장로, 집사였다. 그는 초대교회에 근거하여 집사직분을 빈민을 구제하고 봉사하는 일에 전념하기 위해 세운 교회의 직무로 이해했다. 집사의 두드러진 직무는 가난한 자들에 대해 구제하는 사회봉사적 기능이며 교회의 필수적 직무라고 생각했다. 곧 집사는 가난한 자를 돌보는 일을 하나의 사명으로 알고 감당해야 한다는 것이었다. 이러한 칼빈의 집사직분에 대한 개념은 무엇보다 그의 사회봉사에 대한 관심과 연관되어 있는 교회론적 근거를 확보하는 점이 특징이다. 그는 교회의 사회책임이 사회봉사와 사회윤리에 중요한 의미를 지니는 것이라고 할 수 있다.

칼빈의 사회봉사 사상은 부처(Bucer)의 교회의 표지인 말씀선포, 성례전, 사회봉사에서 영향을 받았다. 예를 들어 칼빈의 집사직무와 기원을 포함한 1541년 제네바의 교회법령(In the Geneva Church Ordinaces)은 부처의 스트라스부르그의 법령의 영향을 받아 작성된 것이었다. 한편 칼빈은 두 종류의 집사직분, 즉 관리집사들(procureurs)과 봉사집사들(hospitaliers)을 임명하였다. 관리집사는 구제하는 일을 맡은 집사로 구제헌금을 모으며, 교회자산, 기부금, 임차, 연금 등을 운영하는 직분의 집사이고, 봉사집사는 구빈원에서 가난한 자와 병자들을 간호하면서 돌보고 위로하는 집사로서 직접적으로 가난한 자와 병자, 고아, 과부를 보살피는 직분이었다.

집사직분은 목사, 교사, 장로, 집사로 구성된 교회의 네 가지 직무 가운데 한 직제로서 안수를 통해 세움을 받는 교회의 공식적이고도 독립적인 직무였고 참된 교회의 표식의 하나인 봉사사역을 위한 교회의 본질적인 사역에 해당하는 직분이었다. 그리고 집사의 사역이 이웃봉사의 직무와 성만찬에서 장로들과 동등하게 목사의 협력자로서 빵과 포도주를 배분하는 예전적 기능도 수행한다고 규정했다.

칼빈은 교회의 말씀과 기도와 성만찬의 나눔과 가난한 자를 구제하는 사랑의 활동을 강조하였다. 그는 가난한 자를 돌보는 이웃사랑에 대한 계명의 실천은 교회의 직무상의 권리만이 아니라 모든 회중들이 참여해야 하는 하나님의 은총에 대한 응답으로 이해했다. 그러므로 제네바에 흩어져 있는 가난한 사람에게 구제의 손길을 뻗쳐야 한다고 했다. 그리고 이렇게 함으로써 거지가 동냥하지 못하도록 했다. 특히 집사는 가난한 사람들을 위해서 구제헌금과 물자를 모으는 사무실을 만들고 병원을 세워야 했고 또한 가난한 가정을 심방해서 무엇이 필요한지를 알아야 했다.

일반적으로 말하자면 양면적 집사직분에 관한 교리의 기원에 관해 주로 두 종류의 설명이 있어 왔는데, 하나는 제도적인 설명이고 다른 하나는 신학적인 설명이다. 신학적인 설명을 한마디로 간략하게 말한다면, 칼빈의 집사직의 양면적 교리는 성경 속에 집사직분에 관련된 구절을 읽고 그것을 신학적으로 해석해서 나왔다는 것이다. 맥키 교수에 따르면, 칼빈은 자선을 행해야 하는 의무는 그리스도 안에서 거듭난 자들이 마땅히 하나님께 돌려드려야 하는 두 가지 봉사의 둘째 측면이라고 생각했다는 것이다. 그러므로 집사의 직분을 가진 그리스도인이 그리스도인 공동체에 직접적인 자선을 베푸는 행위를 하는 것은 너무나도 자연스러운 일이라는 것이다.[20]

반면에 제도적인 해석에 의하면, 칼빈은 1537-1539년 사이에 양면적 집사직분을 제네바에서 성공적으로 실시하고 운용한 사례를 직접 보게 되었는데, 이 일로 말미암아 그는 집사직분에 관한 개념을 발전시킬 수 있었다는 것이다. 즉 칼빈의 집사직분에 관한 교리는 이 실제적인 사례에 의해 크게 영향을 받은 것이라는 말이다. 이 같은 해석을 하는 킹던(Kingdon) 교수는 무엇보다 1536년 『기독교 강요』 초판과 1539년에 나온 재판 사이에 나타나는 차이점을 검토함으로써 확신을 갖고 주장하였다. 즉 1536년 판은 집사직의 해실을 밀한 "구제하는 자는 성실힘으로, 긍휼을 베푸는 자는 즐거움으로"(롬 12:8)를 언급하고 있는 1539년 판과는 달리, 집사직분을 설명하면서 "구제하는 자와 긍휼을 베푸는 자"(롬 12:8)를 언급하고 있지 않다는 것이다.

킹던은 해석하기를, 칼빈은 구빈원을 운영했던 자원봉사원들과 개인적인 친분을 가지고 있었고 또 그 구빈원을 감독하였던 관리집사와도 깊은 유대를 가졌다고 주장한다. 이처럼 실제적으로 실시되었던 당시의 일들과 그에 관계했던 사람들과의 교제와 접촉을 통해 칼빈은 관리집사와 봉사집사의 양면적 집사직의 교리에 대한 좋은 모델을 발견하게 되었다는 것이다.[21] 킹던은 이러한 실제적인 목격과 경험이 있은 후 칼빈이 로마서 12:8에서 관리집사와 봉사집사의 양면적 집사직의 견해를 뒷받침해 줄만한 좋은 성경구절을 발견했다고 말한다. 그래서 1539년 칼빈은 그의 양면적 집사직의 교리를 발전시켜 『기독교 강요』에 집어넣었다는 것이다.

이와 같이 칼빈의 집사직의 기원에 대해 어떤 견해가 더 설득력을 지니는지를 논하는 것은 그리 쉬운 일이 아니고 계속적으로 신학자들이 연구해야 할 논제이다. 그러나 이 집사직에 관한 논의에서 분명히 알 수 있는 것은, 제네바에서 집사의 직무에 대한 칼빈의 교리는 사회봉사 혹은 가난구제와 깊이 연관되어 있다는 것이다.

3) 구제사업

칼빈은 가난한 자에 대한 구제사업을 적극적으로 표현했다. 그는 가난은 수치가 아니고, 따라서 가난한 사람이 부자로부터 도움을 받았을 때 감사할 의무가 없다고 했다: "우리 눈앞에 구제를 바라는 이웃이 있음을 보고도 그 문제를 해결하지 않는다면 우리는 하나님 앞에 중죄를 범한 것이다."[22] 또 이스라엘 중 부자들을 향하여 "네 골육을 피하여 스스로 숨지 말라"(사58:7)라는 말씀을 즐겨 인용했다. 그는 부자에게는 자기 아내와 자녀들뿐 아니라 자신에게 속해 있는 가난한 자들과 함께 여호와 앞에서 즐거워해야 할 사명이 있다고 했다. 그리고 부자들의 착취를 살인자, 야만인, 가난한 자를 물고 삼키는 자, 피를 빠는 자들이라고 규탄했다.[23]

칼빈은 하나님이 부자와 가난한 자를 뒤섞으심은 이들이 함께 모여 서로 교제함으로써 가난한 자들은 도움을 받고 부자들은 도움을 주게 하는 것으로 보았다. 하나님 자신도 가난한 자들에게 베풀어지는 도움을 받는 분이시며, 따라서 그는 도움을 베푸는 자들에게 빚진 자이시다. 비록 우리는 왜 하나님이 어떤 이들은 부하게 하시고 또 어떤 이들은 가난하게 하시는지를 온전히 이해할 수 없지만, 적어도 우리는 하나님이 부자들이 부에 대해 어떠한 태도를 가지고 있으며 또한 부를 어떻게 사용하는지를 끊임없이 시험하고 계신다는 사실을 알 수 있다. 마찬가지로 우리는 적어도 하나님이 가난한 자들이 가난에 대해 어떤 태도를 가지고 있는지도 끊임없이 시험하고 계신다는 사실을 알 수 있다.

칼빈은 이와 같이 부자와 가난한 자들이 서로 소유물을 주고받는 모습 속에서 하나님이 세우신 법의 한 국면, 곧 돈이나 소유물은 건전하고 자연스러운 방법으로 공동체를 통해 아래로 흘러가도록 되어 있다는 사실을 깨달았다. 물론 칼빈도 무역이 발달 단계에 있는 시대에서는 가장 인격적인 관대함으로도 가난한 자들에 대한 복지를 보장할 수 없음을 인정했다. 우리는 한 개인이 가난한 자들을 찾아다니거나 아니면 그들의 필요를 충분히 이해해 줄 수 있으리라고는 결코 기대할 수 없다. 그러므로 가난한 자들을 방문하여 그들을 계속 만나고 목사들과 협력하여 그들 가정의 실제적인 문제에 정통할 뿐만 아니라 공공의 복지를 관리하도록 집사라는 직분을 세우는 것이다.[24]

칼빈은 부자와 가난한 자들이 구별이 없어질 정도로 함께 나누어야 한다고는 결코 생각하지는 않았다. 하지만 비록 양자 사이에 어느 정도의 구별이 필요할 수는 있지만, 그렇다 하더라도 칼빈은 한 공동체 내에서의 부와 가난의 극심한 차이는 결코 용서할 수 없는 죄악이라고 생각했다. 바울은 "너희 부족한 것을 보충하여 평균하게 하려 함이라"(고후 8:14)라고 했는데, 여기서 칼빈은 평균의 의미를 "우리가 가진 소유를 가능한 범위 내에서 공정하게 분배하여 어려움에 처한 자들을 도와주어 남거나 부족한 자가 없도록 하는 것"으로 생각했다. 그는 예수님께서 비유로 말씀하신 '나사로 이야기'(눅 16:25), 곧 천국에서 아브라함의 품에 안겨 있는 나사로에 관한 말씀은 부자들이 결코 천국에 들어갈 수 없다는 것을 암시하는 것이 아니라, 천국은 부를 진지하게 절제하여 사용했거나 자신들의 가난을 참을성 있게 인내한 사람들에게 동일하게 열려 있다는 사실을 암시해 주고 있다고 생각했다.

칼빈은 예수님이 "너희 소유를 팔아 구제하라"(눅 12:33)고 하신 명령에 대해서도 우리가 어떤 형편에 처해 있든지 현재의 소득은 물론 재산까지도 나누어 줄 것을 요구하시는 말씀이라고 생각했다. 우리는 우리가 쉽게 나누어 줄 수 있는 것을 가난한 자들에게 주는 것에 만족해서는 안 되며, 우리의 소득이 가난한 자들의 필요를 채울 수 없을 때에는 우리가 가진 재산이라도 내어놓는 것을 거절하지 말아야 한다. 예수님이 하신 말씀의 의미는 너희의 재산이 줄어들고 너희의 땅이 처분되는 한이 있더라도 너희가 관대히 구제하라는 것이었다. 그러므로 인간은 누구나 부자가 될 권리가 있지만, 자신과 자기 주변의 가난한 사람들 사이에 심원한 간격을 초래할 정도로 분에 넘치는 부를 소유할 권리는 누구에게도 없다. 부자는 자신을 하나님의 청지기로 생각해야 한다. 진실로 우리가 해야 할 일은 자기 자신을 살찌우는 것이 아니라 주리고 목마른 자에게 식물을 나눠주는 것이다.

칼빈은 모든 개인적, 사회적 선행을 파괴시키며 끌 수도 저항할 수도 없는 영혼의 불인 '탐욕'의 치명적인 결과에 대해서 항상 경고했다. 그는 가난한 사람들의 노동력을 착취하는 자들을 일컬어 고혈을 빼는 자요, 가장 악질적인 살인마라고 했다. 이처럼 그는 자신들의 재력을 사용하여 다른 사람들의 돈을 빼앗아 가는 자들을 비난하는 일을 결코 멈추지 않았다. 비록 이자에 대해 인정하긴 했지만, 가난한 자들을 착취하는 이자놀이에 대해서는 '어디에서도 안 되고, 언제라도 안 되며, 무엇에서도 안 되고, 누구에게서도 안 되는' 것임을 하나의 법칙으로 제안했다. 그 누구도 가난한 사람들을 착취하는 이자놀이를 해서는 안 된다는 것이었다.

칼빈이 그리스도인의 삶을 논하면서 "우리가 소유하고 있는 은사들은 하나님께서 선물로 주신 것이며, 이러한 은사들은 우리 이웃의 행복을 위해 사용되어야 한다는 조건 아래 우리에게 맡겨진 것이다"라고 말할 때, 우리는 그가 교회의 유익을 위해 그리스도께서 성령을 통해 우리에게 베푸신 영적 은사들과 또한 사회공동체의 유익을 위해 혜택을 받은 시민으로서 우리에게 주어진 재산과 부와 자연적 재능을 동시에 말하고 있음을 알 수 있다. 그는 교회의 신도 석에 앉아 있는 우리의 '이웃'과 도시의 거리에 앉아 있는 우리의 '이웃'을 동시에 말하고 있는 것이다. 그는 다른 곳에서 "인간 사회에 이익을 가져오는 삶의 양식보다 하나님께 더 칭찬을 받을 만한 것은 없다"고 말하였다.

칼빈이 형제우애와 연대의식의 필요를 역설하였지만, 그가 모든 사람이 동등하다고 말한 것은 결코 아니다. 비록 그가 모든 사람은 하나님의 형상으로 지음 받았으며, 각 사람은 자기 이웃에 의해 경의와 사랑으로 대우받아야 한다고 주장했으나, 그가 말하고자 하는 바는 '하나님의 뜻'은 "모든 사람이 서로 무질서하게 뒤섞여 지내는 것이 아니라 … 어떤 사람들은 다스려야 하고 … 또 다스림을 받는 자는 그들에게 복종해야 한다"는 것이었다. 그리스도께서는 인간의 평등한 상태를 어지럽혀, 누가 큰 자이며 누가 작은 자인지를 구별할 수 없게 하기 위해 이 땅에 오신 것이 아니다.

그러므로 우리의 모든 평등과 불평등이란 단지 인생에서 피상적인 것에 불과하다. 칼빈은 노예 제도 역시 이러한 외면적 질서에 속한다고 믿었다. 상전과 종 사이에는 상호 관심과 사랑이 있어야 한다. 만일 종이 상전에게 매여 있어야 한다면, 상전 역시 종에게 매여 있어야 한다. 다시 말해서 상전은 자신에 대해 말할 때 이렇게 말해야 한다: "나는 폭군으로서가 아닌 한 형제로서 상전이다. 나에게는 하늘에 계시면서 나를 다스리시는 상전이 또한 계시다. 우리는 마치 우리 모두가 한 가족인 것처럼 이 세상에 살고 있다." "하나님께서는 모든 사람의 공통된 본성을 통해 우리 모두를 하나로 만드신다"는 사실을 우리는 잊어서는 안 된다. 상전과 종의 관계는 언제나 덧없는 것으로 간주되어야 한다. 또한 칼빈은 "노예는 단지 낮 동안에만 고용된 유급 종으로 간주되어야 한다"고 했다. 왜냐하면 "하나님의 학교에서는 큰 자와 작은 자 간에 형제애가 있으며 … 그들은 영생이라는 한 소망을 공유하고 있기 때문이다." 그러므로 계급제도가 직장 내에서는 필요할지 몰라도 직장 외의 모임에서까지 허락되어서는 안 된다.

칼빈은 모든 인간들을 생각할 때에 각 영혼에게 부여된 한 가지, 즉 그리스도와 영혼과의 관계에 대한 확신에 강력히 사로잡혀 있었기 때문에 그는 인간의 계급이나 신분을 쉽게 무시할 수 있었다. 이것이 바로 그가 종종 유럽 전 지역의 귀족과 통치자들에게 스스럼없이 친하게 편지를 쓰고 있는 이유이다. 간혹 그는 형식을 갖춰 경의를 표하고 있기도 하다. 하지만 주로 형제로서 그리고 동지로서 편지를 쓰고 있다. 칼빈에게 있어서 각 사람은 신분이나 계급이 어떠하든지 간에 하나님 앞에서 그리고 그리스도 안에서 필사적으로 고투하는 또 하나의 영혼인 것이다.

칼빈은 사도 요한의 "그가 우리를 위하여 목숨을 버리셨으니 우리가 이로써 사랑을 알고 우리도 형제들을 위하여 목숨을 버리는 것이 마땅하니라"(요일3:16)는 말씀을 그의 주석에서 다음과 같이 해석했다: "예수님이 인간의 영혼과 인격을 파멸케 하는 죄를 속죄하시기 위해 십자가에서 돌아가시지 않았느냐 이 사랑을 입은 그리스도인은 예수님처럼 우리의 이웃을 위하여 살아야 한다."

칼빈은 교회의 헌금사용을 다음과 같이 네 부분으로 나누었다. 즉 첫째는 담임목사에게 맡기는 전도비(25%)로서, 이 비용은 성직자를 찾아온 손님을 접대하거나 어려운 사람을 도와주거나 외부 성직자를 돕는데 사용되는 것이었다. 둘째는 성직자의 생활비(25%)이고, 셋째는 교회의 유지나 수리비(25%)이며, 마지막 넷째는 빈민 구제(25%)를 위한 비용으로서, 집사들이 이를 감당하도록 했다.[25]

6. 나가는 말

칼빈은 스위스 제네바에서 목회와 정치에 관여하면서 사회복지 사상에 대한 새로운 모형을 고안해 냈다. 그의 신학과 사회윤리로부터 그리스도인의 생활양식이 고안되어 나왔으며 그것이 청교도와 여타의 개혁운동에 수용되었다. 칼빈은 가난한 자를 위한 구빈원을 운영하는 등 실천적 기독교를 고안했으며 하나님 나라의 원리를 이 세상에 적용시켰다. 칼빈의 하나님 나라는 미래적 종말론에 국한된 것이 아니고 현재적 종말론, 곧 실현된 종말론과 맥이 닿아 있다. 그의 사회정치와 경제윤리는 형평법이 다스리는 하나님 나라를 이 땅에서 구현하려고 했던 제네바 사회개혁과 성화에서 볼 수 있다.

칼빈이 언급한 복음의 능력은 개인영혼 구원과 사회복지의 한 축을 형성한다. 곧 사회적 성화, 하나님 나라 사상, 사회 정치경제사상이 핵심적인 근간이다. 그러므로 근대 사회의 경제적, 사회적, 과학적, 정치적 발전 어디에서나 칼빈의 흔적을 찾아볼 수 있다.

칼빈의 가난한 자들에 대한 그의 동정과 잘 사는 사람들의 지나친 부에 대한 비판은 현대의 그리스도인들에게도 매우 중요하다. 그는 무차별적 이웃사랑에 근거해 가난한 자와 피난민을 보살폈다. 뿐만 아니라 그는 정부에 압력을 넣어 약자를 보호하고 부자의 파렴치한 과시적 소비를 억제하는 법을 제정할 것을 요구했다. 또한 시민 문제에 자비와 동정을 자주 주장하여 정치지도자들로부터 거부를 당하기도 했다. 칼빈은 사회복지를 위한 베푸는 행위는 행하는 사람의 안락을 희생하면서까지 사랑의 결과라는 기반 위에서 행해져야 한다고 강조했다. 그와 같은 자선은 형제자매에게 베푸는 것으로서 그들의 자존심을 손상시키지 않도록 해야 했다. 칼빈의 사회복지 사상과 실천은 하나님의 형상론에 입각하여 사랑과 평등 속에서 회복된 인간관계를 보여주며 이를 증진시키는 것으로서 오늘날 모든 그리스도인들의 귀감이 되어야 한다.

| 제1부 칼빈과 목회 그리고 교육 |

1장 칼빈의 성직 이해

1) 여기서 성직이란 목회를 의미하고 성직자는 목회자란 뜻으로 사용하려고 한다.

2) J. Calvin, *Sermons from Job*, Introduction by Harokd Dekker, ix.

3) Johanes Calvijn, *Preeken, Het Gepredikte woord*, Vertaal door Ds. J. Douma en Ds. W.H.V.D. Vegt 1 (T.Wever N.V. Franeker), 1. 이 책은 칼빈의 설교를 전5권으로 펴낸 화란어판이다.

4) P. Biesterveld, Calvijn als Bedienaar des woord (Kampen: J.H. Bos 1897). 비스터벨트(1863-1908)는 20세의 젊은 나이로 캄펜에서 개혁 교회의 설교자로 임명되었는데 1894년부터 캄펜 신학교에서 설교학과 변증학 교수가 되어 칼빈 이후 최초의 설교학자인 『안드레아스 히페리우스』 등 많은 작품을 남겼다.

5) The Lecture or daily Sermons of That Reverend Divine D. Iohn Calvine, *Pastor of Church of God in Geneva*, Upon Prophet Jonas, (London, 1578). 이 책은 1539년 3월 12일 칼빈의 요나서 강의를 학생들이 필기한 것인데 라틴어에서 영어로 번역했다고 설명했다.

6) *Historie Generale du Protestantisme* vol. 1, La Reformation, Paries 1961, 307; Richard Stauffer, *L' Humanite De Calvin*, Delachause et Niestle, 1964 박건택 역, 74 에서 재인용

7) *O.C.*, X, 251-255 Herminjard, V, 121-126.

8) *O.C.*, X, 275 1538년 10월 24일자 편지

9) *O.C.*, X, 351-352 1539년 6월 25일자 편지

10) Stauffer, *op. cit.*, 80.

11) John t. McNeill, "Calvin as an Ecumenical Churchman" in *Church History*, 1963, 379-391. 학자들은 칼빈은 에큐메니칼주의자라고 보고 있으나 칼빈이 종교다원주의

자를 용납한다는 것이 아니고 칼빈의 넓은 포용성을 의미한다고 할 수 있다.

12) Wihelm Kolfham, *Petrus Viretus*, 9-10 cf.

13) O.C. XIX, 285 1562년 2월 11일 편지

14) Stauffer, *op. cit.*, 90.

15) *Ibid.*, 96; *O.C.* XXXVI, 15-16.

16) J. Calvin, *Hebres*, R. & R. Clark Ltd. 1972, 179. 후일 Erdman에서 재판되었으므로 이 논문에서는 주로 여기서 인용하려고 한다.

17) J. Calvin, *Commentary on the Book of the Prophet Isaiah translated form the Original Latin*, by the Rew. William Pringle. Vol. 1 (Erdman. 1953).

18) J. Calvin. *Commentary on the Book of Prophet Jeremiah and The Lamentations*, translated by the Rew. Owen, Vol. IV, 211.

19) *Ibid.*, 211.

20) J. Calvin, *Commentary on the Prophet of Isaiah*, Vol. III, 133.

21) J. Calvin, *Commentary on the Prophet of Esckiel*, 150.

22) Reply by J. Calvin, *Letter by Cardinal Sadolet*, 1539, 28.

23) J. Calvin, *Commentary on the Acts of Apostles*, Vol II, 122.

24) J. Calvin, *Commentary on Genesis*, Vol II, 94.

25) J. Calvin, *Commentary on the Prophet of Isaiah*, Vol. I, 163.

26) *Ibid.*, 381.

27) *Ibid.* Vol. IV, 53.

28) *Ibid.* Vol. I, 95.

29) J. Calvin, *Commentary on Acts*.

30) J. Calvin, *Commentary on Philippians, Colocians*, 167.

31) *Institutes*, IV. 3. 11.

32) J. Calvin, *Commentary on the Book of Moses*, 91.

33) J. Calvin, *Commentary on Jeremiah*, Vol. III, 178.

34) J. Calvin, *Commentary on II Thesalonicas*, 343.

35) J. Calvin, *Acts*, Vol. II, 240.

36) J. Calvin, *Synoptic Gospel*, 269.

37) J. Calvin, *Isaiah*, Vol. IV, 42.

38) J. Calvin, *Isaiah*, Vol. IV, 52, 53.

39) *Ibid*.

40) *Ibid.*, 54, 55.

41) *Ibid.*, 58.

42) J. Calvin, *The Books of Moses*, Vol. III, 459.

43) J. Calvin, *Synoptic Gospel*, Vol. I, 447.

44) J. Calvin, *The Gospel of John*, Vol II, 268.

45) *Institutes*, IV. 3. 2.

46) J. Calvin, *Hebrews and I and II Peter*, 158.

47) *Reply by John Calvin to Letter by Cardinal Sadolet to the Senate and People of Geneva Basele, September 1. 1539, Selected Works of John Calvin, Tracts and Letter*, edited and translated by Henny Beveridge Vol. I, 50.

48) J. Calvin, *Gospel of John*, Vol. II, 230.

49) *Ibid.*, Vol. I, 315.

50) *Institutes*, IV. 4. 4.

51) *Institutes*, IV. 15. 19.

52) *Institutes*, IV. 8. 2.

53) J. Calvin, *The Necessity of reforming the Church*, Tracts Vol. 1, 129.

54) J. Calvin, *Isaiah*, Vol. I, 203.

55) J. Calvin, *Isaiah*, Vol. II, 336.

56) J. Calvin, *Synoptic Gospel*, Vol. III, 79.

57) J. Calvin, *Synoptic Gospel*, Vol. II, 124.

58) J. Calvin, *The Gospel of John*, Vol. I, 315.

59) *Institutes*, IV. 1. 9.

60) J. Calvin, *Ephesians*, 277, 278.

61) J. Calvin, *Pastoral Epistle*, 296. 이런 것을 칼빈주의자들은 설교할 때 '오직 성경만' (*Scriptura Sola*)과 '성경 전부' (*Scriptura Tota*)를 전한다고 할 수 있다. 성경 전부란 교리와 윤리가 동시에 증거되고 복음의 차안성(Dieseitegkeit)과 피안성(Jenseitingkeit)을 동시에 전하는 것이다. S. Greidanus, *Sola Scriptura*, 140-141.

62) J. Calvin, *Psalms*, Vol. IV, 199.

63) J. Calvin, *Eskiel*, Vol. I, 61.

64) J. Calvin, *Psalms*, Vol. II, 237.

65) J. Calvin, *The Books of Moses*, Vol. II, 130. Origen부터 적극적으로 사용된 allegory 설교는 종교 개혁 전에 심했지만 오늘 한국 교회도 많다.

66) *Institutes*, III. 머릿글, 20.

67) J. Calvin, *Psalm*, Vol. V, 281.

68) J. Calvin, *Jesemiah*, Vol. III, 19.

69) J. Calvin, *Psalm*, Vol. V, 229.

70) J. Calvin, *Jeremiah*, Vol. V, 433.

71) *Institutes*, III. 20. 2.

72) J. Calvin, *Joel, Obbadia*, 105.

73) J. Calvin, *Jeremiah*, Vol. III, 380.

74) J. Calvin, *John*, Vol. II, 122.

75) J. Calvin, *Corinthians*, Vol. II, 228.

76) J. Calvin, *John*, Vol. II, 123.

77) J. Calvin, *Corinthians*, Vol. I, 149.

78) J. Calvin, *Synoptic Gospel*, 269.

79) J. Calvin, *John*, Vol. I, 292.

80) J. Calvin, *Acts*, Vol. I, 337 각주.

81) J. Calvin, *Corinthians*, Vol. I, 67.

82) J. Calvin, *Thessalonians*, 343.

2장 칼빈의 선교론과 장로교 선교운동

1) David Van Bierna, "10 Ideas Changing the World Right Now," *TIME*, March 23, 2009: 20.

2) 여기에 대한 대표적인 논문들은 R. Robert Mohler, Jr., "The Reformation of the Doctrine and the Renewal of the Church," taken from www.gracesermons.com/robbeeeeestep.html. 4/25/2009. Ray Van Neste, "John Clavin on Evangelism and Missions," Founders Minstries. www.founders.org/journal/러33/article2.html. 4/25/2009에 실려 있다.

3) 이 주제에 대하여 더 자세한 것은 필자의 다음 논문을 참조할 것. Ho Jin Jun, "Reformation and Mission: A Brief Survey of the Missiological Understanding of the Reformers," *ACTS Journal* 5 (1994): 160-78.

4) K. S. Latourette, *A History of the Expansion of Christianity : Three Centuries of Advance*, vol. 3 (New York: Haper & Brothers, 1974), 42ff.

5) 近藤勝彦, 『傳道の神學 : 21世紀キリスト教傳道のために』(教文官, 2002), 25-26.

6) John Roxoborough, "Presbyterian and Reformed Churches," in *A Dictionary of Asian Christianity*, Scott W. Sunquist, ed. (Grand Rapid: Eerdmans, 2001), 672.

7) 이 용어를 번역하면 변박학이 되어 다원화를 강조하는 현실에는 적합하지 않아 필자는 선교변증학으로 과목명을 바꾸었다. 과거 총신과 고신에서는 정통 장로교 선교사의 영향으로 엘렝틱스라는 이름으로 강좌를 개설하였었다.

8) J. H. 바빙크, 『선교학개론』, 전호진 역 (서울: 성광문화사, 2000), 13ff. 최정만 교수도 저서 『칼빈의 선교사상』 (서울: 기독교문서선교회, 1999), 118-119에서 이것을 강조한다.

9) 대표적인 저서로는 R. B. Kuiper, *God Centered Evangelism*; De Ridder, *Discipling the Nations*; Harry Boer, *Pentecost and Mission* 등이 있으며 미국에서 도시선교론을 위시한 많은 선교이론은 개혁주의 선교학자들이 발전시킨다.

10) Thomas Schirmacher, "Rufus Anderson und die Selbstandigkeit der einheimischen Kirchen," *Evangelikal Missiologie*, 2/1990: 22-23.

11) D. W. Gensichen, "Were Reformers Indifferent to Missions," *Student World*, 1(1960): 121.

12) Von Walter Hoslten, " Reformation und Mission," *Archiv fur Reformationgeschichte* 44 (1953): 9.

13) 宇田進, 『福音主義敎とは何か』 (いのちのことば社, 1985), 68-69.

14) John Calvin, "De Necessitate Reformandie Ecclesiae," *Joannis Calvini, Magni Theologi* (Amstelodami: 1667), 39.

15) George Fry, "John Calvin: Theologian and Evangelist," *Christianity Today* (October 23, 1970): 59.

16) R. Albert Mohller, "The Reformation of Doctrine …" 3.

17) Philip E. Hughes, "John Calvin: Director of Missions," in *The Heritage of John Calvin*, ed. J.H. Bratt (Grand Rapids: Eedmans, 1973), 40-54. Ray Van Nester,

"John Calvin on Evangelism…"에서 재인용.

18) Brian DeJong, "Mission in Reformation Perspective –Part II." *Missionary Monthly*, 99:3(March 1, 1995): 9.

19) Van Nester, 4.

20) Paul Pierson, "Presbyterian Missions," in *Evangelical Dictionary of World Missions*, ed., A Scott Moreau, (Grand Rapids: Baker Books, 2000), 784-85.

21) William Warren Sweet, *The Story of Religion of America* (New York: Harper & Row, 1950), 244-46.

22) Charles Hodge, "A Plea for Voluntary Society and a Defence of the Decisions of the General Assembly of 1836 against the Structures of the Princeton Reviewers and others," *The Biblical Repertory and Princeton Review*, IX(1837): 102.

23) D. Bruce Hindmarsh, "Patterns of Conversion in the Early Evangelical History and Overseas Mission Experience," in *Studies in the History of Christian Missions*, eds., R. E. Frykenberg and Brian Stanley (Richmond: Curzon Press, 1999), 72-73.

24) Nevius, *China and the Chinese*, 148-49.

25) Nevius, 112-13.

26) 中村敏, 『日本にぉける福音派の歷史』(いのちのことば社, 2000), 37-43.

27) Paul Pierson, "Presbyterian Missions," 785.

28) 힉의 다원주의 신학에 대하여는 필자의 *Religious Pluralism and Fundamentalism in Asia* (Colorado Springs: International Academic Pub…, 2002)를 참조할 것.

3장 칼빈 당시 제네바교회는 어떤 교회였을까?

1) 본 논문에서 언급하는 '제네바 교회'라는 용어는 칼빈 당시 제네바 시 안에 있었던 성 삐에르(St. Pierre), 성 라 마들린(St. la Madeleine), 그리고 성 제르베(St. Gervais)교회를 총괄한

명칭이다.

2) Philip Vollmer, *John Calvin: Theologian, Preacher, Educator, Statesman* (Philadelphia: The Heidelberg Press, 1909).

3) John Calvin, *Institutes of the Christian Religion*, trans. by Henry Beveridge (Grand Rapids: Wm. B Eerdmans Co., 1962). 앞으로 강요에 관한 Volume과 Page는 Beveridge 번역판을 참고하려고 한다.

4) James I. Packer, "Calvin the Theologian," in *John Calvin*, ed. G.E. Duffield (Appleford: the Sutton Courtenay Press, 1966), 149.

5) Philip Schaff, *History of the Christian Church*, Vol. VIII (Grand Rapids: Eerdmans Publishing Co., 1969), 329.

6) *Inst.*, IV. 1. 7, 8.

7) *Inst.*, IV. 1. 2.

8) *Ibid*.

9) *Ibid*.

10) *Ibid*.

11) *Ibid*.

12) *Inst.*, IV. 1. 7.

13) *Inst.*, IV. 24. 8과 I. 17. 8 참조.

14) *Ibid*.

15) *Inst.*, IV. 1. 7.

16) *Inst.*, IV. 1. 10.

17) *Inst.*, IV. 1. 4.

18) *Ibid*.

19) *Inst.*, IV. 1. 1.

20) *Ibid.*

21) 화렐(Farel)의 권고에 따라서 1536년 5월 21일 일요일, 제네바 시 소(小) 위원회와 200인 위원회의 요청으로 제네바 시 총회가 공식적으로 종교 개혁을 채택하기 위하여 성 베드로 교회에 모였다. 당시의 위원회 기록(Vol. XXIX)은 그와 같은 역사적 사실을 다음과 같이 증언하고 있다. "소 위원회의 결정에 따라서, 총회가 종과 트럼펫 소리에 맞춰서 개회되었으며, 초대 의장인 클로드 사브아(Claude Savoy)는 삶의 방식 … 즉, 미사가 철폐(1535년 8월 10, 13일)된 이후의 삶의 방식과 같이, 지금도 항상 설교로 외쳐지고 있는 미사나 성상이나 우상, 또는 그 어떤 교황적 오용을 더 이상 욕망하지 않고 복음과 하나님의 말씀에 따라서 사는 삶의 방식에 관하여 소 위원회와 200인 위원회가 결의한 내용을 제안하였다. 그리고 그는 '여기에 대한 어떤 분열됨이 없이, 우리는 모든 미사와 성상과 우상 그리고 거기에 속한 모든 것들을 버리기 원하며, 우리에게 선포된 것과 같이, 연합하여 의에 순종하며 살기 위해서, 신령한 교회의 법과 하나님의 말씀 안에서 하나님의 도우심으로 살기 원함을 공중에 손을 들어 하나님 앞에서 결단하고 서약하며 맹세한다' 고 선포하였다." Herbert D. Foster, "Geneva before Calvin(1387-1536). The Antecedents of A Puritan State," *The American Historical Review* 8 (1903), 235.

22) 칼빈은 그의 고별 연설에서, 자신이 제네바에 처음 도착했을 때의 상태를 다음과 같이 회상하고 있다: "내가 처음 이 교회에 왔을 때, 이 곳에는 거의 아무 것도 없었습니다. 설교가 있었지만, 그것이 전부였습니다. 그들은 실제로 우상을 미워했으며, 그것을 불태울 기세가 가득했습니다. 그러나 어떤 개혁도 없었습니다. 모든 것이 무질서했습니다." T. H. L. Parker, *John Calvin: A Biography* (London: J. M. Dent & Sons. Ltd., 1975), 153.

23) Foster, "Geneva before Calvin," 238-9.

24) Herbert D. Foster, "Calvin's Puritan State in Geneva," *Harvard Theological Review*, 1 (1908), 402.

25) John Calvin, "Articles Concerning the Organization of the Church," in *Calvin:*

Theological Treatises, trans. J. K. S. Reid, LCC: Vol. XXII (Philadelphia: The Westminster Press, 1954), 48.

26) *Ibid*, 50.

27) John T. McNeill, *The History and Character of Calvinism* (London: Oxford University Press, 1959), 138.

28) 칼빈은 『기독교 강요』에서 다음과 같이 동일한 입장을 취하고 있다. "경건한 심령은 이 성례식에서, 그리스도와 연합한 몸임에 대한 증거로서, 큰 확신과 기쁨을 바랄 수 있으며, 그에게 속한 모든 것이 자신들의 것이라고 부를 수 있다." *Inst*., IV. 18. 2.

29) Calvin, "Articles," 49.

30) McNeill, *The History*, 139.

31) *Ibid*., 52.

32) "Articles," 51-3.

33) Williston Walker, *John Calvin: The Organizer of Reformed Protestantism* (New York: G. P. Putman's Sons, 1906), 190.

34) 당시에 자치 정부는 실재하고 있었다. 그러나 '규례'에서 제시되고 있는 것처럼 결코 완전한 것은 아니었다. 교회가 도저히 교정할 수 없는 사람이 생겨서 권징의 행사가 한계에 직면했을 때, 국가는 그 제재의 권한을 행사했다. 칼빈이 제안하는 주요점은 사적인 행위에 대한 교회의 권징을 염두에 둔 것이 아니었다. 그것은 이미 칼빈이 일을 착수하기 전에 존재했었던 것이기 때문이다. 칼빈이 원했던 것은 국가가 통제를 행사하고 있었던 것을 교회가 자체의 독립적인 권징과 규율로 그것을 대체하는데 있었다. *Ibid*., 190 참조.

35) 외적으로 제네바 교회는 두 가지 반대되는 신학적 입장에 부딪혔다. 하나는 삐에르 까롤리(Pierre Caroli)와 다른 하나는 두 명의 독일 재세례파였다. 까롤리는 제네바 교회의 목회자들이 삼위일체 교리를 부정하고 있다고 비난했다. 이러한 주장에 대해서는 1537년 5월 14일, 로잔 종교회의가 까롤리의 고소를 기각함으로서 일단락되었다. 또한 두 명의

재세례파들(Anabaptists)은 1537년 3월, 의회 200인 위원회 앞에서 칼빈과 함께 이틀간의 논쟁을 벌인 끝에 그 도시를 떠나도록 명령받음으로 이 문제 역시 일단락되었다.

36) 내부 갈등은 기본적으로 제네바 교회가 국가의 다스림을 받을 것인가 아니면 교회가 자체의 자주권을 갖을 것인가에 관한 문제가 그 초점이었다. 그 논쟁은 1538년 2월 3일에 있은 선거에서 칼빈의 가장 철저한 반대자로 알려진 네 명의 의회지도자가 새로 선출됨으로서 시작되었다. 새 의회는 시작부터 "칼빈으로 하여금 하나님이 명령한 복음만을 설교하고 그 설교에 정치을 혼합시키지 말 것"을 요구하므로서 개혁가에 대한 적대적인 감정을 노골화했다. 이와 같은 조처는 설교의 자유를 직접적으로 제한하는 것이었기 때문에, 제네바 개혁가들은 여기에 쉽게 승복할 수 없었다. 또한 제네바 의회는 목회자와 상의조차 하지 않고, 교회의식의 많은 부분들을 폐지시켰다. 이와 같은 조처들로 인해, 칼빈이 그렇게도 바랬던 교회의 부분적인 독립도 이루지 못했다. Walker, *John Calvin*, 207-8.

37) 필립 볼머(Philip Vollmer)는 그 당시의 제네바 상황을 이렇게 기술하고 있다: "… (제네바는) 완전히 내팽겨쳐진 무기력한 무정부상태였다. 칼빈의 적들은 교사들에게 주의 만찬을 베른 식으로 주관하라고 명령했으며, 이에 불복한 교사들은 쫓겨났고, 학교는 문을 닫을 수 밖에 없었다. 1539년 3월, 난봉꾼들은 도시 광장에 모여 칼빈의 지도 아래 서약했던 신앙고백을 해제해 달라고 요구하는 등 법은 무시되었고, 가장 추잡한 방탕꾼들이 판을 쳤다. *John Calvin: Theologian, Preacher, Educator, Statesman* (Philadelphia: The Heidelberg Press, 1909), 50.

38) T. H. L. Parker, *John Calvin*, 82.

39) 목사는 목사들의 회에서 선출되고 의회의 승인에 의해서 그 직무에 임명되었다. 목사로 인정되고 목사로서의 직무를 수행할 수 있는 자격이 부여되는 것은 의회에 의해서였다. 그는 (목사로서) 충실히 하나님을 섬길 것과 교회법령을 옹호하고 그에 충성할 것과 군주와 도시의 명예를 고양할 것 그리고 합당하게 제정된 제네바 법을 "직책을 수행하는데 있어서 마땅히 그분께 드려야 할 섬김이 결코 방해받지 않는 한"이라는 단서하에서

준수할 것이라고 맹세했다. *Ibid.*

40) 좀 더 심각한 잘못, 예를 들면 직무태만과 같은 것은 그의 동료 목사들에 의해서 일차적으로 평가되고, 이 평가가 만일 의회에 죄가 있는 것으로 보고되어 그것이 입증된다면 의회가 그를 사임시켰다. 의회 문서에는 목회자들이 국법에 복종하고, "마지막 징계는 군주에게 맡겨지는 것"을 분명히 하기 위해서 이 부분의 법령이 후에 수정되었다. *Ibid*, 82-3.

41) McNeill, *The History*, 162.

42) 의회는 예배가 연속적으로 행해지도록 당초의 계획을 변경시켰는데, 그것은 아마도 목회자가 부족할 경우, 동일한 목회자가 한 번 이상의 예배를 주관할 수 있도록 하기 위해서였다고 생각되어진다. 제네바 교회의 사역은 세 명의 비서와 다섯 명의 목회자가 필요하다고 여겨졌다. 가능한 한 교구의 경계가 존중되어, 성 제르베와 라 마들린 교회는 현재의 경계를 유지하고, 새 교구인 성 뻬에르 교회는 이전에 성 제르맹(Sanit Germain), 성 크로스(Saint Cross), 노트르담 라느브(nortre Damela-neuve), 그리고 성 레제(Saint Legier)에 속한 교구를 아우르도록 했다. T. H. L. Parker, *John Calvin*, 83.

43) 소의회에서 2인, 200인 의회에서 66명이 선출된다. 몇 몇은 각 도시에서 선출된다.

44) T. H. L. Parker, *John Calvin*, 83.

45) Georgia Harkness, *John Calvin, The Man and His Ethics* (New York: Henry Holt and Co., 1931), 25.

46) 칼빈은 1553년 11월 26일 쥬리히(Zurich)의 목회자들에게 다음과 같은 서신을 보냈다: "감독법원이 세워졌고, 여기서 도덕적인 규율을 담당하고 있습니다. 시의 재판권을 소유하고 있지 않은 관계로, 다만 하나님의 말씀에 비추어 질책하는 것뿐입니다. 법원이 행하는 궁극적인 징벌은 파문입니다." John Calvin, "Letter CCCXXXV. - To the Pastors and Doctors of the Church of Zurich," in *Selected Works of John Calvin, Tracts and Letters*, ed. and trans. Henry Beveridge (Grand Rapids: Baker Book House, 1984), Vol. 5, Letters, Part 2, 443.

47) 교회가 파문을 선포할 수 있는 권리를 얻어내는 데는 큰 어려움이 있었다. 소의회는 의회가 간언하는 것 이상을 해서는 안 된다고 필사적으로 반대했다. 그러나 칼빈 역시 자신이 원하는 것을 얻을 때까지 뒤로 물러서지 않았다. 이것은 그에게 있어서 대단히 중요한 사항이었다. 칼빈은 『기독교 강요』(IV. 12. 4-5.)에서 다음과 같이 말했다: "교회가 드러난 간음자와 음행자, 절도와 강도, 거역자와 거짓 맹세자, 거짓 증거자와 그 밖의 유사한 무리와 경한 죄에 대해서 경고를 받고도 하나님과 그 심판을 멸시하는) 오만불손한 자들을 공동체에서 제외시키는 것은 불합리한 처사가 아니라 주께서 주신 재판권을 행사하는 것이다. … 교회가 이런 시정책과 출교를 행사하는 데에는 세 가지 목적이 있다. 첫째, 추악하고 부끄러운 생활을 하는 자들에게서 그리스도인이라는 이름을 빼앗으려는 것이다. … 둘째, 선한 사람들이 그 사악한 자에 의해 오염되지 않도록 하려는 것이다. … 셋째, 징계를 받은 사람들이 회개로 돌이켜질 수 있도록 하려는 것이다." 그래서 칼빈은 감독법원이 출교를 포함해서 모든 영적인 힘의 행사로 범법자들을 다룰 수 있는 권한을 부여받도록 했다. 그 권한을 다 행사한 후에, 감독법원은 교회의 모든 치유책의 한계를 넘어선 불복종의 사람들을 시의 치안 판사에게 넘겨주었다. 워커는 "그러한 점은 칼빈이 그토록 소중히 여긴 교회의 독립을 절름발이로 만들었을 것이다."라고 설명한다. Walker, *John Calvin*, 273.

48) T. H. L. Parker, *John Calvin*, 84.

49) 중요한 투쟁은 다음 사람들과 연관된 신학적 논쟁을 말한다. 즉 솔로몬 시의 영감에 대해 이의를 제기했던 세바스천 카스텔리오(Sebastian Castellio), 칼빈의 예정론을 공격했던 제롬 볼섹(Jerome Bolsec), 그리고 고대 기독교의 삼위일체 교리를 반박했던 미첼 세르베투스(Michael Servetus) 등이었다.

50) *Inst.* IV. 1. 4. : "우리는 우리의 약함으로 인하여 평생 배우는 자로서 우리의 전 삶을 보내야 하기 때문에 학교를 떠날 수 없다."

51) Härro Hopfl, *The Christian Polity of John Calvin* (Cambridge: Cambridge

university Press, 1982), 203.

52) Timothy George, "The Church as Congregation," in *Calvin Studies II presented at a Colloquium on Calvin Studies at Davidson College*, Eds. John H. Beith and Charles Raynal (Davidson, NC. : Davidson College, 1984), 12.-18

4장 칼빈의 기독교교육 사상과 그 유산

1) Berndhard Buschbeck, *Johann Calvin*(1509-1564) in: Klassiker der Religionspaedagogik, hrg.v. H.Schroeer und D.Zillerssen (Diesterweg, 1989), S. 35.
2) R.Hedtke, *Erziehung durch die Kirche bei Calvin* (Heidelberg, 1969).
3) Ireneus.
4) R.Hedtke, *Erziehung durch die Kirche bei Calvin* (Heidelberg, 1969), 13.
5) Ebenda.
6) Ebenda, 14.
7) Ebenda, 19.
8) Ebenda, 16
9) Ebenda.
10) Ebenda, 20.
11) Ebenda.
12) Ebenda, 21.
13) Ebenda.
14) Ebenda, 22.
15) Ebenda.
16) Ebenda, 23.
17) Ebenda.

18) Ebenda, 24.

19) Ebenda.

20) Ebenda, 25.

21) Ebenda, 26.

22) Ebenda, 28.

23) Ebenda.

24) Ebenda, 29.

25) Ebenda.

26) Ebenda.

27) Ebenda, 34.

28) Ebenda, 35.

29) Ebenda.

30) Ebenda.

31) Ebenda, 36.

32) Ebenda.

33) *CR* 13, 84, 정일웅, 『종교개혁시대의 기독교신앙의 가르침』(서울: 풍만, 1987), 13 재인용.

34) R.Hedtke, *Erziehung durch die Kirche bei Calvin* (Heidelberg, 1969), S.82. 84.

35) 1537년 칼빈의 『신앙교리문답서』 서문에 이 3가지 목표가 기록되었다. 벧전 2:2; 3:15; 4:11.

36) *OS* V. 8; IV, I, 5.

37) *CR* 48, 57; 행 2:42.

38) R. Hedtke, *Ebenda*, S. 41.

39) *OS* II, 102; OS II, 104.

40) *OS* III, 111이하, I, 13, 3; *OS* V, 9, IV, I, 5; OS V, 43, 46; *CR* 48, 466; 행 20:26이하.

41) *CR* 6, 459 이하, *CR* 48, 57, 행 2:4; *CR* 18, 159; *CR* 15, 333.

42) R.Hedtke, *Ebenda*, 43 이하.

43) *CR* 49, 519; 고전14:6.

44) 칼빈은 파리에 있는 De Marche란 인문학교와 Montaigne의 인문대학에서 교육을 받았고, Orleans에서 법학을 공부하였다.

45) *Ibid*., 35 이하.

46) R.Hedtle, 145.

47) Fritz Blaettner, *Geschichte der Paedagogik*, Heidelberg 1964, S. 34. 정일웅, 『교회교육학』, 2008, 459-500에 재인용.

5장 칼빈의 예배 신학과 실천

1) 본 논문은 2009년 5월 12일 백석대학교 신학대학원 주최 "칼빈탄생 500주년 기념 학술 대회, 칼빈의 재발견"에서 발표된 논문을 수정한 것이다.

2) Shin Nomura는 칼빈의 초기 저작에서 "église bien ordonnée"가 자주 등장하는 점에 주목하여 칼빈의 예배론에 대한 논문을 발표하였다. "Église bien ordonnée: Liturgical and Spiritual Aspects of Calvin's Concept of the Worship" In *Calvin in Asian Churches*, 31-89.

3) John Calvin, "Articles on the Organization of the Church and of Worship in Geneva," in *Calvin: Theological Treatises*, ed., J. K. S. Reid (London: SCM Press LTD, 1954), 48-52.

4) John Calvin, "Ecclesiastical Ordinances (1541)," *The Register of the Company of Pastors of Geneva in the Time of Calvin*, ed., P. E. Hughes (Grand Rapids: Wm. B. Eerdmans Publishing Co., 1966).

5) John Calvin, *Institutes of Christian Religion*, 1559 ed., John T. McNeill, trans., Ford Lewis Battles (Philadelphia: Westminster Press, 1960), IV. 1. 1 (이후로는 *Inst.*, 책. 장. 절.).

6) *Inst.*, IV. 1. 5.

7) *Calvin: Theological Treatises*, 53-54.

8) John Calvin, *Commentary on John* 4:22.

9) John Calvin, "Summary of Doctrine concerning the Ministry of the Word and the Sacraments," *Calvin: Theological Treaties*, 173.

10) *Calvin: Theological Treatises*, 193.

11) John Calvin, "Necessity of Reforming the Church," *Calvin: Theological Treatises*, 188-191.

12) Theodore Beza, *Life of Calvin*, 25-26,

13) 제네바에서 목사의 선발과정 및 직무에 관해서는 필자의 논문, "목사는 누구인가: 칼빈의 목사직 이해와 실천"『한국 교회사학회지』제23집, 2008을 참고하시오.

14) Calvini Opera, x. i. 213. W. Robert Godfrey, *John Calvin: Pilgrim and Pastor* (Wheaton: Crossway Books, 2009), 72 note 3에서 재인용.

15) 제네바에서 논의에 그쳤던 성찬참석 가능 종이표, 혹은 납동전 사용은 프랑스 위그노교회에서 시행되었다. 이에 대해서는 이정숙, "Raymond Mentzer, 이론을 실천으로: 프랑스교회에 나타난 칼빈의 교회론,"『칼빈연구』제5집 (서울:한국장로교출판사, 2008), 162-163를 보시오.

16) John Witvliet, "The Spirituality of the Psalter," *Calvin Theological Journal* 32(1997): 297.

17) *Calvin: Theological Treatises*, 53. 칼빈은 회중들이 시편을 찬양하는 것은 시편이 모두를 위한 영적인 찬양임에도 불구하고 교황이나 사제, 수사들이 회중들에게 이해도 없

이 시편을 외우게 한 것에서 시편의 원래 목적을 회복한 것으로 이해하고 있다.

18) *Calvin: Theological Treatises*, 54.

19) W. Robert Godfrey, 75f.

20) Bard Thompson, *Liturgies of the Western Church* (Philadelphia: Fortress Press, 1961), 216.

21) 소개될 예전은 Bard Thompson의 *Liturgies of the Western Church*, 197-210와 Elsie A. McKee의 *John Calvin: Writings on Pastoral Piety* (New York: Paulist Press, 2001), 98-134에 근거한 것이다.

22) 성찬식은 기도, 사도신경고백, 제정의 말씀, 출교, 분배, 감사의 기도 등의 순서로 이루어졌다. 그런데 Godfrey는 성찬식 직전에 헌금순서가 있었다고 한다(참고, Godfrey, 71).

23) Elsie A. McKee는 처음부터 매일 예배가 있었다고 하고 John Leith는 1542년부터 "사람들의 요구에 부응하여" 칼빈이 매일 설교하였다고 전한다. Elsie A. McKee, 135; John Leith, "Calvin's Doctrine of the Proclamation of the Word and Its Significance for Today," in *John Calvin & the Church: Prism of Reform*, ed. Timothy George, 206 (Louisville: Westminster/John Knox Press, 1990).

24) "Ordinances for the Supervision of Churches in the Country, February 3, 1547," *Calvin: Theological Treatises*, 77-82.

25) 칼빈이 주장하는 출교의 목적은 세 가지이다. 첫 번째는 무엇보다도 하나님의 영광을 더럽히지 않는 것이고 두 번째는 악을 방치하여 교회공동체가 악에 휩쓸리지 않도록 하기 위한 것이며 세 번째는 개인적으로 죄를 회개하고 주께 돌아오게 하고자 하는데 있다. *Inst.*, IV. 12. 5.

26) 예배를 소홀히 하는 사람들 중에는 예배시간에 데이트를 즐긴 젊은이들, 예배시간에 습관적으로 늦은 사람, 예배시간에 크고 작은 방해(소음)를 일으킨 자 등이 있었다.

27) 컨시스토리회의록 연구는 필자의 논문, "Excommunication and Restpration in

Calvin's Geneva, 1555-1556," (Ph.D. Dissertation, Princeton Theological Seminary, 1997)에 근거하고 있다.

28) Carlos, Eire M. N, *War Against the Idols: The Reformation of Worship from Erasmus to Calvin* (Cambridge: Cambridge University Press, 1986).

29) John D. Witvliet, "Conclusion: Assessing Continuity and Changein Late Medieval and Early Modern Christian Worship," in *Worship in Medieval and Early Modern Europe: Change and Continuity in Religious Practice* (Notre Dame, In.: University of Notre Dame, 2004), 332-335.

30) 칼빈은 참된 교회(구원받을 그리스도인)는 하나님의 절대적인 권한에 속하였지만 지상교회에 속하여 신앙생활을 하는 우리들의 유익을 위하여 주가 그리스도인인지를 구분하는 자비로운 판단기준을 허락하셨다고 보았다. 그 판단기준을 '성도의 표지'(notae fidelium)라 하는데 이는 "신앙고백, 삶의 모범, 성례전에의 정기적인 참여"이다(*Inst.*, IV. 1. 8.).

31) Jane D. Douglass, "Calvin's Teaching: What Still Remains Pertinent?," *Ecumenical Review* 39 (1987): 25.

| 제2부 칼빈과 윤리 |

6장 칼빈의 『기독교 강요』 초판(1536)에 따른 '그리스도인의 자유' 이해

1) John Calvin, 양낙홍 역, 『기독교 강요』(초판, 1536) (서울: 크리스챤다이제스트, 2008). 이 책을 인용할 때, John Calvin, 『기독교 강요』(1536)로, P. Barth etc. (ed.), *Opera Selecta*를 인용할 때는 *OS*로 하기로 한다.

2) John Calvin, 『기독교 강요』(1536), 340.

3) John Calvin, 『기독교 강요』(1536), 340-341.

4) *OS* I, 31.

5) *OS* I, 33.

6) John Calvin,『기독교 강요』(1536), 340.

7) *Ibid*., 341.

8) *Ibid*., 92.

9) *Ibid*., 73.

10) *Ibid*., 104.

11) *Ibid*., 104.

12) *Ibid*., 104.

13) *Ibid*., 104.

14) *Ibid*., 105.

15) *Ibid*., 105.

16) *Ibid*., 105-106.

17) *Ibid*., 69.

18) *Ibid*., 70.

19) *Ibid*., 70.

20) *Ibid*., 70.

21) *Ibid*., 72.

22) *Ibid*., 73-74.

23) *Ibid*., 74.

24) *Ibid*., 96.

25) *Ibid*., 97-98.

26) *Ibid*., 98-99.

27) *Ibid*., 102-103.

28) *Ibid*., 108-109.

29) *Ibid*., 107-108.

30) *Ibid.*, 102-103.

31) *Ibid.*, 341.

32) *Ibid.*, 341.

33) *Ibid.*, 341.

34) *Ibid.*, 341.

35) *Ibid.*, 341-342.

36) *Ibid.*, 342.

37) *Ibid.*, 343-344.

38) *Ibid.*, 344.

39) *Ibid.*, 345.

40) *Ibid.*, 348.

41) *Ibid.*, 352.

42) *Ibid.*, 353-354.

7장 칼빈 신학에 있어 그리스도와의 '신비적 연합' 과 성화론적 기독교 윤리

1) 본 글은 "깔뱅신학에 있어서의 '그리스도와 연합' 과 '성화론' 사이의 관계"라는 제목으로, 『장신논단』, 22집 (2004), 191-216에 실렸었던 논문을 약간 수정한 것이다.

2) 존 H. 리스, 『칼빈의 삶의 신학』, 이용원 역 (서울: 한국장로교출판사, 1996), 26ff.

3) 또한 칼빈은 하나님의 예정이나 주권을 예수 그리스도 안에서 해석한다. 일종의 기독교론 중심적인 해석이다.

4) 이 문제는 그리스도와 인간 사이의 본질혼합에 대한 것이다.

5) 빌헬름 니젤, 『칼빈의 신학』, 이종성 역 (서울: 대한기독교서회, 1982), 243ff.

6) David L. Stubbs, "Sanctification as Participation in Christ: Working through the Pauline and Kantian Legacies in Karl Barth's Theology of Sanctification" (UMI

Number: 3030245, Ph. D. Dissertation in Department of Religion, Duke University, 2001), 13.

7) 칼빈은 그의 책에서 '신비적 연합' 이란 단어를 사용하곤 하였다.

8) Dennis E. Tamburello, *Union with Christ: John Calvin and the Mysticism of St. Bernard* (Louisville: Westminster John Knox Press, 1994), 111-113.

9) Dawn DeVries, "The Incarnation and the Sacramental Word: Calvin's and Schleiermacher's Sermon on Luke 2," in *Towards the Future of Reformed Theology: Tasks, Topics and Traditions*, ed. David Willis and Michael Welker (Grand Rapids: Eedrmans, 1999), 403.

10) Wilhelm Kolfhaus, *Christusgemeinsachaft bei Johannes Calvin, Beitrage zur Geschichte und Lehre der Reformierten Kirch*, vol. 3 (Neukirchen: Buchhandlung d. Erziehungsvereins, 1938), 80. 콜프하우스의 이 책은 칼빈의 '그리스도와 연합'의 문제를 검토한, 가장 중요한 고전적 책 중의 하나이다.

11) 칼빈의 『기독교 강요』를 인용하기 위해 세 가지의 책을 사용하였다. John Calvin, *Institutes of the Christian Religion*, vol. 1, 2, ed. by John T. McNeill and trans. by Ford Lewis Battles (Philadelphia: The Westminster Press)와 존 칼빈, 『기독교 강요』, (상)(중)(하), 원광연 역 (서울: 크리스천 다이제스트, 2003) 및 『기독교 강요』, (상)(중)(하), 김종흡 외 역 (서울: 생명의 말씀사, 1986)이다. 필자는 본 글에서 『기독교 강요』를 인용하면서, 위 세 가지 책 중 좋은 번역을 사용하였는 바, 그것의 인용내용을 본문 내에서 언급하였다. 예를 들어 본문 중의 III. 3. 9는 『기독교강요』 제3권 3장 9절을 의미한다.

12) 정승훈, 『종교개혁과 칼빈의 영성』 (서울: 대한기독교서회, 2001), 68.

13) 칼빈은 그의 책 『기독교 강요』에서 구원의 순서(*ordo salutis*)를, "예정(선택)-유효한 부르심(소명: 성령의 조명과 말씀 선포)-예수 그리스도와 연합-믿음과 중생(성화)-회개(죽임과 살림)-기독교적 삶(의 스타일): 자기부정, 십자가를 짊, 내세에 대한 묵상-칭의와 성화(양자됨)-영

화"의 순으로 말하고 있다.

14) Benjamin C. Milner, Jr., *Calvin's Doctrine of the Church* (Leiden: E. J. Brill, 1970), 168.

15) 정승훈, 『종교개혁과 칼빈의 영성』, 28-29.

16) David L. Stubbs, "Sanctification as Participation in Christ: Working through the Pauline and Kantian Legacies in Karl Barth's Theology of Sanctification," 21.

17) 텀블레로(Dennis E. Tamburello)의 책 Union with Christ: John Calvin and the Mysticism of St. Bernard은 칼빈의 신학이 베르나르의 신비주의와 공통점이 있으며, 또한 차이점도 가진다는 것을 언급한다.

18) 정승훈, 『종교개혁과 칼빈의 영성』, 29.

19) 장 제르송은 16세기 프랑스 사상에 지대한 영향을 미쳤다. 그는 『관상의 산』(*The Mountain of Contemplation*)이란 책을 저술한 바 있었다.

20) Lewis Smedes, *Union with Christ: A Biblical View of the New Life in Jesus Christ* (Grand Rapids: Eerdmans, 1983), 156-157.

21) David L. Stubbs, "Sanctification as Participation in Christ: Working through the Pauline and Kantian Legacies in Karl Barth's Theology of Sanctification," 24-25.

22) David L. Stubbs, "Sanctification as Participation in Christ: Working through the Pauline and Kantian Legacies in Karl Barth's Theology of Sanctification," 28ff.

23) 이양호, 『칼빈의 생애와 신학사상』(천안: 한국신학연구소, 1997), 49-50.

24) 성령은 나누인 것을 재결합하는 사랑의 끈(*viculum cartatis*)이다.

25) 조상우, "칼빈의 그리스도와의 연합 관점에서 본 성찬," (미간행 석사학위 논문, 고려신학대학원, 1998), 15.

26) 정승훈, 『종교개혁과 칼빈의 영성』, 19; Dennis E. Tamburello, *Union with Christ: John Calvin and the Mysticism of St. Bernard*.

27) 정승훈, 『종교개혁과 칼빈의 영성』, 25.

28) 칼빈이 말하는 그리스도와 연합이 신비주의와 상이함에 대한 설명은, D. Wilhelm Kolfhaus의 책, *Christusgemeinschaft bei Johannes Calvin* (Buchhandlung des Erziehungsvereins Neukirchen KreisMoers, 1939), 125ff. 8장을 참조하시오.

29) III, 11.10.

30) 루터는 예수 그리스도께서 부활 승천 하신 후, 그리스도의 육체가 세상에 편재(omnipresence)하심을 말한다. 그러나 칼빈은 그러한 루터의 입장이 승천 후, 그리스도의 육체가 하늘에 계신다는 성경의 입장에 모순된다고 한다. 또한 이런 편재 사상은 범신론(pantheism)의 위험을 내포하고 있어 칼빈은 루터의 편재론을 반대하는 것이다. 칼빈은 신자와 그리스도의 연합을 말하면서도, 하나님과 그리스도의 초월성을 계속적으로 견지하려고 노력하였다.

31) 로날드 S. 월레스, 『칼빈의 기독교생활 원리』, 나용화 역 (서울: 기독교문서선교회, 1988), 31-44.

32) 초월주의자의 신학과 내재주의자 신학의 통합[David L. Stubbs, "Sanctification as Participation in Christ: Working through the Pauline and Kantian Legacies in Karl Barth's Theology of Sanctification," 80ff. 참조. 2001년 듀크대학(Duke University)에서 박사학위를 취득한 스텁스(David L. Stubbs)는 바르트 신학에서의 '그리스도와 연합' 혹은 '그리스도에 참여'(participatio christi)한다는 모티브가 바르트의 인식론과 구원론에 중요한 위치를 차지하고 있음을 언급하고 있다.]

33) 이런 각도에서 루터교회는 단성론(monophysitism)적 경향을 보이는 반면, 이에 비해 개혁교회는 네스토리우스주의의 경향을 보인다는 견해도 있다.

34) 영어로 'deification' 으로, 신자의 하나님을 닮는 변혁과정을 의미한다.

35) 정승훈, 『종교개혁과 칼빈의 영성』, 120.

36) 정승훈, 『종교개혁과 칼빈의 영성』, 70.

37) 속성교류(*communicatio idiomatum*)는 예수 그리스도의 두 본성으로서의 신성과 인성이 한 인격의 본성으로 있는 것을 말한다. 두 본성이 한 인격에 귀속되어 있지만, 그 두 본성이 서로 혼합되거나 혼동되는 것은 아니다[Louis Berkhof, *Systematic Theology* (Grand Rapids: Eerdmans, 1979), 324.]. 속성교류는 하나님의 외아들이신 그는 두 가지 본성(nature)로 인식되는 바, 혼돈 없이(without confusion), 변화 없이(without change), 분할 없이(without division), 분리 없이(without separation) 계신 분이며, 성질들의 차이는 결합으로 인해 결코 없어지지 아니한다. 오히려 각 본성의 특징들은 보존되고, 한 인격과 생존을 형성하기 위하여 함께 오며, 두 인격으로 분리되거나 나눠짐 없이 한 분 같은 성자요 독생자이시며, 말씀, 하나님, 주 예수 그리스도시며 이와 같은 사실은 심지어 가장 최초의 예언자도 그에 관하여 말씀하셨고, 우리 주 예수 그리스도 자신이 우리에게 가르치셨고, 교부들의 신조로도 우리에게 이어져 내려오고 있다."라는 칼케돈신조의 내용을 잘 반영하는 이론으로 보면 될 것이다.

38) F. Wendel, *Calvin: Origins and Development of His Religious Thought*, trans. by P. Mairet (Durham: The Labyrinth Press, 1963), 235-236.

39) 민중서림 편집국 편,『민중 엣센스 국어사전』(서울: 민중서림, 2001), 1310.

40) Louis Berkhof, *Systematic Theology* (Grand Rapids: Eerdmans, 1979), 532.

41) 존 H. 리스,『칼빈의 삶의 신학』, 47.

42) Guilielmus Baum, Eduardus Cunitz and Edeardus Reuss, ed., Corpus Reformatorum (Brunswick: C. A. Schwetschke et Filium, 1863-1897), 49: 51. 제49권 51을 말함. "하나님은 우리를 위하여 우리를 통해 영광을 받으실 길을 제시해주셨다. 즉 그의 말씀을 순종하는 데서 얻는 경건이 그것이다. 이 한계를 넘어서는 자는 하나님을 영광스럽게 하지 못하고 도리어 그를 망신스럽게 하는 것이다." 존 H. 리스,『칼빈의 삶의 신학』, 49에서 재인용.

43) 존 H. 리스,『칼빈의 삶의 신학』, 51.

44) *Corpus Reformatorum*, 31: 411-412.

45) *Corpus Reformatorum*, 27: 327.

46) 존 H. 리스, 『칼빈의 삶의 신학』, 85.

47) 존 H. 리스, 『칼빈의 삶의 신학』, 113.

48) 정승훈, 『종교개혁과 칼빈의 영성』, 149-150.

49) 존 H. 리스, 『칼빈의 삶의 신학』, 53ff.

50) 정승훈, 15-17.

51) 존 H. 리스, 『칼빈의 삶의 신학』, 194-196.

52) 장영태, "성서적 성화론과 그 실제" (미간행석사학위논문, 삼육대학대학원, 1985), 52-56.

53) 요셉 리차드, 『칼빈의 영성』, 한국칼빈주의연구원 역 (서울: 기독교문화협회, 1986), 155.

8장 칼빈의 에덴 이해

1) 최근에 제기된 것으로 신학에서는 환경신학의 도전, 과학과 철학에서는 창조/진화 논쟁이나 두뇌생리학, 그리고 물질 철학의 도전을 생각할 수 있다. Douglas J. Moo, "Nature in the New Creation: New Testament Eschatology and the Environment," (새 창조 안에 있는 자연: 신약 종말론과 환경)(http://www.wheaton.edu/ CACE/resources/onlinearticles/ MooNature.pdf) 1-23. [Originally published in *Journal of the Evangelical Theological Society* 49 (2006): 449-88].

2) Moo, 6; "실제로 신약은 하늘에서 영원히 지낼 것이라는 기독교 대중들의 생각과 달리, 물질적 삶에 맞춘 물질적 장소인 새 하늘과 새 땅에서, 물론 변화된 몸으로, 영원을 보낼 것이라고 주장한다." Moo, 11; "복음주의자들이 비관주의적 세대주의 전천년설 비전을 벗어버리지 못하면, 유대-기독교적 창조 교리와 성경적 청지기 교리는 미아가 되고 말 것이다." Moo, 12; "하나님 나라와 창조는 서로 대립하지 않는다."

3) J. H. Van Wyk, "Die Nuwe hemel en die nuwe aarde: dogmatiese en etiese

oorwegings oor 'n aspek van die eskatologie," (The New Heaven and the New Earth: Dogmatic and Ethical Considerations over an Aspect of the Eschatology) In *die Skriflig* 32 (1998): 311-331. 남아공 개혁파 신학교에서 교수한 환 베이크는 교수직 은퇴 직전에 발표한 이 논문에서, 성경은 언제나 새 하늘과 새 땅을 말씀하는데, 그 동안 우리 기독교회는 대부분 '새 하늘'을 강조하는 이상주의적 해석을 따랐고, 소수가 '새 땅'을 강조하는 현실주의적 해석을 따랐지만, 성경이 말씀하는 바 양자의 종합적 해석에는 관심이 부족했다고 지적하였다. 또한 Moo, 1 ; "복음주의 교단의 이원주의적이고 반물질주의적 경향이 자연에 대한 무관심을 낳았다."

4) 이 표현은 성경에 나온 표현을 그대로 사용한 것이다: "예수를 너희가 보지 못하였으나 사랑하는도다. 이제도 보지 못하나 믿고 말할 수 없는 영광스러운 즐거움으로 기뻐하니 믿음의 결국 곧 영혼의 구원을 받음이라"(벧전1:8-9). 여기 사용된 "받음이라" (komizomenoi)는 현재 분사이므로, 전체 문장은 현재시제이다. 표준새번역은 구원을 기쁨의 원인으로 보아 "이것은 여러분이 믿음의 결과인 영혼의 구원을 받았기 때문입니다"라고 과거로 번역하였고, NIV는 "for you are receiving the goal of your faith, the salvation of your souls"라고 기쁨과 구원을 동시적인 현재진행으로 번역하였다.

5) Gregory K. Beale, "Eden, the Temple, and the Church's Mission in the New Creation," *Journal of the Evangelical Theological Society* 48 (2005): 5-31. 비얼리는 이 글이 450쪽짜리 자신의 책 *The Temple and the Church's Mission* (Leicester/Downers Grove: IVP, 2004)의 요약이라고 말한다.

6) 이여진, "구약에 나타난 땅의 신학적 패러다임" (합동신학대학원대학교 M.Div. 논문, 2005), 6-7: (기사는) "에덴을 건조한 동방의 관점에서 매력적으로 보일 수밖에 없는 비옥함과 풍성한 수자원, 잘 자란 큰 나무들이 있는 곳으로 묘사한다." [Gordon Wenham, *Word Biblical Commentary: Genesis 1-15* (Waco: Word Books, 1987), 61 재인용.]

7) 예컨대, 김태완, "기독교 종말론과 교회의 나아갈 길", (서울장로회신학대학원 석사논문,

2005) 78이하에서 새 창조(새 하늘과 새 땅), 새 에덴 동산으로서의 새 예루살렘을 연결시켜 논한다.

8) Beale, 5.

9) Beale, 7-9.

10) 이여진, 7; "에덴 동산이 에덴에 있다고 묘사한 것을 보면, 에덴은 하나님께서 동산을 창설하신 곳을 포함하는 더 넓은 지역으로 보인다."

11) Beale, 11. Walton, *Genesis* (*NIVAC*; Grand Rapids: Zondervan, 2001) 186 재인용.

12) Beale, 11.

13) Beale, 11-12.

14) Beale, 13. 반복되는 요소는 5가지이다: 1) 하나님께서 그들을 복 주셨다 2) 생육하고 번성하라 3) 땅에 충만하라 4) 땅을 정복하라 5) 땅에 모든 생물을 다스리라.

15) Beale, 14.

16) Beale, 15. 김인환, "하나님의 임재로서의 성전 개념 연구"(고신대 신학대학원 석사논문,1999)도 에덴 동산과 출애굽, 광야의 성막, 그리고 이스라엘 성전에 나타난 공통적인 하나님의 임재를 논한다.

17) Beale, 16.

18) Beale, 18.

19) Beale, 19.

20) Beale, 20.

21) Beale, 21.

22) Beale, 25.

23) Beale, 25.

24) Belae, 26.

25) Beale, 28.

26) Beale, 29-30.

27) John Calvin, *Commentary on Genesis* (Tr. & ed. by John King) [In *CD: Books For the Ages* (Albany, OR: AGES Software), Version 1.0 (1998).] 이하에서 *CD* (1998)식으로 약술함.

28) 현대적 관점에서 보면, 이것은 본문을 이분설적 선이해에 따라 억지로 해석하는 사례에 해당한다. 주석에서 지나친 추론을 삼가라고 (그리고 본문에 집중하라고) 상당히 자주 경고하는 칼빈이지만, 해석의 기본 전제가 다름으로 인하여 생기는 이런 경우는 그로서도 어찌할 수 없는 것 같다. *Kyrie eleison!*

29) 여기서 칼빈이 말하는 '천상의 삶' 은 '천사의 삶' (angelic life)이었을 것이다. John Calvin, *Institutes of the Christian Religion*, Ed. by J. McNeill, (Philadelphia: Westminster, 1960), 188; "그리고 진실로 우리는 천사들이 하나님의 형상을 따라 창조되었음을 부인해선 안 될 것인데, 그 이유는 그리스도께서 친히 증거하신 것처럼, 우리의 최고의 완전성은 천사들과 같이 되는 것(마 22:30)이기 때문이다." John Calvin, *Commentary of Matthew, Mark, Luke* Vol. 3 (Tr. by William Pringle) 34 in *CD* (1997)에서는 "우리가 완전히 천사처럼 되는 것은 아니고, 죽지 않는다는 점과 더 이상 자녀를 생산하지 않는다는 점에서 천사처럼 된다"고 한다. 눅 2:48-52을 해설하면서 칼빈은 그리스도를 '천사들의 주시요 머리이신' 분이라고 칭하지만, "모든 정사와 권세의 머리"(골 2:10)라는 표현이 그런 호칭에 합당한 지는 의문이다.

30) Calvin, *Genesis*, 59: "그러므로 우리는 그 첫 장소 즉, 하나님께서 배정해 주신 특정한 그 지역을 아담 자신의 고향으로 삼을 수도 있었을 것이라고 추측한다." *Genesis*, 64; 심지어 타락 이후에도 지형 변화가 별로 크지 않았다고 본 칼빈은 당시 지도에서 에덴의 실제 장소 후보지를 상세하게 지목하기도 했다.

31) Calvin, *Genesis*, 59.

32) 이여진, 7은 계시록 21:18-21에 나온 열 두 보석과 에덴 지역의 광물을 비교하며, "새 예

루살렘이 에덴의 더 나은 회복이라는 관점에 기대어 보면, 에덴도 그처럼 광물이 풍성한 곳이었다고 추론하는 것이 무리는 아닌 듯 하다"고 한다.

33) Calvin, *Genesis*, 90-91. 3:6의 하와의 범죄를 해설하면서, 칼빈은, 혹자는 사탄이 안식일을 훼손하기 위해 창조 후 엿새를 기다렸다고 추측하지만, 그런 의뭉스런 사변에 사로잡힐 일은 아니며, 창조 직후에 타락 기록이 나온 것과 자녀 얘기가 없다는 점으로 볼 때 어거스틴이 해석한 것처럼 창조 후 6시간 만에 아담이 타락했다고 보는 편을 기꺼이 택한다고 한다.

34) 창 1:28 "생육하고 번성하라"는 구절에 대해서도 칼빈은(*Genesis*, 49), "모세는 아마 단순히, 아담과 그의 아내가 인류가 온 땅에 많아지게 하기 위해 자손 생산을 하도록 지음 받았음을 선포했을 것"이라고 해석한다. 이처럼 본문의 좁은 맥락에만 초점을 두는 그의 해석들은 마치 "가능한 한 본문에 집중된 해석을 한다"는 해석원리를 보여주는 것 같다.

35) 다르게 표현하면 '산 채로 옮겨짐'(living translation) 혹은 '살아서 승천함'이다.

36) Calvin, *Genesis*, 68-69.

37) 이것은 『기독교 강요』 제3권 25장 "최후의 부활"에서 분명히 확인할 수 있다.

38) Calvin, *Institutes*, 774.

39) Calvin, *Institutes*, 824.

40) 칼빈이 수용한 이 플라톤적 "불멸의 영혼관" 및 영육이분설이 2세기 이후 현재까지 기독교 신학에 악영향을 끼쳐서 성경적인 전인적 관점 개발을 방해하고 따라서 복음의 풍요함을 체험할 기회를 거의 전 교회 기간에 걸쳐 방해해 왔다는 점에 대해서는 이미 Gordon Spykman, "The Whole Man: Body/Soul" [In *Reformational Theology: A New Paradigm for Doing Dogmatics* (Grand Rapids: Eerdmans, 1992) 233-245]이 충분히 논증하였다. 그러나 영혼불멸설의 신학 적용에 대한 문제점 인식은 현대 신학에서도 비교적 최근에 생긴 것이므로 개혁자 칼빈에게 그것을 기대할 수는 없는 것이다.

41) Calvin, "The Third Sermon on Jacob and Esau: Sermons on Election and

Reprobation," (Tr. by John Field) 53, 54, 56 in *CD* (1998).

42) Calvin, "Third Sermon", 53-68. 선택과 유기에 관한 13편의 설교 중 특히 세번째 설교에서 이중예정 교리가 의미하는 바, 인류 중 다수가 유기될 것에 관한 설교에서 칼빈은, 그것은 성경이 말씀하는 것이고, 하나님의 기쁘신 뜻대로 창세 전에 그리스도 안에서 예정된 것이며, 인간 개개인의 인격에 따라 작정된 것도 아니고, 인간의 두뇌로 알 수 없는 주제이기 때문에, 인간은 그것을 오직 믿음으로 받을 뿐, 그에 대해 인간적 논리나 불평이나 질문들을 할 필요가 없다고 단언한다.

43) Calvin, "Third Sermon", 59; *Genesis*, 70 etc. 칼빈의 글에 매우 흔하게 등장하는 '사탄' 과 관련된 악덕들은, 악령에 사로잡힌 상태나 극도로 사악한 상태에 대한 정죄라기보다, 다양한 나쁜 상황에 쓰는 중세적 표현이라고 생각된다.

44) 물론 여기 제시된 표처럼 명확하게 비교되는 것은 아니다. 향후의 비판적 연구를 기대하며, 자료와 연구결과가 일천한 현재의 상태에서 나온, 임시적이고 주관적인 분류로서 각 요소들에 대해 보다 비판적인 연구가 필요하다.

45) 칼빈이 천문학이나 꿈에 대한 자신의 생각을 불멸의 영혼에 대한 분명한 증거로 확신한 것은, 일종의 '간격들 속에 계신 하나님' (God of gaps) 논증으로서, 현대인들에게는 호소력이 없다: "이것은 돼지우리에 대한 염려가 아니라, 유창한 궤변에 속아 넘어간 자들, 즉 아리스토텔레스의 냉소적 선언을 엉뚱하게 인용하여 영혼불멸도 부정하고 하나님의 권리도 박탈하려고 시도하는 자들을 지칭하는 말이다. … 나는 깊은 천체 연구는 (영과 육의) 유기적 대칭성이 아니라 육체와 확연히 다른 영혼의 활동임을 말하고자 할 뿐이다… 왜 영혼은 사람이 자는 동안에도 모호하게 방황하며 여러 가지 유익한 일들을 생각하고 심지어 미래의 은밀한 일들까지 숙고하는 것일까? 과연 그것들을 인간에게 심겨져 있는, 지워질 수 없는 불멸성의 흔적이 아니라고 말할 수 있을까?" Calvin, *Institutes*, 56-57.

46) 앞의 주 6, 7, 16 참조.

47) 1983년에 작성된 미국 개혁교회(CRC)의 문서는, "우리 교회가 350년 전에 작성한 최근의

신앙고백서 이후 세상은 정말 많이 변하였다"고 고백한다. "Our World Belongs To God: A Contemporary Testimony" (Grand Rapids: CRC Board of Publications, 1983).

9장 칼빈의 십계명 이해와 개혁주의 윤리

1) J. Douma, *The Ten Commandments: Manual for the Christian Life*, trans Nelson Kloosterman (Phillipsburg, New Jersey: P & R Publishing Company, 1996), 381. 예수님은 영생을 얻기 위해 무슨 선한 일을 해야 할 것인지를 질문한 청년에게 우선 계명을 지킬 것을 말씀하면서 구약의 두 번째 돌판을 언급했다(마 19:18-20). 바울도, 야고보도 구약 십계명 내용에 호소하며 권면하였다(롬 13:8-10; 엡 6:2f; 약 2:11).

2) 루터의 대교리문답(1529) 서문을 참조하라. Martin Luther, *Luther's Large Catechism*, trans. by J. N. Lenker (Minneapolis: Augsburg Publishing Company, 1967).

3) David Clyde Jones, "The Law and the Spirit of Christ," in *A Theological Guide to Calvin's Institutes*. ed. David Hall and Peter Lillback (Phillipsburg, New Jersey: P & R Publishing Company, 2008), 303.

4) 아퀴나스는 구원을 얻기 위해서는 우선 신조를 믿고 주님이 가르치신 기도를 해야만 하고 이어 무엇을 행하고, 하지 말아야 할 것인지를 알아야 한다고 가르쳤다. 즉 십계명을 사도신경과 주기도문의 맥락에서 강조했다. Paul Grimley Kuntz, *The Ten Commandments in History: Mosaic Paradigms for a Well-Ordered Society* (Grand Rapids: Eerdmans Publishing Company, 2004), 62.

5) 루터는 그가 만든 대교리문답(1529)에서 십계명을 사도신경이나 주기도문보다 먼저 배치했다.

6) Calvin, *Institutes of Christian Religion*, ed. John T. McNeill and trans. Ford Lewis Battles (Philadelphia: The Westminster Press, 1960), II. 8. 59. 51(이하에서는 *Inst.*, 권. 장. 절로 표시함).

7) *Inst.*, II. 17. 2.

8) Benjamin W. Farley, "Introduction," *John Calvin's Sermons on the Ten Commandments*. ed and trans. Farley (Baker Book House, 1980), 26.

9) John Calvin, *Commentaries of the Last Books of Moses Arranged in the Form of a Harmony*. Translated by Charles William Bingham. 2 Vols. (Grand Rapids: Baker Book House, 1979). Bingham의 서문을 참고하라.

10) Calvin Van Reken, "Hanging and Obeying God' Law," in *Reformed Worship* 83 (March 2007), 28.

11) *Inst.*, II. 8. 11.

12) Calvin, *Comm. Exod.* 20:2 (Baker, 1979; 339). 앞으로는 페이지만 기술할 것이다.

13) *Comm. Exod.* 20:3(475); Exod. 20:4-6(106-109). 칼빈은 4-6절이 명령하는 것은 하나님은 영이시기 때문에 영적으로 예배해야 하고 세상의 어떤 형상에 따라 만들거나 또 그 만든 형상에게 절하고 경배해서는 안된다는 것으로 해석한다. 그래서 제1계명과는 내용이 완전히 다른 별개의 명령으로 보았다.

14) *Comm. Exod.* 20:17(187); *Inst.*, II. 8. 12.

15) J.H. van Wyk, "Calvin on the Christian Life," in *Our Reformational Tradition* (Potchefstroom: Potchefstroom University for Christian Higher Education, 1984), 270.

16) *Inst.*, II. 7. 2. 칼빈은 십계명은 "값없이 양자삼는 그 언약과 함께 은혜로 주어진"(graced with the covenant of free adoption)것이라 표현했다.

17) James Torrance, "Interpreting the Word by the Light of Christ or the Light of Nature?: Calvin, Calvinism, and Barth," in *Calviniana: Ideas and Influence of Jean Calvin*, ed. Robert Schnucker (Kirksville, Mo. : Sixteenth Century Journal Publishers, 1988), 258; I. John Hesselink, *Calvin's Concept of the Law* (Allison Park, Pa. : Pickwick Publications, 1992): David Clyde Jones, "The Law and the

Spirit of Christ," 310

18) 칼빈은 말라기 선지자가 이스라엘 백성을 책망할 때 "아들은 그 아버지를, 종은 그 주인을 공경하나니 내가 아버지일찐대 나를 공경함이 어디 있느냐 …"라고 아비의 은혜와 사랑에 배은망덕하는 아들의 유비를 통해 이스라엘을 책망한 것도 사실 감사와 사랑에서 나오는 순종과 공경의 삶을 강조한 것이라고 해석한다. *Inst*., II. 8. 14. 15.

19) *Inst*., II. 8. 14.

20) John P. Burgess, "Reformed Explication of the Ten Commandments," in *The Ten Commandments: The Reciprocity of Faithfulness* (Louisville: Westminster/John Knox Press, 2004), 86; Allen Verhey, *Living the Heidelberg: The Heidelberg Catechism and the Moral Life* (Grand Rapids: CRC Publication, 1986), 5.

21) *Heidelberg Catechism Q&A*86. Klooster는 이 문답의 성격을 구원받은 자들의 감사함을 나타내는 표현이 계명을 따라 행하는 것임을 가르치는 십계명 문답 부분을 미리 맛보게 하는 내용이라고 해석한다. Fred H. Klooster, *Our Only Comfort: A Comprehensive Commentary on the Heidelberg Catechism* (Grand Rapids: CRC Publications, 2001), 925.

22) Verhey, *Living the Heidelberg*, 101-102.

23) I. John Hesselink, *Calvin's First Catechism: a commentary : featuring Ford Lewis Battles' translation of the 1538 Catechism* (Westminster/John Knox Press, 1997), 11.: *Inst*., II. 8. 15.

24) *Inst*., II. 7. 12.

25) 1520년대 중반 이후 약 15년 동안 스트라스부르그에서 칼빈 전임자로 사역했던 개혁자 부서가 십계명을 예배 순서에 집어 넣었다. 물론 십계명이 고정적으로 예배 순서에 자리잡은 것은 아니었으나 이 영향은 그 지역과 개혁교회 전통에 큰 흐름을 만들어 내었다. James Hastings Nichols, *Corporate Worship in the Reformed Tradition*

(Philadelphia: The Westminster Press, 1968), 55-56.

26) *Ibid.*, 57; Maxwell, *An Outline of Christian Worship*, 114-5. 십계명은 칼빈 이후 예배 의식에서 때로는 시편 낭송으로 대체되곤 하다가 17세기에 프랑스 지경의 개혁 교회에서 점차로 예배의 한 부분으로 고정적으로 사용되기 시작했다. 그 이후 영국, 스코틀랜드의 칼빈주의 전통에 서 있는 교회들도 이런 경향으로 나아갔다. 최근의 현대교회에서는 점점 예배의식의 단순화 및 자유로운 형식이 선호되면서, 예배의식에서 십계명의 중요성과 사용도가 점점 줄어들고 있는 추세이다. 그러나 아직도 일부 특히 신학적으로 보수적인 칼빈주의 전통의 교회들에서는 예배 의식에서 십계명 교독과 영창을 중요한 순서로 채택하고 있다.

27) John P. Burgess, "Reformed Explication of the Ten Commandments," in *The Ten Commandments: The Reciprocity of Faithfulness* (Louisville: Westminster/John Knox Press, 2004), 87.

28) 칼빈은 이를 위해 십계명에 곡조를 붙였고 이것을 공예배 시간에 사용하기를 선호했다.

29) Calvin Van Reken, "Hanging and Obeying God' Law," in *Reformed Worship* 83 (March 2007), 29.

30) 물론 칼빈이 그가 해석 원리의 특정 목록을 순서와 숫자를 붙여 제공하지 않았기 때문에 학자들마다 그의 흩어진 글에 나타난 해석의 원리의 개수나 내용을 약간 차이나게 분류하기도 한다. Hesselink는 3가지로 분류하되 세 번째 원리는 항산 하나님 사랑과 이웃 사랑의 관점에서 고려되어져 이해되어져야 하는 것이라고 분류하기도 했다. I. Jnhn Hesselink, *Calvin's First Catechism: a commentary: featuring Ford Lewis Battles' translation of the 1538 Catechism* (Westminster/John Knox Press, 1997), 78-9.; *Calvin's Concept of the Law*, 112-3. 그리고 Farley 교수는 칼빈의 십계명 설교를 편집하고 번역한 책의 서문에서 해석원리를 8가지로 나누어 분류하기도 했다. Benjamin W. Farley, "Introduction," *John Calvin's Sermons on the Ten Commandments*. ed

and trans. Farley (Baker Book House, 1980), 27-28

31) *Inst.*, II. 8. 6

32) *Inst.*, II. 8. 51

33) Hesselink, *Calvin's Concept of the Law*, 112.

34) 칼빈은 이 절 마지막 부분에서 순결함은 오직 성령으로부터 말미암고 또 가능하다고 주장했다.Inst., II. 8. 6.

35) Inst., II. 8. 8.

36) Hesselink, *Calvin's Concept of the Law*, 13.

37) Inst., II. 8. 8.

38) 칼빈은 십계명이 제유법을 사용하되 '살인하지 말라'와 같이 각 영역에서 최악의 경우를 들어 표현한 것은 보통의 죄를 지칭하면 대수롭지 않게 생각하는 인간의 죄악성을 의식했기 때문이었다고 설명한다. 즉 6계명에 '미워하지 말라'와 같이 미움과 분노라는 표현을 쓰면 사람들이 그 죄의 악함을 깊이 인식하지 못할 것이기 때문에 살인을 사용함으로 미움과 분노도 살인의 범주에 드는 심각한 죄임을 인식시키고자 했다는 것이다. *Inst.*, II. 8. 10.

39) *Comm. Exod*. 20:4-6 (107).

40) J.H. van Wyk, "Calvin on the Christian Life," 269.

41) *Inst.*, II. 8. 8-9.

42) 앞의 두 원리에 비해 이것을 칼빈이 해석 원리로 제시했는지에 대해서는 논란이 없지 않다. 그러나 대개 칼빈 율법에 관한 유력한 학자들이 이를 칼빈이 세 번째 해석원리로 제시했다고 간주해 왔다. 대표적으로 Hesselink, Farley, Jones, Haas도 이런 입장을 따르고 있다.

43) *Comm. Deut* 10:12 (190).

44) *Inst.*, II. 8. 11.

45) Jones, "The Law and the Spirit of Christi," 311.

46) Hesselink, Calvin's Concept of the Law, 97.

47) *Inst.*, II. 8. 7.

48) *Inst.*, II. 7. 1.

49) *Inst.*, II. 7. 2.

50) Hesselink, *Calvin's Concept of the Law*, 98.

51) *Comm. Matthew* 5:19-21.

52) *Inst.*, IV. 13. 13.

53) *Inst.*, II. 7. 7.

54) John Calvin, *Commentary On A Harmony of the Evangelists, Matthew, Mark, and Luke*, trans. William Pringle (Grand Rapids: Baker Book House, 1999), 356.

55) 마 7:12 주석 라틴어 원문은 다음과 같다(밑줄은 추가된 것): Seorsum ergo legenda est haec sententia qua discipulos Christus ad aequitatem instituit, brevemque & facilem eius definitionem ponit: ut sciamus non alia de causa tot inimicitias regnare in mundo, ac tot modis homines invicem sibi esse noxios, nisi quia scientes & volentes aequitatem pedibus calcant: quam tamen quisque erga se servari rigide postulat. Ioannis Calvini Opera quae supersunt monia, ed. by G Baum, E. Cunitz, and E. Reuss (Brunswick: Schwetsche, 1863-1900).

56) *Inst.*, IV. 20. 16.

57) 칼빈은 고리대금에 관련된 시편 15:5을 강해하면서, 당신이 고리로 대금받는 것을 원하지 않듯이 남에게도 결코 돈을 빌어주고 높은 이자를 받으려 해서는 안된다고 황금률을 적용하여 주석했다. 대여행위에 있어서도 하나님이 인간의 마음에 심어놓으신 정의의 원리 이자 그리스도가 가르치신 대로의 "형평의 규칙"(the rule of equity)을 준수해야 할 것을 강조했다. *Commentary on the Book of Psalms*. trans. Henry Beveridge

(Grand Rapids: Baker Book House, 1979), 214.

58) Merwyn Johnson, "Calvin's Ethical Legacy," in *The Legacy of John Calvin*, Calvin Studies Society Papers 2000. Ed. David Foxgrover (Grand Rapids: CRC Publications, 2000), 78.

59) Guenther Hass., *The Concept of Equity in John Calvin's Ethics* (Waterloo, Ont.: Wilfrid Laurier University press, 1997), 51.

60) *Ibid.*, 123.

61) *Ibid.*, 72, 124; *Inst.*,IV. 20. 16.

62) Hass, *The Concept of Equity*, 15.

63) John P. Burgess, "Reformed Explication of the Ten Commandments," in *The Ten Commandments: The Reciprocity of Faithfulness* (Louisville: Westminster/John Knox Press, 2004), 89.

64) Westminster Larger Catechism, Q113.. *Heidelberg Cathechism Q&A* 101.

65) Benjamin W. Farley, "Introduction," *John Calvin's Sermons on the Ten Commandments*. ed and trans. Farley (Baker Book House, 1980), 14.

66) Lewis Smedes, *Mere Morality: What God Expects from Ordinary People* (Grand Rapids: Eerdmans Publishing Company, 1983), 14.

67) *Ibid.*, 16.

68) *Ibid.*, 15-16.

69) *Ibid.*, 13.

70) W. Fred Graham, *John Calvin and His Socio-Economic Impact* (Richmond, Va: John Knox Press, 1971), 61-2.

71) Smedes, *Mere Morality*, 17.

72) 화란개혁파 신학자인 아브라함 카이퍼(Abraham Kuyper)는 이런 전통을 존중하면서 십

계명 낭독과 영창은 아예 설교를 듣고 난 뒤에 하는 것이 더 바람직하다고 주장했다. 설교를 듣고 순종의 삶을 살기 위해 교회문을 나서야 하는 교인들을 생각한다면 예배가 끝나기 직전에 배치하는 것이 더 적절하다고 보았기 때문이다. James De Jong, *Into His Presence* (Grand Rapids, MI: Christian Reformed Church Publication, 1985), 64. 이 책은 『개혁주의 예배학』이라는 제목으로 번역되어 있다.

73) 칼빈은 십계명을 사제가 강단에서 낭송하는 것이 아닌 신자들이 함께 부르도록 곡을 붙인 것도 이런 의식을 강화하고자 한 의미도 있다. 물론 그가 한 몸으로 동참하게 하는 예배(corporate worship)를 중시한 것도 빗계명 영창을 하게 한 것과 관련된다고 볼 수 있다. John Maxwell, *An Outline of Christian Worship: Its Development and Forms* (London: Oxford University Press, 1936), 113.

10장 칼빈의 윤리

1) 물론 하나님의 형상의 주된 좌소는 정신, 마음 또는 영혼과 그 능력이지만 어느 정도의 영광의 광채가 비추이지 않는 몸의 부분은 없다(*Inst.*, I. 15. 3).

2) 인간의 영혼의 모든 부분에까지 확대된 죄는 본인의 죄가 아닌 다른 사람의 죄이지만 그것은 각자 자신의 죄이기도 하다(*Inst.*, II. 1. 8).

3) 칼빈은 하나님이 인간이 이행할 수 있는 것 이상의 것을 명령하신다고 말하는 것은 하나님을 모독하는 것이라고 주장했던 펠라기우스의 입장을 거부한다(*Inst.*, II. 7. 5).

| 제3부 칼빈과 사회참여 |

11장 칼빈과 민주주의

1) 이양호, "갤빈주의의 희망, 한국 교회"『목회와 신학』 2009년 4월호, 226-7.

2) Calvin, *Institutes of the Christian Religion*, I. 16. 5.

3) *Ibid.*, II. 2. 27

4) *Ibid.*, I. 1. 1.

5) 칼빈의 『기독교 강요』를 편집한 John McNeil은 "편지에서 칼빈만큼 정치 문제를 많이 언급한 신학자를 찾는다는 것은 아마 불가능할 것"이라 하였다 한다. 양낙흥, 『개혁주의 사회윤리와 한국 교회』(서울: 생명의 양식, 1999), 47.

6) Marc-Edouard Cheneviére, *La pensée politique de Calvin* (Paris, 1937), 226-229; Harro Höpel, *Christian Polity of John Calvin* (Cambridge, 1982), 159-160; John H, Keith, *John Calvin's Doctrine of the Christian Life* (Louisville, 1989), 204-207; Ralph C. Hancock, *Calvin and the Foundation of Modern Politics* (Ithaca & London, 1989), 70.

7) Cheneviére, 227.

8) *Ibid.*, 226. 양낙흥, 41-46.

9) *Inst.*, IV. 20. 8.

10) *Ibid.*

11) *Calvin's Sermon on Deutronomy*, 16:18.

12) *Ibid.*

13) *Ibid.*

14) *Ibid.*

15) *Ibid.*

16) *Inst.*, IV, 20. 30.

17) 양낙흥, 41-4.

18) *Ibid.*

19) *Inst.*, IV, 20. 35.

20) 다니엘서 6:21 주석

12장 칼빈의 교회와 국가의 관계

1) 본고에서는 이러한 과정을 1차 사료를 토대로 연구한 William G. Naphy의 *Calvin and the Consolidation of the Genevan Reformation*(Manchester University Press, 1994)에 의존하여 검토하고자 한다.

2) W. D. J. Cargill Thompson, 『마틴 루터의 정치사상』, 김주한역 (민들레책방, 2003), 207.

3) W. P. Stevens, 『츠빙글리의 생애와 사상』, 박경수역 (대한기독교서회, 2007), 204.

4) J. Wayne Baker, *Calviniana: Ideas and Influences of Jean Calvin*, ed. Robert V. Schnucker (Ann Arbor, Mich.: Edwards Brothers, 1988), 109, 110.

5) *Institutes*(1536), 176-179.

6) *Ibid.*, 36.

7) 이은선, 『칼빈의 신학적 정치 윤리』(기독교문서선교회, 1997), 92.

8) *Institutes*(1536), 200.

9) *Ibid.*, 204-5.

10) 이은선, 『칼빈의 신학적 정치 윤리』, 95.

11) *Ibid.*, 97.

12) The Confession of Faith which all the citizens and inhabitants of Geneva and the subjects of the country must promise to keep and hold.

13) 이 문서는 1536년 11월 10일에 시의회에 제출되었으나 자세한 검토를 위해 보류되었다(*Treatises*, 25).

14) *Calvin: Theological Treatises*, ed. by J. K. S. Reid, LCC (Philadelphia: The Westminster Press, 1954), 51. 이러한 치리의 목적은 요리문답에도 나오고 그 이후에 기독교강요에도 나타난다.

15) *Ibid.*, 52.

16) *Ibid.*, 53.

17) A. Demura, "Calvin's and Oecolampadius' Concept of Church Discipline,"

    Articles on Calvin and Calvinism V. 10, ed. Richard C. Gamble (New York & London: Garland Publishing Inc., 1992), 302.

18) 부처도 처음에는 츠빙글리의 모델에 찬성했으나, 1531년에 외콜람파디우스와 블래러(Ambrosius Blarer)와 함께 울름에 가서 교회 치리와 출교를 다룰 목사와 평신도로 구성된 교회 법정을 설립할 것을 추천하면서 외콜람파디우스의 방향으로 기울었다. 그래서 그는 1530년대 초에 스트라스부르그에서 그러한 제도를 만들려고 시도하였다(Baker, "Christian Discipline and the Early Reformed Tradition: Bullinger and Calvin," 110).

19) *Calvin: Theological Treatises*, 48.

20) Baker, "Christian Discipline and the Early Reformed Tradition: Bullinger and Calvin," 108.

21) 조항파는 베른의 요구사항들을 수용하여 베른의 후원으로 제네바의 독립을 유지하려고 하였으나, 기욤파는 베른의 요구사항을 들어줄 경우에 베른이 결국 제네바를 지배하여 독립을 잃어버릴 위험이 있다고 보고 거부하였다. 이들 사이에 가장 첨예한 대립은 어떤 방법으로 제네바의 독립을 유지할 것이냐 하는 문제였다. Naphy, *Calvin and the Consolidation of the Genevan Reformation*, 41.

22) *Ibid.*, 43.

23) *Calvin: Theological Treatises*, 59.

24) Robert Kingdon, "Calvin and 'Presbytery' The Geneva Company of Pastors," *Pacific Theological Review* Vol. XVIII (Winter 1985), 49.

25) Naphy, *Calvin and the Consolidation of the German Reformation*, 58, table. 7 참조.

26) *Ibid.*, 73.

27) *Calvin: Theological Treatises*, 64.

28) 나피가 조사한 장로명단이 그의 책 76페이지와 179페이지에 1543부터 1557년까지 나와 있는데, 이 명단에 보면 1552년까지는 소의회에서 행정장관 1명과 의원 2명, 나머지

에서 9명이 선출되었는데, 1553년에는 소의회에서 행정장관 1명 의원 2명, 나머지에서 10명이 선출되어 13명이고, 1557년에는 소의회에서 행정장관 1명에 의원 3명, 나머지에서 10명으로 14명의 명단이 나와 있다.

29) Naphy, *Calvin and the Consolidation of the German Reformation*, 76.

30) *Ibid.*, 77.

31) *Ibid.*, 78.

32) *Ibid.*, 106.

33) *Ibid.*, 110.

34) *Ibid.*, 126.

35) 이러한 가난한 피난민들의 문제는 제네바에서 프랑스기금이 조성되면서 잘 해결되었다. Cf. Jeannine Olsen, "The Bourse Française: Deacon and Social Welfare in Calvin's Geneva," *Calvin and Calvinism* V. 10, 250-1.

36) *Ibid.*, 125.

37) *Ibid.*, 126-7.

38) *Ibid.*, 129.

39) *Ibid.*, 131.

40) *Ibid.*, 137.

41) *Ibid.*, 146.

42) *Ibid.*, 149.

43) *Ibid.*, 152.

44) *Ibid.*, 173.

45) *Ibid.*, 181.

46) J. Wayne Baker, "Christian Discipline and the Early Reformed Tradition: Bullinger and Calvin," 289.

47) *Ibid.*, 191.

48) E, William Monter, *Calvin's Geneva* (Geneva, 1967), 145.

49) *Ibid.*, 138.

50) 박 건택,『칼뱅의 자유론』(솔로몬, 2003), 203.

51) André Biéler, *Calvin's Economic and Social Thought*, ed. Edward Dommen and trans. James Greig (Geneva: WCC Publications, 2005), 97-107. 박 건택,『칼뱅의 자유론』, 202.

14장 칼빈주의가 한국사회와 문화에 미친 영향

1) 이 논문은 총신대논총 28집(2008), 159-185에 게재된 바 있습니다.

2) 참고. Edward Dommen, "Calvin et le prêt à intérêt," *Finance & bien commun* 16 (Autumn 2003): 42-58; Edward Domme & James D. Bratt, eds., "Introduction," *John Calvin Rediscovered: The Impact of His Social and Economic Thought* (Louisville: Westminster John Knox Press, 2007), vii. 돔멘은 이자 문제에 대해 은행가 Claude de Sachin가 문의해온 편지에 대한 칼빈의 답신을 예로 든다. 칼빈은 실제로 이자를 받기 위한 대부에 대해서 여러 편의 글을 남겼다. 참고. John Calvin, "On Usury," in *Calvin's Ecclesiastical Advice*, translated by Mary Beaty and Benjamin W. Farley (Louisville: Westminster/John Knox, 1991), 139-143.

3) 참고. Ernst Troeltsch, "Die Soziallehren der christlichen Kirchen und Gruppen," in *Gesammelte Schriften* I (Tübingen, 1921): *The Social Teaching of the Christian Churches* (New York: George Allen & Unwin, 1931); Max Weber, "Die protestatische Ethik und der Geist des Kapitalismus," in *Archiv für Sozialwissenschaft und Sozialplitik* (Tübingen, 1904-1905): *Protestant Ethic and the Spirit of Capitalism* (1930).

4) E. Domme & J. D. Bratt, eds., *John Calvin Rediscovered*, viii.

5) André Biéler, *Calvin's Economic and Social Thought* (*La pensée économique et social de Calvin*) (Geneva: World Council of Churches, 2005).

6) W. Stanford Reid, ed., *John Calvin: His Influence in the Western World* (Grand Rapids: Zondervan, 1982).

7) 이런 점에서 칼빈은 16세기의 지성인이었으며 교회의 아들이다. 그러나 칼빈은 카톨릭이나 다른 종교개혁자들과는 확연히 구별되는 사상을 보였으며 이를 제네바에서 실천하고 또 추종자들을 통해서 유럽전역에 다양한 영향을 미쳤다. 한편 칼빈주의가 발전한 과정에는 훌륭하고 모범적 사례만 있는 것은 아니다. 예를 들어 남아프리카 공화국의 소위 흑백분리 정책(*Apartheid*)을 정당화하는데 이용되었다는 지적도 있다.

8) Abraham Kuyper, *Souvereiniteit in Eigen Kring* (Kok: Kampen, 3rd ed., 1930), 30. 아브라함 카이퍼가 1880년 암스테르담 자유대학교 개교 연설 가운데 말했다고 전해지는 이 부분의 화란어 원문은 다음과 같다: "geen duimbreed is er op heel 't erf van ons menslijk leven, waarvan de Christus, die áller Souverein is, hiet roept: 'Mijn!' "

9) 최현배, "칼뱅과 문화," 『칼빈탄생 500주년 기념 심포지엄 발제 논문 자료집』(한국 교회사학학회, 2008. 11. 2), 64-65.

10) J. Calvin, *Inst*., II. 2. 15.

11) 참고. Abraham Kuyper, *Pro Rege of het Koningschap van Christus*, vol. 3, (Kampen: J. H. Kok, 1912); Abraham Kuyper, *Lectures on Calvinism* (Grand Rapids: Eerdmans, 1981), 박영남역, 『칼빈주의』(서울: 세종문화사, 1971).

12) George M. Marsden, *Fundamentalism and American Culture: The Shaping of Twentieth Century Evangelicalism 1870-1925* (Oxford: Oxford University Press, 1980), 11-21.

13) Jaroslav Pelikan, *The Vindication of Tradition* (New Haven: Yale University

Press, 1984), 65.

14) Robert Knudson, "Calvinism as Cultural Force," in *John Calvin*, 13-29.

15) 유동식, 『한국신학의 광맥』 (서울: 다산글방, 2000), 39, 79. 한국 교회는 1885년 장로교의 언더우드와 감리교의 아펜젤러 이래 초기부터 다양한 교파가 있었던 것이 사실이다.

16) A.J. Brown, The Mastery of the Far East, 1919, 540. 유동식, 47에서 재인용.

17) 원종천, "한국 교회는 칼빈주의를 어떻게 이해하고 있나," 『목회와 신학』 (1996, 9월호), 49. 원종천은 "칼빈은 칭의와 성화를 순서적인 것으로 보지 않고 둘 다 성령 사역의 직접적인 결과로 보았다"며 그 근거를 롬 6:2에 관한 주석과 *Inst.*, III. 3. 8에서 찾고 있다.

18) 김의환은 이 점을 장로교 신학이 한국 교회에 미친 긍정적 영향의 가장 중요한 요소로 꼽았다. 참고. "구 Princeton 신학이 총신에 끼친 영향과 평가," 『100년 총신신학의 회고와 전망: 개교 100주년 기념 학술세미나 자료집』 (서울: 총신대학교, 2001), 23, 26.

19) 김경재, "한국신학의 태동과 흐름," 『기독교사상』 (2002년 2월호), 128.

20) 홍성현, "한국기독교와 사회이념," 김영한 편, 『한국 기독교와 기독 지성인』 (서울: 풍만, 1987), 93-94.

21) 손봉호, "바람직한 사회이념을 위한 기독교적 전망," 『한국 기독교와 기독 지성인』, 85.

22) 민경배, 『한국기독교회사』 (서울: 대한기독교출판사, 1982), 259; 송길섭, 『한국신학사상사』 (서울: 대한기독교출판사, 1988), 46, 48. 270-272.

23) 김영한, "한국사회와 기독교 문화," 『한국 기독교와 기독 지성인』, 120.

24) 정성구, "한국장로교의 자화상과 미래: 개혁주의 입장에서의 비판과 대안," 『신학지남』 (1991년 겨울호, 통권 제230호), 113.

25) 신국원, "21세기 문화와 예배 갱신: 현상적 특성과 신학적 기초," 『신앙과 학문』 12권 1호 (2007, 4), 67-98.

26) 이만열, 『한국기독교와 역사』 (서울: 지식산업사, 1981), 1장 "기독교 전래에 따른 한국사회의 개화" (9-47)를 참고하라.

27) 김영재는 이런 평가를 "피상적 관찰에서 형성된" 잘못된 관념이라며 반론을 제기한다. 그는 한국 초대교회가 선교사들이 전해주는 "서구문화를 도입하는 통로" 역할을 했을 뿐 주체의식을 가진 창의적 문화 발전에 기여한 바 없으므로 당시를 이상화해서는 안 된다고 주장한다. 참고, 김영재, 『되돌아 보는 한국 기독교』(수원: 합신대학원출판부, 2008), 69-70.

28) 이근삼, 『개혁주의 신학과 한국 교회』(서울: 생명의 양식, 2007), 178에서 재인용.

29) 김헌수, "80년대 '기독교 세계관 운동'에 대한 기독교 세계관적 반성", 『성경적 세계관』 (서울: 기독교학문연구회, 1985), 164-207.

30) 우리나라에 칼빈주의 신학과 세계관을 소개한 이들로는 우선 본 고장인 네덜란드에서 철학과 신학 공부를 마치고 개혁주의 교단의 총신대학교나 고신대학교와 같은 신학대학과 신학교, 교회, 그리고 학생들 신앙단체들에서 이를 가르쳐온 박윤선, 이근삼, 차영배, 손봉호, 서철원, 정성구를 꼽을 수 있다. 이들과 더불어 큰 공헌을 한 사람은 40년 이상 자비량 문서선교사로 기독교세계관 운동의 실질적인 후원자 역할을 담당한 원이삼(Wesley Wentworth) 박사를 뺄 수 없다. 이 중 원이삼의 기여는 매우 특이하다. 그는 미국과 네덜란드에서 공부를 한 다른 학자들과 달리 평신도일 뿐 아니라 미국의 복음적 신앙단체인 IVF에서 영향을 받고 한국 IVF와 IVP를 통해 사역을 해오고 있다. 그는 한국 기독교세계관 운동의 초기부터 학생들에게 관련 서적들을 공급하고 세계적인 학자들과의 연계를 주선하였고 근래에는 기독교 학교 운동을 돕는 활동으로 기여했다.

31) 양성만, "역자의 글," 알버트 월터스, 『창조 타락 구속』(서울: IVP, 1992). 6.

32) 기독교학문연구소와 지금은 이 연구소와 통합이 추진되고 있는 기독교대학설립동역회가 핵심 기관이다. 또한 이 연구소의 모체인 기독교학문연구회로부터 일찍이 독립해 나간 기독교경영연구소와 각종 전공별 연구모임들이 있다. 매년 모이는 기독교학문학회에는 신앙과 학문이 기독교 세계관 관점에서 통합된 학술논문이 발표되고 토론된다. 현재 기독교학문연구소가 년 3회 발간하는 『신앙과 학문』은 학술진흥재단 등재후보지이다.

33) 한국에 소개된 대표적인 기독교 세계관 책들은 모두 연구모임을 이끌었던 멤버들에 의해 번역되어 출판되었다. 참고. 리차드 미들톤, 브라이언 월쉬, 황영철 역, 『세상의 변혁을 위한 그리스도인의 비전』(*The Transforming Vision: Shaping a Christian World View*) (서울: IVP, 1986); 제임스 사이어, 김헌수 역, 『기독교 세계관과 현대사상』 (*The Universe Next Door: A Basic World View Catalog*) (서울: IVP, 1995); 알버트 월터스, 양성만 역, 『창조, 타락, 구속』(*Creation Regained: Biblical Basics for a Reformational Worldview*)(서울: IVP, 1992); 헤르만 도예베르트. 신국원, 김기찬 역, 『서구사상의 황혼에서』(*In the Twilight of Western Thought: Studies in the Pretended Autonomy of Philosophical Thought*) (서울: 크리스천 다이제스트, 1994).

34) 참고. http://trusti.kr/2008/introduction/05.htm "기독교윤리실천운동'은 장기려, 이명수, 이만열, 최창근, 이세중, 김인수, 손봉호, 원호택 등 38명의 기독교인들이 발기인이 되어 1987년 12월에 정식으로 발족한 모임"이다. 이 운동의 핵심에 있는 손봉호가 미국 웨스트민스터 신학을 공부하고 네덜란드의 자유대학교에서 철학을 전공한 고신 교단 장로이며 칼빈주의자라는 사실이 이 운동과 그가 연관된 각종 사회운동 전반에서 칼빈주의의 영향을 실증하는 경우라고 할 수 있다.

35) 손봉호, 『기독교의 관점에서』(서울: 도서출판 나비, 1989), 171. 기윤실 문화전략위원회의 연구 활동의 한 결과로 수많은 대중문화 분석 자료집과 미디어 모니터 보고서 그리고 1998년 출판한 강영안, 신국원, 김연종 등이 함께 쓴 『대중문화 더 이상 침묵할 수 없다』(서울: 예영커뮤니케이션, 1998)이 출판되기도 했다.

36) Mark Noll, *The Scandal of the Evangelical Mind* (Grand Rapids: Eerdmans, 1994), 이승학 역, 『복음주의 지성의 스캔들』(서울: 엠마오, 1996).

37) Augustine, *Contra Julianum* IV, xiv, 72. 아마도 "기독교 철학"이라는 말을 처음 사용한 어거스틴은 흔히 『기독교 학문』이라고 번역되는 *De doctrina Christianas*을 통해 고전 수사학을 어떻게 활용할 것인가를 논한다. 이 책은 세상문화를 변혁적인 자세로의

접근하여 "기독교적으로 탈취해서 이용해야 한다"는 주장이 담겨있다(40장 s 60).

38) Norman L. Geisler. *Introduction to Philosophy* (Grand Rapids: Baker, 1980), 5, 위거찬 역『기독교 철학개론』(서울: 기독교문서선교회, 1987), 3. 기독교와 철학이 "사랑과 미움의 관계"를 맺게 된 것은 바로 이런 자세에서 비롯된다.

39) Jacob Klapwijk, Sander Griffioen and Gerben Groenewoud. eds. *Bringing Into Captivity Every Thought : Capita Selecta in the History of Christian Evaluations of Non-Christian Philosophy* (Lanham: University Press of America, 1991), 11.

40) J. Klapwijk, "On Worldviews and Philosophy," in *Bringing Into Captivity Every Thought*, 43. 클랍바이크는 포스트모던적 상대주의 시대의 세계관 파괴와 실종을 우려한 바 있다. 그는 오늘의 기독교 세계관 논의는 "어떻게 특정한 세계관을 유지할 것인가" (how to retain a worldview)가 아니라 "어떻게 어떤 세계관이던 회복할 것인가" (how to regain a worldview)에 집중해야 한다고 주장한다.

41) Herman Dooyeweerd, *Roots of Western Culture: Pagan, Secular, and Christian Options* (Toronto: Wedge Publishing Foundation, 1979).

42) Richard Mouw, *Uncommon Decency: Christian Civility in an Uncivil World* (Dowers Grove: InterVarsity Press, 1992), 홍병룡 역, 『무례한 기독교: 다원주의 사회를 사는 그리스도인의 시민교양』(서울: 한국기독교학생회출판부, 2004); *He Shines All That'sFair: Culture and Common Grace* (Grand Rapids: Eerdmans, 2001).

43) George M. Marsden, "America's 'Christian' Origins: Puritan New England as a Case Study," in *John Calvin*: 241-260.

44) John L. Hiemstra, *Worldviews on the Air: The Struggle to Create a Pluralistic Broadcasting System in the Netherlands* (Lanham: University Press of America, 1997).

45) 벧전 3:15-16. 혁명적인 사회-문화적 개혁을 주장하는 입장에서는 이런 입장을 정치적

무관심이나 무책임한 자세 또는 소심한 "개량주의"라고 비판한다. 이런 주장은 그람시 이후 좌파 사상가들조차도 인정하는 바라는 사실을 주목할 필요가 있다. 예를 들어 Antonio Gramsci의 헤게모니 이론에 입각한 마르크스주의 성향의 문화연구와 사회변혁주의는 도덕적 설득력이 사회변혁의 핵심임을 강조해왔다. 참고. Raymond Williams, *The Long Revolution* (Peterborough: Broadview Press, 1961). Antonio Gramsci의 헤게모니 이론의 사회변혁주의는 도덕적 설득력이 사회변혁의 핵심 동력임을 강조해왔다.

15장 칼빈주의와 자본주의의 발전

1) 2009년 개혁주의 성경연구소 목회자를 위한 겨울세미나에서 발표한 논문을 수정한 내용임.

2) H. 골비처, 『자본주의 혁명』, 윤용진 역, 1992, 44.

3) 아르네 다니엘스, 『자본주의 250년의 역사』, 미래의 창, 2007. 이 책은 자본주의 250년 동안의 역사적 사실과 사람들의 삶, 자본주의의 문제, 경제학에 관해 간단하지만 폭넓게 다루고 있다.

4) 한성진, "베버 연구가 한국 신학에 주는 적용 가능성 모색," 『한국개혁신학』 24, 171-2.

5) 한성진, 172.

6) M. Weber, *Die Protestantische Ethik und der Geist des Kapitalismus*, 1904-5. 토니는 그의 책에서 베버의 논지를 "칼빈주의 특히 영국의 청교주의는 자본제 기업의 발달에 유리한 도덕적 정치적 조건들을 창조하는 데 있어서 압도적으로 중요한 역할을 했다"고 요약하였다(R. H. 토니, 『종교와 자본주의의 발흥』, 김종철 역, 1983, 221 각주 32에서).

7) 스탠포드 레이드, 『요한 칼빈은 자본주의의 창시자인가』, 홍치모 역, 1984, 5.

8) 비엘러, 105.

9) 한성진, 174. 비엘러도 베버를 요약하면서 "자본주의 정신은 이윤추구의 정신"이라고 하

였다(비엘러, 105).

10) 한성진, 174.

11) 한성진, 183.

12) 한성진, 175.

13) 막스 베버, 『프로테스탄티즘의 윤리와 자본주의 정신』, 박성수 역, 2006, 283-300에 1976년에 앤서니 기든스가 쓴 해설이 수록되어 있다. 앤서니 기든스(Anthony Giddens, 1938년 1월 18일~)는 영국의 사회학자이다. 국내에는 저서 제3의 길로 유명해졌으나, 70년대 이후 발표한 사회학적 이론인 구조화 이론(Structuration Theory)으로 더욱 알려져 있다. 현재는 런던정경대학(LSE, London School of Economics and Political Sciences)의 디렉터로 재직 중에 있다. 그 자신이 간추린 대표적 간행물의 목록은 그의 Publication 사이트에서 찾아 볼 수 있으며, 그의 이론과 책에 관한 publication 또한 상당하다. 그는 출판사인 폴리티 프레스(Polity Press)의 사장이기도 하다.

14) 기든스, 288.

15) *Ibid*.

16) *Ibid*.

17) 기든스, 292.

18) 한성진, 183.

19) Frey, Donald, "The Protestant Ethic Thesis,"

20) 참조. Hans G. Ulrich, "Kapitalismus," *TRE* 17, 604-19. Dieter Schellong, Wie Steht es um die "These" vom Zusammmenhang von Calvinismus und "Geist des Kapitalismus?" Paderborn 1995. 연대순으로는 에른스트 트뢸취(1912), 베르너 좀바르트(1915), 브렌타노(1916), 토니(1926), 로버트슨(1933), 판파니(1935), 허드슨(1949), 비엘러(1959), 로저스(1969), 그레이엄(1971), 기든스(1971), 레이드(1983), 부스마(1988), 이양호(1992), 한성진(2008) 등의 글들을 언급할 수 있겠으나 지면관계상 대표적인 몇 경우

만 언급하고자 한다(괄호 안은 이 주제와 관련된 대표적인 작품 출판 연도).

21) E. 트뢸취, 『기독교사회윤리』, 현영학 역, 2003. 참조. *The Social Teaching of the Christian Churches*, trans. by O. Wyon, New York 1931.

22) 레이드, 9.

23) 토니 역시 칼빈의 견해는 자본주의의 청사진 뿐만 아니라 사회주의의 청사진으로도 해석될 수 있는 사실을 암시해 주고 있다고 여긴다(레이드, 11).

24) 이러한 논의로 바젤에서 박사학위논문이 나온 바 있다. Alfred Buergin, *Kapitalismus und Calvinismus. Versuch einer wirtschaftsgeschichtlichen und religionssoziologischen Untersuchung der Verhaeltnisse in Genf im 16. und beginnenden 17. Jahrhundert*, Basel 1960.

25) 트뢸취, 『기독교사회윤리』, 108-9.

26) R. H. 토니, 『종교와 자본주의의 발흥』, 김종철 역, 1983, 295 역자 후기에서

27) 레이드, 10.

28) 토니, 221 각주 32에서

29) 토니, 237.

30) 레이드, 11.

31) 토니, 221 각주 32에서

32) 토니, 296.

33) 레이드, 16.

34) 기든스, 290.

35) 기든스, 293.

36) 기든스, 297. 한성진 교수도 이 부분에 대하여 언급하면서 "대부분의 사회학자들이나 경제학자들이 베버가 예정론이 자본주의 정신 형성의 직접적이자 유일한 동인이라고 보았다고 분석하는 것은 베버에 대한 신학적 무지의 발로"라고 지적하였다. 왜냐하면

이에 대하여는 베버 스스로 다음과 같이 분명히 하고 있기 때문이다: "칼빈주의의 예정설은 여러 가지 가능성 중의 하나에 불과하다. 그렇지만 우리는 물론 칼빈주의의 예정설이 매우 특출한 결과를 낳은 것일 뿐 아니라 매우 탁월한 심리적 효과를 가진 것이었음을 확신한다."(179)

37) 기든스, 180.

38) 기든스, 297 이하.

39) 이양호, 114.

40) 이양호, "칼빈의 경제사상,"『신학논단』20 (연세대학교 신과대학, 1992), 111-131. 아래 인용은 여기에서.

41) 대표적인 경우로 다음 두 경우를 들 수 있겠다. P. C. Gordon Walker, *Capitalism and the Reformation' Economic History Review*, VIII(1937). 베버에 대하여 마르크스주의의 입장에서 비판하였다. 경제적 결정론을 받아들이면서 종교개혁이 경제적 원인 때문에 일어났으며 그 이외의 다른 원인은 존재하지 않는다고 주장한다. Maurice Dobbs, *Studies in the Development of Capitalism* (London, 1946). 상기 워커와 같은 입장으로서 베버에 대하여 마르크스주의의 입장에서 비판하였다. 경제적 결정론을 받아들이면서 종교개혁이 경제적 원인 때문에 일어났으며 그 이외의 다른 원인은 존재하지 않는다고 주장한다.

42) 한성진, 184.

43) 한성진, 184.

44) 양창삼,『기독교와 현대사회』, 1997, 244.

45) 양창삼, 256 이하.

46) 비엘러, 110.

47) 비엘러, 110.

48) 비엘러, 56.

49) 비엘러, 57.

50) 비엘러, 84.

51) 비엘러, 91-2.

52) 비엘러, 50.

53) 비엘러, 73.

54) 비엘러, 113.

55) 비엘러, 113-4.

56) 비엘러, 58.

57) 비엘러, 58-9.

58) 비엘러, 59.우리는 여기에서 칼빈이 고후 8:15에 대한 주석에서 밝힌 바 있는 '만나 분배의 원리'를 참조할 필요가 있다.

59) 비엘러, 68.

60) 비엘러, 69.

61) 비엘러, 96.

62) 비엘러, 96.

63) 비엘러, 98.

64) 비엘러, 100.

65) 비엘러, 101.

66) 비엘러, 101.

67) 비엘러, 102.

68) 비엘러, 103.

69) 비엘러, 103-4.

70) 양창삼, 245.

71) 비엘러, 102.

72) 양창삼, 244.

73) 양창삼, 245.

74) 양창삼, 254.

16장 칼빈의 경제공동체 사상과 새로운 사회건설의 의미

1) Dickens, A. G., *Reformation and Society in Sixteenth Century Europe* (London: Harcourt, Brace & World, 1966).

2) 박건택, "칼빈의 세계관과 사회개혁," 「기독신보」 1990년 5월 26일.

3) Tawney, R. H., *Religion and the Rise of Capitalism* (NY: Harcourt, Brace & World, Inc., 1926).

4) Calvin, John, *Institutes of the Christian Religion* (KY: Westminster John Knox Press, 1960).

5) Clough, Shepard B., David L. Hicks, David J. Brandenburg, & Peter Gay, *A History of the Western World: Early Modern Times* (MA: D. C. Heath and Co., 1964).

6) Bainton, Roland H., *The Reformation of the Sixteenth Century* (MA: Beacon Press, 1952).

7) Dunstan, J. Leslie(엮음), *Protestantism* (NY: George Braziller, 1962).

8) McNeil, John T., *The History and Character of Calvinism* (NY: Oxford University Press, 1954).

9) Parker, T. H. L., *John Calvin: A Biography* (PA: Westminster Press, 1975).

10) Troeltsch, Ernst, *The Social Teachings of the Christian Church*, Vol. II (London: George Allen & Unwin, 1931).

11) 칼빈의 고린도전서 7:20에 관한 그의 주석을 보면 더 확실해진다. 그의 『기독교 강요』,

III. 10. 6 참고할 것.

12) Weber, Max, *The Protestant Ethic and the Spirit of Capitalism*, trans. T. Parsons (NY: Scribner's, 1930).

13) 에피쿠루스는 도덕이나 교양 따위로 규제된 쾌락이 인생 최대의 선이라 주장했다.

14) Niebuhr, Reinhold, *The Irony of American History* (NY: Scribner's, 1952).

15) Seeberg, Reinhold, *Lehrbuch*, IV(1920); Forell, G. W., *Faith Active in Love* (NY: American Press, 1954); Heick, Otto W., *A History of Christain Thought*, I (PA: Fortress Press, 1965); Mueller, W. A., *Church and State in Luther and Calvin* (TN: Broadman Press, 1954).

17장 칼빈의 제네바교회의 사회복지

1) 칼빈의 신학과 사역에 나타난 사회 복지의 의미에 대한 상세한 연구를 위하여는, 필자의 다음의 논문들을 참조하라. 안인섭, "칼빈의 목회관과 한국 교회의 과제: 사회복지의 목회적 의미를 중심으로," 『칼빈 탄생 500주년 기념 개혁신학회 학술 세미나 자료집』(2009), 265-281. ; 안인섭, "교회와 정치 참여: 칼빈을 통해 조명하는 교회의 정치 참여," 『역사신학논총』제16집(2008), 31-51.

2) 김은섭, "언더우드의 선교," 한국 교회사학연구원/한국기독교회사학회 『제138회 월례세미나(언더우드 선교사 탄생150주년 기념 세미나) 자료집』(2009. 5. 30), 5-25.

3) E. A. McKee, 『개혁교회 전통과 디아코니아』(tr.) 류태선&정병준(서울: 한국장로교출판사, 2000), 44-48.

4) 본 논문에서는 교회의 본질적인 사역의 측면에서 사회 복지 문제를 다루게 될 것이다.

5) 제네바 컨시스토리를 칼빈의 목회와 신학의 접목으로 이해하고 있는 다음을 참조하라. 이정숙, "제네바 컨시스토리(The Genevan Consistory): 칼빈의 신학과 목회의 접목." 『한국기독교신학논총』 vol. 18. (2000), 159-189.

6) W. G. Naphy, "The Renovation of the Ministry in Calvin's Geneva," 121-128.

7) McKee에 의하면, 칼빈은 에라스무스가 편찬한 헬라어 성경을 볼 수 있었기 때문에, 교회의 본질적인 모습을 4중 구조로 보았다. 반면, 벌게이트 성경을 사용했던 로마 가톨릭은 3중의 해석을 해서, "말씀", "성찬의 교제", 그리고 "기도"로 보았으며, 따라서 자선에 대한 강조를 발견할 수 없다. E.A. McKee, *John Calvin on the Diaconate and Liturgical Almsgiving* (Geneva: Droz, 1984), 67-90.

8) *CO*. 2. colm. 1046. (*Institutes*: 1559, IV. 17. 44).

9) 칼빈의 사회 복지에 대한 전문가인 J.E. Olson 박사는, 16세기 유럽에서 가톨릭과 개신교가 함께 사회 복지 사업에 대해 관심을 증폭시키고 있었다고 지적하고 있다. 그렇지만, Olson박사에 의하면 그 중에서도 특히 개신교의 역할이 컸다. 사회 복지와 관련하여 칼빈에서 중요한 개념은 집사(Deacons) 제도이다. J.E. Olson, *Deacons and Deaconesses through the Centuries* (St. Louis: Concordia Publishing House, 2005), 107-149. 또한 다음을 보라. J.E. Olson, "De Zorg voor de armen en het leven van de vluchtelingen in het Geveve van Calvijn," in: W. Balke, J. C. Klok, W. van't Spijker, *Johannes Calvijn: Zijn Leven, Zijn Werk* (Kampen: Kok, 2008), 155-158. 한편 칼빈의 집사 직무를 디아코니아와의 관계에서 고찰한 다음의 논문을 참조하라. 황성철, "집사 직무에 대한 실천신학적 이해 연구: 칼빈의 집사 직무관의 적용과 Gerben Heitink의 방법론을 중심으로," 『신학지남』 vol. 274. (2003), 127-169.

10) *CO*. 2. colm. 782. (*Institutes*: 1559, IV.3.8).

11) *CO*. 2. colm. 782. (*Institutes*: 1559, IV.3.8). "Duo autem sunt quae perpetuo manent: gubernatio et cura pauperum."

12) *CO*. 2. colm. 783. (*Institutes*: 1559, IV.3.9). "Cura paupérum diaconis mandata fuit."

13) *CO*. 2. colm. 783. (*Institutes*: 1559, IV.3.9). "Quanquam ad Romanos duo ponuntur genera. Qui largitur, inquit illic Paulus, id faciat in simplicitate; qui

miseretur, in hilaritate. Quum de publicis ecclesiae muneribus eum loqui certum sit, oportet duos fuisse gradus distinctos."

14) *CO*. 2. colm. 783. (*Institutes*: 1559, IV.3.9). "Nisi me fallit iudicium, priore membro diaconos designat, qui eleemosynas administrabant, altero autem eos qui pauperibus et aegrotis curandis sese dedicaverant; quales erant viduae, quarum mentionem facit ad Timotheum (1 Tim. 5, 9)."

15) *CO*. 2. colm. 783. (*Institutes*: 1559, IV.3.9). "Si hoc recipimus (ut omnino recipiendum est), duo erunt genera diaconorum: quorum alteri in rebus pauperum administrandis, alteri in pauperibus ipsis curandis ecclesiae servient. Tametsi autem nomen ipsum diakonias latius patet, hos specialiter tamen diaconos scriptura nuncupat quos eleemosynis dispensandis gerendaeque pauperum curae praefecit ecclesia, et velut publici pauperum aerarii oeconomos constituit: quorum origo, institutio ac functio a Luca in Actis (c. 6) describitur ⋯ En quales habuerit diaconos apostolic ecclesia, quales ad eius exemplum habere nos conveniat."

16) *CO*. 48. colms 57-58.(Ac 2: 42). "Quantum ad doctrinam et preces, non obscurus est sensus."

17) *CO*. 48. colms 57-58.(Ac 2: 42). "Communicatio et fractio panis varie accipi possunt. Quibusdam fractio panis coenam significat: aliis eleemosynas: aliis quod inter se communiter epulabantur fideles."

18) *CO*. 48. colms 57-58.(Ac 2: 42). "⋯ ego potius aliis assentior, qui eam notary putant per fractionem panis. Nam koinonia sine adiecto nusquam hoc sensu invenitur."

19) *CO*. 48. colms 57-58.(Ac 2: 42). "Ego igitur ad mutuam coniunctionem, eleemosynas, aliaque fraternae coniunctionis officia potius refero."

20) *CO*. 48. colms 57-58.(Ac 2: 42). "Imo, hic quatuor notas exprimit, ex quibus vera

et genuina ecclesiae facies diiudicari queat."

21) *CO*. 48. colms 57-58.(Ac 2: 42). "Quaerimus ergo veram Christi ecclesiam? Hic nobis ad vivum depicta est eius imago."

22) *CO*. 48. colm 58.(Ac 2: 42). "Quare non temere haec quatuor recenset Lucas, quum describere vult nobis rite constitutum ecclesiae statum."

23) *CO*. 48. colm 58.(Ac 2: 42). "Et nos ad hunc ordinem eniti convenit, si cupimus vere censeri ecclesia coram Deo et angelis, non inane tantum eius nomen apud homines iactare."

24) 칼빈은 1540년과 1551년, 그리고 1556년 등 세 번에 걸쳐서 그의 로마서 주석을 증보해서 출판했다. 각 판본들을 비교하여, 로마서 12장의 해석에 나타난 칼빈의 그리스도인의 삶의 윤리에 대한 연구를 위해서는 다음을 참조하라. 안인섭, "칼빈이 제시하는 그리스도인의 삶: 로마서 12장 해석 발전을 중심으로," 『신학지남』 vol. 297. (2008), 329-353.

25) *CO* 49. colms. 230-249 (Rom. 12:8). "Per metadidountas, de quibus hic loquitur, non eos intelligit qui largiuntur de suo: sed diaconos qui publicis ecclesiae facultatibus dispensandis praesunt."

26) *CO* 49. colms. 230-249 (Rom. 12:8). "Per eleountas autem, viduas et alios ministros qui curandis aegrotis, secundum veteris ecclesiae morem, praeficiebantur. Sunt enim functiones duae diversae, erogare pauperibus necessaria, et suam illis tractandis operam impendere."

27) *CO* 49. colms. 230-249 (Rom. 12:8). "Caeterum prioribus assignat simplicitatem, qua sine fraude aut personarum acceptione fideliter sibi commissa administrent: …"

28) *CO* 49. colms. 230-249 (Rom. 12:8) "ab his obsequia vult exhiberi cum hilaritate, ne morositate sua (quod evenire plerumque solet) gratiam officiis detrahant."

29) R.M. Kingdon, "Social Welfare in Calvin's Geneva," in: *Articles on Calvin and*

Calvinism vol. 4. *Calvin's Work in Geneva* (New York and London: Garland Publishing Inc., 1992), 22-41.

30) J.E. Olson, "Calvin and social-ethical issues," in: *The Cambridge Companion to John Calvin*, (ed.) D.K. McKim (Cambridge: Cambridge University Press, 2004), 163-167.

31) *OS*. I. IV. 149. Institutues (1536), IV. C. 40.

32) R.M. Kingdon, "Social Welfare in Calvin's Geneva," in: *Articles on Calvin and Calvinism* vol. 4. Calvin's Work in Geneva (New York and London: Garland Publishing Inc., 1992), 22-41.

33) E.A.McKee, *John Calvin on the Diaconate and Liturgical Almsgiving* (Geneva: Droz, 1984), 106-109.

34) J.E. Olson, *Calvin and Social Welfare* (Selinsgrove: Susquehanna University Press, 1989), 107-126.

35) 칼빈,『요한일서주석』, 3:16.

36) Calvin, *Institutes*, III. 7. 4.

37) Calvin, *Institutes*, III. 7. 5.

38) Calvin, *Institutes*, III. 7. 6.

18장 칼빈 신학에 있어서 교회의 사회 정치적 책임

1) 이 주제에 대하여는 주재용,『한국 그리스도교 신학사』(서울: 대한기독교서회, 1998), 297-308 볼 것.

2) John Calvin, *Institutes of the Christian Religion* (1559), ed. John T. McNeil, trans. Ford Lewis Battles, 2 vols.(Philadelphia: Westminster Press, 1960), *Inst*(1559). III. 9. 1.

3) Edward A. Dowey, Jr., *The Knowledge of God in Calvin's Theology* (New York:

Columbia University Press, 1965), 24-31.

4) W. Pannenberg, *Ethics* (Philadelphia: The Westminster Press, 1981), 151.

5) *Ibid.*, 152.

6) 이 분야에 대한 연구로는 John Bolt, "The Spiritus Creator: The Use and Abuse of Calvin's Cosmic Pneumatology," *Calvin and the Holy Spirit*, ed. Peter De Klerk(Grand Rapides, Michigan: Calvin Studies Society, 1989), 17-33.

7) Alister E. McGrath, *Reformation Thought: An Introduction*, 2nd ed. (Oxford: Blackwell, 1993), 185.

8) N. Wolterstorff, *Until Justice and Peace Embrace* (Grand Rapids: William B. Eerdmans Publishing Co., 1983), 13, C. Plantinga, Jr, "The Concept of the Church in the Socio-Political World: A Calvinist and Reformed Perspective," *Calvin Theological Journal* 18(1983): 192에서 재인용.

9) *Inst.*(1559), I. 2. 1.

10) Plantinga, 192.

11) *Ibid.*, 53-68.

12) W. Pannenberg, *The Church*, trans. Keith Crim (Philadelphia: Westminster Press, 1969), 151.

13) T. F. Torrance, *Kingdom and Church: A Study in the Theology of the Reformation*(Edinburgh: Oliver and Boyd, 1956), 115. 이 주제에 대한 칼빈의 입장이 그의 『기독교 강요』에서는 분명히 나타나 있지 않으나 1557과 1565년 사이에 출판된 『구약 선지서 강독』에서 나타나고 있다.

14) John Calvin, *Commentary on John* 13:31, Little, Religion, 48에서 인용한 것을 Plantinga, 192에서 재인용.

15) *Inst.*, XX. 16. 14.

16) John Calvin, *Lecture* 33 given on Dan. 7.8; *Lecture* 88 given on Mic. 4.3.

17) Calvin, *Commentary on Rom.* 4:13; 3:6, Dowey, *Knowledge*, 237에서 인용한 것을 Plantinga, 203에서 재인용.

18) LXX와 Bulgate 역본은 두 말 사이에 그리고를 집어넣어 두 말이 서로 다른 것을 뜻하는 것으로 나타내려 했다. 하지만 히브리어 원문에는 두 단어 사이에 접속사가 없다. 창세기 5:1에는 '모양' 이란 말만 나오나 창세기 5:3에는 또 다시 두 단어가 나온다. 하지만 그 순서가 거꾸로 되어 있다. 창세기 9:6에는 '형상' 이란 말만 나온다. 이 모든 사실들은 이 두 단어가 의미에 있어서 본질적으로 차이가 없음을 말해준다.

19) Anthony A. Hoekema, *Created in God's Image* (Grand Rapids, Michigan: W. B. Eerdmans Publishing Company, 1986), 15-16.

20) Klaas Schilder, *Heildelbergsche Catechismus*, vol. 1 (Goes: Oosterbaan & Le Cointre, 1947), 296-97; *Hoekema*, 17에서 재인용.

21) G. C. Berkouwer, *Man: The Image of God*, trans. Dirk W. Jellema(Grand Rapids, Michigan: W. B. Eerdmans Publishing Company, 1962), 56-59.

225) Hoekema, 18.

23) Jeannie E. Olson, "Calvin and social-ethical issues," *John Calvin*, ed. Donald K. McKim (Cambridge: University Press, 2004), 164.

24) Olson, 164.

25) *Ibid*.

26) *Ibid*., 165.

27) *Ibid*.

28) *Ibid*.

29) *Ibid*., 166.

30) *Ibid*.

31) *Ibid.*, 67.

32) *Inst.*, IV. 20. 1.

33) William R. Stevenson, Jr., "Calvin and political issues," *Calvin*, 173에서 인용.

34) *Ibid.*, 174.

35) *Inst.*, II. 2. 12.

36) *Inst.*, II. 2. 13.

37) *Inst.*, 서문

38) *Inst.*, IV. 20. 23, 32.

39) *Inst.*, IV. 20. 6.

40) *Inst.*, IV. 20. 3.

41) George L. Hunt, *Calvinism and Political Order* (Philadelphia: The Westminster Press, 1965), 35.

42) 이양호,『칼빈:생애와 사상』(천안: 한국신학연구소,1997), 247.

43) *Inst.*, IV. 20. 4.

44) *Inst.*, IV. 20. 6.

45) *Comm., Rom.* 13:1.

46) *Inst.*, IV. 30. 29.

47) *Inst.*, IV. 20. 31.

48) *Comm., Rom.* 13:4.

49) *Inst.*, IV. 20. 31.

50) 이 주제에 대하여는 주재용,『한국 그리스도교 신학사』(서울: 대한기독교서회, 1998), 297-308.

51) Commentaries, C. Plantinga, Jr, "The Concept of the Church in the Socio-Political World: A Calvinist and Reformed Perspective," *Calvin Theological*

Journal 18(1983): 191에서 재인용.

52) 이것에 대한 한 좋은 사례를 소개한다: 서울 신당5동에 있는 교파가 다른 세 교회 곧 예수마을교회(기감) 한일교회(기장) 산돌교회(예장합동)가 뜻과 힘을 모아 지역사회를 변화시켰다. 이 지역은 본래 술집과 점집이 유난히 많았다. 세 교회는 5년 전부터 새벽마다 '클린 마을' 을 위해 기도해왔다. 예수마을교회가 먼저 지역사회를 위해 문을 활짝 열었다. 청소년문화센터와 실용음악학교를 열어 청소년들을 교회로 인도했다. 독거노인 10명을 모셔와 은빛 실버홈도 만들었다. 무료급식소를 만들어 매일 70여명의 노인들에게 '사랑의 점심' 도 제공하고 있다. 부동산중개소에 나온 술집과 점집은 교회와 교인들이 주저 없이 사들였다. 이러한 노력의 결과 오늘날 신당5동은 문화의 거리로 바뀌고 있다. 점집과 술집 대신 서점 제과점 양품점 커피숍이 늘어났다. 어떤 음식점과 레스토랑은 술을 팔지 않는데도 손님들이 넘쳐난다. 교회가 운영하는 가정폭력상담소, 무료법률상담소 및 노인시설은 모두 술집을 사들인 것들이다. 교회와 교인이 기독교적 뜻을 두고 운영하는 가게와 시설이 이곳에만 모두 18곳이나 된다. 올해는 청소년들봉사단이 발족되어 매주 한번씩 마을 청소를 시작했다. 담배꽁초와 휴지가 흐트러져 있던 다산공원은 말끔한 산책공간으로 바뀌었다. 청소년들이 매주 공원을 청소하는 것을 보고 주민들이 '이곳에서는 절대 담배를 피우지 맙시다' 라고 현수막을 걸어놓았다. 교회가 세운 '마을도서관' 도 주민들의 마음을 사로잡았다. 주민들은 이제 "교회가 있어 살맛 난다. 교회가 있어 안심이 된다"고 말하고 있다. 이 운동은 교회가 지역사회를 변화시킨 사례이다. 2008년 11월 10일 국민일보 30면에 기재된 기사에서 인용.

19장 칼빈의 사회복지 사상 고찰

1) 김옥순, "칼빈에게 나타난 교회의 본질로서 디아코니아", 한국칼빈학회 학술심포지움, 5.

2) 앙드레 비엘러, 『칼빈의 경제윤리』(서울: 성광문화사, 1985), 91-108.

3) John Calvin, *Institutes of Christian Religion*, I. 16. 1. (Philadelphia: Westminster

Press, 1978).

4) Henry Meeter, *Calvinism* (Richmond: John Knox press, 1987), 67.

5) Henry Van Til, *The Calvinistic Concept of Culture* (Philadelphia: Presbyterian and Reformed, 1959), 53.

6) Henry Van Til, The Calvinistic Concept of Culture, 161.

7) 원성연, 『칼빈의 사회사상』(서울:연세대학교, 2008), 276.

8) 원성연, 『칼빈의 사회사상』, 278.

9) John Calvin, *Institutes of Christian Religion*, II. 8. 45.

10) Andre Bieler, *The Social Humanism of Calvin* (Richmond: John Knox, 1964), 31.

11) W. Fred Graham, *The Constructive Revolutionary* (Richmond: John Knox, 1971), 75.

12) 이은선, 『칼빈의 신학적 정치윤리』(서울:CLC, 1997), 269. 두 왕국 교리는 영적 차원에서 그리스도와 사단의 싸움을 언급하는 것이다. 반면에 두 정부론에서 영적 통치와 세상 통치의 구분은 그리스도의 한 주권의 두 가지 시행방식으로 나타난다. 두 정부는 모두 그리스도의 주권 아래 각각의 영역을 다스리고 있는 것이다. 두 왕국 사상은 영적인 차원에서 하나님과 사단의 대립을 의미하고 두 정부론은 그리스도의 주권이 시행되는 두 가지 방식이므로 다른 차원에 속한다. 이렇게 보면 두 왕국의 세력은 두 정부에서 동시적으로 적용할 것이다. 두 정부에서 그리스도의 주권이 시행되는 방법은 교회에서는 말씀과 성령을 통하여 직접적으로 행사되고 국가에서는 관리들을 통하여 간접적으로 행사된다고 볼 수 있겠다. 그러므로 교회는 구원의 직접적인 기관이나, 국가는 기독교인들이 관리로 봉사하는 경우에만 교회를 돕는 간접적인 기구가 될 것이다. 여기서 그리스도의 주권과 세상 정부 사이에, 특별히 비기독교인들이 통치하는 정부사이에는 언제나 긴장 관계속에 머물 수밖에 없다.

13) G. S. 워커, "칼빈과 교회", 『칼빈신학의 이해』, 이종태 역(서울: 생명의말씀사, 1991). 67.

14) William Muller, *Church and State in Luther and Calvin* (Nashville: Broadman,

1954), 127.

15) W. Fred Graham, *The Constructive Revolutionary: John Calvin and His Socio-Economic Impact*, 143-144.

16) Mitchell Hunter, *The Teaching of Calvin* (West Broadway; wipf and stock publishers, 1999), 85.

17) John Calvin, "Draft Ecclesiastical Ordinances September & October 1541: The fourth order of ecclesiastical government, that is, the Deacons," *LCC*, Vol. XXII, *Calvin: Theological Treatises*, (edit). J. K. S. Reid (London: SCM Press LTD, 1954), 64-66, 원성현, 『칼빈의 사회사상』(서울:연세대학교, 2008), 273. 초대교회에는 언제나 두 종류의 계급인 관리집사들(*procureurs*)과 봉사집사들(*hospitaliers*)이 있었다. 관리집사는 가난한 사람들을 위해 일상적인 자선뿐만 아니라 임대료와 부조금도 받고, 분배하며 물건을 보존하는 직무를 위임받은 계급이다. 봉사집사들은 병자들을 돌보고 간호해주며 가난한 자들에게 지급하는 수당을 관리하는 직무를 위임받은 계급이다. 이제 우리들에게는 집사들과 구빈원들이 있기 때문에 이 관습을 다시 따른다. 공립 구빈원이 잘 유지되며 또한 그 기관은 일할 능력이 없는 병자, 노인, 과부, 고아, 빈자들과 격리된 방에서 항상 기거해야 할 것이다. 그 외에 도시 전체에 산재해 있는 빈자들이 기운을 차릴 수 있도록 돌보아 주라. 죽어가는 자들을 위한 방을 마련하도록 하라. 목사들은 집사들과 함께 매 분기마다 구빈원을 탐방하여 복지사업이 잘 시행되는지를 감찰해서 시의회에 부족한 부분과 시정할 점을 채우고 고칠 수 있도록 해야 한다. 또한 구빈원은 의사와 외과의를 확보하여 환자를 정성껏 돌보아야 한다. 전염병은 격리시키고, 구걸해 위는 억제시키며, 교회 근처에서 구걸하는 자들이 배회하지 못하도록 교회입구 문지기 직원을 세워야 한다. 무례하게 구는 구걸자가 있다면 그들을 시의회로 데려갈 것이며, 10명의 감독들은 구걸행위가 잘 금지되도록 항상 살피고 감찰해야 한다.

18) William C. Innes, *Social Concern in Calvin's Geneva* (Pennsylvanniai; pickwick

publications, 1983), 175.

19) W. Fred Graham, 『건설적인 혁명가 칼빈, 사회와 경제에 끼친 영향』, 김영배 역 (서울: 생명의말씀사, 1998), 153.

20) John Calvin, *Institutes of Christian Religion*, III. 12. 11

21) Robert M. Kingdon, *Registory of the Consistory of Geneva in the Time of Calvin* (Grand Rapids:Eerdmans Publishing Company, 2000). 78.

22) John Calvin, *Commentary on Deuteronomy* (Grand Rapids: Eerdmans, 1985), 114.

23) John Calvin, Sermon on the Harmony of the Gospel, Matt, 3:9-10.

24) 로날드 S. 월레스, 『칼빈의 사회개혁사상』, 박성민 역 (서울: CLC, 1995), 132-133.

25) John Calvin, *Institutes of Christian Religion*, IV. 4. 7.

칼빈탄생500주년기념학술대회
칼빈의 목회와 윤리, 사회참여

지은이 요한 칼빈 500주년 기념 사업회
편 집 안명준

초판1쇄 2013년 1월 23일

발행처   SFC 출판부
인 쇄   (주)독일인쇄

137-803 서울특별시 서초구 반포4동 58-5 2층 SFC출판부
TEL (02)596-8493   FAX (02)596-5437

ISBN 978-89-93325-60-7   03230

값 16,000원
독자의 의견을 기다립니다.
www.sfcbooks.com

□잘못 만들어진 책은 언제든지 교환해 드립니다.